挣扎与奋斗

一个地主崽的一生

(下卷)

FLOUNDERING AND STRIVING

The Life of a Landlord's Grandson II

Wei Wende

韦文德

美国华忆出版社
Remembering Publishing, LLC. USA

Copyright © 2021 by Remembering Publishing, LLC. USA
RememPub@gmail.com

Floundering and Striving:
The Life of a Landlord's Grandson II
Wei Wende

ISBN： 978-1-951135-88-1（Print）
978-1-951135-89-8（Ebook）

挣扎与奋斗：一个地主崽的一生（下卷）

作者：韦文德

出版： 美国华忆出版社 奥斯汀·得克萨斯州
版次： 2021 年 9 月第一版，第一次印刷
字数： 313 千字

美国国会图书馆编目号码 LCCN：2021 918345

All rights reserved.
No part of this book may be reproduced in any form or by any electronic or mechanical means including information storage and retrieval systems, without permission in writing from the publisher. The only exception is by a reviewer, who may quote short excerpts in review.

作品内容受国际知识产权公约保护，版权所有，侵权必究

作者前言

> 少小无知家国忧，浮生羁旅渡残舟。
> 秦淮涕泪怜商女，燕市悲歌学楚囚。
> 负重呕心当驭马，躬耕沥血任轭牛。
> 悠悠往事云烟散，历尽沧桑风雨稠。

有这么一个群体，他们伴随着共和国出生，也伴随着共和国的苦难成长。他们的一生经历了太多的不幸和屈辱，但在共和国的史籍上，找不到他们的身影和足迹，他们的遭遇一直被埋没在历史的长河中。

由于他们无法选择的出身，在那人人自危的年代里，他们无法享有做人的起码尊严。他们也有崇高的理想，也憧憬着美好的未来，他们当中不乏才华优异者。但命运注定了他们的理想不可能实现。他们曾经迷茫，曾经绝望。改革和开放使他们获得了新生，看到了希望。但他们最宝贵的青春年华已被那曾经疯狂的岁月消磨殆尽。他们的人生最光辉灿烂的时光已被无情地蹉跎。他们中的一些人为此含恨郁郁而终。在新时期的改革浪潮中，他们当中也不乏成功者，这恰恰证明了，当年对他们的歧视，对他们的不公，埋没了他们大部分人的才华，也毁掉了他们的人生。假若，他们都出生在自由平等的环境里，杰出的政治家、科学家、军事家、企业家、文学家……也将会出自他们这个群体。

近年来，追忆"右派分子"的悲惨遭遇，或上山下乡知识青年的苦难经历，在报纸上、书刊里，在电影或电视剧中时有所见。但是反映农村"地富"子女的冤屈和不幸的作品却极为鲜见。虽然在一些电影、电视的情节中也穿插有这类人物的不幸身影，但却常常是犹抱琵琶半遮面，不敢对造成他们这个群体不幸的根源——阶级斗争及其

"血统论"的政策,作出实事求是的论述。和所有相同命运和遭遇的人们一样,我对此体验至深,心中有着难以忘却的痛楚。

  人们习惯于给"伟人""名人"树碑立传。或者自己书写《回忆录》,书写《自传》,来回味自己曾经的辉煌。然而,作为阶级斗争年代中的"政治贱民",我与生俱来的只有苦难。在饱尝了人生的酸甜苦辣之后,伴随着共和国起死回生的变革,我也获得了新生、看到了希望。在我并未志得意满的年届古稀时蓦然回首,自己前三十年的青春已悄然远去,这三十年以后的人生却还在延续。而在这三十年后的人生道路上,也并不都是灿烂的阳光。在命运的起跑线上,由于先天的不足,尽管我经过苦苦挣扎,最后只能为蹉跎了的年华而感叹。为此,我想把自己所经历过的人生如实地记录下来。《挣扎与奋斗——一个地主崽的一生》就是我一生所经历过的,至今难以忘却的历史。给后人留下一缕追寻历史的踪迹,这就是我写作这本书的初衷。

目　录

作者前言　　　　　　　　　　　　　　　　　　　　Ⅰ

第四编　遥望远山千重雾　漫思明日万里云

 第三十三章　入狱申请书　　　　　　　　　　- 1 -
 第三十四章　监狱里的大学　　　　　　　　　- 17 -
 第三十五章　以残暴炫耀胜利　　　　　　　　- 31 -
 第三十六章　劫后余生　　　　　　　　　　　- 45 -
 第三十七章　监外牢笼　　　　　　　　　　　- 54 -
 第三十八章　背叛家庭　　　　　　　　　　　- 69 -
 第三十九章　婚姻与政治　　　　　　　　　　- 79 -
 第四十章　　啼笑姻缘　　　　　　　　　　　- 91 -
 第四十一章　悔婚　　　　　　　　　　　　- 101 -
 第四十二章　到处流浪　　　　　　　　　　- 115 -
 第四十三章　"野马"奔突　　　　　　　　- 126 -

第五编　噩梦醒来盼天明　漂泊沦落终有期

 第四十四章　铤而走险　　　　　　　　　　- 137 -
 第四十五章　贵阳收容所　　　　　　　　　- 148 -
 第四十六章　"非洲村"的朋友们　　　　　- 157 -
 第四十七章　爱的权利　　　　　　　　　　- 167 -
 第四十八章　同是天涯沦落人　　　　　　　- 175 -
 第四十九章　海上中秋夜　　　　　　　　　- 184 -

第五十章	爱恨情仇	- 190 -
第五十一章	噩梦醒来	- 201 -

第六编　苦苦挣扎风雨后　殷殷筑梦水云间

第五十二章	潮流	- 210 -
第五十三章	让过去的永远过去	- 219 -
第五十四章	希望不再渺茫	- 231 -
第五十五章	个体户	- 244 -
第五十六章	举步维艰	- 260 -
第五十七章	皮包公司	- 271 -
第五十八章	私有"国营公司"	- 285 -
第五十九章	破梦难圆	- 296 -
第六十章	烧烤日记	- 314 -

后　记　　　　　　　　　　　　　　　　　- 405 -

附录一　屯马屯地理区划沿革考　　　　　　- 408 -

附录二　三都韦氏族谱屯马支脉图　　　　　- 410 -

附录三　《环江毛南族自治县志》摘录　　　- 412 -

第四编

遥望远山千重雾　漫思明日万里云

第三十三章　入狱申请书

一

"七三布告"下达以后，广西"反韦派"面对的是区革筹和军区指挥的部队和"联指"民兵的联合武装围剿。慑于"七三布告"毋庸置疑的权威，"反韦派"各地组织，或主动或被动的都放下了武器，放弃了抵抗，所有人员成鸟兽散。南宁广西"422"在区展览馆和解放路的据点，成为最后抵抗的据点。最终于7月31日在区革筹和军区调动部队、民兵和"联指"武装人员联合围攻下，并动用了正规部队的高射机枪、40式火箭炮、75式无后坐力炮的轰击下，围攻终告结束。在围攻战斗中，解放路及附近三十三条街（巷）被炮火击中起火燃烧，成了一片废墟。至此，广西"反韦派"全体覆没。

据1983年广西"处理文革遗留问题"时的不完全统计，部队和"联指"围攻解放路和展览馆共打死1470人，抓获"俘虏"9845人。

其中：展览馆473人，解放路8445人（包括居民），广西"422"赴京控诉团427人，"流窜犯"500人。这些"俘虏"先后分别关押在区文化大院、区电业局、南宁二中、九中、天桃小学、当阳小学、五里亭小学、南宁幼师、区交通学校，区、市看守所等地。关押在区看守所的265人，区交通学校711人，南宁幼师441人，都被当作"杀人放火""四类分子""坏头头""国民党残渣余孽""反团"等"要犯""首犯"处理。被"俘"人员交各县拉回去"处理"7012人，其中被活活打死共2324人，当作"要犯"长期关押246人。这些具体的情况当时我们是无法知晓的，我们只是从各种渠道传来的消息，得知南宁广西"422"最后是被解放军剿灭的。并且还听说，由于那些放下武器被抓的人，仍然有大量的人被打死，所以，还有数千名广西"422"派一般成员及群众，潜入南宁地下人防工事逃避搜捕。面对广西军区和"联指"武装人员的武力围剿下，那些躲进了地下人防工程的3000多人（有说7000多人），因为地下工程的先进性，致使军队和"联指"一时无法攻入，围攻者便采用水淹的歼灭方案，打开邕江上游左江水电站拦河大坝的大闸，使洪水一夜间奔涌而下，致邕江水位暴涨，将南宁的朝阳路、解放路等淹没。洪水灌进地下人防工事时，躲在其中的人员，不少人只好爬出来投降。但有不少人当场被杀。至于坚守在工事中的数千广西"422"派成员及家属群众，全部被活活溺死。坚守在地下的广西"422"派成员对军区和"联指"要把他们斩尽杀绝的决心已经没有怀疑，他们把唯一的希望寄托在北京"毛主席和中央文革"能派人来救他们一命。他们拍过明码电报，派人突围上京紧急告状。但曾经表态肯定过广西"422"是"造反派组织"的亲爱的周总理，以及敬爱的毛主席和中央文革的"头头脑脑"们，却视而不见，置之不理……。这样的消息明确地向我们提出了警告：不能抱有任何的幻想，要想活命，只有靠自己的智慧和抗争。[1]

---

[1] 见同上《广西"文革"大事年表》115至116页；炎黄春秋杂志社出版《炎黄春秋》2012年第11期晏乐斌"我参与处理广西文革遗留问题"一文。

随着水淹地下人防工程，消灭了最后一批"企图顽抗"的广西"422"残余势力。军事围剿结束了，接下来，我们只能是束手面对革命委员会的纠察队"清理流窜人员"的搜捕。我们一旦被纠察队清理到"八中收容所"（设在柳州市第八中学隔壁的收容所，即为"反韦派"人员设置的集中营），然后交由各人所在地的"联指"民兵押回本地，交"群众"专政。所谓"群众"的专政，就是"群众"性的集体屠杀。像我们这类出身不好的造反大军人员，是绝没有生还可能的。如何逃过这生死的一关，将考验着我们的生存智慧和勇气。我们意识到，避过眼前的风头，或许能逃过一死。至于最后会落下什么政治罪名，不是最重要的，生命才是最宝贵的。眼下为了活命，只有"三十六计、走为上计"。逃离广西。

之前在我们被驱赶出柳江县以后，从三月份起，柳江县及以下各公社就已经先后成立了，以"联指"一派控制的"革命委员会"。到4月26日柳江县革命委员会成立。自此后，全县的所有工作都是在革委会的领导下进行。从6月份起，在县革命委员会统一部署下，各公社就先后掀起了"对敌斗争的十二级台风"，开始了有计划的成批的杀人。这一类消息一直源源不断的，在我们这些逃难者当中流传着。

根据广西区革筹和广西军区"关于清理流窜人员的指示"精神，对之前从各地农村逃到南宁、柳州、桂林、梧州等城市里来的"反韦派"人员，进行全面清理和搜捕的工作已经展开。但是柳州方面的这项工作好像开展得稍晚一些，也许是因为在"七三布告"下达之前，柳州造反大军由于抢了"援越物资"和一批部队的枪支，具有一定的抵抗能力，且把柳江南岸的"联指"主力都赶到了北岸，柳州河南一带"反韦派"有一定的群众基础，考虑到如果调动部队直接进行武装围剿，可能会遭到柳州造反大军的拼死抵抗，有可能会将事态扩大而震动到中央，导致问题复杂化。由于存在这一考虑，给了我们一点喘息的机会，使我们得以做出外逃的打算和准备的时间。

然而当时要逃离柳州是一件很不容易的事情，至少得具备两个条件：第一是必须要有钱；第二是必须要有革命委员会的证明。首先是要有钱，有了钱，证明可以通过用钱买得到。

为钱的事，我和思学之前曾和"柳江联战"的韦云哉等几个头头们商量好，他们同意将他们手中所掌握的那批钱，分给各公社组织，安排所有人员逃离广西，暂避风头。据我所知，当时他们变卖云头岭供销社转运站的物资得了一批钱，具体有多少我们不得而知，估计可能会有十多万元。若是按原来他们答应的办法，每个区组织分发二至三万元，也就可以帮助我们所有的人逃离广西，暂避风头。

然而，不可理喻的是，在这么多人的生死存亡关头，韦云哉他们变卦了。他们还幻想着要保护好这些国家财产，以避免落下"打砸抢"的罪名。如果把这些钱瓜分掉，担心他们要坐牢劳改。他们还幻想着要保持"红卫兵"组织的"纯洁性""革命性"。他们甚至于还幻想着回去县里的革命委员会中，争一席之地。这种幼稚的想法，仍然在他们的思想中占着主导地位。血腥的现实还没有惊醒他们的梦想。他们还抱着一种糊涂的幻觉，他们认为那些被"阶级斗争的十二级台风"杀的都是地富分子，那是阶级斗争。而他们都是贫下中农子弟，是毛主席的红卫兵，还属于人民内部矛盾，他们竟然没有动过要避避风头的念头。为他们这种不可理喻的幼稚和天真，给整个柳江县的"反韦派"造成了本来可以避免的死伤。而他们几个头头自己，也为了他们自己的幼稚和天真，付出了青春和生命的代价，铸就了共和国历史的千古遗恨。

"柳江联战"头头们的变卦，使得我们原来所设想的，我们三都造反大军成员的遣散和安置的计划落空了。我和思学在无暇顾及的情况下，无可奈何地不得不忍痛，置我们一个组织，同生死共患难的弟兄们于不顾，招呼都来不及打一声，在二姐那里，把母亲身上仅有的以及二姐给的不到三百元钱拿走，花了五元钱买了一张伪造的证明，买了两张到北京的车票，登车北上，逃离柳州。把母亲和三姐丢在二姐家不顾，也没有考虑到已经负伤致残的二哥将作何打算、是死是活。我和思学的不辞而别，致使三都"造反大军"树倒猢狲散。但却也给所有成员指明了之后的出路：只能各人自寻生路，择机逃生了。然而，毕竟还是避免不了其中的一部分人，因这样那样的原因被抓回去而被打死打伤的。为此，我们也常常引以自责。

在以后幸存下来的岁月中，每每想起自己在那大难临头的时刻，没有能为整个组织，为曾经同过生死共过患难的伙伴们的安危尽一点责任，而心存内疚。对那些因此而死去的伙伴们，我一直在心中背负着道德上深深的自责。虽然那不是我个人的责任。

二

我们之所以要到北京去，原来只是天真的企望着去投靠家在北京的董老师。因为我们认为，北京是首都，是皇城脚下，不会像我们这天高皇帝远的广西，那里至少还应该有王法、有纪律的。我们要去投靠的董老师，是柳州市公园路小学的老师，是柳州市教总组织的人，她是北京人，她娘家还在北京。她的演讲极具鼓动性和号召力，她在桂林那场，令整个解放广场数万人为之啜泣的演讲，让我们从内心里崇拜她。她是在"七三布告"下达后回的北京。然而我们到北京找到她后，她也正束手无策。她本欲带我们到青岛去避一避，然而我们身上的钱已所剩无几，而老师也正为此而一筹莫展，不知如何渡过这一关。对于我们，她也就爱莫能助了。

我们无可奈何地，悻悻的离京南下，又辗转到河南安阳去投靠孙老师。孙老师在运动初期，就首当其冲受到政治迫害。刘老师曾告诉我们孙老师的地址，并告诉我们，如果有必要时孙老师可能会给我们提供一些帮助。但到了安阳却扑了空。其实老师们当时都已自身难保了，我们也只是穷途末路地抱以万一的希望而已，至此这万一的希望也已经彻底破灭了。我们又挖空心思地、抱着渺茫的希望，决定到宁夏银川市去，找思学同村小时候的伙伴，那小伙伴是在文革初期，就到银川市投靠他叔叔，我和思学曾经给他弄了一张到银川串联的免费火车票。但是，当我们到银川一下火车，正好又遇着全城戒严，按地址找到家，结果连门都叫不开，只好悻悻地在街上漫无目的地走着，被盘查时，又不敢拿出那张假证明，就被抓进了银川收容所。

在收容所里不敢报上真实姓名和地址，被打得死去活来。我们两个人被分开来审问，因为我们事先没有协商约定过，在被审问时，我的答问就和思学难以一致，那些收容所的干部就采取了各种各样层出不穷的方法折磨我们。

他们把我带到一个办公室里，叫我跪着，要我从膝盖以上把腰身挺得笔直，和跪在地上的两条腿形成标准的90度直角，两条腿从膝盖到脚尖，要伸直成一字形紧贴于地面，不能有空隙。我由于脚尖不能与小腿伸直成一条直线，脚腕关节弓起与地面有间隙，他们就下死力地踩住我的两个脚后跟，使我的脚面紧贴到地面为止，我感到撕心裂肺的疼痛，禁不住的连声惨叫。他们提出问题要我回答，我每回答一个问题，和思学的答案不一样，就会受到一顿毒打。思学是被怎样折磨，我当时不知道，但是我们都可以彼此听得到对方的惨叫声。惨叫的声音又让人在精神上增加了恐怖感。促使我们不得不老老实实的回答他们提出的所有问题。当我如实的回答他们，我的家庭成分时，他们三个人异口同声地发出了狞笑："狗崽子还敢不老实？"其中一个就抓住我的手腕，使劲地掰折我的手腕关节，使我的腕关节超限的屈曲，近似脱臼，活生生地就把我的整条手臂的手筋拉伤，使我的右手腕关节当时就肿起如馒头一般大，疼痛钻心而动弹不得，完全失去了活动功能。脚关节也被踩得肿胀疼痛，无法正常行走。直至很久以后，虽然基本恢复，但在走路时，脚踝关节里总是走一步就响起一声清脆的，骨关节的"得、得"地磨擦撞击之声。他们折磨人的手法娴熟，而且在折磨人时，所表现的那种自得其乐的神态和表情，让人看了觉得他们不像是在折磨人，而是在娱乐消遣。我们无法像电影中看到的，那些坚强的革命者那样坚贞不屈。因为我们找不到自己的信仰，没有了最后胜利的坚定信心。我们已经变成了革命的对象，我们已经没有什么前途可以企盼的了。我们想：在这里被不明不白地打死，还不如说出真名实姓，回去死个明白。于是我们俩也就如实地报出了自己的真实地址和姓名，经他们对照了我们两个人的口供一致后，向我们的家乡发出了核查电报。过了几天，收容所发去的查询电报的回电答复是："反革命组织头头企图畏罪潜逃苏联请押返原籍处理。"为此我们又挨了一顿触及灵魂的毒打。

我们第一次领略了被"收容"的生活,是在银川市的收容所里。银川市是宁夏回族自治区的首府。在文革中,银川也曾经是武斗灾区之一。在银川收容所里,关押着乞丐、小偷、扒手,但当时所里超员关押的众多人中,以政治罪名的"犯人"居多,事实上当时全国的"收容所"都已经变成名副其实的政治迫害"集中营"。在押的"收容人员"中,有本地人,还有来自五湖四海的外地人。这些"被收容"的人员中,都是在全城戒严中查户口时,没有户口,没有证明,或者是使用伪造的证明被识破的,带有政治嫌疑的流窜人员。这些人实际上都是各地逃难出来的。

在地处中国西北黄土高原北侧,贺兰山东麓的银川平原上,银川市收容所里,一排十多间低矮的泥坯房里,砌筑着北方人惯用的土炕,占去房内空间的四分之三,炕上没有席子,只有胡乱散放着的谷草,这里一堆,那里一簇的。还有就是所里发给犯人用的,零零星星的几床肮脏油腻的,里面的棉花已经板结成一砣砣一团团的所谓被子。那还是只有本地人,且没有重大政治嫌疑的人犯,才有幸得到特殊的照顾,分到这样一床被子,晚上可以裹着这被子,一半当席子一半当被盖。银川虽然气候温和,但大西北的风沙是我们南方所没有的,到了八九月份也已是初秋时节,晚上睡在光秃秃的灰土炕上,还是感觉到彻骨的寒冷。我和思学两个人多亏了思学一直带着的那件黄色的,已经旧得发白的中大衣,再则就是从其他人匀给的一小抱稻草,才挨过那一阵不是人过的不堪生活。

收容所里吃的是一天两顿饭,一顿一个高粱窝头或者是玉米窝头,外加一小碗小米稀粥,有时还有几丁咸萝卜。反正饿不死,也饱不了。

在收容所里,我们遇到三个来自广西的老乡,其中两个是来宾县的三十多岁的男子。另一个是来自钦州县的,不到三十岁的女教师。从接触中知道大家都是同路人,但彼此相互提防着,没有向对方透露过多有关自己的信息。在谈到广西的武斗和死人的事,大家都点到即止,只表示出了对广西"反韦派"的悲惨遭遇的同情,但谁都没有表露自己是哪一派的。从外表上看，两个来宾男子的其中一个，像是农村的农民，模样猥琐、怯懦，战战兢兢，似乎是刚刚经历过大灾大难，死里逃生出来的。我们知道，来宾县的"反韦派"在来宾占绝对的弱势地位，老早就被从来宾赶出来，没有逃出来的"反韦派"人员和四类份子及其子女，都被"群众专政"成批大量的打死。来宾县杀人吃人的事我们早就有所耳闻，这个人想必是余悸未消，且意识到自己即将面临的下场，所以他的精神状态可想而知，是可以理解的。但他表现出的过于猥琐，过于的战战兢兢，又有点让我们看不起他。而我们何尝不是心里害怕呢？不过是五十步笑百步而已。

  那个来自钦州的女老师，外表端庄、服饰整洁，从她的言谈举止中，让我们相信她没有欺骗我们，她就是当时的一幅教师模样。也许她也是从我们的外表及年龄看出了我们的学生模样，而对我们表现出些许的信任，她单独和我们在一起时，明确地表露了她是"反韦派"的人。她早在钦州发生武斗时，就逃到了南宁，在"七三布告"下达后，区革筹和军区对南宁实施武装围剿前，区革筹刚发布"关于清理流窜人员的指示"后不久，就逃离广西，像我们一样到银川来投靠亲戚，在查户口时，因为没有证明而被抓进来的，由于是在亲戚家抓的人，她的身份也就没有隐瞒的可能。从钦州她的单位发来的核实电报的答复，证实了她的身份，同时也证明了她是当地被"通缉"的"政治"人物。因此她也没有逃脱收容所的下马威这一关。从她面部的青紫淤肿痕迹可以看出，她也和我们一样，肉体和灵魂都受到过"严厉教训"。从她端庄的面容和线条分明的身材可以想见，她还受到了比我们多一重的侵害，她没有向我们明说，但从她口中骂出"这帮流氓"的话语中，我们已经领会了其中的含义。她把我们当学生、当弟弟看待。她经常独自一个人在收容所狭小的院子里的角落散步，并轻声的哼着伤感的"抬头望见北斗星，心中想念毛泽东，想念毛泽东！迷路时想你有方向，黑夜里想你心里明。"当她发现我们向她走去时，她的歌声戛然而止，在她的脸部凝住了茫然的表情。正如歌声中唱的，我们明白我们面前的道路是黑暗而迷茫的。

在银川市收容所关了一个多星期后,我们和两个来宾人被用绳子绑着串成一串,押送到银川火车站上了火车,遣送回广西。一路同行的还有铁路沿线途经的甘肃、陕西、四川、贵州、河南、湖北、湖南、山东、安徽、江西等省区的被遣送人员,足足装满了一整个车厢。到了车上后,才给我们几个被绑着的广西人和湖南人解开绳子。随车押送的有收容所的八个工作人员,有背着手枪的武装人员。押送人员分两组守住车厢两头,并随时有人在车厢中间巡视。所有的车窗关闭严密,不许稍有打开。伙食由收容所与餐车负责,一日两餐,两个盒饭。上厕所必须经过批准,且有人随同监视。可谓戒备森严。

不知为什么,这次被遣送的人中,居然没有那位钦州的女老师。不知她最后遭遇如何?

这趟遣送途中经过甘肃的兰州市,陕西的西安市等省会车站时,押送人员则将该省的被遣送人员押下车,与当地收容所在车站办理交接手续。途中在河南省三门峡市收容所、河南郑州市收容所、湖北省武汉市收容所停留中转。

到了武汉收容所里,遇到了满满两屋子近两百个广西人,不言而喻,都是广西"422"的逃亡人员。他们先到的已经正在密谋着搞集体越狱,所以我们刚到,在他们还不了解我们的身份前,不给我们进入专门关押着广西人的内间屋子,他们正在秘密挖掘越狱的通道。在他们确认我们为同路人之后,也接纳了我们。但是,在我们到达武汉的第三天,不知何故,我们集体越狱的计划就泄密了,把所有人分开拷问后,查出了几个为首者,分别受到一番毒打后关进特监室。当时武汉的收容所已经人满为患,且绝大多数是广西人,而且还在不断地从各个地方送来。事发后的第三天,收容所就匆匆忙忙的,由当地武装纠察队,将我们广西人用专车押送到汉口车站上火车,占了满满一个车厢,三个人的座位,坐四个或五个人,两个人位子坐三个人。那几个为首组织越狱的人,一直都被绳子绑着串在一起,有专人监管。沿途都不办理交接,全体直接武装押送回柳州。

三

到了柳州火车站，由收审所（当时的收容所已经改称为收容审查所）派专车，由解放军和"纠察队"全副武装到火车站接收。在车站里三步一岗五步一哨，把所有被收审遣送的人押往车站站台南头，从平时供司乘人员进出的便门出站，押上收容所的汽车。到了收容所里，分别一个一个甄别核实了姓名地址后，就赶进由两排并排，南北对开的房屋，两头砌着高高的围墙构成的一个长方形的院子里。中间的进出口有解放军武装把守。院子里的两排房屋各有四间类似教室一样的房间，里面除了人外，什么都没有，满屋子满院子都挤满了坐着的、站着的、席地躺在光秃秃的水泥地板上的人。只是靠西南头有一个小房间锁着门，里面的地铺上躺着几个重要人物，都是柳州造反大军除白鉴平、廖伟然等以外的重要人物，如财贸联司的覃天飞，柳州一中的学生头头明再胜等。

回到柳州已是 9 月下旬，就关在八中的收审所里。收审所里关着的都是本市和从周边县份"流窜"出来的"反韦派"的人。这些人有在本市清理"流窜人员"时抓的，有从全国各地押送回来，准备中转押回各县的。因为每天都有成批被抓进来的人，收审所里已是人满为患，所以在这里关的时间一般都不会太久，随时都有从各县来的纠察队从这里把人用绳子捆成一串一串的押走。关在这里的柳江县人最多，所以在这里关的时间就不长，一则从这里到柳江县的路途最近，二则柳江县的人最多，一般够一车就通知柳江县的纠察队来人押送回拉堡。在这里关着的人，有原来认识的，也有不认识的，反正彼此知道都是一派的人，都知道只要从这里被押走，也许就是最后的决别了。进到这里的人彼此的命运和结局都一样，都将面临九死一生。认识和不认识的人互相传递着从各方面带来的信息。从这些信息中得知：韦云哉他们被打死的场景惨不忍睹。据目睹过当时那个场景的知情者们说：他们七零八落地被遗弃于街头路沟边的遗体面目全非。他们有的在临死前的惨号时，张开的嘴巴和圆睁的双目，直到死后依然没有合上，状似诅咒苍天；有的死者的口中还被杀人者插入长长的木棍,木棍的一端被石块压在路沟边,把死者的头高高翘起在路沟边上,向路人展示着死者血肉模糊而哀怨痛苦的遗容,一双双永不瞑目的眼神凝住了死前的恐怖、无奈和绝望,仰望着苍天;一具具被血污结实的麻绳五花大绑着的尸体,被撕扯暴打成破布片儿的血污褴褛的衣裤,无法裹住死者裸露的、血迹斑斑的尸身;有的死者被暴虐者刻意地将那无以遮蔽的臀部和下身,暴露在光天化日之下;他们故意把那些血肉模糊的死者弄成头朝下屁股朝上,用木棍从股沟插入肛门……竭尽所能的羞辱死者,以彰显他们作为胜利者的无所不能,让死者成鬼都无法保有一丝丝尊严,让他们受到人们无尽的耻笑。整个场面惨不忍睹,人性荡然无存。在他们的意识里,只有这样才能彰显他们的彻底革命性。那样惨无人道目不忍睹的暴虐场面,没有人出面阻止。跟车押送的解放军没有阻止,县革命委员会也没有哪怕是象征性的劝止。事后人们在议论这件事时,从来没有人怀疑过,那正是当时的革命委员会事先所设计和期待的结果。

屠杀现场的墙上,到处有落款着"柳江县革命委员会"的,"欢呼无产阶级'文化大革命'的伟大胜利"的大幅标语。更具有讽刺性纪念意义的是,韦云哉他们一众"柳江联战"的头头们被集体屠杀的日子,恰好是"8·18"两周年的日子。显然是策划杀人者有意挑选的日子。"8·18"在中国人心目中已经成为一个永远的历史记忆。1966年的8月18日,是毛泽东第一次在天安门城楼上接见百万红卫兵的日子,人们已经习惯把这个日子,当作红卫兵的诞生纪念日。在柳江县策划这场屠杀的刽子手们,选择这个日子,肯定有其特殊的用意。他们是为了彰显他们的胜利?是为了证明阶级斗争理论的英明伟大?还是为了彰显革命暴力的至高无上?如此种种猜测,其真相人们都不得而知。至今在每一年的这个日子到来的时候,人们想起的只是,毛主席和林副主席在天安门城楼上,向他们脚下的天安门广场上,千千万万激情澎湃的,高呼"毛主席万岁!万岁!万万岁!!""伟大的无产阶级'文化大革命'胜利万岁!"的红卫兵招手示意的伟大场面。而可以肯定的是,不会有人还记得,1968年的8月18日这一天,在柳江县文化宫的广场上发生的那一幕了。全国其他地方的人们从来就不知道这件事的发生，就算是经历过这段历史的人，也没有几个人还记得。柳江县县志里没有这个事件的文字记载。正如学者王友琴所提及的"选择性记忆"，人们已经习惯于"选择性记忆"了。因为时间的久远，这个事件就像没有发生过一样，被淡忘。没有人会把那个血腥的场面，联想到1966年8月18日在天安门城楼上，毛主席和他的亲密战友林副主席那心灵相通、志得意满的神情。然而，1966年的8月18日却是我们这一代人永远也忘不了的日子。只是各人的感受不同而已。

　　当时韦云哉他们还都是66届的高中毕业生。他们正准备着参加高考。如果没有这场"文化大革命"，以他们的才华和出身，这时可能已是北大、清华莘莘学子中的一员了。"风华正茂"啊！这都是为什么？为什么？？我们这些还苟活着的人，那时已无暇思考，我们所要面对的，是即将到来的同样结局。

　　我很清楚地知道自己的处境，自己虽然不算头头，但是在这场争斗之初的文斗较量中，自己的语言和文字已使对方恨之入骨，况且自己还是出身于"黑五类"之首的地主家庭，落在他们手里，"处理"起来将更是无所顾忌。事实已经给我作出了肯定的答复。在我们刚回到柳州获知同学们、战友们的不幸消息的同时，我在柳州的二姐在送到收容所给我的鞋子里，就秘密地给我用缝衣针别着一张字条，给我传递了一个令我欲哭无泪的噩耗：一直回避这场运动的三哥，因为受了我的牵连而逃到贵州做工避难，这个月的十三号也是被从这个收容所送回去时，和几个同时被押送回去的人，在大队革命委员会门口，被大队"保卫队"活活打死了。我要是被押回去，就更别企望能幸存了。二姐在纸条中嘱咐我设法逃跑。于是在第二天的晚上，我在关满人的院子里，趁卫兵和院子里的人稍不留意，以我自己都不敢相信的勇气，以及灵巧和快捷的动作，从关着重要人物的房间的窗子，攀上旁边的院墙，居然翻过了围墙，但我却无论如何也翻不过外面那道更高的，上面有铁丝网的石头围墙，我失败了。我只好无奈地被持枪的解放军卫兵押回值班室，受到一顿顿枪托子的暴打。有一个穿着四个兜军装的军人看到我当时还似乎稚气未脱，便悄声拦住不让再打。他问我为什么要逃跑？我回答说：'反正回去也是死。'后来他们就把我和柳州一中的明再胜他们关在一个房间里。在明再胜被宣布拘留送进监狱的第三天，我和思学及所有柳江县的人，就都被用汽车押送回柳江县城拉堡。

四

我们是被用绳子捆绑成一串在车上押回去的。回到柳江就直接送进了看守所，在监狱外面的第一道围墙里下的车。这也是一种人道措施，如果在街上下车，肯定就一个也活不了了。可见形势有所好转。下了车点名后，思学和其他几个别的区的头头们，当场就被钉了脚镣投到监牢里去了。我和其他人则还集中关在监牢外面的一个大房子里，是准备押回各公社去的。这时摆在我面前的结果已是很清楚了，我已经在心里无可奈何的作好了死的准备，但我仍然本能的，在思考着如何才能保住性命。

10月1日国庆节那天，思学和在监牢里的所有头头们，都戴着脚镣手铐被押到县文化宫广场批斗示众。回来时，一个个狼狈不堪，浑身伤痕，但毕竟都回来了。我得到了启示：如果自己也被关进监牢里去，就不用被押回区里、公社里去，就不至于被打死了。监狱毕竟是法制的地方，至于以后被如何判刑劳改，但可以保得一条命在，所谓"留得青山在不怕没柴烧"。于是我琢磨着写了一份"入狱申请书"，给自己罗列了一些本来不是自己的罪行，或者纯属子虚乌有的事情，要求把自己关进监牢里去，并且写着："本人罪大恶极，回去肯定要被群众打死的，所以申请入狱接受政府的处理。请政府批准。"我把写好的"入狱申请书"交给了那个负责监管我们的，公安局姓熊的股长。

入狱申请书交上去三天后的10月4日，我终于等来了一张拘留证，心甘情愿地在上面签了名，并如获特赦证书即将走出监狱一样轻松的心情，感激涕零地跟着监管人员，走进戒备森严、人满为患的高墙内的监牢里。

五

我知道，这是让很多没有亲历过那段历史的人，感到匪夷所思，自古以来少有的荒唐事。但却实实在在的，是我自导自演的一个真实的故事。如果柳江看守所里的文革档案没有销毁，我于1968年10月1日亲手书写并交给公安局预审股熊股长的那张"入狱申请书"应该是可以找得到的。现在，每当我回想起当初为了活命，而向公安机关提交的那份"入狱申请书"时，总是让我如鲠在喉，说不出是悲是喜，是荣是耻？我对我的贪生怕死而感到耻辱，感到自惭形秽。但在那种情况下，我确实怕死，因为我认为自己不应该死，这样就死了不明不白。我想，如果我的死能流芳千古，那么我也同样可以和许多先烈一样从容就义，慷慨赴死。反之，如果我们当初是出于反对毛主席亲自发动的"文化大革命"，而成了名副其实的"反革命"而死，总算有个死的理由，那也无话可说，也就不算冤枉了我们当初的一番轰轰烈烈。我反思了我自己从这场"文化大革命"开始到当下的结局，我们每一步都是在毛主席的一个一个最新指示指导下，在党中央和中央文革一个一个"通知""通告"的红头文件的指引下，走过来的，全国的大形势都是这样的。广西"反韦派"的"422""造反大军"和"保韦派"的"联指"之间的斗争，还不是由这场运动所挑起？若是依法而论，两派的所作所为，违法的事哪派都没有少干。"联指"凭借着自己有权有势的靠山和后台，打着革命委员会的招牌，刮"十二级台风"在全县范围内屠杀无辜群众，手段残忍到丧失人性的割人头、挖人肝、吃人肉的程度，难道这些行为就是合法的？应当得到毛主席，党中央和中央文革的支持？而党中央毛主席为什么就只容不下"反韦派"呢？非要置之死地而后快呢？韦国清能代表毛主席党中央吗？当初为什么又要我们打倒他呢？当时周恩来为什么要表态支持广西"422"，说广西"422"是造反派组织呢？毛主席不是说"造反有理"吗？为什么一下子就翻脸把我们打成反革命，要赶尽杀绝呢？我自认为若依法，我个人罪不至死，我三哥更不该死。然而眼下整个社会是"和尚打伞无法无天"，唯有这监狱里才能和法律沾上点边儿。所以我想：回到家里被任意的戴上个罪名被"群众专政"的乱棍打死，还不如到监狱里接受"法律"的审判，就是死也死得明白。生命是宝贵的，生命给予人只是一次，就算是苟且偷生，也要想方设法保下生命。想起殷夫烈士翻译的，匈牙利诗人裴多菲的："生命诚可贵，爱情价更高。若为自由故，二者皆可抛。"一诗，让我沉思：当下的社会，没有自由，没有爱情，就连自己的生命，都不如蝼蚁般的低贱而任人践踏，偌大一个中国，居然没有个比监狱更安全的地方，尽管监狱里没有自由，而监狱外面不光没有自由，更是连个苟且偷生的地方都没有，而不如进到监狱去苟且偷生。但是，那个时候，进监狱却不是想进就进的，还得祈望"上天"的恩赐，这不是天大的荒唐和讽刺吗？这样的世道能不说是暗无天日吗？越是暗无天日，这生命就越显得珍贵，就越想期待生命的阳光。于是，我就采用了和许多人在坦白自己罪行时，避重就轻或隐瞒的相反做法，反其道而行之，尽量地把那些众所周知的事件和罪行，都揽到自己的身上，为构成入狱的条件而罗列自己的罪行，写成了"入狱申请书"。

在构思"入狱申请书"时，我曾一度在心中自嘲：自己曾经在读小学时写过申请加入少年先锋队的"入队申请书"；在中学时也曾动过写"入团申请书"的念头；也曾幻想过有一天也要写一份"入党申请书"，申请加入中国共产党。但随着阶级斗争成了"纲"的时候，阶级斗争的火越烧越炽烈了，我就再也没有机会写"入团申请书"，更不敢动过要写"入党申请书"的念头。而"入狱申请书"却是从来没有人写过的，在辞典里，在任何著作中也找不到范例的。有史以来，更没有听人说过，谁会自愿申请去坐牢的。万万没有想到，要进监狱坐牢却成了我的"理想"和"愿望"。

自古以来视"锒铛入狱"为灾难，为耻辱，为倒大霉，世人唯恐避之不及。曾几何时，会有人自愿申请入监坐牢？后来到我如愿以偿地进了监狱后，从狱中狱友们的议论中才知道，在共和国历史上的大饥荒年代里，人们食不果腹、饿殍遍野时，也曾经有人为了牢里的两餐饭而自愿坐牢的。但他们不用写"申请书"，而是故意不顾一切地去偷去抢，去创造坐牢的条件。我的"入狱申请书"的事例，也许将会成为共和国空前绝后的一段奇闻。而眼下，在面临着生死存亡的关头，两害相权取其轻，在监狱里所受的肉体折磨，总比在监外被"群众专政"的乱棍打死好，至少可以留得一条人命。我为能进监牢而自感庆幸。确实应该庆幸，有什么比生命更宝贵的呢？为此我还一直在心中认为，我之所以有幸从那万劫不复的境况中活了下来，是我命中有"贵人"相助。直至过了半个世纪后的今天，我仍然在内心感激那位拿着拘留证来让我签字的熊股长。我一直坚信，不管当初他是出于什么考虑，他一定非常清楚地理解我的那份"入狱申请书"的用意和企盼，他当时也许出于一念之慈：救人一命胜造七级浮屠。

在那腥风血雨的年代里，一些巴不得我们都死绝的人，曾经抱怨过监狱成了我们造反大军的"保险柜"。在政治黑暗的年代，人们都抱怨监狱的黑暗蔽明，遍地冤狱。而在政治清明的法制年代，"监狱"是惩罚罪恶的法律工具。但是在那个疯狂的年代里，它却有着多重的作用：它既能惩罚罪恶；也能"保护"无辜；也同样可以成为当权者迫害无辜的工具。如刘少奇、彭德怀、贺龙等等许许多多，为革命事业奋斗了一生的老一辈革命者们，不都是在他们自己所建立的"监狱"里，蒙冤含恨而死的吗？也许这就是事物的两重性吧。

不管怎么样，我的"入狱申请书"却是实实在在的，让监狱保下了我的并不高贵的生命。

第三十四章　监狱里的大学

一

我被监管人员押着,从一座黑色沉重的大门中间的一个小门洞中进入监区。进到那四周环绕着高高围墙的一个长方形的院子。在院子里向上仰望,是一片被铁丝网围绕着的长方形的天空。监狱的大门坐落在院子东面,进门左侧围墙边,是一座高高的岗楼,整个监舍(当时都称为"笼")成"]"字形,面向岗楼排列于院子的南、西、北三面,被高高的围墙围绕在中间。在"]"字形背面有一排公共厕所和一片空地,是囚犯们放风时的活动场所,排队如厕也就等于放风。牢笼面向岗楼的一面,全是如人的大腿般粗大的笼门杠。从岗楼上可以观察到笼内的所有活动。笼里的光线不错。岗楼上面是个约有九平方米宽的平台,设置有探照灯。全副武装的卫兵在上面不停地游动梭巡,整个监区内的每一个角落都可以一览无余。在院子里还设有流动哨,到每一个"笼"前巡视,近距离的监视着"笼"内的活动。

进了监狱,我一颗悬着的心终于放了下来。我被关进7号笼里。刘建陆已经先期在我之前关在里面。里面有土博公社的梁建德;还有洛满公社的柯玉忠老师,和白发苍苍的银老师;以及其他公社的,原来认识的和不认识的人。一个本来按规定只关七个犯人的牢笼里,加上我进去后是第二十一个,平均每人所能占有的面积大约是一平方米左右,睡觉时一个紧挨着一个,要翻个身都不能那么随便。白天是不准睡觉的,只能是一个挨着一个的靠墙而坐。笼里的地板是木地板,既是地板又当床。在靠里面的角落放着一只尿桶,不是放风的时间要撒尿,就撒在那只桶里。我刚进去时,就被指定安排睡在靠尿桶角落的位子,尿臊味儿尽管熏得难受,但是这一路上经历过的收容所的条件,远比这里差得多,对于我来说,也就没有什么不适应的了。

当时，监狱里犯人用的铺盖棉被，都是各人家里送来的，但我家里人都在各自逃命，这个时候彼此间杳无音讯。再说，就是知道了，也不敢露面。只要露面就等于是自投罗网。二姐可能知道我已经回到柳江，但她也是不敢到柳江来的。在城市里人多，且两派群众都有，在众目睽睽之下，那些想杀人的人，多少有些顾忌，不至于敢那么肆意妄为。但是只要是到了农村，都是"联指"民兵的天下，他们要杀一个人，就等于是杀个鸡宰个羊一样随意，也不怕人看见，不怕人记仇，不会有什么顾忌。

二姐不敢来给我送东西，就没有人给我送东西了。家里本来已经是空空如也，也没有什么东西可送。

第一个晚上我只能和衣席地而卧。我这身衣服是从柳州穿到北京，再由北京穿到银川，又从银川一路辗转回到柳江。这一路上，在收容所里裹稻草，睡地板，脸都难得洗过几次，更是无缘洗澡。这身上的衣服更是一直就没有洗过换过。原来还在监外，生命尚朝不保夕，哪里还有心思留意自己身上的脏臭。进到监牢里的第二天，趁着放风的时间，在狱友们的指点和帮助下，弄来了一小盆水，终于可以擦一擦这脏臭的身上，暂时借穿了建陆的一身衣服，才可以把这身上的，穿了快两个月的衣服脱下来，胡乱地过一下水"洗"了一下。第二天晚上在建陆的邀请下，在狱友们的共同协调和关怀下，大家都挪一挪，在中间腾出了一尺之地，我才能和建陆一起共被而卧，也就离开了尿桶边的位子，少受了一点尿臊味的熏陶。而原来在靠里边位置的那个狱友，却代我受了这份罪。

那个狱友不是我们一类的"政治犯"，他是"二进宫"的小偷惯犯了，他对我们这些"政治犯"怀着一种崇敬的感情。他认为我们是干"大事"的人，而他们只是干些小偷小摸，昧着良心干些损害老百姓的小事。不过他说，在那衣食无着，生活渺茫的境况下，为了生存，那也是不得已而为之。在不得已的情况下，也就没想那么多了，什么道德、法律也就抛之脑后了。过后也感觉到良心上过不去，也有些后悔，但是在那那种走投无路的关头，又把这一切的后悔抛之脑后了。他说："我们不像你们，你们还有老百姓同情支持，而我们却是人人喊打的角色。"他倒是说出了真心话。但是在这当头,监牢里备受折磨的,是我们这些"政治犯",那些管犯人的人,已经无暇顾及,也不太理会他们这类人了。

监狱里制度很严厉,晚上按时睡觉不得讲话。白天不许睡觉,只能坐着,但也不能相互交谈,只能闭目思过,自我反省。也不准站起来走动。就是要到尿桶去撒尿,也必须向看守报告。我有一次要撒尿时,大声向看守报告,由于语言连贯不准确:"报告,武装撒尿。"引起全监狱的人都哄堂大笑起来。其实也没有什么特别值得好笑的,只是人们长时间的禁锢、憋屈,一下子有了发泄的引子,大家也就情不自禁地,故意放纵的大笑。大家同时的这一笑,那看守也拿大伙儿没辙,法不责众嘛!但这一下就苦了我,那操着玉林口音的看守,骂骂咧咧地跑到7号笼来,拿着一副锃亮的手铐,叫我伸出双手,就恶狠狠地铐住我的双手,然后满足自得的用玉林口音骂着:"丢那妈,想死眸?"

我还是第一次戴手铐,刚开始没有什么难受的感觉,这比被绳子捆绑要轻松舒服得多,但过了一阵子,因为他当时是狠命的一压,卡得很紧,慢慢地就觉着手臂发胀发痛得难受。狱友们见我难受,就教我用竹子剥成一个薄片,然后顺着手铐的齿缝往里插,把里面的卡齿顶住就可以打开了。我照着这个办法,用吃饭的筷子剥成了一节薄竹片,照着这个方法,果真就把手铐打开了,但我也不敢完全脱掉,仍然自己把自己重新铐上,做个样子,松松的,等于没铐一样。等那个看守要换班的时候,他也觉得解恨了,来给我脱铐时,我就自己把铐子压紧些,不让他知道。

在笼子里虽然不让讲话,但我们还是经常地看着卫兵巡视走远后,小声相互交谈、讲笑,摆故事解闷解愁。笼里最老的是银老师,也是最有学识的人,很受我们尊重。他经常给我们讲些典故故事或者唐诗之类的,我们可以从中解除烦恼和忧愁,又可以学到不少的知识。

我入狱后的第三天,即1968年10月6日,正赶上一年一度的农历八月十五中秋团圆节。那天的天气,是我记忆中所经历过的中秋节日，天气最不好的一个中秋节。那一天，整天都是阴沉沉的。从那牢房门口粗大的栅栏间隙中，向那绕着铁丝网的高高的狱墙之内看去，院子里所能看到的一片天空是灰蒙蒙的。天空本来所独有的蔚蓝和辽阔，被灰暗的天幕遮蔽得严丝无缝。空气沉闷得几乎让人觉得窒息。无法感受到一丁点秋的凉意，我们的心情坏透了。

这一天，监狱里所有的人都变得沉默寡言，整个监狱里，显得从来没有过的异常静谧。每个人都不由自主地思念着自己生死不明的亲人、朋友，或那些已经死难了的同学、战友。吃过晚饭后的傍晚时分，天气变得更糟，天空居然飘洒下，在这样的节日里从未有过的毛毛细雨，天好像也在暗暗地啜泣。整个晚上，月亮就没露过一面，哪怕是一丝儿朦胧的月光都看不到。自然界的一些自然现象，有时确实也诡异得令人难以置信。这天似乎也感觉到，这世事如此的不平不公，多少人无家可归，多少人有家难归，骨肉离分，生死两茫茫。此时、此情、此境，难免苍天垂泪、晦暗蔽明，亲人团聚成为一种奢望，何来天伦之乐、团圆之喜？！

牢笼里鸦雀无声，囚犯们都在各自想着心事。这时，我在思念着我的父、母、兄、姐。我在极力地回忆着已经两年没见，而且永远也不可能再见到的，已经死难的三哥。接着又在三哥哀怨的身影背后，不断地涌现出智川、多德、华年、如多、姜成业、辉尤等等所有的，已经死去的兄弟、朋友、同学、小伙伴们年轻的身影，我情不自禁地啜泣着哼起了《怀念战友》："……啊！亲爱的战友，我再不能看到你雄伟的身影，和蔼的面庞。啊！亲爱的战友，你也再不能听我弹琴，听我歌唱。"

我的情绪感染着所有的牢友们，会唱这首歌的人，都跟着轻声哼唱起来。在我们哼唱到曲终，正陷入沉思而静默之时，传来了银老师苍老、忧郁、深沉而顿挫的吟诗之声。他吟诵的是唐朝诗人李白的《登金陵凤凰台》。只听他轻轻地吟诵着："凤凰台上凤凰游，凤去台空江自流。吴宫花草埋幽径，晋代衣冠成古丘。三山半落青天外，二水中分白鹭洲。总为浮云能蔽日，长安不见使人愁。"我们这些未谙世事的初中学生们，包括那些高中的学长们，没有几个能体会这诗的深刻含义，只是从银老师吟诵的个别词句中，感觉到些许的哀怨和隐忧。我们都要求银老师给我们作讲解，想深入领略诗人对唐朝天宝年间，逸诡蔽明的黑暗政治的幽怨之情。银老师在我们的要求下，很认真地给我们作了讲解。见我们都很真诚的听他讲解，他接着就又给我们吟诵和讲解了一首，与这首诗互为珠璧的崔颢的《黄鹤楼》。本来在这种时刻，吟诵这种古诗，是有很大风险的，但是，银老师感动于我们对知识的渴求，和对他作为一个老教师的尊重（那是个辱骂老师为"臭老九"的年代），他略带受宠若惊的，稍含得意之情，轻声地以老学究式的摇头晃脑，极富表情的吟诵着："昔人已乘黄鹤去，此地空余黄鹤楼。黄鹤一去不复返，白云千载空悠悠。晴川历历汉阳树，芳草萋萋鹦鹉洲。日暮乡关何处是？烟波江上使人愁。"

我们就这样怀着与诗人一样的忧患意识和绵邈的乡愁，在监狱中度过一个永生难忘的中秋节。我用圆珠笔在我的那件仿国防装的衣服的衣领上，写上1968年10月4日，我入狱那天的日期，以志铭记。

二

时间在监狱里一天一天地过去，我并不觉得难挨。只是渴望着想知道多一点外面的事情。而唯一可以获得这方面信息的渠道，就是通过刚从外面进来的人所能知道的有限的消息。整个监狱共有15间牢笼，早就已经人满为患。但还是不断有被绳子绑着的人，被押着从那扇黑色沉重的小铁门外面进来。进到监区院内，首先跪在那高高的岗楼下，让跟着进来的监管人员把绑在身上的绳子解开，然后领到该进的"笼子"门口，用钥匙打开铁锁，取下一根粗大沉重的木桩，则可容得一个人侧着身子进去。

"笼"里的人对刚进来的人，都抱着极大的兴趣。都想从他们的口中，得到一些自己想知道的信息。刚进来的人，不管是进到哪个"笼"里，他所带进来的信息，都会以各种方式，传递给狱中的每一个人。

刚过中秋节不久，成团的覃大家被用担架抬着送进监狱里来。好像是关在13号"笼"里。他在攻打凤山独山碉楼时受伤，之后各组织作鸟兽散后，各奔东西，就各自音讯全无，互不知晓。连我们这些逃到天南地北的人都被抓了回来，亏得他周边的人还能照顾他坚持到这个时候。

我冒着被卫兵的呵斥，挤到笼门边，从笼门桩的间隙中看出去，只见岗楼下院子中停放着一副担架，担架上躺着一个形同僵尸一样的人，一床薄薄脏污的被子盖着他的全身，只露出一副眼眶深陷、颧骨高凸，骨瘦如柴的面容，已经没有了活人的模样儿，只有那两只眼珠子还在无力地转动着，在搜寻他所认得的自己曾经的伙伴、战友。我虽然没有完全看到，但是我感觉得到，其他牢笼的人也像我一样，都挤到笼门边来，看望这个不幸而凄惨的难友。他被从笼里出来的几个难友，就着那盖在他身上的那床被子，裹着抬进"笼"里去。听说他全身已经瘫痪，大、小便都已失禁了。从人道的角度，这样的犯人应当送到医院监护治疗，或者让其家人接回家中取保候审。这样的人还要关到监狱里来，是有悖于人道的。但是，在当时的政治环境下，人道主义和毛泽东的阶级斗争思想是格格不入、不可兼容的。

覃大家是成团公社雅中大队民兵营长，他本应听命于军区、军分区、武装部，站到"联指"一边，去维护他们那些正统权势者的利益，或许这个时候他可能会是成团公社革命委员会里的委员，或者至少是他所在大队党支书手下的红人，在将来的招工中，到城市的工厂里当个拿工资的工人。但他却因为亲身经历了大饥荒，体验了农民的贫苦，他对当时农村政策有着太多的不解，他坚信了造反是有理的，所以就站到了反韦国清的一派里来，招致了截然相反的结局。他在监狱里，我们再一次看到他的，是用担架抬着出去审讯，又抬着回来。他待在监狱里的时间是多久，我无法知道，我于12月1日出狱后，就再也没有听到关于他的消息。据后来我一个和他同乡的同学说，他最后在监狱里奄奄一息，快要死了的时候，监狱方才通知他的家人把他领回去。回家已是无可救药了。他当时也不过三十岁。如果得到及时医治，他是不会死的，他是被活活折磨死的。让一个本来可以不死的人，这样凄惨的死去，是有悖于人性的。但在那种境况下，好好的一个人，在光天化日之下，还可以当成畜牲一样地被活活杀死，何况他一个半死不活的人。对于那些毫无人性的人，留着他这样慢慢受尽折磨而死，比直接杀死他，更能让他们感觉得到心理上的满足。那也是一种胜利的享受。

三

我们三都大军的星照，是11月中旬进的监狱。他之前在三都时被"联指"的炮弹炸伤，在"七三布告"下达前基本上治好，但是弹片还卡在肝里没有取出来。疼痛还不时地折磨着他。万幸的是，他能行动，所以在"七三布告"下达后，在清理"流窜人员"时，他和本组织的几个人一起，侥幸能混上从柳州开往湖南衡阳的火车，逃到了衡阳。但是他们没有证明，晚上只能在山上或者桥下找个能栖身的洞穴，躲过纠察队的查夜。身上所带的几十块钱和粮票，在衡阳一天两个馒头，坚持不了一个星期，就空空如也。他一个国家干部，竟然不得不抛却了尊严和耻辱，过上了真正的乞丐讨饭的生活，到饭店里，看着人家吃剩的饭菜，拿起就狼吞虎咽的，混过了将近两个月的时间。衡阳是湖南毗邻广西的城市，许多没有能力远逃的广西"422"、造反大军的人，大多都就近聚集在邻近的湖南衡阳，或者贵州的都匀一带，以求避过这场劫难。但是，最终也没有混过衡阳纠察队有明确目标的搜捕。不管是白天、晚上，发现有广西口音的人，不分青红皂白，就抓起来拷问再说。这也许和"七三布告"未下达时，解放军总参谋长黄永胜，就在衡阳召开了广州军区的军事会议有关。会议部署对广西"422"、造反大军的军事围剿，但这些消息，我们在当时是不得而知的。星照在参加我们的组织之前，就是粮食局的干部，相对于我们这些学生，他是思想成熟的成年人，所以在"联指"的眼里，他早就是我们组织当然的头头。不管他自己做过还是没做过，我们组织的所有行为，他就理所当然地要承担领导责任。所以也就理所当然地被关到监狱里去。这样倒好，至少可以免死于乱棍之下。尽管这个时候随意杀人的风头基本上得到控制,但是,这个时候放回去,绝对也免不了一场酷刑,折磨个半死。像他那带伤的身体,或许不被当场打死,可能回去几天后,也会新伤旧伤并发折磨而死。但是在监狱里一年的时间里,也免不了经常提审时的刑罚毒打。出狱后,也免不了的批判、侮辱。但总算给他熬到十五年后"处遗"时平了反,有了出头的日子,能像个正常人一样的生活,恢复了一个国家干部应有的尊严和待遇。

四

待在监狱里,我们的心情是很矛盾的。既渴望着自由,但又害怕被释放出狱,所以在监狱里的时间并不觉得漫长。我们所关心的是,最后将如何处置我们。但是,狱方好像并不怎么关注我们,在入狱两个月时间里,狱方只提审了我一次。这次的提审,是由三都公社的什么专案工作组的两个人,对我进行的审问。这两个人我都认得,是三都供销社的干部,在这场运动前,他们给我的印象还不算是那种趾高气扬、令人讨厌的人。在审问的过程中,他们的态度也还平和,没有使用那些带有威胁和辱骂的话语。

一进到讯问室,他们正在桌上扳弄着一把驳壳枪,我一眼便看出,那是我原来所持有的那把驳壳枪。当时我在撤离太阳村时,埋在了铁路边的山坡上,不知是什么时候,是谁带他们去起出来的。当我看到这一幕时,我就下意识地以为,他们可能要审问我有关武器的下落。出我意料之外,他们第一句话竟然是问我:"这把枪你还认得吗?"接着下来,就是叫我老老实实的,把我所知道的,有关供销社被抢被烧的事情,向他们交代。关于供销社的事情,对于我们三都造反大军来说,真是没有什么值得隐瞒的。于是我便如实地把我所知道的情况,一五一十地向他们叙述。将当时我所知道的,从开始时的不小心失火,我和思学赶到现场亲自检视灭火的情况,从头到尾向他们坦白。并在最后,还向他们阐明了我自己对这一事件的观点:即是我们离开现场后,在很短的时间内,那场毁灭性的大火就烧起来了,几乎殃及隔壁的民房。我断定,这后一场火绝不是之前的火复燃而造成的火灾。听了我的交代,不知是他有意还是无意地向我透露:在事发的当晚,有传言说,供销社里有一笔数目不小的货款,不翼而飞、下落不明。是保管钱的人害怕被造反大军的人抓,而丢下钱逃跑了。按逻辑推理的结论就是:钱是被造反大军的人抢走的。但是,我们组织里发生的如此重大的事情,几乎可以说是没有我不知道的。然而至此我才知道在这个事件中,还有一笔钱的悬案。听到他们自己的议论,我才醒悟,之所以这一事件一直成为我们的罪行之一受到追究,原来这件事情居然还是个"希特勒国会纵火案"似的阴谋。从这件事过后的不了了之,不难让人猜想:是管理人员的监守自盗。而那个人因为是"联指"派的人。所以栽赃嫁祸于我们造反大军就是当然的了。

　　我并没有因为其中有这么一个阴谋的插曲,而完全推脱我们的责任。毕竟是因为我们的人擅自闯入供销社,并造成失火在先,给阴谋者造就了机会,引发了供销社最后毁于大火这一事件。论责任,也应难辞其咎的。审问者听了我的坦白和自省后,表现出一副不置可否的态度,好像这个事件的真相他们早已明白在胸。而对于我的这次审问不过是个例行程序而已。

　　在接着下去提出的问题,从他们的表情中显得尤为郑重其事,似乎好像这个问题,才是他们这一次提审我的主要目的。他们以一种诡异的神情,似乎经过一番犹豫,才鼓足了勇气向我提出来:"还有一个问题,我们希望你老老实实的回答,不要有半点的隐瞒,要不然,对你会产生什么样的后果你是知道的。"他们在我点头向他们作出了无声的应允之后说道:"你们当时在三都的重重包围之中,能够毫无伤亡的安全突围,是不是有什么人给你们通风报信?比如说,我们知道是韦思学带领你们突围的,突围前他和你们什么人商量过?他是怎么讲的?是不是提到过他的父亲或者什么人?"接着,他们又对我说道:"我们知道你和韦思学是最要好的,他有什么话一定对你讲,我们再一次提醒你不要隐瞒任何情节,这样对你有利。要不然你是知道的,你如表现得有一点不老实,我们就只好把你押回去交给群众处理"

我从他们的话中听出了他们所期待从我的回答中想得到什么。我也听出了他们话中对我的威胁。我也感觉到并不是纯粹的威胁。他们有权利也完全可能，把我押回三都，交给"群众"以批判斗争的形式，获得他们所需要的口供。好在我很清楚这件事情的真相，也不需要做任何的隐瞒。何况思学他爸爸也不可能给我们任何的帮助。更何况，指挥全县民兵围剿我们三都造反大军，把我们赶出三都，屠杀三都无辜群众，作为县武装部长，他个人难辞其咎。为此，我无所顾忌，把我所了解的情况，如实地向他们作了叙述。听了我的坦白，他们没有提出任何的质疑和驳斥，也没有对我表示任何的粗暴和侮辱。对我的所有表述，他们不置可否。他们的表现，似乎表明，他们不是怀着个人的目的来的。其实，从我个人感情而言，虽然造反大军与"联指"间曾经是你死我活的斗争，但是，我始终认为，不是所有的"联指"派的人都那么凶神恶煞、全无人性，他们当中也有不乏良知的正直人。这两个人就让我有这种感觉。从他们的表现中，让我悟出其中的隐秘：在他们的队伍中，有人对思学他父亲的革委会副主任之职心存觊觎，要整他的黑材料，企图扳倒他，以便取而代之。这两个人恐怕只是受命而来，对授意者的用心，他们好像也觉得不太磊落。

　　当初，思学带领着三都造反大军，在三都成功地从"联指"的重重包围之中突围而出，"联指"们曾经怀疑是思学他父亲在暗中起的作用，并想以此事为借口，把他整成造反大军的黑后台，把他整成军中走资派，把他从武装部长的位子上打倒，但苦于找不到证据。对于我们居然能从他们的铁壁合围中，神不知鬼不觉的逃出来，他们认为没有高手在暗中指点，似乎是不可能的事情。所以，他们首先想到的是：思学是我们的头头，而他父亲是当时柳江县的军事首长，这父子之情，是什么力量也抹杀不了的。他们的怀疑不无逻辑性。他们也知道我和思学不一般的关系，所以，想以我作为突破口，从我的口中得到事情的"真相"，得到一点对他们有用的东西。因此，这一次对我的审问，也就是必然的了。

　　而思学的父亲有思学这么一个造反大军头头的儿子，一直就是他的一块心病。由于他是一名军人，唯有以服从为天职，他不敢有一点偏袒思学的表现，即使他内心里心疼自己这个向来桀骜不驯的独子。他所能表现的，只能是唯上级的命令是从，坚定不移的支持"联指"，而和自己的儿子则犹恐界限不清。他的表现使他在柳江县的造反大军，被全部赶出柳江县后，成立的县革命委员会中，得以执掌县革委会副主任的权力。并在围剿"福塘造反大军"的屠戮事件中，得以充当了副总指挥的职务。

他作为县武装部部长，同时兼任着柳江县革命委员会副主任，在"七三布告"下达后，策划军事围剿福塘造反大军的计划时，他在其中起到什么作用？或者说，他在这个事件的策划过程中，是否得到其他主任和委员的完全信任，我们不得而知。但是，我们从共产党的党内斗争历史中，还是不难找得到类似的答案的。在那次军事行动中，他被委以副总指挥，——这个通常都要亲临战斗前沿，负责指挥拼杀的职务，他必须听命于总指挥（革委会主任、武装部政委）。基于他的儿子是造反大军头头的这层关系，如果从人性的角度考虑，他的上级至少应当允许他回避。然而事实是，非但不让他回避，反而将他置于拼杀的前沿，这样的安排里面，是否包含有对他的革命考验？而那场军事围剿，本来就是针对着"柳江县造反大军"（包括三都造反大军）而来的。不知当时作为县武装部长、县革命委员会副主任、"围剿反革命行动"副总指挥的他，是否在心里思忖过：他所指挥的"联指"民兵，去剿杀的"反革命"中有自己的亲生儿子。而且造反大军在他自己所指挥的军事围剿中，以100对3000实力悬殊地拼杀中，最后将遭到歼灭和屠戮，是势所必然的结果。在那样的状况下，父子战场刀兵相见，难以避免。彼时彼地，他将如何面对？是要革命，还是要儿子？在那人性泯灭的疯狂年代里，这个问题似乎不存在质疑。他的上级在运筹帷幄，围剿造反大军的军事行动计划时，其中是否还留有一手——对他不便言说的政治部署，考验他对革命的忠诚？！想到这里，不由我想起《三国演义》中，孔明在部署"火烧赤壁"之战时，故意让重感情、讲义气的关羽去把守华容道，考验关羽在面对于他有情的曹孟德时，是否忠诚于刘玄德？

当时，在"联指"中，无人不知他的儿子是造反大军的头头，无人不想看看他在这种关头的表现。也不乏有人时刻想把他打成"走资派""黑后台",取而代之他县革委会副主任的职务,我们也不能否定。或许在整个军事围剿计划中,早就布置好了,如在井冈山时期,对付红七军军长李明瑞那样的圈套,也未可知。所幸的是,我们没有落在他们的包围之中。侥幸地逃过了那场致 146 个无辜群众惨遭屠戮的军事围剿。同时也让作为那场围剿的副总指挥,得以侥幸的避免了一场,人性与革命性的艰难抉择。我想,他也许为此而在心里为自己庆幸。假若当时,思学带着我们正好处在他们的包围之中,尽管力量对比,是 100 对 3000 的绝对悬殊,结果毋须假设,我们将无异于以卵击石,毫无可能从那个战场中活着出来。但我们也绝对不会坐以待毙,至少垂死挣扎的恶战也是避免不了的。如果命运真的安排,他与思学父子俩在战场上狭路相逢,他一定会选择表现他对革命的忠诚,这一点几乎是可以肯定的。同时也可以肯定的一点是:那样的结果,绝对不是出自他内心的愿望。这是从人性角度的另一种假设。在当时那种你死我活的阶级斗争年代里,在"造反有理"、无法无天的派性争斗中,亲人为敌、父子相残、丧尽人伦的悲剧比比皆是。但也可以肯定,人性始终没有完全的泯灭。之后的改革检验了这个真理。而当时的社会所表现的人性冷漠,那只是一种特定历史条件下的社会表象,是不能道貌岸然的以一句"立场坚定,大义灭亲"所能解释得清楚的。

以上,是我接受了这一次审讯之后,回到监牢中的思想活动过程。

思想来自思考,在监狱里有足够的时间进行思考。思考着一些个人的往事,以及与个人有关的,国家的,社会的大事。随着记忆的时间轨迹,在我成长的过程中所发生过的,曾经困扰着我思想的经历,都曾一幕一幕地在脑海中反复涌现。在我的思想意识中,印象尤为深刻的,莫过于历次全民性的社会改造的"群众运动":如农村"合作化运动""人民公社化运动""大跃进运动""大炼钢铁运动""公共食堂运动"等等,是所有人都无法置身事外的。我们也许是那一系列运动的经历者中,最年轻的一代人。从我们当时所接受到的教育,和我们所经历的现实，很难让我们在认识上获得一致。那些运动称之为社会主义"革命"运动。但是，令我们无法理解的是，从这些运动中，我们所感受到的，却不是什么社会的进步，而是政治压迫下的民不聊生。这样的"共产主义"或"社会主义"，与我们在教育中所受到的"美好"的灌输，竟然是南辕北辙。这种感受模糊了我们对这些"革命"概念的理解。至于"三反五反""反右派""反右倾机会主义""四清"等等一个接着一个全民性政治斗争的"群众运动"，说的都是为人民的利益，实际上却是在运动群众。以借助群众的力量，达到运动者个人或其政治集团的政治目的。到头来受苦受难的，最终是广大的人民群众。使人民群众在思想中形成了似是而非的概念，无法以自己的思想去分清是非，明辨黑白，搞不懂什么是真理，什么是谬误。及至眼下这场史无前例的"文化大革命"运动，更是让人看不出社会的进步所在，却是让全体人民亲身体验到了史无前例的灾难。发人深省的是，这些运动的发生，都是源于领袖个人狂热的革命意志，和"伟大"思想。而这一切都是凌驾于国家宪法法律之上，使得国家宪法法律形同虚设，名存实亡。每一次运动过后，都有成批的干部群众沦为阶级敌人，成为专政的对象。而领袖却以此来印证自己"年年讲、月月讲、天天讲"的阶级斗争思想的正确和伟大。

　　事实上，每一次运动所收获的结果，似乎都实现了运动领导者的愿望。但其社会后果，却是让人民群众不断在心中，积累了对领导者发动运动的意图的质疑。人们依旧天天口中唱着《东方红》、三呼着"万岁"，但却都不是他们发自内心的真实感情。而都是被动的，唱给别人听，喊给别人听，做给别人看，都是言不由衷的。他们口中唱着《东方红》，唱着《国际歌》，但歌中所表达的思想和感情，总让人感觉别扭和糊涂，无所适从。《东方红》歌里赞颂着"人民的大救星……"，《国际歌》里却又向人们揭示着"从来就没有什么救世主，也没有神仙皇帝"的真理。人们对于"救星"和"救世主"概念的理解模糊不清。从他们自己的生活体验中，从来没有感受过什么"幸福"，而他们对于"苦难"的体验却是那么深刻。他们觉得，他们总是处在指鹿为马和自欺欺人的社会生活氛围当中，孰是孰非，无法言说。

这样的思想不可能与人交流、讨论，特别是在监狱里，只能自个儿在心中苦苦思索。在思索中消磨着时间。这就是我在狱中——我的大学堂里的思考。过去有人常把监狱和劳改农场称作"大学"，进过这种大学的人，可以学到很多自己原来不懂的知识，比常人懂得更多的道理。不管从正反哪个角度看，确实都是这样的。在我自认为不算长的狱中生活期间，我学到了不少原来不懂的知识和道理。因为在监狱里有大量独立思考的时间和机会。

第三十五章　以残暴炫耀胜利

一

　　转眼间，就到了1968年的12月1日。还差四天，我的狱中生活就满两个整月。这一天中午，快到开饭的时间了，一个"公安"来到7号笼前，喊着我和刘建陆、韦如星的名字，叫我们捡好自己的东西，然后他打开锁，叫我们自己取下那粗大的木桩，出到院子里。待我们都出来后，他就领着我们向那监狱的大门走去。

　　到了大门外面，就见三个背着枪的人，在那里等着我们。这三个人都是我们认得的三都公社的民兵。见到这样的场面，我们意识到，我们这次不是释放，而是要把我们押回三都批判斗争的。我们预感到，这一去就难料生死了。事已至此已由不得自己，只有听天由命了。

　　见到我们出来，他们的表情显得不怒、不威、不惊、不喜。他们从身上掏出绳子，分别把我们绑起来，绳子绑得很随便宽松，似乎是程序性的，手还可以拿得东西，只是把三个人的绳子串联起来，然后叫我们拿起东西，就押着向监狱外走去。

　　我们出了监狱，又沿着柳邕公路向西走，显然是要把我们押回三都。

　　我看着就这样走了，而我们在监狱里一日两餐的早饭还没吃，就向他们说了一声："我们都还没有吃饭呢。"那个领头的回答说："到家了再吃吧。"从县城到三都是四十里路程，至少要走四个小时，从他那揶揄的话语中知道，我们这一餐是要饿定了的，也就不再作声了。大家都心照不宣地边走着，边在心中猜测着：这一去只怕是凶多吉少了。一路上，他们三个押送的，不向我们提问题，也不交代我们什么要注意的事项，只是在我们后面自己谈一些与我们无关的事。他们三个人对我们的态度、表情都表现得很冷淡,但也没有敌意,他们似乎是有意和我们保持着一种心理上的距离。让我们揣摸不透。

这三个人中,那个领导模样的人原来是供销社的主任,之前曾经来看守所提审过我,过去给我们的印象不错;另一个高个子读书时和二哥在一个学校,虽然不是同班同届,但也有过往来,人也善良老实;那年纪最小的叫颜建学,与我和建陆都是小学同班同学,在学校时关系不错,因没考上初中,在我们还读书时就参了军,我们这里搞派性武斗时,他还在部队,可能是刚复员的。他们的冷淡事实上就是对我们的和善,他们没有对我们采取落井下石的伤害,就足以令我们感激了。我们压根儿也没有企求他们的照顾。"人之初,性本善",人有善有恶,人的善恶不是由出身、阶级来决定的,不可一概而论,"阶级斗争"也不是一抓就灵的。只是在特定的年代和环境下,人们不得不掩藏着自己真实的一面。

他们三个背着枪在后面跟着,我们三个在前面默默地走着,上了六道坳不久就到了根见村前的板旺山脚,他们三个人忽然心血来潮,朝着那山壁上的一个白点试了一枪,也没打中。当时我们还有点担心,这一声枪响,会招引来附近村的群众,这一带可是"联指"的地盘,那些民兵们来了,就很难说会干出什么事来,他们三个到时候又会采取什么态度,就很难说了。还好没有发生我们担心的事情。从这里到公社所在地的三都街,沿途村庄密集,且都靠近路边,人口众多,每过一个村头路边都有人伫立观望,但都表现出相同的冷漠的表情,当我们从他们面前走过后,偶尔回头看,那人群中也有三五人在顾盼左右的窃窃私语着。没走多久也就到了公社里。

二

从公路拐过纳湾河上的石拱桥,通过篮球场,就到了公社的大门口。眼下的公社已经不是原来的样子了。东、南、西、北四面,都已经用片石砌筑起一道高高的围墙,把整个公社围在中间,围墙上遍布着射击孔。从球场进大门左边,在靠近河边的围墙拐角处,有一高于围墙的四方形的碉楼，上面是哨所，下面是一间只有一个不到七十厘米宽的，矗着几根粗大的笼门桩的石屋子，这就是公社的牢房。当时广西的每一个公社，乃至每一个大队，都有类似的牢房，都是专门为了监禁造反大军和所谓的"反革命"和"牛鬼蛇神"而设的。

到了公社里，他们解开我们身上的绳子，把我们关在石牢里。在他们为我们解开绳子时，就有几个公社的干部在我们周边看着，那个原来被我们挟持过的武装部长也来看了一眼，此时他已经是公社的革命委员会副主任了，他没有说什么就走了。只有两个是"联指"的坚定支持者，也可说是"联指"的骨干人物，一直等到我们被关进牢里，那个曾被我用大字报骂过的区团委，站到牢门口叫着我的名字，高声地不无揶揄地吼着："我的锑锅呢？这下子得到报应了吧！"（我们占领公社时，里面确实是混乱的。干部们的财物受到不同程度的损失）而另一个女的则是区妇联主任，平日里被群众指着后背，骂为恶毒女人的，也到牢门口来指名道姓的训了我一顿："一天跟着韦熙年（思学的父亲）的仔寸步不离的，没有一泡牛屎高就想做大事情，不知天高地厚的。"她训的这一番话入情入理，听了让我觉得在理，没觉着她是在恶意责难我，只不过由于她平时的那气派，再加上老百姓背后对她的议论，使我对她没有好感，而不屑于她的训斥。另一方面也可以理解，在这场运动中，确实也触及了她们个人的既得利益，而最使她不能容忍的是，他原来在群众中颐指气使的权威，居然受到了我们这些屁事不懂的毛孩，特别是我这样身份的人的挑战和蔑视。她的老公也是公社干部，管民政的，与她完全是截然不同的两种为人，是人们常说的那种讲良心的人。很受人尊重，"人民的眼睛是雪亮的"，人们平时的议论和评价，都有一定的根据。他确实是个有良心的人，政策性较强，不仗势刁难人。

走了一天，已经又饿又累的，也不理会他们的揶揄嘲弄，就倒在那牢房里杂乱的稻草上躺着，一直到了晚上快天黑时，他们几个人的家里都有人送来了晚饭。我家里是我第一个回到三都的，我也就没指望有人给我送饭。他们都叫我一起吃，我正想着：大家都是饿了一天了，他们家里送来的饭也仅够他们自己吃，且不一定能吃饱，宁可我一个人饿着算了，何必搞得大家都饿。正在推让时，我大表姐（大姑的女儿）忽然出现在牢门口，眼里含着泪水，手里提着饭盒。大表姐自己也是出身地主家庭，只是因为嫁给家庭成分好的表姐夫，且表姐夫家又是非农业的，才得以过上稍好的生活，但在运动初期，因她家公是工商联社主任，被当时公社的文革领导小组当作"走资派"，首当其冲地被揪出来批斗，家里唯一现代化的缝纫机被扣押到大队里去，是我参加了"造反"后，我们占领了大队部，才给他拿回去的。他的处境也并不好过，我本来也不指望她这时出面来帮助我。她这时候的出现，让我感动万分，我感觉到了亲情的可贵，尤其是在当时那种年代。我哽咽着走到门口，接过表姐递过来的饭盒，眼泪却情不自禁地涌了出来。表姐趁着那看守锁上牢门走后，对着我泪眼婆娑、悲痛欲绝地说："你三哥已经被他们打死了，明天他们又要开大会了，可能是针对你们的，你们自己要小心点"。我含着眼泪，当着表姐的面，哽咽着，囫囵吞枣地吃完表姐送来的饭，目送着表姐拿着空饭盒悻悻离去，脑子里萦绕着表姐的叮嘱。

表姐走后，我们议论着表姐的叮嘱，才恍然大悟，之所以今天把我们从县监狱里押回来，原来就是为了明天——12月2日——我们揭竿而起、文攻武卫占领公社的周年"忌日"。因为思学等头面人物，还关在县监狱里回不来。我们这些二号角色，将在明天这个特殊的日子里，成为这"忌日"的祭品，成为他们声讨和报复的对象。结果如何，难以预料。

我们整个晚上，就蜷缩在稻草铺就的地铺上辗转反侧，彻夜难以成眠。自"七三布告"下达后，"联指"派有恃无恐的，对"反韦派"观点的人员和群众，进行了疯狂的迫害和屠杀，短短的三个月，八桂大地腥风血雨，杀人不计其数，手段的残暴前所未闻，都是以召开群众大会的形式，将"黑五类"及"反韦派"成员当成"反革命"，捆绑到会场，一声令下，一哄而上，霎时间，少则几个，多则几十个鲜活的人，就被乱棍活活打死，遗尸于光天化日之下的大庭广众面前。一些嗜血成性的"革命者"，乘机挖取其肝，剐取其肉而炒食。这样的情景不断的浮现于眼前，头脑里乱糟糟的，不由自主地想极力判断着明天可能会出现的结果,但却又想极力地回避着这样的问题,不敢去想它,就听天由命吧。

三

第二天早上,我们从恍惚中醒来,没有洗漱,也没有早餐可吃,仍然躺在那杂乱的稻草堆上,天南地北的想着。约八点过后,断断续续地从各大队押来一些我们原来认得的或不认得的人,有的是我们一个组织的人,因为在"联指"们眼里不是什么重要人物的,早于我们之前就回家的,曾经受到过各种刑罚折磨过,但总算幸运的苟延残喘地活了下来的人。有些并不是我们组织的人的所谓的其他"牛鬼蛇神"。

到中午时刻,家里还来不及送饭,牢门外的院子里就陆续的聚满了,背着老式"七·九"步枪的民兵。此时,他们已经不是"联指"战士"了,而是革命委员会的"纠察队"了。他们三五成群、兴高采烈的相对言欢、谈笑风生,一派节日的喜庆气氛,个个都是满脸胜利者的骄傲。与此形成鲜明对照的是,牢笼中的我们,恰似如节日里关在笼中待宰的羔羊,正眼睁睁地透过笼门桩的间隙,看着刽子手们捋袖子捞裤腿的磨刀霍霍,我们只能无奈、悲哀而绝望的等待着死神的临近。

时刻到了,他们打开了笼门。我第一个被叫了出去,出到笼门外还没站稳,就被一脚踢在腿弯上,随一声"跪下!"的暴吼,我不由自主地双膝跪地,整个身子止不住惯性地仆倒在地,我还得自己挣扎着起身跪好,但接着从背后又是一脚踢在我的腰上并伴着"跪好!"的斥骂,我的上身往后一仰,就和跪地的双腿形成了九十度的直角,此时一个绳扣从背后套向我的脖子,绳的两端各绕着我的一只胳膊,然后用绳子的两端相互交叉向左右一勒,那套在脖子上的绳扣和绞在两臂上绳子就拉紧了,打上结,我就感觉到呼吸困难,我不得不昂起头,但又不敢往后看,从笼里出来的时候我就已经看过那人一眼,知道他是谁,就是不看,凭着他那嗓音也知道他是谁。不过此时知道是谁也没有任何意义。

　　随我之后，如星、建陆、杰云、邹医师、等人都次第被叫了出来，所有的人都出来后，沿着围墙边一字儿排好跪下，其他的人都像我一样的被分别捆好。之后，他们又好像是在工厂里验收产品一样，又一个一个的重新检查一遍。检查到我这里时，来了三个和刚才绑我的那人同是板元村的民兵，其中一个拉了拉捆在我身上的绳子，嫌捆得太松，于是三个人会心的一起动手，把原来捆的绳子解开，中间一个人用膝盖抵住我的腰，然后双手抓住我的双肩，尽力地向后扳，左右各一人拿着各一头绳子，分别狠狠地缠绞着我的两个胳膊，随着把两端绳子交叉，交换着各拉住一头，用脚左右抵住我身体的两侧向两边紧勒，（我们平时上山打柴捆柴草时都无须这样费劲）勒得我的两只胳膊完全的重合在一起，打上死结，然后用剩下的绳头像捆扎粽子一样的，从我的两只手肘直至手腕，紧紧捆绑着。这时，那套在脖子上的绳扣紧紧勒着我的脖子，让我几乎透不过气来，我整个身体被勒得胸部向前凸挺着，头向后仰着，豆大的汗珠子情不自禁地不停流淌，瞬间全身湿透。两只胳臂已经完全失去了知觉，就像没有了手臂一样。完事后，三个人会心地冷笑一声才停下手来，像是欣赏自己的作品一样地站在我的后面看着我。

　　接着就是把所有的人从地上拉起来，（自己已经站不起来了）把早已准备好的牌子挂到各人的脖子上。牌子上写着各人的姓名，并打上个大叉叉，以下还有各人的罪名。我的牌子在姓名后面还多了"地主仔"三个字，其下就是"造反大军黑干将"字样。然后所有的人依次排成一列单行，我最矮小，被排在前面第一个。荷枪实弹的民兵纠察队分列两边，每两个民兵押着一个五花大绑的挂着黑牌子的人，一溜长串地从公社里出来，经过街上一路游街示众，朝着三都小学而去。一路上那些民兵用枪头从两侧朝着我们身体上，最要害的两腋处狠狠地冲打着。我在前面看不到后面的情况，但我听得到被打者的惨叫之声不绝于耳，而我这一路上则都是被不停暴打着跟跟跄跄的，几次跌倒了又被拉起来，就像是民兵们练拼刺的草靶子一样。每受到一次沉重的冲击，就仿佛是心跳都停止了一样。但是当时除了两条腿还能动弹以外，上身已经是全部失去了活动的功能，一时间竟没有了痛的感觉，只是两只被捆着的手臂麻木肿胀得难受。过去常听老人们比喻说："捆着经得打"，这才真正有了亲身体会。

沿途街上都有街邻聚在街边看着，我已经抬不起头来看他们了，也听不到他们的说话，他们似乎都在默默地看着，没有议论，也不敢议论，因为他们都是支持我们的群众，担心不经意间就会落得和我们相同的下场，而我们此时正是被杀给猴看的鸡。"革命的胜利者们"正是需要这样的效果。

我们被押到小学操场的讲台上，跪成前后三排，我自然的又是前列第一个。由于长时间的捆绑，两只手臂已经全然失去知觉，身上的血液不能流通，压迫着心脏，浑身就像要爆裂开来一样，两只眼球膨胀得像要从眼眶中蹦出来，那套在脖子上的绳子被背后两只失去知觉的手臂往后拉扯着，越勒越紧，嘴巴不由自主地张着，断断续续的艰难的喘着粗气，我的舌头已经情不自禁地耷拉到嘴巴外面，眼泪，汗水，淌到嘴巴里，混合着涎水，顺着耷拉的舌头，抽丝般的嘀落在膝盖前的地上，泪水和汗水早已模糊了我的眼睛，我看不到台下会场上有多少人，都是什么人？更看不到台上是谁在讲话，讲什么话？以及那些拿枪的人是什么表情，什么神态？我的意识开始混沌迷乱，肉体上的痛楚曾经使我产生了轻生的念头，我企图以唯一可以自主的牙齿咬断自己的舌头，了结自己这生不如死的惨遭折磨的人生，结束这无尽的精神与肉体的痛苦，我正准备加大咬在舌跟上的牙齿力度，这时我跪地的双膝已经支持不住我的身体，正在不由自主地向前倾，而正在这千钧一发的当口，那个在公社里捆我并一直押着我的民兵从后面一手把我提了起来，并骂咧咧的："你妈个×的，不跪好我就拉你到后面去收拾了！"他这一骂一拉，把我从混沌的意识中唤醒，反倒把我从那阴曹地府的门口拉了回来。这时会议也结束了，群众纷纷散去，各大队押来的牛鬼蛇神，和我们一起，仍然像来时一样从街上游着街，边推边打的押着回到公社，或押回各自大队去。

四

　　回到公社里后，是当时的公社革委会主任亲自为我第一个解开绳子，至今我不能理解，他为什么要亲自，且是为我第一个解开绳子？是因为他看到我是被捆得最紧的一个，或者是刚才在台上我要自尽的那一幕被他看在了眼里，出于人的善良本性，突生恻隐之心，让我少受一点折磨。或许这正是领袖所说的："有人群的地方就有左、中、右"吧？不管他是出于何种内心的考量，他的行为所体现的是不泯的人性。为此，我对他一直怀着感激之情。

　　从各大队押来的牛鬼蛇神，都被押回各大队去了，还剩下我们十多个人又被关进公社的牢中。我奄奄一息的，躺倒在地上乱蓬蓬的稻草堆上，头脑里一片空白。待我喘过一口气来，稍稍恢复了一点意识的时候，抬眼扫视了一遍，那小小监牢中所有和我一样奄奄一息的难友们。我发现了我所敬重的孙老师也在其中。他坐在稻草上，揉着他那被捆绑得麻木肿胀的双臂，一言不发，眼中含着泪花，痛苦不堪地低着头，他不看别人，也不和任何人打招呼。我的眼光停留在他的身上，也没有和他打招呼。我的心中想：他的问题不是已经由县公安局作过结论了的吗？不是已经恢复公职了吗？他并没有参加任何派性组织，三都的武斗一开始，他就全家逃回了老家去了，为什么今天这样的派性残杀，炫耀暴力的胜利场面，还要把他拉进来呢？他那一次写错传单的笔误，在正常的民主法治状态下，根本不成为"罪"，且他也已经为自己的错误，承受了远远超出他应当承担的惩罚，受尽了牢狱之苦，肉体之灾。但那些欲置其于死地而后快的"胜利者们"，仍然不甘于就这样放过他。他也和我们一样，成为"胜利者"炫耀胜利的祭品。追根究底，他的这种遭遇，他所承受的所有苦难，都与他的地主家庭出身脱不开干系。我理解他此时的心情，作为老师，此情此景，竟然落得与他的学生共处囹圄之中，惨遭折磨，师道尊严荡然无存，是非曲直无处诉说，他的痛苦与无奈可想而知。他一个有良知、明事理的知识分子，对这样"残暴的革命"能心服口服吗？

　　看到孙老师，又不禁使我想起刘仁辉、覃庆居、梁宝权等老师。

刘老师虽然在国民党军队中当过电台的技术官员，为国民党服务过，但在解放后，一直就在柳江中学当老师，用他所具有的俄语知识和英语知识，为国家的教育事业服务。由于他的历史的污点，从运动开始时就被当成牛鬼蛇神排斥着压制着，他并没有参与到派性组织中，又没有任何现行的破坏活动，"七三布告"发表后，他是按"七三布告"的要求，而按时回校上班的，却不曾想，回到学校里，却被在派性武斗中，刚获得胜利的"联指"派学生，在校园之内，在光天化日之下，活生生的暴打而凄惨的死去。他遍体鳞伤、血肉模糊、面目恐怖的尸体，凄苦无助的，蜷曲在学校教师宿舍前的空地上。他家在柳州，家人都不在身边，他惨死时，学校里竟无人敢为他收尸。覃庆居老师是66届18班的班主任，也没有参加任何派别，两派武斗时回到福塘公社龙怀家中躲避派斗，却在县革委发动的"围剿龙怀反革命"事件中，也因为他家的成分不好而被当成造反大军打死。梁老师也是旧社会过来的知识分子，出身也不好，听说也是在革命委员会刮起的"对敌斗争的十二级台风"时，在洛满中学的家里，当着其亲人的面，被"联指"派的学生们活活打死了。这种惨无人道灭绝人性的屠杀事例，在广西俯拾皆是。我们学校里发生的这一起血案，不过是整个广西类似惨案中的几十万分之一而已，但它同样是构成屠杀数据中不可或缺的一个部分。这个学校的"胜利者"们在这场血腥的屠戮中也是"功不可没的"。在那疯狂时代疯狂了的"革命者"面前，人的生命就是这样的低贱如草芥。

和刘老师、梁老师相比，黄绍林老师算是幸运的。在这场血腥的武斗开始时，他是第一个被"联指"民兵开枪射杀的人，枪弹从左肩胛穿过，再下来一寸就是心脏，他的生命也就不复存在了。他也是无辜的，他对当天的抢枪事件一无所知，仅仅是想到现场看看究竟，也仅仅因为他曾经有过"反韦派"的观点。他侥幸的活了下来，但他还是被作为今天这个大会的"展览品"，拿来展览示众。

这是一个炫耀胜利的残暴的大会；也是炫耀残暴的胜利的大会；是歌颂死亡和血腥的大会；是以活人作为展览品的，惨无人道、灭失人性的残忍的"展览会"。我们这个小地方，这样的场面就如此壮观，它和在南宁，在自治区首府，在自治区革命委员会直接操控下的活人展览，是一脉相承的，但是这个大会的残暴，也许比南宁等城市有过之而无不及。

想到老师的遭遇，不禁感叹，死者如斯，生者何堪！想想自己眼下的处境，想想自己的明天和未来，我只能与老师四目相对，无语而凄然。

五

快近傍晚时，孙老师和黄绍林老师被放出去，自己走着回学校去了。

孙老师走时没有也不便于和我们打招呼，自那一别之后，就再难以相见了。

后来在我四处漂泊的时候，听说他和张校长夫妇俩调到里雍中学了。张还任校长。文革后，听说他俩终于被调往柳州师专继续任教。在师专一段时间之后，听说孙老师夫妇又调到柳州市教育学院。他们终于得以施展他们原来想施展而无法施展的抱负和才华。在评职称时，孙老师被评为当时柳州市唯一一个也是第一个副教授。但我却一直无缘联系上他们。孙老师教了我们兄弟两个，我二哥在县中读高中时，他是班主任和语文老师。我和孙老师的师生关系实际只有一年多，但在那一年多的时间里，却因为我们所背负的相同的、沉重的政治枷锁，我们各自艰难的挣扎着度过了之后的一年又一年，没有人格没有尊严的人生。我们曾经相互彼此在心中同情过，牵挂过。所幸的是，我们都能幸运地走过来了。几经周折，直到四十五年后的2012年才得以师生重逢，这时张校长竟已作古，没能再见校长一面成为我终身的遗憾。孙老师也已经是耄耋之年了，作为学生的我，此时也已年过花甲，鬓发呈霜。师生相见，不禁唏嘘，感慨良多。我们为能相互重逢而欣喜。

孙老师是个有良心讲道德的知识分子，尽管他曾经承受过许多的冤屈，但他的心胸是广阔的，坦荡的。他并没有因为受过别人的伤害,而心存对施害者的私愤。我们师生在劫后余生的重逢时,难免共同回忆起那段不堪的往事,我与他提起他那一桩旧案时,曾不无情绪化的对当时他遭遇危难时,某老师出于个人的私怨的落井下石,表示了愤慨,并从人性道德的角度,评价和指斥那个老师的个人品格。但是孙老师却大度地说:"在当时那种政治氛围下,我自己的错误确也是事实。"我说:"那样的错误在民主和法制的社会里是不成为犯罪的,连检讨都无须检讨的。"他说:"那是个特定的年代。"我说:"尽管是特定的年代,作为知识分子,总应该有人性道德的底线吧。"孙老师凄然道:"事情都过去了,何必耿耿于怀,听说他夫妇两年前都过世了。"看着孙老师略带伤感的表情,我读懂了他的内心。

孙老师默然了一瞬间后,接着跟我提起了他们到柳州师专工作时的一件轶事:在他们夫妇调到柳州师专工作的时候,不期而遇上当年他们在三都中学时的一个学生,而那个学生此时已经是师专的主要领导者之一,是他们的顶头上司。作为那个学生曾经的老师和校长,这种身份和地位的转换,作为个人努力的结果,也是无可非议的正常现象。但是,那个学生正好却是孙老师和张校长夫妇蒙难时期的"政治胜利者"。朝夕相处,彼此心中,恐怕也抹不掉文革遗留的政治印痕。在文革之痛尚未完全消弭之际,彼此心生芥蒂,也是正常的人性反应,是可以理解的。作为老师和校长,在面对自己昔日的学生,现在的顶头上司,孙老师夫妇不但没有半点抵牾,而且在与我久别重逢的聚谈中,提及我们那个老同学时,还大加夸赞其人的工作能力。这是多么宽大的胸怀和多么高尚的风格啊!在时移事易的几十年过去了,老师如此坦然,让我自觉汗颜。对于我们那些曾经"胜利过"的老同学们,当文革早已经成为历史的时候,许多当年的红卫兵都主动的,对自己文革期间的行为进行反省。对自己曾经(不管是主动或是跟潮的帮凶)或多或少的在肉体或者精神上,对老师造成的伤害,说声"对不起",向老师道个歉,不但不会有损于自己的人格,反倒显得自己胸怀的坦荡。不知他们有何感想?至今我没有听到孙老师提到过,有谁曾向他当面表示过忏悔,或道个歉。或许,他们已经在心中忏悔过千百次,但却没有人再有当年那种"革命"的勇气了。

六

  我的双手已经完全失去活动能力，晚上表姐送来的饭，只能以指缝夹着勺子进食。表姐还带来了一小杯童尿，在饭前亲手拿着杯子喂我喝了，她说："街上的乡亲们见你被打得很惨，一定受了严重的内伤，他们都说童尿能化除内伤瘀血，可以免除以后的后遗症。"我也就不顾尿臊难嗅，闭起眼睛就一口喝了下去。表姐还带来了一桶热草药水，我吃完饭后，她跟看守说好让我出去球场边的茅厕里洗澡。表姐帮我提着水，我跟到茅厕里艰难的洗完后，正要回牢房里去，走在球场上时，早就等在那里的"617"三个人，手拿着石块立即向我扑了过来，朝着我身上拳打脚踢。表姐早就知道他们的来意，在我正洗澡时就催我快点洗，但我的手不听使唤，快不了，好在我总算洗完了，如若他们冲到茅厕里打我就更惨啦。他们打我时，表姐拼死护着我向牢门去，还是被他们拿着石块砸在我的眉骨上，顿时鲜血模糊了我的眼睛，逃回牢里时已经满脸鲜血。我用洗澡的温毛巾捂着伤眼止血。表姐看着那三个"617"心满意得的扬长而去后，才不放心地提着水桶饭盒离去。我和那三个人原非同班同学，在学校时也不认识，更谈不上存在什么个人的恩怨，缘何如此乘人之危？即使和我有什么个人恩怨，我已经受到如此超乎常人的惩罚，还不能融化他们心中的怨恨，还非要亲手来伤我害我？难道他们就不是血肉之躯？没有一点人性？他们也是父母所生，他们也有兄弟姊妹。他们的良知何在？在这种境况下，来肆意残害一个失去抵抗的人，胜之不武。他们不过也只能是这般惯于落井下石之辈罢了，我虽已成为落水狗，我依然看不起他们。

  这段时间里，由于广西"联指"的疯狂杀戮，引起了中央的关注，打人杀人之风慢慢地进入了尾声，肆意杀人的现象逐步得到制止。在12月2日这场血腥的"活人展览会"上，他们已不能像原来那样草菅人命，他们就改变了整人的手段，而采用暗的，慢性的杀人手段。打人不留外伤痕迹，而极尽所能的致被打的人造成严重内伤，伤后得不到医治而留下后遗症，慢慢死去，他们就无须承担杀人责任。他们这一次对我就是采取这种手段,企图致我内伤而死。我虽然没有死,但我的双手已经残废了,他们的目的也算达到了。但是他们却并未就此甘心。

经过表姐的照料,我采用了一些简易的民间疗法,总算保住了我一条奄奄一息的性命,我的两只手臂也逐渐地恢复了知觉。但是右手腕由于在银川收容所时的受刑,手腕关节的筋脉曾经严重损伤,伤后一直没有得到医治,靠自然恢复,本来就没有痊愈,再经这次三个人犹如捆柴一样的捆绑,血脉阻断长达四个多小时,两只手臂没有坏死已算幸运。但是手腕筋脉因严重受损而失去抓、握、提、拿的功能,成了残废。

关在石牢里的这段时间里,有时白天也把我们押出去劳动,叫我们到都鲁山脚,做一些修建烈士纪念碑的工作。那纪念碑原来是前些年为了配合革命传统教育,而建起的"革命烈士纪念碑"。但在这场派性武斗中,"联指"死的人也都被他们列入了"革命烈士"之列,在原来的高耸的纪念碑旁边,又建起了一座新的"烈士墓",墓的规格和原来的烈士墓相差无几,就是少了墓上那高耸的碑塔,墓里埋葬着在公社里被炸死的,和在边山村前追击如星时被打死的民兵。而三都中学"联指""617"一个学生,在参加"围剿龙怀反革命"时被他们自己人打死,也被他们自己当作烈士,在三都中学给他建了一座"烈士墓"。在这种时候,我们是两派斗争的失败者,胜者为王,败者为寇,但是我们心里是不服的。我们在心里安慰着自己:如果没有军区、没有部队,没有民兵的支持,就凭着他们那些人的智慧和勇气,不论文的武的单打独斗,这胜利者就说不定是谁了。叫我们认他们为"革命烈士",我们在心里是无论如何也接受不了的。在给墓台夯土时,没有民兵在旁边,我们就一边夯一边小声地诅咒:"该死!"。好在乾坤朗朗,那些由革委会和"联指"派自封的烈士也不过是南柯一梦,最终都被取消了。他们的胜利最终也成了过眼烟云。

这段时间里,虽然没有大的批判会,但来自各方面的调查审讯也还不断。主要是那些想整本单位造反大军人员材料的,都想从我们的嘴巴里挖出一些有用的材料。柳江完中"联指"百万雄师的韦××就来找过我，想通过我得到我们街上韦日贵的材料。（韦日贵是"柳江联战"的，也是我同村同族的兄长）我给他的答复是："他和我们不是一个组织的，我不知道。"他威胁说："你不老实，是不是要我们用非常手段你才肯讲、"此时，我们已是死猪不怕开水烫了，就不理睬他的威胁，他也只好恶狠狠地骂了一阵就走了。

除了白天的劳动，每到晚上，就有可能被各单位拉去批斗。去供销社接受批斗时，批斗会就在供销社办公室里召开。我一进会场就被吆喝着跪在他们中间，会议开始前，他们例行地喊着"打倒"或"万岁"之类的口号。随着就是叫我坦白我所有的罪行，之后主要就是追问有关供销社被抢被烧的经过。原来在供销社管土产收购的职工小龙，从会议开始到散会坐在一边一言不发。一个街上人的妇女职工，为了表现她虽是街上人，但不是和我们一派的，便以革命的姿态，冲到我面前打了我一记耳光。这一记耳光对于当时的我，从肉体上可以不算是伤害，作为人格尊严的损伤也是微乎其微的，因为当时我们已把人格尊严当作是粪土，所以，一记耳光，我简直不当一回事，何况她还是个母亲辈的妇道之人，从来就没有放在心上。

表姐一直每天两次的给我送饭，照顾着我的生活。直到20日的晚上，母亲忽然出现在牢门口，给我送来了晚饭。母亲和三姐是当日中午才回到那破败的家的。

1967年12月2日是三都造反大军夺枪自卫，占领公社的日子。一年后的1968年12月2日，"联指"作为胜利者，为了炫耀他们的胜利而召开了这样残忍血腥的批斗会。这样的批斗会对于我们来说算是一个鬼门关。事过四十多年后，据一个曾经作为群众，被迫来参加当天这个大会的老同学说，那天，他目睹了我当时的惨状，但却无可奈何，只能在心中注以深切的同情。他说，那天除了我们在台上跪着的三十多人外，在台下周边还有几百个人陪跪着。那个场面让所有人为之恐惧。这是一次还乡团式的报复，手段无所不用其极。也许这就是"革命"的本质？

所幸，我们虽然伤痕累累，奄奄一息，但总算过了这个鬼门关。

第三十六章　劫后余生

一

在1969年元旦前两天,我们终于得以从公社的监牢里放了出来。带着满身的伤痛回到我那残破的家。

家里除母亲和三姐外,还住着万年一家四口人。万年家的房子原来在街上三角地当街的地方,他家的房子虽然不是楼房,但在当街的一面也和其他人家的房屋一样有一条宽宽的走廊与左右的骑楼相接,可以遮阳挡雨,供行人通行,圩日子可以摆摊做生意,或是租给别人摆摊,也可以收些摊租。但现在已经是一片废墟。年头的3月7日"联指"民兵进攻我们时,由于受到我们的抵抗,他们就采用爆破的手段,从没有抵抗的地方把房子炸开一个突破口攻进来,结果万年的房子首当其冲给炸了,连左邻右舍的房子都连带被炸塌了。武斗平息了,也没有人理会这些被炸塌的房子,房子被炸的人也没有人敢找革命委员会论理。因"联指"民兵攻进三都街后,就放出话来,要追究支持造反大军的人,特别是那些给造反大军提供房屋来进行武斗的人家。去找他们正好是自己送上门去,承认自己帮助和支持了造反大军,提供自己的房屋给造反大军搞武斗。要他们自己承担责任,要他们找造反大军负责。万年家左右隔壁有条件的人家,只好自己出钱出力重新修建起来,但万年身无分文,生活尚无以为计,哪来的钱建房。当时我一家人都逃亡在外,房子是空着的,大队说是因为我们造成他家的房子被炸塌的,就叫他们一家住进我们家来。我们这房子本来只有一半是我们家的,另一半还是老家二叔的,住就住吧,凭良心说万年一家也够可怜,再说他家的房子被炸,我们确实也脱不开干系。

万年正值壮年,身材高大。六零年饥荒时,他老婆因病带饿而死了,他也无力再娶,带着一个年幼的儿子和他相依为命。他老婆死后不久,他也因抵挡不住饥饿的折磨,趁着为队里放牛的机会,在垌场的岩洞里,把队里的牛给杀了一头,只吃了一些下水内脏,还来不及吃肉,就被民兵抓到县里判了两年的劳改。他儿子成了没爹妈管的孤儿,就托付给亲戚照顾。他刑满回来后,这几年生活稍有点好转,经人介绍,又续娶了一个六道的盲女做老婆,生了一个女儿才几个月大。

我们回来后,两家人挤着住,他们住楼下,我们住楼上,外面那间就做厨房,用几块泥砖在两个屋角架成两个灶,两家人就相安无事的共处一室。万年一家的房子因为我们而被"联指"民兵炸塌的,我的心里也一直感到内疚。再说,他那个年轻的老婆虽然眼瞎,但是很明事理,还蛮健谈的,她总能找到一些谈笑的材料,和母亲攀谈借以安慰母亲。之后的日子里,两家人倒也和睦,一直相安无事。

当天我从公社回到家,母亲和三姐在家,万年他老婆(我们称她为大嫂)在里面给孩子喂奶。我们母子三人劫后余生,回到家中重聚,想起一年多来的亡命天涯,生离死别,禁不住潸然泪下,悲恸不止。母亲泣不成声地说:"儿啊,我以为我再也不能见到你们了呢!我以为我这一苗(一茬)儿女就这样的烟消云散了呢!要是那样我也就不活了。"当提到三哥时,母亲忍不住的号啕起来,震动了左邻右舍的伯娘、婶、姨们,都悄悄地过来问候,母亲的大恸之声传到"台锣"(地名)上都可以听得见。来问候的妇女们都好意的担心会惊动大队里的人,于是相继劝导母亲。那给孩子喂奶的瞎嫂听到众邻居都来劝慰母亲,她也抱着孩子摸索着出来,她劝慰母亲说:"婶啊,少哭点算了,我们这条街上,也不光你家这种遭遇,好多那些家里成分好的都死了人,没死的好歹都要活下去的,以后小心点,不要再惹他们,他们心黑得狠,你哭多了给他们听见,他们又讲你要记他们的仇,他们又要拿你去斗,你就又要受苦了。"经众人的劝慰,母亲渐渐止住了悲声。

母亲是个坚强的女人。从她的相貌上看,很难和书中及电影里所看到的刁蛮刻薄,势利狠毒的地主婆的形象联系得起来。母亲也是贫苦家庭出身，她是家中的长女，自幼就懂得操持家务、农活，做起事来勤快利索，风风火火，不失为农家妇女的泼辣劲儿。她虽然没有文化，但在以木工手艺为生的外公的熏陶下，礼仪伦常自是深有讲究。在为人处事中，与人交往中，她总是坚持着谦恭、平和、慈祥、开朗，时常咧着她那早就掉光了牙齿的嘴巴，脸上总带着微笑，笑得她下巴上的那颗黑痣微微地抖动着。面相师傅说，她那颗痣和毛泽东下巴上的那颗痣一模一样，是一颗福痣，叫她不要点掉。然而，从我刚谙世事时起，就一直没有感觉到她享过什么福。而她所经历的苦难却是一个接着一个，几乎没间断过。但终究都熬过来了。到了史无前例的"文化大革命"，她遭遇的是家破人亡的人生惨剧，她还得挺过来。为的是她的儿女们还没死绝，她还怀有一线的希望。当她得知我已经回到三都且还侥幸活着的时候，她就再也顾不了她自己的生死，决计要回来与我共同面对这破败凄楚的家。从柳州刚回到家的当天晚上，她就到表姐家要求让她自己来给我送饭，目的就是要来看一眼我这个生离死别了一年多的儿子。她去到公社牢房门口时，喊了我一声，就紧咬着她那落光牙齿的嘴唇，把下面要对我讲的话咽了回去，然后把饭递给我，一直看着我把饭咽完，我看着她那强忍住的眼泪在她眼里打着转转，但她就是不让眼泪落下来。她伸出她那枯瘦的手，抚摸着我当时已残废的双手，翻过来翻过去地看着。母亲离去前，用眼神打量了一下整个牢房里所有的人，叹了一声："娃仔们啊，你们受苦了！"我看着她下巴上那一颗黑痣颤颤地抖着。

母亲和三姐回到家时，家里空空如也，没有床、没有锅、没有碗筷瓢盆，是靠亲戚和街坊邻居的捐助，才算安顿下来。大姐从她家里送来一些米，房族四姐也给送来了一些油盐米柴。鸿英姐（革命烈士张鸿智的妹妹）作为三姐的朋友，也送来了一些米。在那种环境之下，得到这样的资助，比什么都珍贵，它的珍贵在于不泯的人性。

由于母亲和三姐已经先我回家安顿好，我回到家时，就有了回家的感觉，比起之前几个月的牢狱生活，自然有一种解放的感觉，至少感觉到已经解除生命之虞，没有了提心吊胆的恐惧。

我的双手筋脉由于12月2日那天被蓄意长时间的捆绑后，就一直失去了功能，手腕连拿碗、握筷吃饭的力都没有，所有的生活琐事，全仗着左手。母亲为我的残手忧心忡忡，天天为我到山上采些舒筋活络的草药回来煎水热敷、熏洗。也全仗着我们家是行医的，懂得用些草药自医自疗，不需花钱，能持之以恒不间断的治疗，两个月后，眼看着总算有了起色，左手腕终于可以翻转过来，手心向上的托些东西了。

二

元旦过后一个多月，在快到1969年春节的时候，父亲也自己回来了，被大队里拿去开了两个晚上的斗争会，挂牌、罚跪、鞭抽、脚踢，这都是解放以来群众斗争的常规程序，父亲也就习以为常了，到散会回来时，在我们面前略显沮丧地拍拍两个膝盖裤腿上的泥土，对我们说：就那几个人踢了几脚，没有什么，就是想不到"勒豆"也来踢我，我又没得罪他什么！"勒斗"是我们同村同宗同族的人的壮话小名，他是复员军人，大队的民兵。父亲对被他踢打，觉得不合情理。可是在当年那种政治氛围下，哪有情理可言？！

1969年的春节很快就到了。二哥仍然杳无音讯。我们在惴惴不安和极度的悲痛中度过那个春节。

过了年后，二哥也回来了，二哥和振切以及姚桂娥是从县里被送回来的。二哥说，当时柳州开始清查流窜人员时，不知道我们的下落，他们三个人只好和百朋的俊善、成团的玉富，等几个人结伴逃往四川重庆、吴川、江津一带，靠卖些自己用蜡纸刻印的所谓的"祖传秘方"维持生计，也曾经被当地的工纠抓过，他们设法逃出来后，又换了个地方。在他们走投无路时，曾到成都文旭哥的部队里避了一段时间，文旭哥当时在部队里是个小官，且得到领导的信任，所以也敢于收留他们，但也不敢待得过久，以免使人生疑。他们离开时，文旭哥还给了一些钱和粮票，并嘱咐他们不要忙着回家，待形势稳定下来才回去。直到过完年，看到四川的形势也缓和了，且生计无着几近穷途末路、难以为继了，他们就自己回到县里，形如投案自首。因为此时我们造反大军的所有人员，属头头之列的首要人物都已收监的收监了，算不上首要的，经过审查没有特殊案由的，也都已交由各公社（此时已由区改公社）处理，我们所涉及的所有事件和"罪恶"事实也都已真相大白，二哥几乎没有涉及所有事件的参与和策划，所以也就达不到收监的条件，县里就把他们送回公社。回到公社那天，也免不了保卫队民兵的常规的"教训"，但没有像之前那样肆无忌惮了。只是那个公社团委干部，和二哥是同学，他一直认为当初我写的那张骂他的大字报是二哥教我写的，所以又不失时机地来揶揄了几句，以获得心理上的满足。到傍晚时就叫二哥他们自己回大队报到。

三

二哥他们回来时，正值全县开展以清理阶级队伍为中心的斗、批、改运动。二哥正好成为这场运动斗争的靶子。

大队支书李大姐没有把二哥当一般人物，在她的心目中，本大队的所有造反大军人员中，论学历、年纪，都是二哥为最高，且是地主子女，给他安个幕后操纵的理由是充分的。纵使已经过了刮台风的当口，也不能让他轻易地过这一关，至少要把他折腾一番，把他清理到"四类分子"里去，让他永世不得翻身，刹刹他自恃有文化有知识的傲气，也刹一刹造反大军这帮人的威风，让他永远抬不起头来。于是就心生一计，祭起一套分化瓦解，一箭三雕的阶级斗争策略，诱骗姚桂娥来揭发二哥的罪行，造成造反大军自己人整自己人的窝里斗的闹剧，既可打击二哥，又可以出一出姚桂娥的丑，同时也给人笑话造反大军确是一帮"男盗女娼"的匪寇之徒，从精神上打击所有造反大军人员。于是利用姚桂娥她母亲要维护女儿清白的心理，胁迫她动员自己的女儿，在批斗会上站出来当面揭发批判二哥，编造并导演一出分化瓦解阶级敌人的"阶级斗争"剧，体现"受蒙蔽无罪，反戈一击有功"的斗争策略。

姚桂娥是我们组织里所有女生中较为成熟的一个，且是唯一一位正牌的中学生，而其他女生都是农中的学生。她先我们两届小学毕业，但在升初中时没有考上，之后她不服输，继续复习连考了两届才考上，所以在中学里反而在我们的下一届。在当时我们这街上，女中学生可算是不多，且都是地富家庭出身的，加上她天生一副瓜子形清秀的面容、苗条的身材，在同辈女生中可算是鹤立鸡群，倍受青年男生所注目，街上那些出类拔萃的青年男生，都曾把她当成追求的对象。为此，她母亲不无沾沾自喜，引以为荣。然而自古以来红颜皆薄命，她却偏偏出身于一个不幸的家庭，她的亲生父亲是一个背负着地主成分的上门郎，为她父亲的成分，她母亲与她父亲离了婚，她父亲将她和她妹妹留在街上随她母亲，只身回到百朋尧治里朝村老家。而她母亲重新招来的一个男人，她的继父成分却仍然是四类分子。也许是由于这些家庭因素的影响，她个性偏于内向，尽管她具有同辈女生中少有的优势，但她并不招摇，也正因为如此，她在人们的眼中是个正派稳重的姑娘，受到青睐和尊重。

　　在当时那激荡五洲四海的、史无前例的文化大革运动中，她和所有青年男女们一样，受到了狂热的革命的激情所激励，都想表现对伟大领袖的忠诚和紧跟，也出于自身对这场运动性质的认识所致，就选择加入了我们这个"反韦派"组织。由于她内向的性格，在组织里，她并没有表现得如何的突出，她只是比其他女生表现得相对的沉稳。在二哥他们几个负伤后，她主动地担负起护理伤员的任务。其他的伤员因伤势较轻，都先于二哥痊愈归队，但二哥伤势较重，且是手足之伤，生活自理困难，所以她就一直留在二哥身边护理二哥的生活。二哥在疗伤的日子里，得到她的悉心照料，除了产生对她的感激之情外，无须隐讳的是，"窈窕淑女，君子好逑"的本性所致，二哥心里是在暗恋着她，但囿于自知之明的客观条件，一直也没有敢于向她表白，只是想默默地为她做些什么，以求得感化她的感情，抱万一的希望。所以在自顾不暇的疲于奔命的时刻，想到她一个女生，没有什么生活经历，在这种生死存亡关头，必然是走投无路的濒于绝望境地。想到她毕竟是我们同一个组织，同生死共患难的战友，且又是给过自己照顾的战友，又是和自己同样的，背着个"黑五类"家庭出身的沉重包袱，同命运的姊妹，出于同病相怜，出于爱慕和追求，都兼而有之的，在和振切商量出逃时，就把她计划在了其中。当她正处在生死存亡、前途渺茫的关头，二哥给她带来了一线生的希望，她当然就毫不犹豫地欣然接受了。她心里明白，若是不能避过这一关，给清理流窜人员时抓回去，像她这种身份的人，绝无生路，必死无疑。她的继父，都是为了她而被"联指"杀害的，这活生生的实例，让她不敢有半点侥幸心理。她苦于自己是个女生，又没有一点生活阅历，正值孤单无助之际，有人愿意引领着她逃去生天，且又是和自己同组织同命运的人，当然也就无所顾虑了。

事实上她也无须顾虑，在和二哥他们亡命四川期间，二哥尽管对她心存爱意，但是二哥历来自诩是有知识的正人君子，对她唯有以妹妹相待的百般呵护，一直也未向她表明心迹，恐她产生误解，彼此尴尬。在日常生活中，为了逃避抓捕，难免于山间树丛或防空洞中同处斗室，却是从来就没有过非分的念头，行为语言也从来未曾越雷池一步的为难于她。平心而论，她从来没有认为她自己曾经受过二哥的伤害。当她回到家后知道，那些先她回家的女生，无一不受到触及灵魂、损及肉体、惨无人道的摧残，弄得遍体鳞伤，作为少女的尊严丧失殆尽。她曾自感庆幸终于能躲过这一场血的洗礼。她很清楚地知道，像她这样的家庭背景和个人的"政治表现"，如果是在"刮台风"时期被抓回来，她绝对不可能像其他女生一样，还可以劫后余生地保住性命。她发自内心的感激二哥，在她陷入绝望境地的生死关头，能想到她，并把她从死亡线上拉回到有一线生机的逃亡之路。在逃亡的路上，几个人风雨同舟，生死与共。在为生存东躲西藏的流亡生活中，所有生计不用她担忧，危险关头二哥总是把她推往相对安全的后头。在那些浪迹街头的日子里，二哥和振切宁可自己到车站候车室，或是废弃的防空洞中过夜，却把身上不多的钱为她到旅店登记一个床位。她感受到在这呵护里面包含着二哥对她的爱和追求，尽管自己内心此时已无暇顾及情爱俗事，但那是人的本性使然，人的感情的生发是由不得他人左右的。况且在那流亡的旅途中，她从始至终没有受到过一丁点的伤害，甚至于没有过一丝的尴尬。眼下，她终于能劫后余生的幸存了下来，且更值得庆幸的是，她自己竟还幸运地躲过了其他女生所受到的伤害。她知道这一切的幸运并不是出于她自己的能耐和智慧，所以她从来就没有认为自己是受了谁的蒙蔽，也没有考虑过，回到家后，要"反戈一击"伤害二哥。她考虑的只是回来后，如何共同面对精神和肉体上的摧残。

对二哥的"反戈一击"并非她的自愿，是她的母亲出于世俗观念的作祟，认为二哥带着她逃跑是对她心怀不轨，是想追求她。在她母亲的心目中，像二哥这样家境贫穷且又身带残疾的人追求她的女儿，就是对她们人格的侮辱，用她的话说，就是"饿狗想吃天鹅肉"。另一方面，她们的家庭政治条件又很不好，在这场"文化大革命"运动中，由于她的女儿参加了造反大军，她的丈夫都被残杀了，为此她余悸未消，她一直担心弄不好哪一天，她自己也会和女儿一起死于乱棍之下。再加上大队里和生产队里，一些"贫下中农积极分子"的胁迫，出于几方面的原因，她千方百计地逼着她的女儿，按照李大姐的要求，上台当面揭发批斗二哥，表明自己是受蒙蔽的，要"反戈一击，争取立功，"以求自保。这种行为在当时是见多不怪的。但姚桂娥这样做是我们没有想到的。尤其是她的母亲气冲冲跑到台上，脱下穿在脚底的鞋子，去打一个曾经挽救过自己女儿生命的人，就为人所不齿了。事后街上人议论纷纷，说是她们母女恩将仇报。人们的议论，给桂娥的精神上造成了极大的压力。

她本身性格内向，有了这样一段不堪的经历，加上人们的私下议论，她更觉得有愧于二哥，她对二哥的恩将仇报，使她羞于见人，羞于见原来与她同过生死的同伴、战友，同学，特别是羞于见到二哥及二哥的家人。迫于生存的需要，她不得不出来参加生产队的劳动，但她尽可能地避开众人的目光，更畏于与人交流。除了不得不参加的劳动外，其余的时间她就把自己关在家中，连自己的母亲和妹妹都难得与她交谈。她陷于极度的痛苦和自责之中，慢慢地，她的精神变得失常。据一些与她家近邻的知情人说，她在家里曾几度撕烂自己的蚊帐和衣服，也曾企图引火自焚，但被她母亲和妹妹拦住了。最后她疯了。但她没有和其他的疯子一样满街的乱跑乱叫，她只是把自己关在家里自言自语。她也没有像其他的疯子一样，脱衣服光身子的自暴自弃，她始终还维护着自己作为处女的尊严。

起初我们一家人都恨她，恨她的母亲。特别是二哥，简直为此而伤心不已、气愤难平，并自那以后，就再也没有和她说过一句话。

我曾经痛恨过她，我恨她对二哥的恩将仇报，我恨她是"自己营垒中从背后射来的箭"。但她后来疯了，我反倒同情她了，也正是因为她疯了，却说明了她的灵魂并非那么卑鄙和肮脏。正因为她疯了，才证明了她的"恩将仇报"和"反戈一击"并非出自她的自愿，她是迫于无奈。她的疯正是她的良知的表现，是她真诚的反省。众所周知，在当年那种政治气候下的"昧良心、落井下石、恩将仇报"的事例比比皆是，但能因为自责而发疯了的人毕竟不多。

我们算是劫后余生，而她却是虽生犹死。这样的人间悲剧就真实地发生在我们的身边。但是，没有人懂得她疯的真正原因。人之所以造成精神失常，都是因为精神上所受的打击，所承受的压力超过了极限，精神打击和所受压力的沉重，莫过于良心上的自我谴责。

她疯了之后，已经完全忘记了自我，但却成为人们街谈巷议的材料，有同情的，有不齿和谴责的，这一切，她已经不在乎了。后来她舅娘托人在柳州，给她找了一个比她年长了一倍的老男人嫁了。她的家庭生活不得而知，据原来与她共过患难的姊妹们说，在柳州的街头巷尾不时能看到她的身影，她还能认得那些过去的患难姊妹，但是就只会讨要点钱，其他就什么话都不讲。

她应当得到同情。她被一个时代惨痛的毁掉了自己的人生，一个花季少女的一生。真正应该受到谴责的是那个时代。她疯了，她不知道自己所处的是人间还是地狱。我们没有疯，我们还要继续承受着无休止的斗争和折磨，消磨着没有尊严的人生，我们还要承受着人间地狱般的煎熬。

第三十七章 监外牢笼

一

进入1969年,随着广西"反韦派"的彻底覆灭,广西成为"联指"一派的天下。各级革命委员会的实际权力,掌握在"联指"功臣们的手中。没有了两派的武斗,也不再有大字报小字报的文斗了,只有官方喉舌众口一词的声音:"欢呼无产阶级'文化大革命'的伟大胜利"!虽然意识形态上各种形式的批判和斗争一直也没有停止过,人们都认为是"文化大革命"运动已经结束了。然而,以清理阶级队伍为中心的斗、批、改运动,作为文革新阶段新斗争的,又一场政治运动却又开始了。打倒"走资本主义道路的当权派""打倒一切牛鬼蛇神"的标语,仍然比比皆是。斗争的口号声始终不绝于耳。由于社会上事实存在着,对"文化大革命"的质疑之声,"无产阶级"文化大革命"的胜利果实"被一再强调:"要誓死捍卫"。在农村的生产队里,大队里,原有的四类分子等"贫下中农专政"的对象,在受着更为严厉的监督和管制。在"文化大革命"运动中产生的,新的"敌人",更成为"贫下中农专政"的重点对象。在两派斗争中被剿杀而幸存下来的"反韦派"的成员,除了找到各种罪名而被判刑劳改的以外,所有出身于"四类分子"家庭的"反韦派"成员,被列为最危险的专政的首要对象。

二哥受到批斗过后不久,大队民兵背着枪到家里来通知,要我们全家人晚上到大队开会。晚上我们全家人都去了。到了街头大队部门前的地坪上,那里已经坐满了人。看过去,都是些老牌的四类分子。这是一次"四类分子"会议。显然,二哥、三姐和我,在没有经过任何法律程序的情况下,被大队认定为无产阶级专政的对象——新的四类分子。

会场的周边有背枪的民兵在梭巡，如临大敌。

恶仔这时已经成为李大姐手下的红人。只见他在会场中显得特别活跃，不知道他是这次会议的什么角色。恶仔在早些年与超甫的决斗中败北后，以往的霸道习性好像有所收敛。在出现两派武斗以后，恶仔他们老家的长塘人，是和我们同属一个观点派别的，所以，在两派武斗期间，他也就表现得暧昧和沉默。到了造反大军被剿灭后，胜负已成定局了，他也就无须顾及族人的诟病，他便又开始活跃起来，成了李大姐眼中的贫下中农积极分子。他又可以扯起"贫下中农专政"的虎皮作大旗，在人们面前趾高气扬的晃荡起来。超甫在运动初期参加揪斗了李大姐，又是造反大军的支持者，这下子在恶仔的眼中，就不再是什么角色了，两个人在街中相遇时，恶仔也就无所顾忌的昂首挺胸了。

也不知道是不是李大姐的授意，是恶仔宣布开会，他首先发表了一通开场白："今晚你们来开会的都是'四类分子'，是我们贫下中农的敌人，你们要老老实实的接受管制，要是谁敢乱说乱动，一旦有个风吹草动的，首先就要搞掉你们。"恶仔的话讲得直白，但现实确实如他所说。他警告我们，必须保证随传随到，去哪里要事先请假，得到批准后才能走，否则就是抗拒改造，就要受到惩罚。

通常的惩罚，就是开群众会进行批判。这样的批判会是从被批判者在会场中跪下，积极分子带领群众喊口号而开始的，接着就是受批判者的坦白交代，随之就是无中生有的群众"揭发"。在揭发当中，积极分子们出于"阶级的义愤"和"斗争的需要"而施以拳脚，炫耀群众专政的威力，逼迫受批斗者承认为他罗织的"罪名"，让会议的发起者，得以向到会的群众，宣布斗争的胜利。最后是，在群众高呼胜利的口号声中收场，散会回家。基于斗争不获全胜，是"决不收兵"的政治决心，群众自然盼着早点胜利。这种"杀鸡吓猴"的批判会的作用，群众早就领会透了的。

二

　　这就是群众的专政。被专政者就像生活在一个制度森严的劳改农场里，人身自由受到的严格管制，甚至比起劳改农场有过之而无不及。劳改农场的规章制度是有明文规定的，而在群众专政的社会上，则是根据当权者的随心所欲，任意地对被专政对象施以刑罚。特别是我们这类有双重身份的人。在白天的劳动中，我们在田间地头的一举一动，都少不了那么几双贫下中农积极分子"雪亮"的眼睛盯着。尽管我们做得比别人多比别人累，但却免不了"你偷懒耍奸、不服管制、抗拒改造"等莫须有的指责。在评工分时，我们无论如何，就只能得到三等工分。少得工分对我们来说，并不很重要，因为一等工分的价值才是一毛多不到两毛钱。三等工分比一等工分少得的不足两分钱。但是这工分的等级，也是人格等级的标志。能够得到一等工分，就意味着是一等人，我们只有资格拿三等工分，就只能是三等人了。

　　收工回家吃晚饭的时间，是唯一的个人活动时间。吃完晚饭后，每天晚上还都有例行会议，如评工分、搞批判、学习最高指示。遇着有毛主席最新指示的发表，半夜里都要起来敲锣打鼓，游行、喊口号。这样的生活，对于在白天被体力劳动折腾得疲惫不堪，回到家里又没一顿饱饭吃的人们，不啻于肉体和精神的双重折磨，弄得人精疲力竭，奄奄一息。待回到家中，倒在狗窝不如的床上，还要承受着严寒或者酷暑的煎熬，蚊虫的叮咬。过度的疲乏，已经麻痹了人的神经，使人无暇顾及肉体的折磨，精神上的煎熬，就昏死一样睡去。只有在这个时候，人没有了思想，才没有了恐惧。也只有在这个时间里，人们才得以暂时忘记了阶级和阶级斗争。忘掉耻辱，也忘掉了尊严。

　　人和人之间，受着各种政策和不成文的规章的严密控制，甚至于夫妻之间那一点本能，都要受着约束而不能尽由人意。亲戚朋友间的交往，被规定要向生产队、大队报告。有外来人员在家中留宿，必须向大队报告，并且要经过同意。个人外出必须要经生产队、大队批准，并出给证明。出远门要经过公社的盖章批准，才可以买到车票、船票。住客栈、过关卡、查户口都必须要有证明。然而，要开一张证明谈何容易？特别是我们这些被专政的对象。

我们的住所周边，隔壁邻舍的贫下中农，都被大队授予"光荣任务"，监视进出我们家的"可疑"的人物，并随时要向大队报告。大队可以随时到家里来搜查。如果查出有外人在，就要把主家和来人带到大队进行拷问，要追查来人的身份和来此的目的。如果来人和主家的口供对不上，就会给你戴上进行"反革命串联"的罪名，加以严刑逼供，直到你自己给自己编造一些莫须有的罪名才肯罢休。

这样的生活，让我们感觉到，比在真正的监狱里的生活要难熬得多。在真正的监狱里，至少一日两餐是基本得到保障的。而这样的生活，却没有一点儿自由，且还要承受着繁重的体力劳动，和饥寒交迫的煎熬。

三

过了三、四月份后，所有在县监狱里关着的造反大军主要人员，不知是通过什么法律和标准的裁量后，没有足够的罪名判刑的人，都陆续的释放回来了。思学也在四月份被释放回家，但我们彼此都不敢公开的来往，思学只能是悄悄地寻机会，冒险来家与我晤了一面。劫后重逢，感慨良多，多少肺腑之言，一时间无从谈起，只能匆匆而别。事后思学将他在来家时意犹未尽的感触，言简意赅的，用文言文的形式，写成一篇短文。思学在文中写道："吾辈自幼胸怀鸿鹄，崇尚革命。然生不逢时，天下囹圄，旦夕如笼中之燕雀，仰人鼻息。欲飞之不能展翅，欲鸣之，则皆众口一词。天下事，尽为童牛角马、是非颠倒，愚弄群盲。我等天真愚昧，妄信'有理'，紧跟'造反'，痴想慰藉饿殍亡灵，匡正颠倒之是非，承先烈奋斗之旗帜，揭竿聚义。承童蒙无邪，群起响应。然误入阴谋陷阱，以卵击石，徒致山河血染，无辜受戮，梦断浔水（柳江别称），无颜以见乡梓。呜呼'川'正少年，'德''多'翩翩，惜皆'华年'夭逝。死者长已矣！存者且偷生。悲者哀哉！虽生犹死矣。"

　　文中之意在反省自己对这场"文化大革命"运动的体验和感触，及对智川、多德、如多、华年等曾一度风雨同舟的死难弟兄的悼念之情。其中不无反省因自己的幼稚、天真和鲁莽，给家乡父老所造成的惨痛后果，最终落得如西楚霸王"乌江"兵败的结局。该文虽无华美的辞藻修饰，但思想表达却很明确，文字也算精练简洁，读起来也能朗朗上口，颇有些儿"古"风。我再三把读，在思想感情上顿生共鸣，心生钦佩。但我知道那文字的思想内容是时代所不容，不能为他人所知晓的。但又舍不得毁掉。我抱着侥幸心理，将之藏在装有毛泽东像的相框中。

　　为了保存这张文字，几乎令我们一家陷于灭顶之灾。且不说那文字的内容，就已属恶毒攻击"无产阶级'文化大革命'"的现行反革命罪名，足以给文字的作者和知情者以"反革命集团"论处。更何况这些文字是写在伟大统帅毛泽东，和他的亲密战友林彪副统帅，在天安门城楼上接见红卫兵时，亲密交谈的影像的背面。这就又是一项死罪。尤其想起来更让人瞠目结舌胆战心惊的是，思学在用这张影像背面写作时，裁掉的多余部分，偏偏是像片中的，毛泽东高出林彪的那半个头。抛开前面那两项罪名，就光凭着剪掉毛泽东像的半个头部一项，就比辽宁张志新用语言表达对毛泽东的批评，公开喊几句口号，要严重得多，足可使所有涉及的人，陷入万劫不复的绝境。在那刑讯逼供、栽赃陷害成风的年代里，在所难免的还会牵扯出一大批无辜的亲戚朋友，也是可以想见的。若让这一张文字落到专政者手中再经发挥和想象，会造成多少屈死的冤魂也是可想而知的了。

　　我与思学在校时都很崇拜孙老师，特别对他所教的古文更是另有一番偏爱，平日里总爱尝试着用文言文的形式，表达一些生活中的感触。该文短短数语，道出了彼此的心境，竟至爱不释手，一时间却忽略了文中内容所包含的诸多敏感的政治元素。至今在我心中仍然是个谜的是：思学为什么要选这么一张，有统帅和副统帅在一起的伟人像，来写这样的文字，且还要把其中伟大统帅的像裁掉了头部？现在想起来都还让人觉得后怕。但我当时却舍不得毁掉，就把它藏于家中,唯一用以表"忠"的毛泽东像的背面。

四

到了五月份,在全县统一部署的一次抄家行动中,大队支书李大姐带领着大队文书及一群荷枪实弹的民兵,忽然在早上闯进我们家,说是要对我们家进行例行搜查。让我们所有家人列队靠墙站着,如临大敌的由一个民兵持枪看守着不让我们走动,然后楼上楼下的翻箱倒柜。

我们本来就没有什么箱子柜子可翻,他们就致力于抠那些砖缝墙洞、天井灶台,连阴沟都没有放过,还要用棍子伸进去搅几下。结果一无所获,一个个似心有不甘,总想着非要找出点什么来,以致我们于死地不可。这时,我想到我藏在毛主席像背后的那张文字,若是被他们翻出来,那后果就不堪设想了。想到此处,顿觉胸中一颗心在咚咚直跳,我在心中祈祷着,千万不要让他们留意到那张毛主席像。

似乎命运要对我进行考验一样,心中担心的事,它却偏偏地要发生,当我情不自禁地抬头,看了一眼那些从楼上下来的民兵们时,只见那个大队文书极不甘心地瞪大眼睛,向四周搜索,极力地想发现点什么可疑的东西来,只见他的眼珠子朝着那毛主席像转了几个来回,表情似在沉思和捉摸着,随之就朝那挂着毛主席像的天井边的小窗子走去,面对着这一情景,我的心几乎停止了跳动,但我不得不强装着满不在乎的样子。父母、二哥、三姐他们因为不知道我把思学的那张文字藏在那里,所以他们也都表现得无动于衷。当那个文书和两个民兵径直走到那张主席像前,那文书望了一眼那墙上挂着的像,然后伸手把那相框取了下来,放在窗台下的那张歪脚的桌子上,翻过来翻过去地端详着。

这时,我的心又一次地跳到了嗓子眼上,咚咚的心跳声自己都能听得见。我心中思忖着:他若把相框背面的几颗钉子取下来,我们一家就要大难临头了。在这命悬一丝的关头,我除了在心中暗暗祈祷着上苍的怜悯和护佑外,只有听天由命的等待着接受那即将到来的噩运。此时我的头脑即刻变得懵懵懂懂起来，浑然完全没有了意识一样，眼前幻化出各种可能出现的结果，我预感到霎时间就要大祸临头了。摆在我面前的是死路一条，我暗下决心，为了家人免于缧绁，我必须抱着一死的准备，一人做事一人当，自己出来承担，绝对不能让家里人受到牵连。当我正在想着对策之时，斜眼看了他们一下，只见那文书把相框前前后后地翻看了几遍后，也许他见我们一家人都表现得平静如常，且他们这次抄家搜查的目的，恐怕主要是武器或者什么实物，这主席像背后也藏不下什么东西，他最终竟没有打开那相框的后板，而把它放在了桌上。这时候，支书李大姐恰好招呼他们走人。一帮人向我们投过一瞥不屑和嘲笑的眼神后扬长而去。当他们出了门渐渐走远后，我悬着的一颗心才算落了下来。我长长的呼出了憋在心中的一口气，不由自主地双手合十，口中默念着"阿弥陀佛"。

　　这一次的惊险，不亚于那次我们在柳州，从"联指"手中逃脱时，那种虎口余生的感觉。我不假思索的，把桌上的相框打开，取出那张思学留下来的，背面有断了头的伟人像的文字。一家人都看得目瞪口呆，惊出一身的冷汗。我赶紧找来火柴，到天井的阳沟边，当即把它烧成灰烬，并用水冲进沟里去了，大家才算定下心来。此时，我才如释重负般地感觉到周身瘫软。我静下心来，刚才的联想又在我的头脑中一幕幕的延续，直到出现那最后不堪的结局：假若那张文字加上断了头的伟人像，落到他们的手中，为撇脱家人的缧绁，我虽已决意以死面对，但毕竟是我的一厢情愿，能否如愿尚未可知。至于如何能为思学撇清干系，则是一点把握都没有的。可以想见，一旦事发，那文字上的笔迹，确是难以敷衍过去，思学就势必不可避免地首当其冲。我和思学两个人，以及二哥和我的所有家人，甚至于一些亲戚和无辜朋友，都将会被牵扯到其中。这样的案子最后被定性为"反革命集团"案也将是意料中的事。这是我一生中最恐惧最惊险的一场噩梦。不难想象，这样的案子最后结局的悲惨程度，将会不亚于张志新一案。总算苍天见怜，上帝保佑，我才得以逃过又一次九死一生的劫难。但这种担惊受怕的日子，仍然让我们远远看不到头。

五

　　惶惶不可终日地过了1970年的春节。每年的春节过后，到春耕前的这段时间里，是农村所谓的农闲。其实农闲并不闲，当政者们总会想得出那些让社员们永远做不完的农活，用超强度的劳动，挤占农民们思想行为的所有空间，不让人们有闲时间"胡思乱想"。这就是当时的人们不便言说的，一种社会控制的手段。这就是政治统治的艺术和权谋。每一年到了所谓的农闲时间里，都被自上而下的各级领导者，统一安排作修水利的时间。有省、区往下到县一级、公社一级、生产大队一级，直至生产队。总能找得到和农民们的生活相干的，或根本不相干的事情，驱使着人们疲于奔命。至于效益和结果，他们好像从来就没有计较和衡量过。总之，农民们有使不完的无偿劳力，可以随意地驱使和盘剥。工人们有星期日可以休息，且有固定的工资和口粮指标，不用担心挨饿，所以当工人是农民们向往的天堂。农民却是一年365天没有一天是可以休息的。在修水利的这段时间里，把所有的主劳力，全部集中到水利工地上。那些在家的所谓的次劳力也没闲着。各生产队还有各生产队的田间水利工程要做。兴修水利，就是建水库。没有新的水库要建，就是对原有的水库进行维修：加固大坝、修补水渠等等。

　　在我们公社境内有两座水库，一个是属于县管的工农水库，一个是属于公社管的三斗水库。不是修这座就是搞那座，主要就是搞水库扩容而加固加高大坝。搞这项工作是高强度的体力劳动，每个人每天不低于12个小时的，扁担不离肩膀的连续挑土，马不停蹄地在水库大坝上爬上爬下。每担土都要经过专门的人负责验收，验收后发给牌子作为凭证，每个人每天必须要完成的，具体任务是一个立方的土。也就是每人要挑不少于满满的30担土，从一公里外挑到大坝上，往返不下于60个来回约60公里左右的路程。少得一个牌子就完不成任务，就要受到惩罚。每天疲惫不堪的下工回到住处，到食堂里吃着自己从家里带去的米蒸的一罐米饭，既不饱也饿不死的，到了晚上还要集中到地坪上开会，让干部们对当天的工作做总结，拿那些没完任务的人来进行批斗。被批斗的人，第二天还要被抓到工地上示众，然后还要加倍完成当天没有完成的任务。同时还要尅扣工分。

中国的农民过的就是这样的生活。在这种生存状态下的农民，让人无法知道他们到底是"农民"还是"农奴"。虽然在报刊书本上的宣传中，人民被赋予了国家主人的身份，但他们从来就没有体会到，作为主人的那份感受。

对于这样的兴修水利的群众运动，没有人敢于公开抵制。但工地上每天都有被干部们挑出来做样板的，所谓破坏分子现场批斗会。用这样的批斗会来"激发"民工们的积极性。这样的批斗会能够起到杀鸡吓猴的效果。能保证工程的如期完成。

文革运动后期，全国的城镇知识青年上山下乡运动已经成为常态。所以每年在水利工地上，总少不了知青的身影。那些被发配到水利工地的，基本上就是在生产队里表现不好的知青。这表现的好与不好，那就是取决于知青们给干部们留下的印象，取决于知青们的主观努力。在知青们当中有着可以意会不可言传的规则。女知青，特别是漂亮的女知青，容易得到干部们的青睐，给干部们的印象自然就好。而男青年们要获得干部的好印象，自然也会有另外的途径和方式。那些"觉悟高"的知青，每一次从城市家里回生产队时，总会从城市家里，带些农村没有的东西，主要是吃的和日常生活用品。回到生产队后，总会主动地向"贫下中农"（干部）"靠拢"，积极主动地接受贫下中农的"再教育"。这样的表现自然可以换得干部们的好印象。像在大路生产队落户的"五吨"（邓姓知青的外号，）等几个知青就不屑于向那些干部们靠拢，自然就被发配到水利工地上去。

1969年到1970年的这两年当中，队里挑出一些表现好的青年组成民兵队，去宜山县、罗城县，参加"岔罗"铁路的修建工程；到融安县、三江县参加枝柳铁路的修建工程。修建铁路是光荣任务，且可以得到国家的粮食补贴和生活费补贴，我们这些受管制的人员，是没有资格参加的。而修水库就是我们的专利，修水库的人要自带粮食，工具。在工地劳动，回家记工分，不管在水库工地做得再累，也和在生产队里劳动是一样的工分。

第四编　遥望远山千重雾　漫思明日万里云

　　在水利工地上实行军事化的管理，离开工地都必须经过请假，得到同意后才能离开。1970年清明节时，我们还在水库工地上。从武斗逃亡回来，已经过去了一年多，我们一家人都为三哥的惨遭残杀而悲痛不已，一直因未能收拾三哥的遗骸，而深深的内疚。本来就打算着到今年清明节时，去寻找三哥的遗骸，给他收殓一下，并重新择地下葬，让他以入土为安。于是在清明节前一天，我们兄妹仨就向领队请假，生产队的领队没有刻意刁难，同意我们回家。

六

　　三哥和堂姐夫韦辉尤于68年9月份从贵州被押送回来，9月13日被押回到大队保卫部门前时，两个人同时被保卫队民兵乱棍打死，死后身上仍然是被五花大绑着，由四类分子（香云同学的父亲）直接抬到都鲁山下，埋于一个天然的浅浅的泥坑中。但当年我们刚回来，自身生死还难以预料，并且也不可能有条件去顾及三哥的后事，现在已经时过一年多，我们虽然仍处于被管制之中，但已经不再有被杀戮之忧，所以就想起要完成这未了的心事，安抚三哥屈死的冤魂。

　　我们在当时亲手收埋三哥的人的指点下，找到了埋葬三哥的地点，扒开一层浅浅的泥土，三哥的遗骸显露于我们的眼前。只见三哥当年所特别喜爱的，那件浅灰色的内外两用夹克衫，还没有完全腐烂，仍然包裹着他那已经零乱无序的尸骨，他那厚厚镜片的眼镜还在衣袋中，镜架已经断裂。当时捆绑着他双手的绳索，虽然还保持着当时捆绑的原形，但却已腐朽，当我们翻捡尸骨时，那绳索也随之朽烂、解体。我们以从脚到头的顺序，翻捡三哥的尸骨，当捡到他身体部位的肋骨时，我们找到了三根已经明显断裂的肋骨。两条手臂的肘骨都在肋骨的下面土中，那是埋葬时仍处于原来被捆绑的状态。头骨顶部呈现一条长长的裂缝。这些遗骨上的伤痕，证实了三哥被害全过程的目击者，向我们所描述的情形：当时，三哥他们两人，被大队保卫队民兵五花大绑的押着，从公社回到下街，在设于瀵仓里的大队的保卫队门前，从公社出来到街上的一路上，那些押送的民兵从两侧用步枪，歇斯底里的，向三哥他们的两侧腋下，肆无忌惮地暴打，三哥曾被他们打倒到路边的田里，浑身泥污的又被他们拉上来，在不停的暴打中，挣扎着到保卫队门前，那时三哥他们已是奄奄一息了，但那些凶手们仍然将跪伏在地的三哥他们两人，围堵在一群杀红了眼的暴徒们中间，被继续肆意凶残的乱棍暴打，旁观的群众听到三哥哀号着："我不是造反大军，我没有吃过造反大军一颗饭！"但这样的哀号声，对于那些凶残成性的，把杀人视为"革命"的凶手们，毫无警醒作用，没能唤醒他们一丁点的人性，也没有能警醒他们兽性的疯狂。三哥最终死在众目睽睽的光天化日之下，以"革命"名义的，丧尽天良的残杀。

当天来参加三哥后事的，还有和三哥一起在贵州做工的覃海予。我们把三哥的遗骨移葬到边山村前，虎山脚下的石丘上，面向着三都街的家。我们在心中祈祷三哥的灵魂，回家和家人团聚。

我们含着悲痛的心情收捡三哥的遗骨。母亲号啕痛哭过后，哽咽着问海予："当时你为什么不叫他和你们一起躲出去呢？躲过那一阵子，也就可以留得一条命了。"海予悲痛地对母亲说："当时我们是分开住的，我们也没办法预料到哪里安全，哪里危险。"

覃海予是保仁大队的，父亲已故，只有母亲和妹妹三人，也是因为家是地主，初中毕业后，就再没有升学的机会。在学校时他在二哥之后，在三哥之前，都互相知名，辍学回家务农后，来赶圩时都来我们家歇脚，彼此同病相怜，话也投机，见面时总免不了谈些诗文，以及各人的生活境遇和感触，成为知己。

运动开始时，他们都认为，这运动是党内的斗争，结果如何都不会改变自己作为"革命的敌人"子女的身份。且自己也没有资格参加这运动，而只能避而远之。他们始终信守自己的这一观点，没有参加任何一派。但是到了其后，运动的发展却不由得他们自己作主，出现两派斗争时，自上而下的行政机关的当权者及其追随者们，几乎全是"联指"一派。他们都是红五类及其子女，他们是不愿意与"黑五类"子女为伍的。而"联指"一派又都是以阶级斗争的急先锋自诩，总是以对"阶级敌人"的无情斗争，来表现自己的"革命"。特别是在两派处于你死我活,无法无天的武斗当中,造反大军被视为五类分子一样的阶级敌人,在与造反大军的斗争中,都是以对手无寸铁、毫无反抗能力的四类分子及其子女作为屠杀的对象,作为他们的胜利,向革委会邀功请赏。也因为这样,许多"黑五类"分子子女,在走投无路的情况下,为了生存,被迫参加了造反大军,以求自保。也正因为这样,相比之下,造反大军一派成员的成分就复杂些,以阶级分析的方法来对比衡量,造反大军在政治上就明显处于劣势。由于造反大军一派在政治上的劣势,给在广西处于正统地位的,自上而下的"革命委员会"和军队,得到了公开支持"联指"的理由和借口,于是在"革命委员会"的直接领导和指挥下,以"七三布告"为尚方宝剑,公开调动了军队和民兵组织,对造反大军一派实行了残暴镇压,使"联指"在军事上的优势成为既成事实,也就促使中央高层抛弃了运动初期曾经倚重和期许的"革命造反派"。在这样的政治背景下,五类分子及其子女首当其冲地成为这场运动的牺牲品而受到残杀。

　　海予和三哥他们没有参加两派斗争,但他们却不能不逃亡,三哥没有逃过这场屠杀。海予侥幸逃过了那场公开的残杀过后,也是为了生存,而到六道三田作了上门女婿。但是,他为了尽一份朋友的情义,来参加收殓三哥的遗骸之后,当晚在回家的路上,却不明不白的死在了公路边。

　　海予的死,使我们一家深感内疚,我们本该不让他来的。这样的事本来就有许多禁忌,再加上三哥的被害,事过不久,记忆犹新,且凶手还正在得势当中,我们的行为无异于向他们宣告,我们对三哥的冤死没有无动于衷,没有忘记。这在当时就是政治上的禁忌。

　　我们收殓了三哥的遗骸后,第二天传来了海予的死讯,二哥赶到他家想了解一下相关的情况,但却是没有结论的不了了之,至今仍然是个不解的悬案。他的身后留下了一个还没有出生的孩子。

　　我们收殓了三哥的遗骸后,又带着新的悲痛,不得不又回到水库工地去。第二天,母亲作为死不悔改的地主分子,被大队民兵押着挂牌游街、批斗。他们说我们仇恨贫下中农,伺机搞阶级报复;他们说我们把三哥的遗骸葬在虎山上,面对着公社,就是想报仇。爱怎么说就怎么说吧，我们没有申辩的权利，也不想作毫无意义的申辩。

七

从68年开始的，在群众中开展的"三忠于"活动中，在生产队里，每天出工前，要集中先跳完"忠"字舞后才下地劳动，每天晚上在睡觉前要搞晚汇报。把人弄得颠颠傻傻的疲惫不堪。而我们这些专政对象却连跳"忠"字舞的资格都没有，我们只能在别人跳"忠"字舞时，在毛主席像前低头请罪。这期间，各种运动名目繁多。从69年的农业学大寨运动，给贫下中农颁发毛主席像章，之后就是开展以清理阶级队伍为中心的斗、批、改运动，在这个运动中又整出了一批阶级敌人。紧接着的是整党建党为中心的斗、批、改运动，又处理了一批在文革的派性斗争中，持有"反韦派"观点的党员、干部，有的受到了不同程度的党纪处分。对于那些参与了造反大军武斗的党员，有些甚至于受到开除党籍和公职的处分。同时加强了在文革武斗中，表现突出的"联指"人员，在各级部门中的领导地位。把一些原来不是党员的"联指""有功"人员，突击发展入党，或由公社革委会保荐进厂，保荐上大学读书。

我们学校里"联指"学生，也都得以"功臣"的身份，进厂当工人，入党提干，最差的也可以在当地的学校里当上老师。个个都得以论功行赏，分享着胜利的果实。

所有运动在开展前，无一例外的，都要召开一场誓师大会，都要把一些没有改造好的阶级敌人，抓到会场批斗示众。到1970年在公社布置开展的"一打三反"运动的大会上，我又莫名其妙的被抓去示众批斗。在公社礼堂的舞台上，面对着全公社的三级干部，会议的主持人宣布我的罪行，指控我在搞翻案，搞反攻倒算，在田间地头拉拢青年唱黄色歌曲。这些罪行，我都一一承认了。因为之前不久，我给公社革委副主任递交了一份请求退还我们在武斗外逃时，母亲为给二哥结婚准备的一些棉被等用品，存放在大姐夫家，被到大姐夫家抄家的民兵抄走了；二哥和三哥用余粮款刚买的新红棉牌单车，存放在大河街一个堂姐家,也被民兵们抄走。我当时是想,我们在文革中所犯的罪行、错误,该受的惩罚都受了,我们甚至已经付出了生命的代价,但是我们的合法的财产也应该得到保护,应该物归原主的退还给我们。过后,我也自己觉得自己的这一行为幼稚得可笑。在那种时候,我竟然还企图以名存实亡的"法律",来维护自己的权利。竟不知连人的生命都保不住的法律,还会保得住什么财产呢?所以对于他们所宣布的这一条条罪状,我"供认不讳"。对他们所指控我的,拉拢青年唱黄色歌曲的罪行,也完全属实。平时在生产队劳动时,在田间地头,我确实是和队里的青年们一起,经常讲些笑话、故事之类的聊以自慰。也经常的和青年们唱些我们过去会唱的老的电影歌曲,如《冰山上的来客》《五朵金花》等电影的插曲。当时队里那些阶级斗争的积极分子,把我们当作"阶级敌人",随时盯着我们的一举一动。所以我们的这些活动都被当作不老实接受改造的罪行,反映到大队、到公社。就构成了我在批斗会上被指控的"罪恶"事实。但是,其他人,特别是青年人,还是很乐意与我们在一起的。

到了1971年,全县又进一步开展"一打三反"运动,结合清查"5·16"集团,进行社会清队,我又被抓去公社,在我们生产队仓库办的"学习班",吃住都在那里,不得回家。又是莫名其妙的要我们写交代材料。我不知从何写起,我就从《毛主席语录》里找一些能为自己开脱的语录,抄下来交了上去。为此,学习班的负责人又把我的交代材料拿来做典型批判,他说个别人来学习班不是来好好反省交代自己的问题,而是来翻毛主席语录,用毛主席语录教训贫下中农,帮他蒙混过关。后来知道,这一次的学习班是有针对性目的的,主要是想通过我们写交代材料,来获得我们的笔迹,用以侦破什么文字案件,首先被怀疑的当然是我们,所以他们讲讲后,也就没有什么下文了。在学习班待了一个多星期后,把我们押到盘龙,在盘龙大队召开的全公社群众大会上,把我们一个一个的押上台去,示众亮相后就放回了家。没有给我们做任何结论。反正他们想批就批,想斗就斗,不需要什么理由,不需要什么结论,他们根本就不把我们当人看。

由于运动的不断，对于这一类的批判斗争，挂牌游街示众的肉体和人格的惩罚，我们已经是习以为常了。我们不敢奢望什么人格尊严，只要不伤害我们的身体就算阿弥陀佛了。在"千万不要忘记阶级斗争"的政治口号下，在一个接一个的政治运动中，我们怀着恐惧的心理，忍气吞声地，在比监狱和劳改农场中更为严厉的管制中，如牛似马的任人鞭打，没有自由没有尊严的消磨着我们的青春和生命。

在当时的整个社会中，不光是我们这些被专政者，在这牢笼般的政治环境中，承受着没有人身自由的桎梏。而那些"贫下中农专政"所依赖的贫下中农群众，也和我们一样受着管制。所不同的是，我们则是多了一重被"杀"来吓猴的鸡的身份罢了。而"猴"们不也总是在战战兢兢中小心翼翼地，在完全失去了做人的基本自由权利的环境下生活吗？把当时的整个社会形容成一个大的监狱，并不为过。它将成为我们伟大的共和国的一段不堪的历史。

第三十八章　背叛家庭

一

"出生不由己，道路可选择"；"背叛家庭"，争取做一个"可以教育好的子女"；这些都是我们从教科书中，从报纸杂志中经常看到的，对出身于地富反坏右家庭子女的说教和安抚。而我们也都一直信以为真的去争取，去努力。以求得党的认可，得到贫下中农——实际上就是干部们的认可。以换取减轻对我们的歧视。而像我们这样的家庭，在刚刚经历了家破人亡的摧残，对这样的说教，本该早就看透了的。但我却仍然对李大姐之流抱着幻想，认为她的心也是肉长的。在李大姐又要发起一场，以我父亲地下行医为罪名的阶级斗争时，我竟屈从于李大姐的要挟，出面揭发我的父亲。李大姐派人把我叫到大队里，对我说："你父亲偷偷给人看病，已经被人家检举了，群众要对他不服从管制的行为开会斗争他，现在贫下中农给你一个背叛家庭的机会，你要在会上揭发他、指证他，争取成为一个可以教育好的子女。我跟你讲，你出不出来指证揭发，我们都是掌握了证据的，这不过是给你创造一个机会，你要好好珍惜。你若是甘心要当地主阶级的孝子贤孙，我们也不勉强你，但是，你自己知道，在文革中你已经是站到了贫下中农的对立面上去了，你们还不赶紧争取站到贫下中农的立场上来，你就会滑到你父母他们的立场上去，成为贫下中农的敌人，成为四类分子，成为管制的对象。走到那一步也就是贫下中农说一句话的事情。"

听了党支书这番话回来，我心里就在想，她后面所讲的话大部分也是实情，就是我不出去指证我父亲，他们要找一个人到会上站出来指证并不难。而让我站出来指证我的父亲，则能让他们达到一箭双雕的目的：一可坐实了我父亲死不悔改的阶级本性，二可嘲笑我们这些子女，为了自保而卖爹求荣的卑劣人格。至于前面所谓的"出生不由己，道路可选择""背叛家庭"，争取做一个"可以教育好的子女"。那都是司空见惯的"说教方式"，明知道是政治伎俩，无奈的是，我们还是不得不依着他们的要求，开眼跳进他们指定的污泥浊坑中去，这是我们的悲哀。

在那你死我活的两派斗争时期，我所秉持的就是"出身不由己，道路可选择"的政治理念，想的是如何表现自己的"革命"。因为父母亲是地主分子，害怕他们会玷污了我"神圣的革命"，所以曾一再警告他们，不要到有我在的场合出现，不要在人前议论我的事情，以免给对立派以攻击我的口实。进入到两派生死相搏的武斗阶段，我从来就没有考虑过自己的行为，会给父母造成什么样的后果。在那生死悬于一线的逃亡阶段，也没有考虑过父母亲的生死存亡，尤其是对父亲。这其中有两种原因：一是我深信党的政策，不管运动发展到什么程度，我们这个国家还是在共产党的领导之下，是有宪法法律的国家。共产党是无产阶级政党，不是法西斯集团，不会草营人命、滥杀无辜。二是两派组织都是由学生、人民群众组成的，是革命的竞争，无非都想表现自己的"革命"，表现自己紧跟毛主席。在两派群众之间，特别是两派学生组织之间，原本就没有什么不可调和的深仇大恨，只是为了向毛主席表达忠诚，都在揣测毛主席的心理趋向，迎合毛主席喜怒好恶，这一切就是为了想得到毛主席对自己表现的认可。至于对某一个当权者所持的观点不同而形成的两派争斗，是非成败不取决于两派民众，而是取决于当权者个人。这类矛盾和斗争是党内斗争在社会层面上的反映。一切动乱的根源事实上存在于党内，而非那些无知的学生和民众。学生和民众只是在为他人作嫁衣裳，成为权力斗争的垫脚石、牺牲品。我一直以为，不管是何种性质的斗争，都应当保有基本的政治道德和人性底线，一人做事一人当，不至于株连九族。殊不知，由于我对"阶级斗争"理论的理解过于浅薄，致使父母及兄姐在这场运动中受尽了折磨。对于父母来说，他们能从那场腥风血雨中死里逃生的侥幸活了下来，就确是不幸中的大幸。从精神层面来说，舐犊情深，面对一家人死的死，伤的伤，有家不能归，各自东西，沦落天涯，相互间音讯杳然，作为父母，情何以堪。特别是三哥的惨死，二哥的伤残，家庭的破败，让他们在精神上承受了人世间难以承受的，白发人送黑发人的晚年丧子之痛，家破之哀，真所谓人间悲剧、惨绝人寰。

在那悲惨亡命的日子里，母亲身边带着三姐，还算有个伴，而父亲则是一个人孤独无助的，哭天天不应，叫地地不灵，我不知道他是怎样熬过来的。他曾经对我们倾诉过：为了躲过那一次又一次的清查和搜捕，曾经钻到废弃的防空洞里过夜；他也经常的在那些脏臭的厕所里，蹬过一个个不眠的夜晚。他捡过菜皮讨过饭，漂泊亡命的侥幸从劫难中幸存下来。父亲劫后余生，回到破败的家里见到我，虽然不是像母亲那样的悲恸号啕，但是看得出他眼中所流露出的，是那种庆幸、喜悦和内疚。他没有责骂、没有埋怨过谁。在他心中也许认为这一切家庭的悲剧，不是因为别人，而是由于他们那一代人所造成的。

李大姐策划对父亲的那场批判会，正是为了迎合那一场全国性的"一打三反"运动。那天晚上，父亲无奈无助地跪在生产队召开的斗争会场中央，而我却屈从于大队支书李大姐们的胁迫，在众目睽睽之下，站出来当众指证了父亲。当时我看到父亲茫然绝望地，抬头望了我一眼。然后痛苦地闭上了他的眼睛。我感觉到会场上围坐在父亲周围的人们，也在用一种惶惑与耻笑的表情看着我。我的表现，让那些本来对我们还心存同情和怜悯的人们，感觉受到了讥讽和嘲笑，他们纷纷向我投来不屑和鄙夷的眼神。会议在事先安排的进程中结束，人们在稀稀落落的口号声中争相离去。而我却无地自容的呆立当场，感觉到这一场批斗会批斗的是我，而不是父亲。人们都已散会离去，只有我一个人，还魂不守舍的，呆立在那空荡荡的会场上，脑子里一片茫然。当我意识到该回家了的时候，便踉跄着自个儿向家走去。我不知道是怎样回到家中的。当我与已经先我到家的父亲四目相对时，父亲以一种并不愤怒，但显然带着绝望的声调，叹了一口气，骂出了那一声"忤逆不孝"。从父亲口中吐出的仅仅就是"忤逆不孝"四个字，别无其他话语。然而这四个字就像一把锥子，直刺我的心房，使我感受到，从来没有感受过的刺痛。父亲的骂令我羞愧不已。为了父亲的这一句责骂，我把"忤逆不孝"这个词汇深深地藏在了心中，我曾经为了得到这个词汇的准确注解，专门查阅了词典，去深切领会父亲骂的含义。

二

我在批斗父亲的会上指证父亲过后不久的当年冬天，我又被抓去参加公社搞的"学习班"。在"学习班"里住，在学习班里接受监督劳动，饭是家里送去的。公社干部们像参观展览一样地，围着我们看，指指点点地议论着，一个姓卢的公社干部，指着我们说："这帮人都是马卵鼓（鹅卵石，意为顽固不化）了的，再怎么样改造也变不好了"。

我想，我的"忤逆不孝"，我对父亲的背叛，换来的就是这样的讥讽和嘲笑，这是报应。事后，当我的一些儿时的朋友知道了这件事后，不无讥诮地质问我："你都经历过那么多血与火的洗礼，你还相信'背叛家庭'那样的鬼话？"我说："不管相信不相信，在那样的处境下，你能不按他们的要求去做吗？父亲的罪名并不在于我的指证，欲加之罪何患无辞？他们无非是不失时机地对我们加以侮辱，丑化我的人格罢了，好汉不吃眼前亏，也为了整个家庭，我不可能与他们对抗。不光我一个人会这样做，与我同样处境的人，甚至那些共产党高级领导人家庭里的子女们，在毛泽东发动的这场'文化大革命'里，不都争着背叛自己的父母、家庭？而去效忠于毛个人。"这也是我在为自己的行为辩解。

我一直在想，我们这些从出生时起就沦为政治贱民的人，我们在身不由己的，被迫的"背叛家庭"。而那些出身于大地主、大资本家的革命者们，他们主动自觉的散尽家财，甚至置整个家庭的性命于不顾，全身心的投向革命，他们的行为难道仅仅是为了让别人对他们"革命"的认可？他们是为谁而革命呢？难道他们就是以"背叛家庭"作为革命的投名状？他们背叛的何止是他们自己的一个家庭？他们背叛的是5000年中华文化传统的伦理道德。没有家庭的全力支持，他们何以能够倾其家财投入革命。他们的革命本来就是家庭的革命，为什么不可以认为他们是个革命的家庭呢？而非要把个人与家庭人为的分开，将他们谓之为"背叛家庭"。难道背叛传统就是革命？这革命又应该由谁来鉴定？由谁来认可？他们心中所向往的革命，到底是什么模样？当初他们是否曾经有过明确的概念？如果说，他们的革命是以他们的父母、家庭作为消灭的对象，他们还会选择革命吗？他们的父母家庭知道他们的革命就是这般模样，还会这样鼎力支持他们吗？也许当初他们根本没有想过。可见，当初他们心中的革命不过就是黄巢、朱元璋、李自成式的改朝换代而已？到了他们的革命并不由得他们自己来解读的时候，到了他们自己也成为革命对象的时候，他们应该反思一下他们的革命了。

恐怕除了毛泽东个人以外，其他曾经得势过，或者从未得势过，如朱德、刘少奇、林彪、周恩来、邓小平、彭德怀、贺龙等等，甚至那些在革命成功前就已经牺牲了的革命者们，他们也不知道，他们心中的革命到底是什么模样？难道他们所投身的革命竟是如此虚幻无形？难道他们的革命就只有毛泽东才能解读描述？革命是毛泽东一个人的革命。

在二十一世纪初，我看过的一本记述一个本地革命者的书《再现熊柳生》。[1] 书中主人公熊柳生在中共党内算不得什么人物。但他在我们柳州本地，在广西中共党史上却是个绕不开的人物。文革前我对熊柳生一无所知，因为他一直从事的是中共地下党的秘密工作，乡梓邻里都知道他家是柳江县成团乡首富。他为之倾家荡产而奋斗的革命事业成功了，共和国成立后，只知道土改时他家被划成地主，不顾一切支持他事业的母亲是地主分子，他家里的土地、房屋、财产被分光了，他们一家由成团首富变成一贫如洗，一家五口变得上无片瓦下无寸土，无家可归。支持他革命的叔父原是民国柳江县驻会议员，被当成土匪被他所扶持过的共产党政府枪毙了。他们的革命成功了，而

---

1 柳州日报社文集编辑委员会陈颖等编，漓江出版社 2003 年 12 月出版的《再现熊柳生》。

他却再也没能挺直腰杆过上一天有尊严的日子，所以，当地人也就很少听到他的名字。直到二十世纪的1984年6月，中共柳州市委召开为柳州地下党遭受迫害平反大会后，我才通过他的一些族人听到关于他的一些故事。到了二十一世纪初，《再现熊柳生》一书出版后，从朋友处索得此书，才对熊柳生有了较为全面的了解：解放前，熊家是柳江县成团乡名副其实的大地主。他是在学校读书时接触到共产党，并接受了共产党的信仰，开始为共产党的事业而出生入死的。正如原柳江县县委书记、柳州市原人大常委会主任张幼异为该书所写的序中所言："他把较富有的家产献给党组织，这在当时其意义和作用是可想而知的。在那杀气十足的反动军警眼皮底下，他在家里掩护中共桂柳区工委和广西农委，召集城乡各地党组织和游击队负责人，先后两次召开非常重要的会议。他和家人无偿地向与会者提供生活保障，安全保密做到万无一失，滴水不漏。这是多么的惊险啊！而且，熊柳生还在家里设置秘密印刷机器，印刷传单散发各地。这些，都极大地推动各地党组织的活动，尤其是推动游击武装斗争的发展。不久，他又巧妙地护送中共桂柳区工委书记陈枫赴香港向中共中央香港分局汇报工作。随后，听从指令，从事组织领导开展游击队武装斗争。然而，这样一位传奇式和工作卓见成效的党的骨干，由于当时所处的复杂背景，后来受到不实的猜疑，不公正的对待，以致经历一段坎坷的人生，风风雨雨的生活……"。

原柳州市党史办主任刘明文在他的《再现熊柳生》读后感中写道："熊柳生，壮族，生于20世纪20年代，大学文化，柳江县成团乡灵江村人。日本侵略军占领柳州时，他参与组织和领导柳江青年抗日挺进队打击侵略者。国民党反动派破坏和平发动内战时，他参加中共地下党柳州特支，先后从事学生运动，开辟城乡党的组织，掩护党的领导机关，参加游击战争。解放后，当过记者，做过机关工作人员，离休前是河北省邢台市计量局副局长，享受副处级待遇。1998年2月20日病故于北京，这一天，正好是50年前的1948年2月20日，中共桂柳工委在他的地主庄园举办'昆仑山'党员干部训练班的日子。

他是一个普通的党员，对革命有功劳，也有苦劳。然而命运苦蹇，经历坎坷，令人悲叹和惋惜。他出身于大地主家庭，当他接受革命思想后，毫不吝惜地倾家荡产支持革命，脱下西装革履当一个风餐露宿的游击队员。当都宜忻游击队两次遇到挫折时，鬼使神差让熊柳生得以'幸免于难'（一次是因为交通阻塞，未能到根据地报到；一次是经领导批准回柳州购买枪弹）。就因为偶然的'幸免于难'，却被个别领导人的世俗偏见所误，认为他在革命危难之际'动摇''怕死保命'。从而给他的政治生命画上几个类似枷锁的'？'号。'不可不用，不得重用'的紧箍咒跟随了他的一生。每逢政治运动就拿他做'靶子'。在内部肃反和'文化大革命'时，熊柳生倾家荡产支持革命的行为，竟被'老左'们认定是'逃避土改分田'和'投机革命'的手段。其理论根据就是地主、资产阶级的阶级本性所决定。更可怕的是，这些人不做调查研究，也不听取和相信熊柳生的解释和申辩。就这样，他始终处在'阶级斗争新动向'的氛围中过日子。解放前支持侄儿革命的叔父熊天元，在清匪反霸时被当成土匪恶霸处决。一贯支持儿子革命的老母亲也被株连，挂着'地主婆'的牌子被'红卫兵'（从北京）押回成团帮生产队拾牛屎，最后病死在猪栏里。《再现熊柳生》是一篇批判'左'的路线的'诉讼状'"。

　　熊柳生的一生，说明了一个道理，"血统论"在中国盛行不是一朝一夕，而是危害深远，不管你怎么做，那些"老左"们都不会把你当自己人看的。而我们却还自以为是"背叛了家庭"的革命者，去乞求那些得势者们的认可或赏识。岂不自觉悲哀。

三

　　在那阶级斗争人人自危的年代里，人的心理变态和扭曲，到了不可理喻的程度。几乎所有人都变得六亲不认。为了个人的生存，甚至仅仅是为了表现自己"革命"，为得到一个虚幻而抽象的荣誉（或者救命的符咒），在至亲家人中相互的告密、揭发，甚至诬告陷害，不惜出卖亲情，出卖灵魂。这种现象不仅仅是在平民百姓家庭中存在。

像刘少奇、林彪等一辈曾经地位显赫的革命者家庭里的子女们，竟也不例外的出现如此卑微的，去争当"背叛家庭"，做"可以教育好的子女"。这种现象能不能算是一种报应或是自食恶果的悲哀？是否是一个社会，一个国家，一个民族，一种文化的悲哀？这些都是众所周知的，让人难以理解的事实。

像刘少奇这样的共产党高级领导人，在"文化大革命"中，他的女儿刘涛竟然也在江青的"思想教育"和鼓励下，写大字报，揭发自己作为国家主席的父亲刘少奇。在她们的笔下写出"打倒以刘少奇为首的资产阶级反动路线"，这种行为，于国、于法、于家、于私，都无疑是"忤逆不孝"的行为。像薄一波这样的老革命，不也被他的儿子薄熙来在批斗他的大会上踢断了几根肋骨吗？这种行为在当时的社会中，在出身于"黑五类""牛鬼蛇神"家庭子女群体中，由于受到"革命"的鼓励和推崇，而成为一种普遍的社会现象。这就是"文革"所造成的，对传统道德的讥讽和嘲笑。在那个时代，真正"忤逆不孝"的人，最终都没有达到他们的目的——获得纵容和唆使者的信任。如曾经一度是一人之下万人之上的林副主席，他的女儿林立衡对于他可算是真正"忤逆不孝"的了，但是，她最终并没有得到过毛泽东的信任。她是否曾经为自己的行为后悔过，我们不得而知。政治和道德之间，到底是相互矛盾，相互排斥？还是相互融合统一的关系？我一直在思索而不得其解。

我自知远远不能与刘少奇的女儿刘涛及林彪的女儿林立衡相提并论，他们不惜出卖自己为革命出生入死的父母，他们的行为是真正的背叛家庭，他们对自己家庭的背叛，竟是为了向毛泽东个人表示忠诚，这对所有的共产党人的革命，无疑是极大的讽刺。发生在我身上的故事，与发生在她们身上的故事，虽然不能同日而语，但都是同一个特定时代背景下发生的悲剧故事。而且类似的故事远远不止就我们这几件。但我不能因为这种行为的普遍性，而原谅我自己。

这种背叛而得不到认可的现象由来有之。许多那些曾经在我们心中成为楷模的，背叛家庭而投身革命的老一辈革命者，他们一生的境遇，让我觉得自己的遭遇微不足道。他们为了革命，曾经不惜散尽家财,不惜流血牺牲,但最终却没有得到自己的同志,和自己所推崇和追随的领袖的认可。反而成为自己为之奋斗一生的革命的敌人,蒙冤受屈。除了上述的熊柳生现象,这样的事例,在我们本地多有传说。

我们街上的老地下党干部韦彩然前辈(是熊柳生引领他加入中共地下党的),曾经在柳州地下党领导下,利用自己家庭所拥有的条件,投身革命,并得到过自己富有的二哥的无私的帮助。他的二哥韦浩然利用自己经商所具有的便利条件,在抗日战争中,解放战争中,对地下党的活动,给予了财力和物力(武器弹药)上的巨大帮助。然而,革命胜利了,韦浩然以及曾经与其共同支持和帮助过共产党的商人刘美兴,都毫无例外的在土改时,被划为地主阶级,成为地主分子,成为革命的敌人。还有三都乡屯甫村的韦凤楼,曾于1947年10月6日,和韦彩然一起,在三都乡石武村组织成立"都宜忻人民解放总队三都中队",韦彩然任中队长,他任副中队长,解放后,也因家庭成分的问题,和其他的地主四类分子一样,被专政、被管制。韦彩然本人在革命胜利后,由于其所属地下党系统的关系,在历次政治运动中,屡受整束,长期蒙冤受屈。直到1983年7月26日,中共广西壮族自治区委员会《关于为广西地下党遭受迫害问题的平反决定》(桂发[1983]45号)下发后的1984年6月,在中共柳州市委召开的"柳州市地下党遭受迫害平反大会"上,韦彩然前辈与所有遭受迫害的地下党员,才得到了他们为之流血奋斗和企盼的真正解放。

关于柳州地下党的故事,在我们的青少年时代知道的并不多。因为我们无法从地方的历史中看到有关的文字记载。长期以来,出于阶级斗争需要的忆苦思甜报告会,学习雷锋先进事迹的报告会,乐此不疲,经常在学校召开。但是,发生在当地的革命故事,还有关于我们当地的革命烈士张鸿智、韦辉然等的故事,却反而从来未见有过系统的宣传,还不如一个"老贫农"的知名度高。当地地下党也曾有过许许多多可歌可泣的斗争史迹,那些史迹对当地人民群众和青少年儿童的教育,无疑是最有教育意义的材料。但我们却仅仅能从乡亲们口头上,言词闪烁的零星传说中,得知一二。这种现象让人觉得有悖常理，不合逻辑。在阶级斗争的风越吹越劲，党内权力斗争愈演愈烈的时候，话语权掌握在一个人的手上，地下党的历史无疑被选择性的掩饰了。尤其在我们当地，当年投身于共产党地下斗争的，大多都是家里有一定财力，有条件到柳州等大地方读书，有机会接触到革命思想的青年。而贫苦农民家庭出身的子弟，相对比较，也就缺少了同等的机会。这种状况在当地的乡邻间都是大家知晓的。宣扬那些革命者的事迹，无疑如给他们在当地处于专政对象的家庭歌功颂德，使当地的阶级斗争陷于尴尬的境地。尤其在解放初期，由于党的最高领袖，曾对地下党系统的干部，有过"降级安排，控制使用，就地消化，逐步淘汰。"的"新十六字方针"的指示，[2] 地下党的历史，就不可避免的受到严重歪曲。地下工作者的英雄事迹，就难以登上地方历史的大雅之堂了。在个人崇拜和阶级斗争狂热的年代里，对革命历史的记忆，都是选择性的。这其中，不难让人感受到政治集团内部争权夺利、相互倾轧的阴影。

在我们当地，就我所知道的，出身于地主阶级家庭，曾经为革命作过贡献的熊柳生及其母亲、叔父等一家人，以及韦浩然、韦凤楼、刘美兴等等，对自己家庭、阶级的背叛，不可谓不坚决。然而，他们在革命取得胜利后的境遇，就难免令人寒心了。尤其是熊柳生的母亲和叔父对革命的贡献至伟至巨，其境遇反而最为悲摧。我作为在红旗下生，在红旗下长的地主阶级家庭子女，在共和国不到二十年的历史中，经历过人世间几乎所有的苦难，竟然却还在幻想着通过背叛家庭，而争取成为一个"可以教育好的子女"，以换取一点做人的权利，令人想起来就觉得悲哀。中共历史上多少大人物，出于个人政治信仰的追求而背叛自己的家庭，所得到的结果，难免带有嘲讽的意味。同时，由此也不由不让人对以财富多少划阶级，划成分，区分革命与反革命，不过是统治者为维护其统治及其既得的利益而玩弄的政治权谋罢了。

2　见炎黄春秋杂志社出版《炎黄春秋》2012 第 8 期 72 页唐宝林所著"南京解放前后的陈修良"一文。

第三十九章　婚姻与政治

一

腥风血雨的武斗动乱已经过去两年，我们始终不能从那个阴影中走出来。生活上的穷困和劳动中的艰辛，所有的人都一样，我们无可怨怼，我们没有理由更没有条件期望比别人过得好。在当时的政治环境下，我们不得不在受尽歧视和桎梏的牢笼般的生活状态下生存。那种生活是无尽无期的，没有一点希望和梦想。我常常在心中问自己，难道我就这样度过我的一生？

尽管专政者不把我们当人看，但是我们毕竟是人，我们也有本能的需要，我们也有七情六欲。

我们都已经到了婚嫁年龄，三姐大我三岁，已经二十三岁了。三姐为了改变一下个人的现状，在街上一个寡伯娘作媒介绍下，没有任何条件的，捡起唯一一套平时换洗的旧衣服，不声不响地走了。三姐嫁到六道街附近的果槐村，三姐夫是个柳州郊区公社小学的老师，但是三姐并没有能随姐夫到学校去共同生活，仍然还要待在村上的家里。姐夫的家里也同样是地主，否则也不至于到三十岁才选上三姐。论相貌人才，用三姐当时说的"在相亲时根本就没有去看他的相貌，就凭着媒婆所介绍的条件，闭着眼睛我就答应了"。不过三姐夫还算是一个老实厚道的人，且有一点好处，就是一个月三十元的工资，多少可以资助家里一些油盐钱。

论年龄，二哥更是早该结婚生子了。文革前的政治环境没有这么恶劣，但是那时正是饥荒年代，一家人穷得连一间可供蜷缩栖息的房屋都没有，且那时二哥也还不甘心认命，不想就此确定自己的人生。假若当时他能正视现实，低头就命，找一个相对偏远落后一点的村上女子，不论出身，不论知识，只要能劳动，能生儿育女就凑合着成个家还不是太难。母亲曾经到处托人做媒，但他就是红黑不论的都拒绝了，把自己一些可恃的条件给蹉跎了。之后的文革动乱，弄得家破人亡，继之而来的是更为严酷的枷锁和低下的人格地位，再加上二哥肢体上的残疾，对于二哥的婚姻问题就更是雪上加霜。这样的政治、经济和生理上的条件，在当时足可以注定二哥只能孤独的终老一生。为此，我们一家人束手无策。

我们这一代人，对"婚姻自由"的概念理解得并不深刻。与之相对的"父母之命，媒妁之言"的封建包办婚姻，我们并没有过亲身的体验。在我出生前的1950年5月1日就颁行的，中华人民共和国第一部《婚姻法》中，好像"男女平等"才是人们所特别关注的原则。但是，在当时的社会变革的情势下，"义务平等"才是"男女平等"的实质内容所在。正如《小康》杂志记者张旭所采写的《婚姻60年嬗变：从政治挂帅到我的婚姻我做主》一文中说的："在建国初期百废待兴的形势下，生产建设对女性劳动力的需求似乎比提高妇女权益显得更迫切；另一方面，传统家庭文化并没有因为妇女投入社会工作，而为其赦免任何家务劳动。于是，在实为'义务平等'的'男女平等'的名义下，新中国的妻子们事实上肩负起既主内，又主外的双重压力。"

我们这一代人，在伴随着一次又一次的政治运动的成长过程中，当我们需要真正面对《婚姻法》的时候，我们对"婚姻自由"的渴望就显得更为迫切了。因为在封建的婚姻观念下，青年人需要突破的是"父母之命，媒妁之言"的封建婚姻观念。而我们现实需要面对的，是更为强势的国家政治意识形态下的婚姻观念。政治的不平等，是我们在婚姻问题上不可逾越的一道鸿沟。建国后所开展的历次运动直至"文化大革命"结束，中国处于一个政治高于一切的年代，一切离不开政治，婚姻更是如此。那时的中国人在政治上被划分为三六九等。作为"红五类"的革命干部、军人、工人、贫农和下中农，由于是天生的革命者，普遍享有高于政治异己分子在婚姻上的特权；被打入"黑五类"的地主、富农、反革命、坏分子和右派及他们的子女，则因其令人畏惧的政治身份，而遭受着歧视和冷落。"红五类"之间的通婚是理所当然的，而企盼改变命运的"黑五类"，也无一例外地希望能与"红五类"联姻，以便借此获得免于政治迫害的"丹书铁券"。少数"黑五类"女子，往往在自我降低，甚至不得不放弃主观婚配条件的努力下，获得了客观条件极不对等的婚姻，于是一些政治婚姻，便在两个素昧平生的人之间得以缔结。而"黑五类"男子，则只能与被"红五类"们选剩的"黑五类"女子结合。更有命运不济的"黑五类"，甚至永远也没能获得结婚的资格。

《小康》杂志记者张旭在文中写道："'领导我们事业的核心力量是中国共产党，指导我们思想的理论基础是马克思列宁主义'。这是'文革'时期写在中国人结婚证上的话。那个年代，婚姻与政治的隶属关系就这样被烙入几代人关于婚姻的记忆。'"血统论"'是当时特殊环境造就的特殊理论，'老子英雄儿好汉，老子反动儿混蛋'是对这种理论最为通俗的解释。'"血统论"'的'创造'在于将政治身份认定为生物遗传信息，这使得当时的人们不得不用'根正苗红'或'划清界限'的逻辑去考虑婚姻家庭之事。"

在我们的思想意识中，从来就没有过真正概念上的"婚姻自由"。从高干到基层干部、军人、老师、单位职工、工人甚至农民的婚姻，大都经过一番不成文的"婚姻政治"的"审查"程序，到民政部门办理婚姻登记时，如果申请登记的双方的政治条件、阶级属性不相匹配，通常的都会得到"再考虑考虑"的警告，区区一张"结婚证书"也不是"双方自愿"了就可以得到的。特别是文革运动当中，及其之后的一段时间里，国家宪法尚是一纸空文，何况一部形式上的《婚姻法》，"皮之不存，毛将焉附？"。而作为我们这类人，连生存尚且没有自由，何谈"婚姻自由"？但是我们仍然以《婚姻法》为争取自由的依据，幻想着通过婚姻，进而取得传宗接代的权利。

二

我们一帮同过命运、共过患难的朋友们有机会聚在一起时，我们开始讨论着我们的婚姻和生存的问题。"生命诚可贵，爱情价更高，若为自由故,二者皆可抛。"那是革命的先烈们的崇高气节,我们没有那么高的人生境界,我们仅仅渴望生存,爱情对于我们只是一种奢求——不只是对于我们,在当时的那个社会里都是如此。我们有了通过"婚姻"这最基本的权利,去换取一个相对宽松的生存环境的共同想法。

二哥一个家在水源的老同学熊用庭提出,他的一个朋友,到柳城县六塘一带,文化相对落后的农村,入赘一个成分好的人家,落户在女方家,也就随着女方家的成分,就不用再受如此严厉的管制和歧视,可以改变眼下的生存状态,将来出生的子女,也不用再背负这家庭出身的政治枷锁代代相传。也可以暂时规避"一旦有风吹草动就首先要搞掉你们这种人"的生存危机和威胁。我们认为这是一个可行的办法。于是我们把这一想法形成了一个共同的计划,等待着到农忙过后冬闲时节去实施。我之所以当时不惜背叛家庭、忤逆父亲,正是为了达成这个目的所作的铺垫。

到了1970年的冬闲时节,我和敏强与熊用庭,开始了首次尝试性的行动。我们向生产队请假的理由就是去相亲。也许这就是最正当的理由吧,队长不怎么为难的就同意了。

这首次的行动二哥没有参加,一来我们两个人一起去,考虑难以向生产队请假,二来也没有钱,三来难以找得单车。我们要去的地方没有单车至少要走两天。再则,这是首次尝试性地行动,结果如何难以预料,相比之下我的个人条件比二哥好些,可以争取的余地宽些。此次去不希望都能达到目的,但我们力求至少能解决一个,就可以为我们今后计划的继续进行,建立起一个落脚点。熊用庭的那个朋友与我们不是深交,在当时的政治、经济条件下,他不可能也没有条件把我们当宾客来接待的。再者,他的家人对我们这些不速之客,会是什么态度,也很难预料。何况这位朋友毕竟是个"上门郎","上门郎"在当地虽然不像我们本地一样受人鄙视,但我们也不知道他在他家人中的地位如何。

按我们家乡的习俗观念,"上门郎"和本地人在身份上总是低人一等。一般的男子都是因为家里穷或者其他原因,娶不上老婆时,才不得不离家出去倒插门做"上门郎","上门郎"是受人看不起的。也正因为这样的观念,生产队长听说我们要出去"上门",就等于我们承认了自己低人一等的身份。再则,我们如果能离开这里到别地去上门,也就意味着我们将永远放弃在这里生活的权利了,就不再是这里的人了,也就省得他们不得不要成天的监督和管制我们了,也就少了许多的麻烦事情。所以他也就乐意地批准了我们的假。这其中也不无因为我"忤逆"了父亲的政治表现,给队长一点准假的理由。队长的女儿和我们是一派的,即在桐村被民兵打伤的人,队长给我的假也是需要一点勇气的。

我跟大姐夫借得了单车,大姐夫很支持我们的决定,他也认为这是我们最好的选择。敏强借得一部单车,我们两个人两部单车就早早地从家出发,到水源邀上用庭,用庭也借了一部单车,三个人骑着单车,经土博向南乡而去。那时从土博到南乡还没有公路,只能是在山间小路上时而骑着单车,时而推着单车走。南乡是宜山县三岔公社的一个小圩场,与柳江县土博公社交界,快进入南乡地界时,要翻过一个又高又长的山坳,只有牛走的路,我们只能扛着单车上坳下坳。翻过山坳后也只能推着车子走到南乡。南乡有乡级公路到三岔,从三岔推着车子跨过龙江河铁路桥,就进入了柳城县的六塘地界。从六塘公社顺着往柳城县县城大埔镇的公路,再走约十里路程就到了米村大队,米村大队就是我们此行的目的地。

从家到柳城县六塘公社米村大队,整个路程大约 180 里路。一路上我们时而骑着车子,时而推着车走,时而还要扛起车走,整整走了一天,傍晚时才到了米村。米村大队各村落就散布在公路两侧,从公路边的斗村向南沿着坡上一条坑洼的牛车路,约 3 里左右路程就是紫薇村。用庭的那个朋友就在紫薇村。

米村一带属丘陵地势,一丘丘的土坡上是一片片的畲地,地里还东一片西一片的长着尚未收割的甘蔗。在一丘丘土坡相互连接的低洼地带是一片片秋收过后的水田,干了水的田里还散乱的堆放着稻草。这里的村庄不算稀落,相互间隔也就二三里路,来回走动也就一袋烟的功夫,彼此间鸡犬之声可闻。站在路边坡上向四周看去,与我们的家乡相比，目光所及显得开阔，在那冬天的迷蒙中，眼界所及的远处，像我们家乡那样的大石山隐约可见。这里给我们的第一印象是，这里田多地广，生存条件不错，交通比我们家乡的山间路较为平坦，但这里的山水风光、自然景致却显得单调，与我们的家乡相比，少却了大山的雄奇婀娜。

我们就投宿在用庭的朋友家里。他到这里入赘已经三年多，按当地的习惯，到这里入赘后就得随女方姓，所以他现在改为乔姓。据他向我们介绍的当地的习俗是，这里的人相对我们家乡人要诚实厚道些，宗族观念也较强，在本宗族内的人和人之间，成分不好的人家，除了受政府规定的所谓管制，不时地要在民兵的监押下，去做义务工和开会以外，人际间交往多少还念些同族同宗的亲情，还不至于完全的以"阶级斗争为纲"。但是，在不同的宗族之间，也同样地存在着这样那样的矛盾，在这些矛盾交错中，这里也不可能不受当时国家政治大气候的影响，而置身于阶级斗争之外的世外桃源，彼此也都会利用一下"阶级斗争"的武器，为本宗族借势。在政治上，这里的人同样也还存在着等级，青年人在选择婚嫁对象，家庭出身仍然是首要考虑的条件。这里的婚俗习惯与我们那地方有所不同，这里的青年男女可以根据自己家里的情况和个人的情况，决定留在家中还是嫁出去，或者是入赘到女方家，都不会受到歧视。到这里入赘的男子，只要得到家人的认可和尊重，村里人也都会看主家的脸色，爱屋及乌，投鼠忌器地不会看不起和歧视你。在这里不管是本地人或者外来入赘的，只要你勤劳肯干，就不会受人太多的歧视。

相对而言，这里的文化启蒙程度比我们家乡较为落后。在男青年中，像我们这样的中学生是极少的。这里与我们同年代的女青年，更是很少有人进过学校，受过文化的启蒙，她们绝大多数都没有读过书，是事实上的文盲。她们都穿着同一款式，藏青色的斜襟唐装便服，脚上穿着她们自己一针一线做成的白底黑面的布鞋，在她们的身上仍然保持着封建时代女子的矜持和腼腆。

但是她们对文化有着与男子同样的追求，她们在面对有文化的，特别是像我们这样，举止大方，且能侃侃而谈的男青年时，总不免腼腆的偷着多瞧几眼，但是她们却从不敢正眼看人。在婚姻问题上，她们基本上是遵从"父母之命、媒妁之言"。所以我们这一次的目的能否达到，关键在于我们在媒人眼中的印象，其次就是我们给对象的父母及至兄长眼中的第一印象。

三

当时在米村一带，有两个专门为人牵线搭桥做媒的媒婆，一个是斗村的周妈，一个是孟桥村的兰芳妈。那个朋友把我们引荐给周妈，在周妈眼中，第一个看好的是敏强。我们三个人当中，用庭长得黝黑壮实，是个劳动的好体魄，但是年纪已届三十，当属而立之年，略超当地的婚嫁年龄标准，找对象就相对的困难些。而我和敏强两人年龄相仿，但他壮实的体魄，黝黑光亮的肌肤，带着酒窝的藏不住笑容的圆脸，给人的第一印象就是憨厚和诚实，这些条件都是当地女子婚嫁的首选条件。相比之下，我却稍显精瘦而单薄，面相文静且略显苍白，举止言谈间不免流露出些许斯文之气，虽然脸上也总是常带着微笑，但这微笑却亲切有余、憨厚不足，给人的印象总有些精明过度的感觉。像我这样的条件，在当时当地的女青年的婚嫁选择中，首先是不被对方的父母家人所看好，因为他们所选择的条件首先是一把劳动的好手，然后是诚实厚道的品格。而我给人的第一印象却恰恰缺少这两项条件，更关键的一点是我的家庭出身这一条最为致命。这一点我和用庭是一样的。不过当时我们还是事先商量了一套策略的，我们先不公开我们的家庭成分，待媒人根据各人的外在条件，物色好对象，经过相亲，双方见过面并都表示同意后，才最后把这个问题公开出来谈。

媒婆对于周边村子的青年人的婚姻状况都掌握得很清楚，比如哪家准备娶媳妇，哪家要嫁女，哪家的女儿准备要招婿入赘等等，她心中都有个数。遇着有人找她帮忙，她只要见过人，她就可以在她的记忆里凭着她的印象，做好排比配对，她觉得双方人才都般配了，就去找双方作说辞，经双方本人和父母根据媒婆的说辞，都同意见过面再说时，就安排个就近的场所，约双方相见。有些父母较为民主一点的，就会同意先由本人相见并同意后，再安排双方到娶方或赘方家与其父母及家人见面。然后拍板决定。

周妈当时年纪约在五十左右，从她的穿着打扮和她一口流利的官话，不像是纯粹的农村妇女，倒好像是城市里人，知道了她的儿子是个医生时，我们猜测她家可能是从城镇里下放来农村安家落户的。

她办这些事非常干脆利索，从我们找到她求她帮忙时起，第二天她就为敏强约来了一个孟桥村的姑娘到她家来相见。和那姑娘一起来的还有两个女子，据说其中一个年纪稍大的是她嫂子，另一个比她年轻的是她同村的朋友。见面时，她和她的那个朋友都是害羞得几乎没抬过头看我们一眼，而仅仅是她那嫂子把我们三个人依次地睃了一眼，故作不经意的，把目光稍稍停留在敏强身上脸上端详了片刻，便匆匆移开，随之也就把身子侧过一边，不言不语，也不理睬我们，就那样腼腆羞怯地坐着。

我们三个人也是第一次经历这样的场面，但毕竟我们是男人，需要表现出落落大方的风度，我们不能那么拘束和羞怯，避免冷了场面。这一次的主角不是我，我更无须过多的拘谨，就想着如何的打破那场面的尴尬和冷清，找些话来与她们攀谈，但她们就是一副不愠不怒的表情，也不搭我的话茬，这样一来，反倒使我感到尴尬。我见她们三个人挤做一堆，不敢看我们，我也就更大胆的端详着她们，只见她们三个都是相同的，具有地方特色的服装款式，虽显古板倒也合身得体，洁净整齐，透出一股农村女孩的质朴和善良，模样儿虽没有那些城市女孩娇俏妩媚，那五官却也端正。我多看了那个来相亲的主角几眼，从她的面貌身材上看，外表上也找不出什么不满意的地方，由于没有语言上的交流，一时间也难度量她的内才，总之这些条件也不是我们所强调的，我们所需要的是，只要外表不是什么歪瓜裂枣就行。我们三个人私下里交头接耳的讨论了一下，敏强也表示可以过得去了，就向周妈表了态。这样的场面大约不足一个小时，她们不置可否的就提出要回去了，我们还以为她们不合意了。周妈把她们送出门外，约走了二三分钟时间就回来了，她们留给周妈的话是同意明天到她家去和她父母家人见面。我们感到高兴，没想到这么容易就过了第一关。

四

第二天一大早，我们让周妈帮准备了一些简单的礼品，就和那个朋友一起四个人随着周妈到孟桥村去。到了女方家，她父母倒也热情，在堂屋中摆着一张方桌让我们沿桌边坐下，那女主角则给我们端上茶来。那茶是用当地产的甘蔗自己榨的红糖熬的，甜中带着甘蔗的清香，这也是她们当地人就地取材招待客人的习惯。她哥嫂相继出来和我们一一见过，她也便随她哥嫂忙着去操办饭菜准备招待我们。

她父亲一直陪着我们，向我们介绍一些家里的情况以及村子里的情况。她家的房子还算宽敞，一进三间的正房，堂屋背面是她父母住的房间，左右各一间偏房，左边一间是她哥嫂住的，眼下她和她妹妹住着右边一间。在正房的前面的屋外，是一块方正的三合土地坪，地坪的左边接着正房的房角，是两间小房，一间是柴房，一间是厨房。地坪的右边也是两间小房，一间做猪栏，一间是储藏室，放些农具等器物。

由于她们事先有所准备，没多长的时间，饭菜就都操弄好了，我们坐着不动，饭菜就都端上桌来摆好了。村中的长老和队长也都到了，随之开席，除她父母哥哥陪着我们，属晚辈的都在厨房另摆一桌。

席间，她父亲和哥哥虽然话头不多，但劝酒却是相当的殷勤。桌上有鸡有肉，还有她们自己做的白豆腐，自己种的蔬菜，倒也算丰盛。酒是榨糖时熬的糖泡酒，酒劲挺大的，喝了很容易上头醉人。我和用庭是不喝酒的，特别是我，意思意思陪几下后，怎么劝我都不喝，这一点弄得桌面上很尴尬。他们本地人喝酒向来豪放，逢喝酒就必要分个输赢，不醉不休。我因不胜酒力，又不能"忍辱负重"的拼死相陪，在长老面前算是不给面子，会弄僵了场面，好在敏强还算有些酒量，每当主人劝我时，敏强总是圆场说我的酒量不行，由他来代我喝，总算不太失礼。

　　敏强在酒桌上的豪爽表现，既为我解围，同时也为他自己挣得了主人家几分的赞赏。我们原来预想，女方家人会在席间提出，如敏强的家庭政治背景，及父母兄弟姐妹的情况的问题。所以，我们事先就把对方可能会提出的必须回答的问题，都事先编好并告诉了周妈。按照介绍婚姻的惯例，周妈之前就已经告诉过女方父母家人这些必须要了解的问题。以周妈在当地做媒所拥有的个人信誉，一般情况下她的"媒妁之言"还是受人信赖的。当然，我们事先告诉周妈的，都是经过筛选的，只讲好不讲丑的尽量回避敏感问题。为了对得起周妈，我们的原则是力图做到只瞒不骗。如敏强的家庭成分是贫农，这一点足够满足女方所关心的政治问题。而敏强的父亲是黄埔军校出身的国民党军官，是四类分子这类政治污点，以及敏强的文革历史的问题，就没有必要透露的能隐则隐去了。也许是因为敏强的一表人才，给女方家的第一印象和在酒席间的豪爽表现，让女方家略去了这个程序，我们预想的场面没有出现。在酒足饭饱之后，他的事情也就基本上定了下来。当然，在那种地方凭着敏强的条件，也算是文武全才无可挑剔的，这一点女方家也是心知肚明的。临告辞时，她父亲说了，这两天马上找人选好日子，就来告诉你们。

五

　　我们高高兴兴告辞，与周妈一起沿着来时的路回那朋友家，一路上对周妈百般恭维，在路上分手时，一再嘱托她，在我们等敏强的对象家择定吉日后，再继续帮我们物色两个对象。她欣然承诺尽力帮忙。

　　但两天过去了，却没有周妈的消息。我想这其中一定有些缘故，只是她不好对我们明说而已。

　　周妈一开始就把敏强作为首选的目标，那是因为他给媒婆的第一印象起的作用，是看好他的外貌和体格。至于他父亲因为是黄埔系国民党军官而被划为四类分子这一点，我们并没有告诉她。敏强的家庭成分是贫农,这点是不怕讲的。而我们两人的家庭成分就一直还没有向周妈明说过。在周妈安排敏强的第一次相亲时,我们只是作为敏强的陪伴,而不是主角,也没有必要向她讲清楚。以周妈的精明劲,看着我们这样的青年人,结队到她们这相对偏远的地方找对象上门,她就已经对我们的身份有所猜测,特别是知道我还是家在圩上的人。

那时的人们,普遍存在着对城镇的向往,而仅次于城市和县城的农村圩镇相对于乡村峒场,又是稍高一筹的,至少少却了赶圩买卖的劳顿,生活上打个煤油、酱醋的也方便了许多,孩子上学也不用走那么远的路。所以家在圩镇的我,又不是跛子、瞎子,而是外表斯文,彬彬有礼的青春少年,却愿意从圩镇上到这远离家门的偏远乡村来上门,在周妈看来就有些不合情理了。我们没有对她明说,她也不好多问,也就迟迟地难以给我们明确的答复,我们就白白的在那朋友家焦急地等了三天。当敏强的对象家选好了吉日,她来通知我们时,她也就顺势推托说暂时还没有找到合适的人家,她说,我问了几个妹仔家里,人家都说只怕你们这大地方来的人,是不是能安心在我们这里安家,所以就都不开口。你们别急,这种事也急不来,等把阿强的事先办了,有个榜样在,人家也就少了那么多的顾虑,到时再慢慢物色。我们也觉得她讲得在理。时间也不容我们再这样等下去,好在敏强的事总算有了落实,已经达到了我们预期的目的,在我们从家出来的第七天早上,就告辞了那朋友和周妈。

六

我们回家时就不再走来时的路了,而是沿着乡村路,从六塘经过四塘,从四塘农场劳改犯种的茶园中绕到马山,在马山街上用庭的朋友家稍作停留,然后乘船渡过龙江河,进入柳江县界的洛满公社的流山乡,到洛满时天已黄昏,又在下着蒙蒙细雨,黔贵铁路沿线两边都是黄泥巴的甘蔗地,没有正规的公路,都是些黄土泥巴村道,经连日的雨水浸泡,路面溶溶烂烂的,单车根本没办法骑,推着走不了一小截路就被黄泥巴裹住车轮子动弹不得。甘蔗地边连树枝都找不到,只得找一根甘蔗兜来除去车轮上的泥巴，才又可以走一截。这样反反复复，耽误了许多时间也走不出洛满地界，正愁着天黑了走又走不了，住又没有地方住的时候，真是天无绝人之路，却逢着一个与我们相同年龄的小伙子，主动热情地与我们打招呼，问我们要上哪里去。他说："天已晚了，路又这么难走，你们是无论如何也走不到家了，不如就到我家住一个晚上，明天再走吧！"他的热情邀请给我们真是觉得"大旱逢甘雨"一样的喜出望外，我们感激地欣然接受了他的邀请，跟着他走到了离铁路二里多地的一个村子，那天晚上，他母亲不惜用他们当时也极其珍贵的粮食招待了我们一餐饱饭，腾出一个干净的床铺让我们睡觉。第二天一大早我们就起来了，草草地洗了一把脸，就匆匆地向他们母子告辞了。我们不想在他家里再等到吃了早饭才走，那时一顿饭都是相当宝贵的，我们三个人昨晚的一餐，就已经吃掉他俩母子两天的口粮了。我们说给他们一点饭钱，他们推辞不要，我们也就不再客气了。其实我们三个人当时身上已经没有够一顿饭的钱了。昨天晚上我们因为无路可走了，才怀着忐忑不安的心情，厚着脸皮来叨扰人家，我们还一直担心着他会盘问我们的身份，那将是一个多么尴尬的场面。我们要是讲了真话，他们又将是如何反应呢？如果我们乱编话来哄他们，又从良心上过不去。而且当时文革中遗留下的派性情结还拂之不去，阶级斗争的弦也没稍有松懈，他家里是什么情况我们也一无所知，更不便询问，万一村中干部民兵之类有所怀疑，只要一来盘查，我们和他们一家将会遭遇怎样的后果，也不难预知，所以就早早地告辞走了。临走时我问了他的姓名地址，准备回到家后，给他写一封感谢的信。

第四十章　啼笑姻缘

一

敏强的婚期定在农历十二月初九，还有一个多月的时间，在这之前，还要赶到女方当地办理结婚手续。从米村回到家两个星期后，敏强在大队开了结婚登记证明，我便又陪他一道，第二次到米村去。这一次我们不再走原来的那条道了，而是从柳州经大埔、洛崖、冲脉到米村。这条路线的路程虽稍远些，但走的都是公路，不用再翻山越岭的扛着单车走。

我们两个人还是各人骑着一架单车，上午从家出发。考虑到选择这条路线，全程有一百一十多公里，虽然骑着单车能当天到达，但也会是非常的疲累。我们决定到柳州停留半天，在二姐家住一个晚上，第二天从柳州出发，就不致过于劳累。

之前，为了这次二进柳城，我和敏强曾回到老家山里采得了不少的土杜仲、血党、土党参，还有九节风等原生中草药，拿到柳州太平西街卖。两个人辛苦了几天，才赚到十多块钱，就用这些钱作为二进柳城的资费。

第二天一早从二姐家起程时，二姐又给了我几块钱，几斤粮票，作为给我的鼓励。

从柳州到大埔是五十多公里，除了过沙塘后有一座枯木坳，其它基本上都算平坦。那时没有柏油路，全都是沙石路，当汽车经过时，就会带起滚滚沙尘，那沙尘钻进衣服里，嘴巴里，鼻孔里，头发里，令人浑身不自在。尽管那时汽车不多，但是，从柳州来的一路上，我们淌满汗水的脸上，也已经蒙上了一层厚厚的尘土，头发就像上了发胶一样板结着，加上我们一路不停地长时间的蹬着单车，屁股都磨破了皮，热辣辣的痛，到了大埔，就已经是一副疲惫不堪的狼狈相了。

到得大埔时也已快三点了，从大埔到米村还有三十多公里，于是不敢耽搁，在大埔街上，匆匆地狼吞虎咽地吃了一碗米粉充饥，就继续上路向冲脉、米村方向而去。

二

从大埔出去向西，跨过融江上的大桥，就是柳城西北部丘陵地带，那路总是不停地上坡下坡，坡陡时，单车骑不上去，只好下车推着走，趁着下坡放车子溜坡的时候可以间隔的休息。为了赶路，我们不得不忍受着屁股上的辣痛和浑身的疲累，坚持不停地蹬着单车前行。

那时的班车很少，一般的只有从县城到柳州才有班车，乡村下面是没有班车的，从公社乡村到县城，就靠步行或单车。而农村有单车的人很少，别说是商店里没有单车卖，就是有卖，一部车子一百多块钱，那个时候连饭都吃不饱，又有几个人买得起？我们家乡一带象大姐夫他们几个人一样拥有单车的人也不多，因为他们懂得用单车帮供销社搬运鸡鸭，赚点运费，才千方百计筹起买车的钱，在柳州黑市上，买得这种进口的英国产"客家路"或者是"三枪"牌的二手车。和柳江相比，柳城离柳州又稍显得偏远些，所以单车这东西，就更显得是凤毛麟角的，成了稀罕的物件。我们一路上就没有遇着骑车的人，当我们骑着单车经过路边的村庄时，都有不少人驻足观望。

一路上也很少遇着赶路的人，到了三叉路口不知去向时，想找个问路的人都难得，只有翻看随身带的地图册，来分辨路向。这世间事无巧不成书，当我们过了洛崖后，却意想不到地遇到了上一次来柳城时认识的一个姑娘，她与一个男青年，正朝着冲脉方向匆匆赶着路。和这姑娘的相识，是在上一次从六塘到米村的路上，我们正要找人打听到米村的路，只见她一个人孤单的在路上匆匆走着，我们就停下来向她打听去米村的路，她对我们说，沿着这条路往前走就到。我们随口问她要到哪里去，她说她要回冲脉街上，和我们走的是同一条道，也要经过米村，我们表示可以顺路搭她一程。她欣喜地把我们打量了一眼,不置可否。我诚恳地对她说,我们三部车子,随便你搭哪一部。她见我们诚恳,就不推辞,红着脸就坐上了我的车尾。一路上她自己对我说:她家在冲脉街上,还在冲脉中学读书。我当时并不在意她说些什么,到了米村,让她下车一个人独自向冲脉走了。想不到我们这次二进柳城,竟然在这里不期而遇,双方都表现出了意外的惊喜。当我们停下车来,叫她们上车时,她那个同伴似乎很识趣地,主动向敏强的车子走去。她就像上次一样,跳上了我的车尾。那男的风趣地跟敏强说,让他们先走吧,我们慢慢走,不打扰他们。

  本来已经很疲惫的我,此时好像是人逢喜事精神爽一样,精神忽然间振奋起来,竟是忘了疲累,屁股也不觉着痛了,车尾带着个人反而倒觉得轻快了许多,一面蹬着车子,一面和她聊着。她很健谈,她不问我任何的问题,一见如故地径自说她自己的事,她的家庭、她的学校、她的同学、她的朋友。她这种性格竟然让我觉得很是投缘,在临到冲脉时,她主动地把她家的地址给了我。我也给了她我的地址,并把我的相片给了她一张,她是第一个得到我的这张相片的人,我这张相片是专门为这次二进柳城而在柳州照的。但我一直没有向她透露我们来米村的目的。

  傍晚时分,我们就到了斗村周妈家,这次我们就住在周妈家,不再到那朋友家去了。我们考虑到上次来时,已经给他添了不少麻烦,刚回去还不到半个月又来了,吃、住都是个麻烦事情,他虽不说,难免他家人会嫌麻烦。这次是来办敏强的结婚登记的,这里的风俗习惯,是没有正式过门之前,不能到女方家住,就只有到周妈家投宿。敏强的婚事是周妈牵的线,在周妈家落脚也就合乎情理了。我们没有忘记给周妈带些礼物,周妈很客气的招待了我们。

三

  第二天一早,周妈就到孟桥约好敏强的对象,下午就到大队里办好了登记手续,把结婚证领了,皆大欢喜地回到周妈家。我们一再对周妈表示了感谢后,随之就向她再次郑重提出了我的要求,问她这段时间是否物色有适合我的人家,她就道出了她心中的想法,她说:"你们上次回去后,我就到处都打听了,要招姑爷上门的倒是还有几家,但是她们都嫌你们家离得太远,对你们不了解,都不敢应承,都想先看他(敏强)过门后的情况怎样再说。我也试着问了那些见过你们的那些妹仔,问她们对你们的人才觉得怎样?她们都说'那个大个子倒像个做工的人,就是好像年纪大了点,那个小的好像不是做工的,来我们这里不知能不能吃得这个苦、受得这份累?'所以我也就一直没有跟她们家里正式的提出来。"我们听出来,她这话里包含着玄机,意思说,从外表上看我们似乎可以过得了她们目测这一关,就是对我们的动机和我们的内在情况存在疑虑,看得出,这一点疑虑也正是周妈所疑惑的。周妈这番话,意在向我们提出她的疑虑,敏强就随着她的话说:"我的事情现在也算定下来了,我也想在这边有个朋友做个伴,就请你再辛苦帮帮忙,找个合适般配的妹仔,给他们见个面后,他们双方都有意思了再谈其他的条件,成不成就看他们的缘分吧!"我们始终坚守着我们原先定下的策略,先不公开我的家庭情况,始终没有向周妈摊牌,以免她知难而退,彻底的推托拒绝,把路完全封死了。周妈是见过世面的人,听我们这样一说,只见她犹豫了一下,显出了为难之色,但她还是没有直截了当地问我们,怕倒了我们的面子。我知道这样很为难她,俗话说:"一不做媒、二不做保",怕弄得不好会害人一辈子。这年头做媒,不同于过去的年代,做媒的只认银子不认人,在两边人面前信誓旦旦的胡乱地吹一通,让双方拜堂一拜,就算成人之美,成就一份功德。现在专业做媒的本来就不多了,再加上这阶级斗争要天天讲,把一个连自己都不了解的人介绍给人家,那可是担着天大的政治风险的事。再则也怕人问起不知道如何开口,胡乱的哄人,最终总是纸包不住火,怕以后被人责怪不说,随便的给你上个纲上个线,就落得个害人又害己的了。周妈见我们吞吞吐吐的装着糊涂,始终不肯挑明了说,她也就猜出了我们其中的隐情,由于我们给她的印象也确实不错,她打心眼里也没有把我们看成是坏人,所以就不好当面拒绝,她就试探着说:"我们这个村里倒是有一个长相挺合适的,上次你们还在这里的时候我就想提出来,但是她本人不在家，也就作罢了，你们走后，我就试着问了一下她父母，她父母说是有这个打算，就不知道她个人的意思怎么样？她有个哥哥、一个妹妹，妹妹还上初中，哥哥已经成了家，和她家里分开住了，她哥哥是个很豁达的人，早几年"文化大革命"的时候，因为参加了造反派，被游村批斗过。她家的成分是贫农，她自己又是党员，现在还在县里党校读书，说是以后可能要当干部。她哥上次在我这里见过你，我跟他说了，要把你介绍给他妹妹，他倒是挺高兴挺满意的。就不知道她的父母意见怎样？她的人才就不用说了，我们这村里没有第二个，包你见了不会嫌弃，只可惜她在学校里没有回来。明天我先跟她父母说说，看他们意见怎么样再说吧。"听周妈这番话不难理解，她已经是朝着这方面试探我们了。但是也看得出，她对我的情况大概的猜对了一部分，她只是认为我可能是和那姑娘的哥哥是一种情况的，在文革中被批过斗过，但却没有想得那么严重，她没有想到另外的更令她畏惧的，是我的家庭成分问题。我心里面想，对方这样的条件，我自己还没有自知之明，要去自讨没趣，就无异如"饿狗想吃天鹅肉"了。我和敏强相视一笑，趁着周妈出到门外一会儿的工夫，我笑着和敏强商量说："周妈说的这个姑娘条件这么优越，人才这么出众，我们不妨去会一会她，试探一下她们这里人看人的水准，看看她们在挑选对象时，对各方面条件的讲究和要求是怎么样的标准？就算是把我们自己作为一个样品，摆出去让人品评衡量一下，也好知道自己到底有几两几分。再者对方不知道我们的底细，我们掌握着主动权，把握着分寸，到时候适可而止，不要给人造成伤害就行。"从这个心理角度考虑，敏强也同意了我的意见，待周妈进来时，他就对周妈说："你先和她家里说说，先和她家里人见个面试试看吧！"周妈也就答应了下来。

　　当天晚上，周妈抽空就到那姑娘家去了一趟，不一会回来对我们说："我去跟她父母和哥哥说了，她父亲说她现在又不在家，怎么办，总要给她们自己见面才有用呀！她哥哥就说，'明天先叫他们来家坐坐和我们认识认识，如果我父母觉得合意了，他们都是有文化的人，就给她们先通通信交流一下，看她们自己的缘分吧。'看来她哥哥好像对你特别有好感,倒是有点'船上不急岸上急'的样子,她父母也就同意了她哥哥的意见,开口请你们明天上午到她家坐一坐"。

第二天一早,我们也还是请周妈就地取材的备办了一些礼物,无非是一只鸡呀,几块土产的红糖什么的,就到了她家里去。她父母、哥嫂都很热情地招呼了我们,周妈拿去的东西他们就是坚辞不接,周妈说就当是拿来自己吃吧,她哥才叫她嫂子接了拿到伙房去操弄午饭。

她父母和哥哥就陪着我们围着火塘坐着烤火、聊天。无非聊些两地的风俗习惯和语言的差异。我们都小心翼翼地应对着,我尽量表现得落落大方,但又极力表现得彬彬有礼,看得出是得到了他们的好感,心中自是高兴,几乎忘了我们这只是来作一次试探性的"彩排"而已。

我一直担心她的父母或者哥哥在聊天中,会直接向我们提出家庭的问题,所以在聊天当中,每当他们的话题稍有接近这方面的时候,我们便巧妙地把话题引开,避免在他们提出来时,我们不好不答,一旦如实回答了他们,就会造成双方的尴尬;如果不讲真话,就变成我们有意识的欺骗他们。这种事情终究是隐瞒不了的,一旦把这事议论开来,我们将会在这一带人的眼里铸下了"骗子"的形象,同时也会连累了周妈,甚至于危及敏强今后在这一带的声誉。往大里说,如果这种事传到当地的阶级斗争的积极分子耳里,说不好把我们说成是来这里进行反革命活动,把我们抓起来,然后再和我们当地的革命委员会联系上,我们的身份和个人的政治表现,就会添油加醋、不失时机地,立即反馈到这边来,给我们罗织一些"罪证",把我们整成"反革命集团活动",用民兵把我们武装押送回原籍,就不是不可能的事了,那样,我们的整个计划就将前功尽弃,全部泡汤了。

面对这样慈善、温良的人家,我们也不忍心让他们感到受了欺骗。她的父母给我的第一印象很好,她父亲个子高挑,腰板挺直,面目慈祥而和善;身穿一件虽显陈旧,但却整洁得体的中山装;谈吐间言语平和,态度诚恳,逻辑清晰,显得有文化、有见识,不像那些世代在农村劳作,没出过远门,没见过世面的老农,倒像是曾经在外面工作过的，下放回乡的干部。她母亲也是一副温柔和善亲切的面孔，一身穿着整洁得体、自然，完全没有一般农家妇女见客时的刻意的梳洗和装扮。她哥哥的身材和相貌与他父亲就像一个模子刻的一样，在他父母面前，待人接物彬彬有礼，长幼分明，平易近人。

在我们和他们一家人围火座谈时，她妹妹进进出出，一会儿去厨房帮她嫂嫂洗菜烧火，一会儿给我们送水倒茶，显得殷勤大方，一点没有农村小姑娘那种怯懦和羞涩；她那带着两个酒窝的小圆脸上总是带着甜甜的笑容，与我们话语交流时总是礼貌地把我们称为"哥哥"。她主动地从内屋捧来一小畚箕的壳花生，客气的叫我们自己剥吃；然后又从她的房里拿出她自己的一个小相框，指着她姐姐的相片向我们介绍说"这是我姐，她长得像我爸，高高的个子，我长得像我妈，没有她长得那么高"。经她这么一介绍，把那张相片和眼前她爸还有她哥哥一比，那五官，那轮廓还真的极为相似，只是从相片上看，却带着几分腼腆，没有她妹妹这么开朗大方。

在和她家人的交谈中，我所担心的，回避不了的问题终于由她父亲提出来了，他似乎不经意地从他们这里和我们那里不同的风俗习惯谈起，然后自然而然谦虚和气地说"你们那里离柳州近，生活条件好，我们这里离得远，生活条件差，你家里舍得让你到这么远的地方来吗？"面对着这样的问题，我在心理上也是有一点准备的，我就先从好的方面说起："我们三兄弟，大哥是干部，在外面工作（这是我唯一可以向外人称道的优越条件），"我正为如何再往下面说而犯难时，她妹妹正好在屋外地坪里高声喊着我们，我和敏强就不约而同地应声跑了出去，就势摆脱了窘境。

她妹妹叫我们出来是为了让我们教她学骑单车。

她们家的屋前，是生产队一块宽宽的三合土地坪，同时也被大队用作篮球场。我们骑来的单车就停放在门前的地坪上。她妹妹把我们叫出来，问我们可不可以让她学骑单车，她的这一要求正好给我们解了围，我们何乐而不为？于是我就扶着车子让她学着骑车，敏强就进去向他们交代一声应付一下，就势中断了刚才的谈话。

没学几圈，她嫂嫂的饭也做好了，她哥哥就招呼我们吃饭。她父亲和哥哥都不吸烟不喝酒，我也没有烟瘾没有酒瘾，让他们更觉着有几分投缘，自是高兴。在饭桌上除客气的相让外，也就没有谈其他的事情。吃饱后，我们也就托词说不耽误他们的时间，就告辞了。她家人也没有个准话儿给我们，我们这次本来也不是认真而来的，从开始就没有打算要得到什么结果。她父亲叫她哥哥把她的地址给我，由我自己与她联系，并提醒说，她还在读书，让我不要急。她哥哥倒是有几分鼓励说"你要是带有相片，就留一张给我们，等她回家了给她看一下，我们也好说说话，你抓紧时间写信给她。"我犹豫地从身上取出一张相片，递过去给他时，他妹妹急着过来抢在手中说："让我帮我姐收着等她回来给她"。

我们推着车子，和周妈一起走了，从她家里出来，我感到如释重负般轻松。让我感到遗憾的是：我虽然无缘见到她本人，但这是个多么好的家庭，好父母，好兄嫂，好妹妹，但是命运却注定了我与她们今生无缘共进一家门、成为一家人。

四

回到周妈家里，周妈还在不停地夸着她们一家人，夸她的品貌，夸她本人灿烂的前途。周妈说，如果她回来了我一定要说服她，如果你们能成，那就再好不过了。周妈沾沾自喜的在那里陶醉着，好像她又要成就一桩功德，完成一件大事一样。看着她那高兴劲，我真不忍心把真相告诉她，让她永远地保留这份喜悦。但我又一想，欺骗一个诚心帮助自己的人，那是多么卑鄙、恶劣，何况我还需要她的帮助。于是我不无内疚地向她坦白了我的家庭成分，但我没有把我在文革中的那段遭遇告诉她，我担心把那雪上加霜的文革历史告诉她，会使她彻底的丧失帮助我们的信心。周妈听了我向她的坦白，沉默了很久，然后长长地叹了一口气说："多可惜的一段姻缘！"接着她安慰我道："你这种情况确实有点难办，但也不用着急，我们可以降低点条件嘛，让我慢慢想想"。

周妈至今令我感激的是，在我向她坦白之后，不但没有表示对我的责怪和厌恶，反倒对我表示了理解和同情，并继续在为我奔走，积极地为我寻思着解决的办法。并于第二天为我在冲脉街上找到一个家庭成分好的，但年龄看起来却略比我长的，相貌更是极不敢恭维的女子，我感于周妈的良苦用心，在双方见面时，我在无可选择的心境下同意了这门婚事。当我们为这事终于有了个结果而松下一口气地回到周妈家时，那女子却前脚跟后脚般的连夜赶到周妈家，专程地来向我回绝了当时她曾明确允诺了的婚事，她的理由是她父母不同意。而她的父母当时并没有见过我，是嫌我的家庭成分不好这一点就无须猜度了。

这个变故是让我始料不及的。就在几个小时前的中午，就在她家里，我们双方见面认识的时候，在我要作出表态前的那一刻，我的心中曾经泛起过一阵心不甘情不愿的犹豫——难道我就真的只能这样低价的拍卖自己的婚姻（"爱情"这样的词汇，在当时我的意识里，几乎是不存在的。）吗？但是理智让我很快否定了我自己的这一念头。在回斗村的一路上，我和敏强还背着周妈议论着："就算是各取所需的相互交换吧！我们是卖家，人家是买家，只有由人家来挑我们，我们是没有资格挑人家的。"本来我自以为这样廉价的交换应当不会节外生枝的。但还是出乎意料地吹了。

我很平静地接受了这个变故。但是对于周妈，却是个不小的打击，使她为我而继续努力失去了信心，她对我表示了爱莫能助的无奈。

周妈说她一下子再也没有其他的办法了。她把我们引荐给兰芳妈，叫兰芳妈从她那个圈子想办法。兰芳妈第二天把我带到四十里外的洛崖公社，到一个远离公路的村子里相亲。我跟着兰芳妈一大早就沿着乡野间的小路走去，到了那女子家里相见时，我压根儿就没有细看她的模样，只等着她的表态，结果，连一餐正规的招待的饭都没有吃上，就被明确地拒绝了，拒绝的理由不言而喻。我怀着怅惘的心情，迈着沉重而疲惫的步子，跟随着兰芳妈怅然返回米村。

这次的二进柳城，除完成了敏强的结婚登记手续外，原来期望能顺手解决我的问题的计划毫无进展。我已经没有时间，也没有心情继续再待下去了，周妈已经束手无策，兰芳妈也一时找不到可以争取的目标。我们只好于第二天从周妈家告辞，从原路悻悻而返。

在回家的一路上，我一直在想，我的婚姻就像一桩买卖，在这桩买卖中，我就像是一件被阶级成分烙上了残次标记的商品，只能在市场里挂上处理或贱卖的标签，低声下气地向那些因为没有钱而买不到正品货的穷买主做着自我推销。然而我越急于贱卖自己，就越没有人要。阶级的烙印致我丧失了做人的权利，断送了我的人生。

当时农村家庭出身不好的男女青年（尤其男性）找不到对象成不了家的很多。试想，哪个父母愿意将女儿嫁到被专政的人家里去、受着终身的折磨，度过毫无希望的一生呢？

第四十一章　悔婚

一

我们找结婚对象的这种行为方式，无异于动物的"寻偶"，让人感到自卑和耻辱。动物的"寻偶"是生理的本能行为。但是它们的本能是自主自由的。而我们的本能却是受着严苛的政治约束的。我们只是凭借着形式上所谓的《婚姻法》赋予的抽象权利，去寻求完全没有爱情的婚姻，以换取可以苟活的生存环境，期望逃避专政的政治桎梏。

第二次的柳城之行，让我遭遇到两种不同的感受。一种是"真实自我身份"的体验（即摩罗在《耻辱者手记》中所谓的"符号自我"）；一种是"虚伪自我身份"（即摩罗所谓的"生物自我"）的体验。其实，"真实"与"虚伪"是两个相对的概念。从人性的角度来理解，在那种一切事物都被披上"政治外衣"的时代里，"真实自我身份"恰恰应当是"符号自我"即"虚伪自我"；而那种"虚伪自我身份"的"生物自我"才是真实的自我。

在我们的"寻婚"（为了区别于动物"寻偶"的非人性感受，我在这里使用"寻婚"一词）活动中，我试探性地采用了"符号自我"和"生物自我"两种不同的身份进行体验，得到的结论：由周妈促成的冲脉街的，以及兰芳妈促成的洛崖的两次相亲，由于是以我真实的家庭成分出现，就像是一次伪劣残次产品的"拍卖会"，尽管价格很低，却连一个举牌的人都没有，这就是我"符号自我"体验的结果，让我感到自卑、自贱、自怨、自愤。而我与斗村的乔妹（周妈对她的称谓。为了她的真实存在，我把她的名字留在我的记忆里）的"隔山买羊"似的相亲而与她家人的接触中，以及与在路上不期而遇的小吴（时过境迁已经四十余载，我不想给她造成伤害，有意隐去她的全名）的书信往还的交往中，却是我"生物自我"的真实体验，让我真正感觉到不知如何自处。

二

这次从米村回来，我首先做的第一件事，就是给斗村乔妹的哥哥写了一封信。而没有按照她哥哥所给的地址给她本人写信，是我认为没有必要也没有意义。为了不想在她善良的一家人眼里留下我的"骗子"的印象。我在信中向她的哥哥及其家人坦白（"坦白"一词，是阶级斗争年代惯用的词语，如"坦白从宽、抗拒从严"，在这里使用，其中就包含着一种负罪感，也有一种责任感）我的家庭的政治境遇，并向他们表达了深深的歉意和我自身的无奈，企望他们"从宽"的理解和原谅，同时也希望得到他们些许的同情。他们是善良且是有见识的一家人，希望他们会体谅到"爱与被爱都是人性的本能和权利"。

寄出那封信后，我感到失落和空虚，于是我百无聊赖的以一种玩世不恭的心理，试探性地给小吴也写了一封信，信中我向她含蓄的表达对她的钟情，试图以除去"政治外衣"的"生物自我"的身份，去验证一下"纯粹的爱情"在当时环境下存在的可能性，也试图从与她的书信来往中获得一些精神上的慰藉。让我感到欣慰的是，我的信寄出不久，就收到她的回信，她信中的语言文字所表达的含义以及她随信寄来的一张相片，表明她认同了与我之间的恋爱关系。在短短几个月与她频繁的书信往还中，我由开始时的玩世不恭，慢慢地竟然在不自觉中认真了起来，我感受到了似是而非的"爱情"的甜蜜，和些许精神上的满足。而她从开始就信以为真的，实实在在地陷入了爱河之中不能自拔，她已经很明确的要求我尽快的确立与她的婚姻关系，她想"如鸟飞、似箭射一样"（她信中的语句）来到我的身旁。她的大胆表白反倒使我陷入尴尬，也使我从爱情沉迷中清醒，回到眼下严酷的现实中来。我本来的意愿是想通过入赘上门的方式，摆脱我眼下的环境，如此一来，她的意愿就与我的意愿发生了冲撞，使我与她的关系成为不可能，我正打算着如何委婉的回绝她，就势结束我这玩世不恭的游戏对她的伤害。

　　就在我犹豫不决的准备给她写最后一封信时，又一场突如其来的大搜查、大抄家，让蜂拥而入的大队干部和民兵们，在翻箱倒柜的搜查中，把我放在破箱子底，她给我的所有的信件，如获重要罪证似的全部搜走了。信中的内容从那些搜查者口中传了出来，曾经在街上的同龄人中，一度成为对我并无恶意的笑料。特别是"我渴望如鸟飞、似箭射一样的来到你的身旁"，竟也成为一些同龄人在恋爱信中引用的词句，与当时年轻人在恋爱信中，惯于引用的毛主席的"一万年太久，只争朝夕"一样备受青睐。

　　我为被抄家而拿走的个人信件，跑到大队找支书李大姐，我说你们把我的个人信件收来，检查也检查过了，没有什么犯法的内容，就应当归还给我，个人的通信自由是受法律保护的。她无言以对。她说你要回去老老实实接受贫下中农的监督改造，等我们调查以后再讲。此后也就不了了之的没有了下文。我本来想，大队里的干部们对我们的歧视和欺压，是基于"阶级斗争"的需要，总不至于不择手段到如此地步，连我们谈恋爱的事都要管，而且要千方百计地阻挠我们的婚姻，非要让我们断子绝孙，将我们置于死地而后快。在当时的政治环境下，我竟然还幻想着用法律去向他们争取我的权利。我为我的这种行为感到可笑可悲。

　　这一次的抄家是由于全县范围的"一打三反"运动结合清查"5·16"集团进行的社会清队运动。信件都是文字的东西，是这类运动所需要的最好的证据材料，他们想从中找出一些可以把我与"5·16"搭上关系的东西。其实他们和我们都知道，和"5·16"的斗争那是上层的斗争，和我们这些底层人物那是八竿子打不着的，他们不过是习惯于利用一切政治运动的机会，把我们这类人当作斗争的目标和典型，以体现运动的胜利结果，同时可以趁机对我们进行打击。

　　我收藏的她的来信被搜走，坚定了我给她写最后一封信的决心，在我寄出那封最后的信的第二天，我就收到了她给我的最后一封来信，说是她的一家就要从冲脉搬回罗城县四把公社石门村的老家去了，但是她没有给我留下新的通信地址。我懂得她信中的意思即叫我不要再给她写信了。从时间上推断，这封来信是在她没有收到我给她的那封信之前写来的。在这之前，她是先收到了以三都大队革命委员会名义写的，向她揭发我的"政治面目"的信了。大队干部和民兵之所以在搜获她给我的信件时如获至宝，按那信封上的通信地址和姓名，可以达到他们对我进行卑鄙诬陷和挑拨的目的。她从那封给她的信中，获得了关于我的足可令她震惊的讯息。难怪她的来信竟是超乎常规的来得那么的快。（之前都是在我给她去信后才给我回信）且信中的态度与之前不同。自此后，就再也没有收到她的来信了。为了毁掉我的一生，那些专政者们不择手段。

在政治高于一切的年代里，法律作为实现政治目的的工具，美其名曰维护人民的利益。事实上，我们早就被排除于"人民"之外，那法律也就不会维护我们这些"阶级敌人"的利益了。在他们的眼里，我们不属于"人民"，作为人的"尊严""权利""自由"，对我们，对所有人都是一种奢望，更何况我们这类政治贱民。而我却还在妄想用法律去努力争取我们的权利。

三

敏强的婚事按原定的日程进行，把他送去柳城成亲时，我们组成了一个规模不小的送亲队伍。大姐夫和敏强的伯伯及堂兄，以及我们一帮朋友，包括二哥、用庭还有国英、福明、如雀（如多的弟弟）等一帮相同命运的老朋友，参加了这次的送亲队伍。按米村当地的风俗习惯，在敏强未来的家举办了一场婚宴，为他们完了婚。

我们还想趁此机会，又找周妈和兰芳妈帮忙，但是她们推辞说眼下这一带没有这方面的目标。特别是周妈见到二哥这种状况，也想在这里找对象上门，她就更理解了我们之所以结队来找对象的原因了。她懂得要帮我们解决问题难度是大的，就只好婉言推辞说，在这带地方是难找到合适的对象了。经我再三恳求，再者她看到国英高挑而结实的体魄，在她眼里算是个不可多得的人才，所以她答应回她老家的凤山公社旧县大队去找。

而兰芳妈却也看中了如雀那像敏强一样近乎魁梧的身材而又憨厚的长相，也答应回她的老家洛崖那边找找。

第二天，我们就分为两路，我随国英福明跟周妈到旧县她的娘家去，二哥与其他人就跟兰芳妈往洛崖去。

到了旧县，周妈可算是胸有成竹，国英的事一炮打响，马到成功。国英家是柳江县城拉堡附近有名的大地主，解放后为了摆脱那个成分，他母亲带着他兄弟俩，回到六道的贫农外家，跟舅舅生活。文革时与我们成为同一派的人，他的家庭成分就被挖了出来，就再也不能随舅舅的贫农了。

旧县这边相对于米村，从文化角度比较，旧县人整体的文化素质较高，风俗习惯也较为接近时代潮流。这些都与他们所处的地理交通环境有关，凤山是融江和龙江两江汇流的柳江源头，旧县就在离凤山几里路程的融江河边，在陆路交通不发达的时代，靠水路交通，在这里乘船顺流而下不用一天可以到达柳州；逆流而上，半天路程可到县城大埔，再往上就是号称"小柳州"的融安县城长安了。所以这里的人的开化程度就相对高，这一带的男女青年基本都上过学。国英的对象家是贫农，她本人也上过中学，她的人才在当时的农村也算是名列前茅的了，国英的这桩婚事可算称心如意。之后，在国英的努力下，又为他的弟弟也在同村找了一个姑娘成了家，并且还把另一个与我们命运相同的人，也介绍到那里成了家。

在这里周妈也顺便为我物色了一个对象，但我不光对她的相貌接受不了，最关键的是她的家庭成分也是地主。从上次在米村的失败后，我给自己重新设定了底线，两者只能牺牲其一，如果两种条件都不顾了，那就纯粹的是为了"寻偶"，我又何必跑到这么远来呢？我宁可在我的家里忍气吞声地孤单一生。我通过国英的对象婉言回绝她说，我正是因为家里成分不好才出来的，到她这里和在我家里一样要背负这个沉重的政治包袱，我又何苦跑到这里来。

二哥他们一路跟兰芳妈到了洛崖，只是帮如雀在洛崖找到一个愿意帮忙的人，但还没有明确的对象，之后如雀通过敏强与兰芳妈多次的传递消息，一个人多次的往返于洛崖，总算解决了他的一桩婚事。他悄悄地、没有任何仪式的就到那边成了婚。并于之后不久，还能将他孤寡的老母亲接到洛崖奉养。

我们发起的这次"入赘运动"所收到的全部结果，最终为敏强等五个人通过婚姻的方式，成功地摆脱了原来的非人处境，使他们获得了相对宽松的生存环境，在之后的日子里，特别是改革开放后，他们和他们的家庭都能按照自己的意愿去生活和发展，并且还发展得相对的出色，他们有的人发了财，到柳州置了房产，把老婆孩子接到柳州，成为新时代的城市人。有的用自己所拥有的知识，受到当地政府的信任，成为教师、校长。他们自己的子女由于承继了他们耐苦勤奋的基因，通过自己的努力，有的成了当代的大学生。在当地也算出人头地。总算没有枉费我们当初所发动这次"入赘"运动的良苦用心。

而我却没有那么幸运，这次的"入赘运动"是以我的彻底失败而结束的。

四

米村和旧县的屡遭失败、无果而归，加深了我的自卑。在媒人的眼中，我始终成不了首选的角色，二哥就更不用说了，怎么排队也难以轮得到他，特别是我们两兄弟同时出现在这种场合，在媒人眼中，就多了几分猜度，因此对于我们，特别是对二哥心理上的打击也更为严重了。

二哥这次从柳城回来不久，和他的几个同辈同学、朋友愤而出走了，他们跑到黔东南最偏远的黎平、从江的大山里，做野马副业，帮人家锯木头为生，同时也想躲到那偏僻落后，最不开化的地方去，没有人会过多的深究他们的身份，也许会找得到一个能安身立命的地方，过着隐居的生活。事实最终证明："毛泽东的阶级斗争思想"无处不在，况且黎平还是红军长征途中具有光辉历史的一站。二哥他们的想法也是近于天真了。

二哥的出走，给家里父母和我都增加了许多的政治压力，与文革前他的新疆之行不同的是，大队逼着我们要把他找回来，说是他出去搞反革命破坏活动。公社的公安也把我找去，说我一定知道他在什么地方，要我把他叫回来，并说只要他自己回来，或者把我知道他所在的地方告诉他们，让他们去找他回来老老实实参加劳动，保证不批他、不斗他。"如果是给抓回来了，那就不同了，到时候连你们家里人都要受到牵连"他们这样劝诱我。我知道这都是威胁，我当然也知道二哥他们在什么地方，更知道他们不是搞什么反革命活动，但是我不想他们回来。或许在外面混，还会有一时忘记烦恼的快乐，有什么事情还可以躲一躲、避一避，而在家里，就犹如笼里的蚂蚱，想跳也跳不了，随时要抓要斗，就只有任人摆布。

我也曾一度地想随二哥他们一起出走，但是想到，若是那样，给留在家中的年老的父母亲的打击和压力就太大了。他们将面对着双重的折磨：一则要为我们的生死安危担心，担心我们在外面生活无着而惹出什么事来，到时候弄得个坐监劳改什么的，这一生就算完了；二则是大队、公社会不择手段地向他们施加压力，威胁、折磨他们。由于我而给他们带来的磨难太多太重了，我实在有点于心不忍了。为此我打消了出走的念头。

五

我想来想去，还是要通过入赘的方式离开这个家，只要能把我的户口迁出这里，我就不属于这里管了，至于我在外面怎么样，他们就管不着，那样对父母也就少一份担心，少一点压力。我写信告诉敏强我的想法，请他继续帮我央求周妈为我想办法，条件可以放低一点，只要能办得结婚证，迁得户口就行，但这一想法不能告诉周妈。

不久敏强来信说周妈在圩背村找得有一家愿意接受像我这样条件的人入赘，说是那姑娘还不足二十岁，她家成分是小土地，也不属于贫下中农。于是我便只身赶到米村，当晚就投宿在敏强家里。

第二天约好在周妈家相亲。那姑娘与她一个村中姐妹相伴如约来到周妈家。我这次来，是抱定了只许成功不许失败的信念而来的，我打算着，不讲究对方的人才相貌，不计较对方的家庭条件，只要对方不嫌弃，我就无条件接受。有了这种心理准备，在这样的场合，我也就无所顾忌的表现得随意和大方，一点儿羞怯的感觉都没有，我大大方方的，就像上一次敏强相亲时一样，用眼扫视着羞怯的两个姑娘，她们俩相偎着面朝里地坐在大门口的左侧边，而我和敏强就在堂屋里的右侧，面朝大门坐着，她们可以很轻易地看清我们的面孔，而我们所能看到她们的只是背光的模糊的形象，我们要睁大眼睛，认真的端详才能看得清楚。周妈介绍说那姑娘家也姓韦，家中有父母，但没有说到有兄弟姐妹。我大大方方地看着那姑娘，只见她由于害羞而低垂着的双眼皮下不大不小的眼睛，似闭还睁地看着地下，于是我的眼光自然而然地在她全身上下滞留了片刻。只见她梳着一头齐肩的短发，乌黑顺直；模样儿虽然没有像书中描写的少女的妩媚，却也找不出哪点容易让人指点、嘲笑的地方，称得上身材匀称、五官端正。一副典型农村少女羞涩腼腆的神态，从始至终，她没有开过口、说过话。通过对她的一番观察，倒还真的让我从心底里喜欢上了她。这种喜欢倒不是那种一见钟情的激情和爱恋，只是觉得，在我为婚姻而绝望的时候，居然还能找到这样一个女子作为对象，如果最终真能与她成为眷属，我这一世婚姻也就没有什么遗憾了。我向周妈答应了这门婚事。她在辞别我们回家的路上，也向周妈表示了对我的认可。

第三天，按当地的习俗，我仍然是让周妈备办了一份得体的礼物，和敏强一起随周妈到了圩背村那姑娘的家里与她的家人见面。她父母照例备办了一桌酒席，款待了我们，并把这婚事定了下来。她父母亲的意思是让我先回去把手续办来，领了结婚证后才确定过门的日期。

看到了那姑娘以及她的家里的情况，让我满心欢喜地回到了家，把情况与父母亲说了，家里人，包括至亲的亲戚们，都高兴的松下一口气来，认为终于解决了我的婚事，虽然是出去上门，最后要抛下年老的双亲，让他们困苦孤独地守着这个残破的家苟延残喘着。但毕竟是能给我个人带来一丝作为人的生活的希望。

我饱含着欣喜地到大队要求给我开具办理结婚登记的证明。但是大队文书对我说,你要去哪里结婚?跟谁结婚?你没有女方的证明来,叫我们怎样给你开证明?他们这一问,让我措手不及,原来敏强去登记是不用经过这个程序的,我跟他争辩说,办结婚登记不应该有这样的程序,如果我到女方开证明,女方的大队也强调这样的程序,岂不就形成相互推诿,哪一方都不肯先开证明了吗?也许他们在向我提出这个条件时,也没有想到这个问题,反倒让我给提醒似的恍然大悟,让他在无意之中悟到了为难我的最好办法。于是他更是不容分说而斩钉截铁地说,反正你要有女方的证明,我才知道你要和谁结婚,才知道怎样给你开证明。

我为此而专门跑了趟米村,通过敏强他老婆在大队当支书的堂哥,破例的在大队开了一张,同意我到米村大队圩背生产队与韦××入赘结婚的证明。满以为得了这张证明回来,大队就不会有什么理由为难我了。殊不知,这个大队文书不知是他个人的意思,还是受支书的授意,他不需要任何理由的就是不给,当我理直气壮的质问他:"没有哪个政策规定我没有结婚的权利!"他便托词说:"像你这种情况我们要请示上级才懂得。"就把我轰出门外。

我出了大队的门,正想着无可奈何的回家,但我转念一想,这显然是他的托词。他既然要向上级请示,不如我自己找上级反映,看他不给我结婚依据的是什么政策?于是我就径直到公社去。到了公社的民政办公室,找了那负责民政事务的干部。这个民政干部就是我前面说过的,是公社妇联主任的老公,是个诚实厚道的,较讲原则,也讲良心的人,他不同于他的老婆,他在群众中口碑很好,从来没有人在背后骂他。他见人总爱打个招呼、开个玩笑的,为人和善且平易近人。我到他办公室里时,就他一个人在那里办着公,我把来意向他讲了,他当时就拿起电话,给大队打了过去,听得出是那个文书接的电话,他在电话里对那个文书说:"不管他是什么人,人家要结婚你就不要刁难人家。"放下电话后对我说:"你回大队去吧,我跟他讲好了。"当我满怀高兴地回到大队,心里想,这下那个文书总不会还有什么理由刁难我了吧?不想回到大队,那文书反而是为我直接找公社而恼羞成怒,理由都懒得讲就是不给开。我据理力争说:"你原来说我没有对方的证明,不知道怎么开,我得了证明回来你又要请示上级,我自己到公社去请示了,公社民政叫我回来大队办,你还是不给我开证明,这不是明显的要刁难我了吗?"这个文书本来就是个仗势欺人的人,他一来认为像我们这类人压根就应当服服帖帖,接受他们的管制,不得"乱说、乱动",不应当有什么生存和婚姻的权利和自由;二来他们认为对待我们这类人,无须讲什么政策,法律,他们想怎么样就怎么样,不需要承担任何责任;三来他们很清楚,我们要去结婚、去上门,最终目的就是想摆脱他们的控制,想过上人一样的生活,这是他们所不能容忍的。基于这些想法,他面对我的质问,干脆就毫无掩饰的以讥讽的口吻怒斥我道:"我就偏偏不让你讨老婆,你又能怎样?哪个同意给你开证明你就去找哪个开好了。"我见他已经是怒不可遏到无所顾忌、无需任何掩饰的程度了,再怎么和他争辩也是没有用的,但是如果我错过了这次机会,就再难以找到合法的机会脱离他们的控制了。于是我只好愤愤不平的又重回到公社去,跟那个民政干部反映了大队文书的态度,并把那文书最后的那句话向他复述了一遍,他听了也觉得无可奈何,我只听得他近乎自言自语地抱怨道:"办事这样不讲政策怎么行?"接着就从办公桌抽屉中拿出一本信笺,以公社的名义为我开了一张去办结婚登记的证明。他在证明信上盖完公社的公章后递给我,以一种同情的口气对我说:"他实在不想给你开证明,就不要再去找他了,我用公社的名义给你开算了。"我以无比感激的心情,眼中噙着泪花,从他的手中接过那张证明,并以我们当时当地不习惯用的礼节,深深的向他鞠了一躬,然后诚恳地向他道了一声"多谢"。在那种境况之下,不管他当时出于什么样的考虑,他能够为我开出一张结婚的证明,我从心底里对他产生感激之情,这感激之情确实出自真心,在那样的时代,那种政治氛围下,这种感激确实已经达到了"感激涕零"的程度。

为此,我在心中对这个民政干部感激了一辈子。甚至于连心中对他老婆的那些鄙夷也随之消融。我由此而感慨人性的善良,不管在"阶级斗争"或者什么"思想",什么"主义"的桎梏下,始终没有完全泯灭。

六

我带着这张公社给开的结婚登记证明，第二天就赶到米村大队，与那个姑娘办了结婚登记，领到了结婚证书。并着手筹办结婚所需要的东西。

为了结婚，我在二姐那里得了几块钱作路费，乘火车到金城江找大哥资助。大哥大嫂听说我要去柳城入赘结婚，都很高兴，都赞成我的抉择是对的，并倾其所有的为我置办了结婚用的一床被套，一张床单。回到柳州二姐家，二姐又为我买了一床蚊帐。我所能置办的结婚用品就这些。女方家并没有向我提出什么要求，我能有什么就是什么。于是我就马不停蹄地把这些结婚用品送到女方家去。并与女方家确定了过门的日期是农历辛亥年十月初八甲寅日，即1971年11月25日。（11月25日还真是与我有不解之缘，当年外出串联也是这个日子）

回到柳州，我把这一消息写信告诉了在贵州黎平做"野马工"的二哥。回到家里，离过门正式结婚还有不到一个月的时间。没有什么可准备的，家里一无所有，母亲为我把家里的黑母狗卖得了11元钱，二哥从贵州也和他的朋友们共同筹了50元汇回二姐家给我，这些钱就作为我过门那天的用度。算是万事俱备，就等着过门的那一天了。

等到快临近婚期的11月15日，我却收到了女方的一封来信，催我带上结婚证立即赶去米村处理我们的婚事。为这封莫名其妙的来信，我简直看不懂信中的内容到底是什么意思，何为"处理婚事"？我到柳州二姐家把结婚证带上（领了结婚证后一直没有拿回家，就放在二姐家），就匆匆赶往米村。当晚留宿在敏强家里。敏强说可能是女方要悔婚，听说前几天她们收到了从柳江三都来的一封信后才向周妈提出悔婚的，并已把我送到她家的结婚用品退回给周妈了。第二天一早，我们赶到周妈家时，证实了女方确实提出了悔婚的要求。周妈并把女方家退回来的结婚用品拿出来给我。

悔婚的事得到证实后，犹如晴天霹雳，彻底地打破了我的结婚计划，我的梦想。也让我明白过来，女方的悔婚原因，出自从我家乡大队里寄来的信。信中的详细内容至今不得而知，无外乎有关我的家庭出身，乃至我个人在文革中的"劣迹"，他们无须在信中添油加醋，就足够使女方一家望而生畏，再加上写信人在信中，附去了在我家中搜去的小吴给我的情信（这是后来女方家透露出来的关于悔婚的理由）女方在与我还没有达成事实婚姻之前，亡羊补牢犹为未晚，终止这一桩危险的婚姻也就是情理之中的事了。

我通情达理的接受她们的要求，同意与她解除婚约。让周妈通知她们来和我办理离婚手续。我与她一起到了大队里，提出了离婚申请。负责婚姻登记的人说，你们登记结婚还不到一个月，你们以什么理由提出离婚？婚姻又不是娃仔玩家家，结婚是自愿，不能想离就离，你们先回去考虑考虑。没有办成离婚手续，她也只好无奈地回家去了。我和她之间，从相亲到结婚登记，再到申请离婚，始终没有认真的面对面的相互看过一眼，也没有认真的相互讲过一句话，更没有过肌肤上的接触，但从婚姻法角度讲，有了那张结婚证，她就是我法定的妻子。

我的"妻子"留在我记忆中的唯一印象就是在周妈家相亲时的那副模糊的形象，但她在我生命历程中与我的不期而遇，却是我一生永远无法抹掉的历史。

在中国的不少古典名著中，因为门户观念，因嫌贫爱富而悔婚的故事并不鲜见。而在共和国时代的婚姻情爱史上，由于阶级斗争铁幕下形成的人的政治身份等级，在婚姻上的政治歧视，酿就了许许多多非人的婚姻悲剧。

我理解女方——我的法律上的妻子的理智的抉择，她的这一抉择无疑是唯一正确的抉择。要不然她能怎样呢？一旦和我结成了事实婚姻以后，会给她的一家带来什么灾难，不可预知，但是灾难是肯定的。而我也会因此要承受着在新的环境下的歧视和耻辱。她没有必要与我共同担当那种歧视和耻辱。想到这些，我反倒觉得一身轻松，好在我还没有给她们一家带来什么灾难，没有给她个人造成什么伤害。我一点也没有抱怨她的悔婚，反倒庆幸她的悔婚造就了我生命历程中一个新的起点，尽管在这新的起点之后，并不是值得称道的辉煌，但我却能实现了我所期望的相对的自由。

我与"妻子"没有办成离婚手续，我处在结也不能离也不能的两难境地，但我并没有因此而彷徨失措，反倒觉得是一种解脱。这样的婚姻并不是我所渴望的，我之所以选择这种婚姻方式，只是为摆脱我现实的生存环境。我的婚结不成，但我有了这张结婚证，就可以进而达到我的目的。我决定继续要以出来上门的理由，把我的户口从我的原籍迁出来，摆脱我与家庭及户口所在地的关系，争取一点生存自由的空间。

根据我所了解的关于户口迁移的程序，我用原来米村开给我的同意我到米村入赘结婚的证明，充作同意迁入户口的证明，到六塘公社民政部门，办了同意我将户口迁入米村的手续，回到家后，我没有把女方悔婚的变故告诉父母和任何人，到生产队，到大队开了户口迁出证明，这次大队对我迁出户口的申请没有作任何地阻挠，就给我盖了章，到公社公安部门办了户口迁出手续，把户口迁出证拿到手后，我松了一口气，我终于得以从户籍管理的角度脱离了原所在地的管束。但是我已经迁出的户口也不可能迁入到米村去，因为我与我法律意义上的"妻子"并没有形成事实上的婚姻，而且她已经向我提出离婚，明确表示不再接纳我了，我的户口也就没有地方可以落户的了。

我的户口已从原籍迁出，我也就没有了在原籍的居住权，我如继续滞留在家中，就成了"黑人黑户"，当地的大队就有理由以查户口的名义，把我当流窜人员抓起来。我不动声色的，按照我原定的去上门的日期，于1971年11月25日，只身怀揣我的户口迁出证，和母亲卖狗所得的11元钱，怀着对父母的深深内疚和无奈，离开了家，抛下了不知内情的，养育我20余载的父母。让他们孤苦伶仃的，蜗居在那阴暗而破败，充满着悲伤，使我饱受耻辱的"家"。父母亲还以为我真的是去上门，去成婚，心中不无喜悦的期待和祝福。我是个极度自私和不孝的儿子。

自此，我开始了我"黑人"的流浪生活。我相对的"自由"了快一个月的时候，我从二姐家获得了从家里传来的消息。家里收到了柳城县法院冲脉法庭寄来的传票。我的"妻子"已经向法庭对我提出离婚诉讼。法庭传我于收到传票时起，20日内赶到冲脉法庭应诉，如不能按期到庭，法庭将依法作出缺席判决。按其意思即我如不到庭应诉，法庭就可以判决解除我与"妻子"的婚姻关系。为此我暗自思忖：我去与不去，结果都是离婚。此时我的户口已经迁出原籍，已经是没有退路可言，但我原来想要的正是这样的结果，我需要的就是这种没有管束的"自由"，既然已经得到，为什么还要放弃呢？所以，法院的一纸判决书对我毫无意义，我何必多此一举，再跑去柳城一趟与我那名义上的"妻子"对簿公堂，自寻尴尬。

我没有去柳城冲脉法庭应诉，但结果是可想而知的。我在柳城县六塘公社米村大队领的那张结婚证就一直和我的户口迁移证一起，被我托交给柳州维新巷姨孃家保管着。那张户口迁移证一直到1980年仍然起到证明我的户籍关系的作用。但那张结婚证已经不再有任何意义了，随着姨孃的去世，那张结婚证也就不知所终了。

第四十二章　到处流浪

一

"流浪者"这个称谓，在我们共和国80年代以前的语境中几乎是听不到的。那时我们只听说有一部印度的电影叫《流浪者》。和我们一般年龄的农村孩子没有几个看过这部电影。二哥是在县城读高中时，几个同学相邀着省下伙食费从拉堡走路到柳州看的。看过这部电影的人都交相吹嘘印度电影好看。电影中的歌曲浪漫而优美动听。我是从二哥口中听到关于《流浪者》的故事的。二哥说，《流浪者》是一部批判"血统论"的悲剧故事。电影里的故事内容是：一个印度的大法官素来坚信"贼的儿子一定是贼"这一荒谬理论，并以此理论作为他判案的依据，错误的给一个叫扎卡的人判了罪。无辜的扎卡设法逃狱后，成了真正的罪犯，并决心对那个大法官进行报复。他先用计使大法官抛弃了正要分娩的妻子。于是，在一个凄风苦雨的夜晚，大法官的儿子拉兹降生在大街上。从小与母亲生活在贫困屈辱之中的拉兹，在强盗扎卡的威胁利诱下，成了一个到处流浪的小偷。长大后，在一次行窃中，拉兹意外地遇见了童年时的女友丽达。丽达是个楚楚动人的贵族小姐，他们真诚地相爱了，爱情给拉兹带来了新生的渴望，他决心痛改前非，要用劳动来养活自己和母亲。然而，工厂却因为拉兹曾经是贼而开除了他，扎卡也在胁迫他。一天，拉兹回到他自己的家，正好遇上扎卡为了躲避警察的追捕而想扼死自己的母亲，拉兹为了保护母亲，杀死了扎卡并被捕。在狱中，当他知道大法官就是自己的生身父亲，知道了自己的身世后，便设法从狱中逃了出来，结果因行刺大法官未遂而再度被捕。在法庭上，已成为律师的丽达为拉兹做了精彩的辩护。丽达在为拉兹辩护当中，以拉兹的悲惨经历证明并批判了大法官的"血统论"的荒谬。

电影、书籍等文艺作品都是为了教育人的。《流浪者》是印度50年代拍的电影，他的中心思想是批判"血统论"的。在50年代，我们国家还可以引进这样的电影，说明当时的"出身不由己，道路可选择"的阶级路线政策，对"血统论"也还是持批判态度的。然而到了60年代初，以"阶级斗争为纲"的政策开始统治了政治意识形态的舞台，这样的电影就再也难得一见了。入党入团，招干、招工、招生，去三线修铁路，甚至于农村生产队社员的评工分，娶媳妇嫁女，无不打上"阶级的烙印"，以家庭成分作为区分的标准。"出身不由己，道路可选择"这句话就成了鼓励和欺骗一些人背叛亲情，抛弃人性的说服之词了。要走这条"革命道路"的先决条件就是要"背叛家庭，与父母划清界限，站到贫下中农阶级的立场上来"。在这样的政策的教育和感召下，地主、富农、资本家等"五类分子"外加"走资派"的子女争相效尤，以揭发检举甚至诬陷自己的父母亲人以表现自己的革命。然而表现归表现，"狗崽子"仍然是专政者给"黑五类"子女所下的身份定义。在物质利益和政治权利面前，始终不可能与贫下中农、无产阶级获得真正的平等。在娶媳妇嫁女时，家庭成分始终是选择的首要条件。

在这样的政治环境下，我不光背负着家庭出身的原罪，还多了一重"文化大革命"中落下的一份现行的罪名，而沦为了社会主义社会中的政治流亡者。当时，在我们的社会主义社会中，没有"流浪者"只有"流窜犯"。可见，在我的流浪生涯中，就不仅要为生活而到处流浪，而政治避难，才是我的流浪生涯的最主要内涵。因此，我的流浪生涯远比拉兹的流浪生涯，更为险恶和凄惨得多了。

听了关于"流浪者"拉兹的故事，由于自己的身世与拉兹有着共通之处，都是"血统论"的受害者，难免就产生了同病相怜的感触。每当回想起三哥和他的朋友们曾经唱过的《流浪者》的主题歌"拉兹之歌"时，就觉得那歌唱出的是我自己的切身感受，是为我自己的凄惨命运的倾诉和呐喊。到了自己也沦落成流浪者的时候，每每因感怀身世而想到拉兹，"拉兹之歌"的旋律就自然地廻荡在心怀，就会情不自禁地哼唱着这首歌曲来排解心中的抑郁。我时常自忖，拉兹被他亲生父亲所抛弃而沦为流浪者的命运是凄惨的，但他至少还拥有自由。他还有个夜归时可以和母亲相依为命的，尽管是贫困的家。而现实中的我，却被政治排斥为异类，有家不能回，户口也没有了，已经沦落为无立锥之地的流浪者了，还不得不像过街的老鼠一样东躲西藏，连在街头巷尾找一个可以蜷缩过夜的角落都不可得，真正被逼到上天无路入地无门的境地。

二

在我的流浪生涯中，首先要应付的是查户口。那时的户籍管理制度是令人难以置信的严酷：一个人必须要在公安部门认可的户籍所在地，规规矩矩的住着。特别是成分不好受管制的人，更是不得随意迁徙流动。甚至于正常的走亲串友的自由都是没有的。不管是什么人，若稍有离开自己的户籍所在地，就必须向管制部门提出理由，并报告去向，得到批准，并由所在单位出具盖有公章的证明书，才能离开而外出。在农村，若要到邻村走亲戚会朋友，至少需要经过生产队长的口头允许。需要外出过夜的，也必须到所在大队或公社开证明。城市里的人就必须去街道或单位开证明。开证明盖公章是个很严肃的事情，要看那拿公章的是什么人。在当时那个年代，公章就是权力的象征，掌握公章的人具有无上的权力，作为人的所有权利都在那个公章里。拿公章的人，就是实际掌握着他治内的，所有人的人身权利的予夺大权。给你开证明与否，全在他一念的好恶之间，你只能俯首帖耳地服从他的管制。不经过他的批准，不给你开证明而自行外出，在外面遇到查户口时，你就会成为可疑人物，被搜查，被抓捕到派出所里去，经过一番刑讯过后，与你的户口所在地联系核实你的身份，还要根据你所属的大队或单位所反映的，关于你的政治面貌和现行表现，决定可不可以放你自己回家。如果是五类分子或者其家属，最终就会被送到魔窟般的收容站里去收容（关起来），然后遣送（押送）回原籍。在那样的社会制度的控制下，人的所有权利就都毫无例外地，被圈在一个小小"公章"里，或者说是被牢牢地控制在拿公章的人手中。

对"收容站"我是有过许多深切体验的，把"收容站"叫作魔窟并不过分。一个人到了收容站里，就会变成人不是人、鬼不是鬼，失去了一切权利，连囚犯都不如。监狱里的囚犯，一天饱不了但也饿不死的两餐饭，还基本可以保证，而且还有一个可以睡觉的地方。而在收容站里，本来也有一天两餐的伙食指标，但是却控制在收容站的管理干部手中，他们想让你挨饿你就得挨饿，他们想要你挨冷挨冻，你随时就会连一个可以躺下的地方，一床烂被子，甚至是一把稻草都得不到，有时还会连一个可以蜷缩可以避风的墙角都不会给你。你就只能以天为被，以地为床的瑟缩着，甚至被罚站或者罚跪着过夜。你随时还可能无缘无故，被监管干部以你完全想不到的刑法和花样，肆意的殴打折磨。甚至在干部们不愿意亲自动手，而授意同牢的流氓来殴打你。不管你原来多么强壮或多么斯文，多么体面，只要进到了收容站里，你的尊严就会荡然无存。在改革开放了几十年后，法制已经逐步得到恢复的情况下，在收容站里还发生了大学生孙志刚的悲剧，[1]在那无法无天的疯狂年代里，在收容站里的遭遇就更是不难想象了。

那时候在外面流浪，买车票、买船票、住旅社，都是要证明的，我的流浪生涯首先需要解决的就是"证明"的问题。我得想办法随时要拿得出证明。文革武斗那年为了买车票逃命，我们曾用钱买了一张假证明，但是证明不是市场上的商品，有钱想买就可以买得到的。更不像现在在街头有些刻印章的摊子，有钱想要一个什么样的公章都有人敢做。那时伪造公章可不是个小罪名，只要被抓到就是个政治罪名，就是反革命，反革命罪是要坐牢被劳改的。但是，要找生活，就要有活动，没有证明就寸步难行，就随时都有可能要进收容站去。站着是一刀，跪着也是一刀，我也顾不了伪造公章是个什么罪名，就自己花了一个多星期的时间，专门钻研刻公章的技术，并最终刻好了一

---

[1] 百度百科关于孙志刚事件介绍：《孙志刚——中国收容制度废止推进案件当事人》。

个，能以假乱真的一个单位的公章。有了这个条件，我便义无反顾地开始了我的流浪生涯。

三

那时在城市里没有户口的人比比皆是。他们主要是那些上山下乡的知青，以及那些整家整户被惩罚性下放到农村去当农民，因受不了农村那份艰苦而倒流回城，经过无数次的反复清查，收容和遣送回农村，因始终都无法承受农村那种非人的生活，最后还是回到城里来赖着。由于这种现象的普遍存在，在当时的中国城市里就形成了这么一个群体——没有户口，没有粮食，没有住房，没有工作的，不知从什么时候起被称之为"黑人黑户"的流浪者群体。

由于有"黑人黑户"这样一个群体的存在，给我这样的流浪者有了生存的空间，我才得以融入这个群体。在这个群体当中我发现了，在这个社会里挣扎着的流浪者远不止我一个。我不再感到那么孤独了。然而相比之下，在这个群体里，我的境况最为恶劣凄惨。城市里的"黑人黑户"尽管也没有户口，也过着漂泊的生活，但他们至少还有个户口所在地的农村，不得不承认他们的存在。而我却是真正一无所有的孑然一身。在这个国家里的户籍档案中，已经没有我的存在。依照户籍的法律定义，在这个国家，这个世界也就没有了我的存在。依傍着"黑人黑户"这个群体，我有了生存的空间和环境。这也许就是母亲所说的："有一棵草，就有一滴露水滋养着它"的自然法则吧！

流浪者们以各种各样，五花八门的手段和方式来谋求生存。按当时柳州的这类人的生活状态，大致可以分为三大类：一是做工卖苦力谋生；二是做黑市买卖谋生；三是靠偷摸扒窃坑蒙拐骗谋生。把这三种不同的谋生之道，用当时的柳州行话分别戏称为："马武界""老生界""老启界"。

四

　　"马武界"在当时也被行内人自谑为"地下工作者"。这是一部分自认为老老实实靠劳动吃饭的人，他们认为只要不偷不抢，靠卖力气生活在哪一个朝代都不应该是犯法的。他们靠帮人家修房筑灶、搬运装卸等等笨重苦力的杂活，以换取一些微薄的酬金，而且做这些私人的活不需要证明，拿钱不用开发票。但是在那大家都穷的时代里，那些能自己做的，或者是朋友之间相互帮忙就可以解决了的事情，就不舍得花钱雇人了。因此，靠揽私人的活是维持不了生活的。于是这部分人就不得不想方设法，渗透到一些工厂单位去找活干。但是那时单位里的活，只能找有组织的集体劳动单位干，有组织的单位有介绍信或证明，而且可以到税务机关开得发票去结账领钱。政策把流浪者卖苦力的，他们唯一认为不犯法的谋生之路都被当作"资本主义道路"给堵得死死的了，为了生存他们也就不得不铤而走险的弄虚作假，去找假证明，假发票。

　　那时为了"割资本主义尾巴"，把所有人的生活出路都堵死了。在城市里，把街道上没有正式工作而做零工的人组织起来，由街道统一揽工作，统一分派给个人做，由街道负责管理，并负责结账领工钱，扣除管理费后，再发给做工的人。流浪者是没有资格参加这种组织的。为了生存，也就想办法找关系走后门，如果你和街道领导有关系，以街道居民的名义，冒名顶替去参加做工就成为可能了。当然这种关系里面存在着各种不同的关系，有比如亲戚、或朋友关系，有相互交换条件的关系，也不完全排除是出于同情的关系。总之，那时候的走后门已经是大行其道的，当然这其中就免不了让关系人从中抽些"水饭"，牟些私利。这也就成为人们共同默认的行规，能够入行并得以遵守这样的行规，已经成为人们在社会生活中，必不可少的生存技巧之一。

　　在农村，那时就有以生产队或大队的名义，组织副业队外出找工做，仍属于集体经济。出去做副业的人，每个月做工得的钱，扣掉规定要交给队里的副业款，扣除伙食费，剩到个人手中就没有几个钱了，但还是比在家劳动强，起码能有饭吃，不像在家里随时要断炊。个人给队里交副业款，队里就给个人记工分，到年尾按队里的工分值参加分配。一些生产队分值低，比如交 1 元钱副业款得记一个工日的工分，年终分配时就值一毛多钱，自己做工得的钱就让集体给剥削了绝大部分。但是人们还是要抢着出去做工，也乐意接受这样的剥削。所以副业队人员的资格也就有了讲究：一是首先要家庭成分好；二要和领导关系好和表现好。这第二条里就存在着个人的主观努力因素了。生产队长，大队领导这两关是要靠个人努力的。否则就只能在队里做工而被牢牢的束缚着了。

有压迫就有反抗。有了这样的束缚，也就有人要挣脱这种束缚，冒牌的副业队也就应运而生，于是也就出现了以做"野马工"为生的一个群体。和这部分人一样，我认为做工的风险相对要小些，所以在我流浪生活的初始阶段，就决定选择以做"野马工"为谋生之道。

五

我对"老生界"做黑市生意的人，心怀向往和崇拜，把做黑市生意视为"高雅行业"。但是，做生意首先要有资本，再者要有门路，这些我都没有。当时所有的黑市买卖都叫做"投机倒把"，是受到坚决取缔的，所以做生意只能是秘密的，就像电影中的地下活动，都是单线联系，秘密接头，行内人都有秘密联络的方法和地点，各有系统，这些系统甚至延展到全国各地。不是行内的人，有货找不到买主，想买东西找不到货源渠道。初入行的人必须得有行内人引荐介绍，牵线搭桥，且要经过考验后，认可你是真心来做生意的而且是守规矩的，那些行内的老板们才敢和你交易。没有行内人牵线，就只能冒险地到黑市中去撞彩找路子。每个城市都有几处所谓的黑市，经常有一些手中拿着粮票布票等等票证的人在那里向过往行人兜售。这都是些做小买小卖搞零售生意的人，在他们的背后有大老板在支撑着他们，如果遇着了要大手货的，或是有大手货要推销的客户，他们就会从中牵线，赚取小额的过手费，即现在说的信息费或劳务费。这个行当用当时的行话讲，就叫作"炒九八"，这部分人就叫作"九八佬"。

在"九八佬"圈子里的人鱼龙混杂，什么样的人都有。有真心实意做生意，靠炒九八为生的，他们比较讲究行业道德，自觉遵守着生意的行规，规规矩矩赚点九八钱。他们不骗人不坑人。如果他们出事被抓了，他们也不出卖同行朋友。这样的人得到行内人的认同，所以在他们一旦出事落难回来后，往往会得到行内人，特别是那些大老板的救助和扶持，可以重新入行做起原来的行当。而有些人则不怎么讲究行规，为了钱什么都做得出，他们一天在黑市里游荡，见个生人就问想要什么？有什么要出手？遇着有可以做的生意就做生意，遇着有生意但自己没有本事做的，就想着法子骗。骗不了的，就打主意以黑吃黑的手段偷或抢。或者甚至不惜向市管会的人"点水"（举报），让不了解当地情况的外地客户在交易时给市管会的人出面把人吓跑，就牟夺了人家的货或钱共同分赃。这些人几乎都是那些在刚开始做生意时，也是因为还没入行，就给市管会的人抓了，市管会见他们没有什么油水可以没收和罚款的，就对他们开只眼闭只眼，把他们放出去，用他们做钓饵，叫作放长线钓大鱼。或者是把他们教育好，叫他们帮市管会做眼线，专门去吊水那些外来的客户。这种行当就叫做"钓凯子"（当今谓之"钓鱼执法"）。当然，这样的人毕竟不多。

当时柳州的河南桥头，从原来的车渡码头到浮桥头之间的江滨一带，以及鱼峰山脚，都是黑市交易的秘密接头地点，都是九八佬们出没的地方。

黑市生意做什么的都有，最为普遍大众化的低级行当是，到柳州市周边县份圩街贩些大米、玉米、黄豆、花生米、红薯、芋头、干鱼仔、干虾、干笋、猪肉、猪板油、活鸡、活鸭等农副土特产品，拿到城市里来卖。做这种生意本钱少，但也要冒多重风险。农村圩街也有市管会，只准农民进入市场，进行自产自销互补有无的活动，不允许批量收购、倒买倒卖。在每个圩街市场出入口都设有检查站，被查出携带批量货物进出市场的，就被认定为投机倒把，倒买倒卖行为，轻则没收，重则抓人扣人，押送回原籍以投机倒把罪名批判和斗争，直至劳改。那些逃过农村市场的检查，贩得货品回到柳州贩卖，要进入市场还要防着那些戴着红袖章的工纠队和市管员的查扣，所以只能是以游击式的，在这里卖一下、那里卖一下的逃避检查抓捕、打击。

那些秘密接头、单线联系的都是一些高级的黑市买卖，如粮票、布票等票证；有名贵中药材如天麻、虫草、红参等等；有单车衣车等紧俏商品；还有更为大胆亡命的黄金、白银，甚至于鸦片大烟的买卖都有人做。但这些行当就不是一般流浪者所能做的了。

做投机倒把被抓住，数额大的，性质严重的，就移送公安局的经侦队按经济犯罪处理。一般数额小的够不上判刑的，就都关进收容站去收容审查，外地的就押送回原籍处理。进到收容站里受尽折磨就不消说了，但在收容站里倒还可以学到很多原来不懂的东西。有不少人本来做生意不熟行，或者根本不懂生意，因为这样那样的原因被抓进收容站里，反而是在收容站里才与真正的行内人搭上关系。一般在收容站里相识的人，大家彼此信得过，不用经过考验，在离开前互相留下了联系地址，或者把自己原来的关系和路子介绍给对方，在被押回原籍后，再放出来时，重新联系挂上钩后，就可以做上生意。做生意之所以被我视为"高雅行业"，是因为做生意虽然随时都在冒着风险，但大多都是在城市里的营生，在城市间的来来往往，在忙于生计之余，还可以顺便旅游观光，游山玩水，浪漫逍遥。

那时在全国性整顿社会秩序的"一打三反"运动中，社会上流传着这样一句话："广州整偷渡，上海整流氓，柳州整投机倒把"。可见在严厉打击投机倒把的那个年代里，柳州的黑市交易在全国是有名气的。全国许多省份的生意人冒着人财两空的风险，到柳州来铤而走险。

在柳州什么生意都有人做，只要你入了行，你的人品得到行内人的认可和信任，你的生意路子就会越走越宽，只要你有能力，就会有货源，有销路，你就有生意可做。赚不赚钱就看你自己的本事。

六

至于那些所谓"老启界"的"老启仔"都是些年纪较轻的,大多是十多二十岁上下的,家在城市里的青少年男女,家中父母没有能力管得了他们的生活,也就管不了他们的行为,街道和派出所要管他们,但他们和街道、派出所打着游击,今天你来这家找,他们就跑到那家躲起来,他们或俩人一伙,三五成群的活动于商店、饭店、汽车站、火车站或汽车上、火车上等公共场所,伺机偷盗扒窃。这些人都凭意气结帮成伙,往往也有因为彼此间争地盘、为女朋友争风吃醋,打架斗殴。他们其中的女生大多依赖于男生,在扒窃活动中担当掩护放风。也有些女生在走投无路时,也在行内兼营些"皮肉"生意,做些"野鸡"的行当,以解一时的拮据,所以当时社会上事实存在的地下"野鸡"行业,实际上就是他们这样一个群体内的一种生存手段。他们之间互相依存。

那时的"野鸡行业"可以在黑市中找到交易对象,但是她们形不成市场。现在很多人提到当前社会中存在的黄、赌、毒现象,都说是由于改革开放才出现的社会现象,这不是客观的。那时的黄、赌、毒也是无处不在的,只不过由于当时存在着阶级斗争的"红色恐怖",不敢那么明目张胆罢了。在当时没有过"底层人"生活经历的人是体会不到的,尽管在当时的政治意识形态环境下,人们的思想受到严格的禁锢,但是物质和精神的极度贫乏,以及人格尊严和耻辱意识的极度麻木,再加上生存条件的恶劣,为了生存,社会上铤而走险、不择手段的大有人在,正如当时从社会的表面看不到民众的不满情绪一样,因为人们已经适应于当面做人,背后做鬼的处事法则。邓小平也许因为有过当时的被流放的生活经历,对民众的底层生活有过体验,才意识到改革的必要性和紧迫感。才打破"两个凡是"的桎梏,及时地提出改革开放的号召。如果不是及时实行改革,任其继续发展下来,眼下可能就不是现在的状况了。

追求生存是人的本能,像我们这类出于摆脱政治的歧视和桎梏,摆脱耻辱,为争取做人的基本生存权利的人,多少还保持着一点道德底线，立志于不去损害别人的利益，不涉足于做"启"做"鸡"的行当。但对他们的行为也免不了以同情和理解相待，也把他们视为患难朋友，在一般情况下不会相互耻笑和出卖。有时还会自觉的组成"统一战线"，相互求助和扶持。我崇拜和向往"老生界"的生意人，但我一无本钱，二无门路，无法涉足。好在当时柳州还存在着"野马副业"（非法地下打工），我在流浪生活的开始阶段就只能选择"马武"（即打工）一行。

第四十三章 "野马"奔突

一

柳州一带各县，数柳江县农民善于砌石头起房子，搞建筑泥水工。有门道的生产队就把一些会手艺的人组织成建筑队，找大队、公社开个搞副业的证明，外出揽些建筑活干，得点钱给队里度过青黄不接的粮荒。这种现象是在1970年代才开始兴起的。一些不能取得合法资格外出搞副业的人，擅自冒着风险自行结帮结伙外出做工的，一旦被发觉是"野马队"就会被取缔，就被抓到收容站里关押审查。审查身份背景，审查政治面貌，追究证明的来源。

我于1971年11月25日从家里出来时，居无定所，生活来源没有着落，从家里带出来的，以及二哥从贵州汇给我结婚用的钱，我只能每天等到火车站里的站台上来车时，冒充旅客去买那不要粮票的馒头，应付着每天的两餐，很晚才敢回二姐家，当二姐问到吃饭没有时，总是自欺欺人的说是吃饱了。就这样维持了一个多月，身上就所剩无几了，我对这样的流浪生活感到了渺茫甚至绝望。二姐家只能作为我穷途末路时的暂时投靠之所，不可能作为常住的地方，我若总是无所事事地在那里住着，街道上的居民委员会就会对我产生怀疑，或者向派出所报告，只要来盘查过问，我就无从应对而彻底暴露我的真实状况，我当初为争取这份"自由"而作的所有努力将前功尽弃。而且以后将再难以到二姐家露面，也将会失去最后一个应急的投靠之所。

一个多月里，除了到该吃饭的时间就去火车站里买馒头吃外，其他时间就在街上转，还要尽量地回避工纠队的盘查。实在疲乏时，就到柳江浮桥头的江滨凉亭下坐一坐，或者到鱼峰山下找个地方躺一躺。经常在这些地方出没，也就开始留意到在这些地方活动的各种各样的人，从他们的行为举止和言语往来中，久而久之，就发现了诸如"九八佬"的接头和交易的大致过程。"老启仔"们也喜欢每天来这些地方汇合，然后分头出去活动，到一定的时候，又回到这里聚集，交流和检讨他们当天的收获和失误，并进行分赃，或一起到饭店吃东西，共同庆祝他们的"成功"。那些"马武仔"也喜欢到这些地方来聚集，相互交流工程信息，或者组织、招揽人马。久而久之，在这样的场合，也就认识了一些半生不熟的朋友，在这些朋友当中就有了各行各界的人员。在和这些朋友的交往中，找到了自己生存的空间。我根据自己的条件，选择了适合于自己生存的道路，并终于有机会傍上了"马武队"的"船边"做点小工。由于我还没有技术，只能是做些拌灰浆搬砖头的工作，累死累活的一天下来，得个块把两块的工钱。一个月下来买粮票买米，剩不了几块钱，但是却可以在工地上留宿，不至于流落街头。

经过一段时间在"马武界"里混，对这个行当有了一定了解，也认识了不少"野马"的朋友，就可以随机加入他们的"马武队"。那些马武队都是到黑市里花几十块钱买一张证明，就可以合伙着去揽工做了。我当时虽然自己可以搞得证明，但是我却是不敢随意向人透露的，因为搞野马随时有可能被用工单位发觉，到时候追究起证明的来源，责任就落在我一个人的身上了。

"野马"有了生存的空间，农村里那些不甘于贫困和桎梏的人，也都纷纷地冒着风险，离家出来加入了"野马"队伍，因此，曾经一度在全广西形成一股"野马"风，甚至引起了高层的关注，刺激了各级革命委员会的"阶级斗争"神经，曾经在全广西范围，开展专项清理"单干副业"的运动，对"野马副业"进行严格的清理和打击。"野马队"揽工都是凭着买来的证明，为了逃避打击，就不敢在近处揽工，只能到外县外省远离证明上的单位所在地，接些小工程或者是私人的工程来做。我曾经到过鹿寨的江口小学，帮学校做过黑板；到过柳城凤山帮私人做过房子；到过柳城马山粮所建过办公室、宿舍；到过宜山矮山中学建筑教室。做这些工程的工价很低，而且很难及时结账，工程没完工前，仅能以预支工程款来维持生活。在工程完工后，若是被查出是"野马队"，就只好四散奔逃唯恐不及，也就顾不得结账收钱了。有时，工程搞到半就已经被甲方发觉是"野马队"，但他们故作不知道，待工程完工后，要结账的时候，才有意地向你透露出这方面的消息，让你自己找机会逃走，并且希望你们跑得远远的，这份工钱也就可以落到他们自己个人的腰包里了。基于这方面的顾虑，我们在一个地方做完一个工程，就不敢继续在当地接工程，怕夜长梦多，只能像是打游击一样，打一枪又换一个地方。以这种方式熬过了近一年时间，也没攒下几个钱，仍然是有上顿没下顿的，疲于奔命的东躲西藏，惶惶不可终日。

　　1972年的4月份，阿建认识的工头老覃，以百朋公社一个副业队的名义在鹿寨中渡接了一个英山火车站的站房工程，工程量不小，可以做半年以上，需要人，我们就跟着去了。那个百朋副业队是个正宗的副业队，但是那些正宗的队员没有门路，有证明接不到工程，老覃是老江湖老"野马"了，就以他们副业队的名义和证明，去接下了工程，当起了工头。在这个工程里，我第一次在阿建的鼓励和指点下，当上了师傅，做起了砌工。老覃从柳州带来两个女人当小工，还在中渡街上请来三个刚毕业的女生来做小工。老覃做工头，要跑材料等等这样那样的杂务，参加做工的时间就少了。那些副业队的正宗队员们就有些心理不平衡，认为这个工程是以他们的名义，他们的证明接的工程。当初认可老覃以队长名义来接工程，是因为他们有证明也找不到工作。现在工程已接了下来，就想过河拆桥，开始对老覃不满，以老覃贪污工程款为由，向中渡派出所点水（举报）说老覃是野马人员，是冒充他们副业队的。老覃被派出所抓了起来，并在副业队里进行批斗。我和阿建原来就知道他们一直对我们几个人不满，特别是对我，他们见我没有技术，是边做边学的，又误认为我和阿建一样是城市人，不是做工的人，在借着他们的招牌占他们的便宜。早就想赶我们走。当我们得知他们已经点了老覃的水这一消息时，慌忙捡起行李就溜回了柳州。辛辛苦苦白做了一个月的工，除了得吃几餐饭外，应该得的工钱分文没有拿到，就都留给他们副业队了。这个时候又正值广西到处都在清查"野马"副业，"野马队"在广西的生存条件更为恶劣了，我和阿建就决定出省到贵州去投靠朋友。

阿建是柳州市人，家里有一个老母亲在饮食店上班，两个弟弟未成年，他本来是被赶下乡插队的，但他赖着不去。一方面为了逃避街道找麻烦，一方面也要找生活，也就加入了"马武"的队列，且已经把这行手艺学得娴熟并可独当一面了。他年纪与我相当，但我的这行技术却是跟他学的。有时找不到事做无处可去时，也可以在他家里混几天吃住，他母亲也很看得开。他两个兄弟在当地街道上，各有一帮"牛鬼仔"的"三朋四友"罩着，我们在这一带进出也少了许多麻烦。阿建是我流浪生活中，在柳州结识的一个可谓莫逆之交的朋友，共同有过许多苦难的经历。但是他有点贪酒，他可以成天地蹲在桌边转来转去喝一天的酒，吹一天的牛。

其实阿建的喝酒恶习，出于他对生活前途的心灰意冷。他父亲早几年在贫病交加的情况下撒手人寰，抛下他们三兄弟跟着老母亲，他当时才十四岁多，大弟十一岁，小弟才不足八岁，他才刚准备上六中读初中，"文化大革命"运动就开始了，自此三兄弟就不得不全都辍学在家，靠着母亲一个月三十元不到的工资生活。直到武斗停止后的1969年，没有上过一天中学的他也算是初中毕业了，跟着就是上山下乡，他以两个弟弟还要上学读书需要他帮助母亲照顾弟弟为由，拒绝上山下乡，于是街委会威胁要对他采取强制措施，撤销他的城市户口，押送下乡。他就东躲西藏着不回家。直到风头过了才敢露面，街委会也拿他没有办法。这样一来他也就无缘去争取什么工作安排了。只好自谋出路。两个弟弟在学校恢复上课时，一则在社会上混了两年，把心玩野了，二则家境贫寒，也都无心读书了，三兄弟就都成了社会的浪荡儿了。阿建一方面要负起管教弟弟的责任，一方面也要帮助母亲担起些许生活的责任，对世道对前途变得渺茫失望，小小年纪就变得多愁善感，感世伤怀，在心情苦闷的时候，用自己卖苦力挣的一点钱来借酒消愁，一喝起来就不想停下来，就这样养成了贪酒的恶习。由于他的这一点恶习，后来在国家政策起了翻天覆地的变化，正可施展他的聪明才智的时候，却为与朋友喝了一天的酒而溺死在了回家路边的鱼塘里。实在可悲可叹。

二

桢芳与我和思学从新疆回来后的两派武斗期间，和三哥他们就在贵州贵定一带做着泥水工，当时三哥被抓回来时，他趁机逃过了清查，当时没有被抓回来，侥幸地逃过了"十二级台风"的生死一劫。武斗过后自己回来了，还是受不了那种抬不起头的耻辱生活，又和几个朋友结伴，用假证明又到贵州原来待过的都匀郊区新民乡帮私人做房子。我和阿建在柳州近处找不到马武的地方，便跑到那里找到了他和斗文两人。

斗文也是二哥三哥他们的朋友，文革时他们一帮成年的，读过初中高中的青年人，自认为有一定知识，他们对"文化大革命"有着不同于当时代常规的见解，他们没有参加到两派组织中去，而是自己成立了一个"马列主义学习小组"，在一起共同学习、研究马列主义理论，以马列主义理论为依据，来审视时下所推行的政策，和人民的生活现状。他们没有公开进行任何的活动，只局限于在小组内部共同学习和讨论。但是从他们的成员的家庭出身，和他们所议论的问题，他们知道他们这样的组织是不能见容于那个时代的。所以在"阶级斗争的十二级台风"还没有刮起来前，在两派出现武斗的无法无天的状况下，他就选择了到贵州一带做工，而回避了派性的争斗。事实证明，他们的选择是明智的，否则他们绝对逃脱不了"十二级台风"的血腥屠戮而全体覆没。他们几个人就是以这种方式，坚持到其后的"四人帮"倒台，才敢自己回到家中。不可否认，由于他们的明智选择，也为我们这类参加了派性组织，且在派性斗争中失势的人，找到了一个在政治夹缝中生存的空间。使我们能从中受到启发，能在"七三布告"刚下达的风口上选择了逃避，而免受"贫下中农专政"的屠戮。

由于他们的出现，给贵州、贵定、都匀一带带来了就地取材，用石头砌筑房屋的技术，一定程度上，改变了当地原来的住房建筑风格，以及房屋的结构。由于他们的技术，得到了当地人的认同，所以他们也得以长期帮人建房，来维持自己的生存。我们找到他们时，他们正在做的一间私房已经快完工了，做完这个工程，暂时还没有找到新的工程,所以我们就暂时和他们做完这个工程,得了一点工钱做路费,给阿建一个人先行到贵定县昌明区找到了作熙和仕寒两人。阿建找到他们两人后再回到都匀,对我说,作熙他们正接得贵定县平伐区一个小学的工程,也需要人手。我们两个人就离开桢芳他们到贵定去了。

作熙他们接得工程的那个小学,是在云雾山中的原始林区里,没有公路到达,只能沿着林间的羊肠小路,步行穿过浓雾迷蒙的原始森林才能到达。如果没走过,不识得路,是不可能找得到那个地方的。

我和阿建在昌明下了班车,草草地吃了一点东西,就匆匆忙忙地向云雾山的深处赶去,还有几十里的山路,如果在天黑前赶不到,就会在原始森林中迷路,后果是可怕的。我们一路上几乎是慢跑似的急追紧赶,当时又正值深秋季节,天阴沉沉的,在原始森林里浓雾弥漫,十米外看不清路径,辨不出东南西北。好在之前阿建跟他们走过,多少有点印象,就凭着那模糊的一点记忆,摸索着前行,终于在傍晚时分,赶到那隐没在密林中的,只有孤零零几间互不关联,各自孑然独立的,屋面盖着杉树皮的板屋的所谓村子。这就是当时的一个大队所在地。那小学的工地,就在一片杂草丛生的林间挖出的一块平地上。我们在工地上见到了作熙他们。

我们满以为在这深山老林中,天高皇帝远的,不用担心查户口,没有抓流窜犯的恐惧,可以安心做着工。我想,如果能这样待在这里,过着没有爱情,没有婚姻,没有家庭的原始生活,像电影《芦笙恋歌》里的男主人公一样,终老在这与世隔绝的,没有压迫,没有诬陷,没有恐惧,没有耻辱的原始密林中,我毫无怨言。

然而我的幻想被残酷的现实击得粉碎,这里毕竟是中国共产党领导下的,中华人民共和国贵州省贵定县云雾区的一个大队所在地。不曾想,我们正想以本地人所没有的才艺,用这山里的石头,在这里砌筑起与本地人传统的木板屋风格迥异的,坚实牢固的石头校舍和教室,以促进和引领当地人改变他们传统的居住习惯。我们幻想着凭我们这门手艺,应当得到当地人的认同和赞赏,同时我们也就有了做不完的工作。我们却忽略了这山里人与山外人所共同拥有的不光是贫穷，还共同受到过同一个思想的灌输。在我们刚想安下心来，努力适应这里的生活的时候，我们所做的工程刚能显示出我们的才艺水平的时候，作熙就从村上的好心人口中得到消息，说是区里对我们的身份已经产生了怀疑，这两天就可能要下来调查。得到这个消息，令我们瞠目结舌，在这样原始的深山老林里，都没有我们可以生存的地方，哪里才有我们的出路？我们不得不筹划着如何在他们还没下来查证之前，先向学校借支一点生活费，然后逃离这里。

我和阿建两个人从工程预支款中，分得了五十块钱。晚上在村里买了两只鸡，两斤玉米酒，边吃着就边商量：工程只做了小部分，我们如果明说要走，有可能就会被当场扣起来，我们商定只有在半夜里悄悄地走。我们四个人中，只有阿建能喝酒，我早就吃饱了，阿建却还在慢慢地呷着酒，我只好等他喝够了，才一起回到村中住家去，把衣服等东西捡好，也不洗脸洗脚就和衣而卧，躺在楼板铺就的床上等着时间。

约到半夜两点钟左右，也不知是什么原因，村里的狗总在不停地吠着，我一夜都忐忑不安的睡不着觉，只听作熙摸索着起来了，也不让点灯，他边催我们起来，边提起收拾好的行李包就下楼去了，由于阿建喝了酒，已经模模糊糊地睡着了，所以我们起来时他还没醒，等我把他叫起来时，作熙他们已到了楼下，我和阿建赶到楼下，已经没有了他们的踪影。村里的狗叫得越来越凶，天黑得伸手不见五指，我们也不敢喊他们，只好和阿建仍然凭着他模糊的记忆，摸索着向村外深一脚浅一脚，慌慌张张地跑。

出到村外仍然找不到他们，阿建说他们可能甩下我们不管了，我们只能是自己找路出去了。我们这次走的不是我们来时的路，阿建说这条路相对较远些，但少一点深山密林。

三

村外山间浓雾弥漫中夹着蒙蒙细雨，飘洒在脸上冰凉冰凉的，让人感到窒息，加上心中害怕，两个人都止不住地浑身哆嗦。在山野丛

第四编　遥望远山千重雾　漫思明日万里云

林中举目四顾，四周漆黑一片，分不清东西南北，不知向何处走。只得硬着头皮，沿着那山边林间草丛中似路非路的村道，背向村子，拨拉着荆棘摸索前行，又不敢发出大的响声，怕被村里人发觉会追出来。终于离村子越来越远，听不到村中的狗吠声了，也走出那一片古木参天的老林子了，来到一个相对开阔的谷地中，雾没有那么浓那么重，脸上仍然飘洒着似雨似雾的冰凉的雨丝，从头顶上可以透过沉沉的夜幕，隐约看得见一片漆黑迷蒙的夜空。我们正想站住脚步，稍稍喘息镇定一下恐慌的情绪，不料此时却从右前方的密林深处传来了两声震人耳鼓的啸声，那啸声就像我们在电影《林海雪原》中所听到的那虎啸声一模一样，在山谷密林中久久回荡，惊得我们一身的寒毛倒竖，膝盖发软，腮帮儿不由自主地颤栗不已。此时此刻，我们两个人都只能强忍着，没有把这种害怕的情绪表露出来。我们心中都知道，这云雾山区可是实实在在的原始森林，其间野生的虎豹熊狼等猛兽随时都有可能出现。我们无法抑制住突突的心跳，异口同声颤抖地提醒对方快跑。在这种只有我们两个人的情况下，跑在前面和跑在后面都是同样的好怕，我一直跟在阿建的后面，阿建在前面急急地跑着。不知是因为他穿着塑料底的力士布鞋脚下滑，还是因为害怕得腿发了软，没跑几步就连续着跌了几跤，跌了也不敢吱声，只是默默地自己爬起来又跑。跑过那一片山谷，前面又是一眼望不到边的树影冥朦叠嶂的山峦，刚才还混杂在那迷蒙山岚中纷纷洒洒的细雨，已经被凄厉的北风吹散，耳边呼啸着此起彼伏的林涛。视线显得比原来开阔些了，可以模糊地看到脚下是一条山路向前延伸，蜿蜒向上。我们向山上爬去，走在一条左边是深谷，右边是陡峭的山峰的羊肠小路上，那路上石块横陈，崎岖坎坷，荆棘挡道，走在前面的阿建总是显得跌跌撞撞，不知摔倒在路边多少次，也不当回事儿。就在快翻过一个山坳时，他却在我前面不到五步路远的地方一脚踏空，从左边深谷滚落下去二三米处，所幸被一丛荆棘挡住，没有落到谷底，我匍匐在路边一手抓着树兜才把他拉上来，没有什么大碍，便又继续赶路。

　　到了坳上，眼界更为开阔，向后可以看得到山脚，向前也可以看得见前面起伏连绵模糊的山峦，我们终于松了一口气。我们正估摸作熙他们两人眼下不知怎样时,后面山脚下忽然闪烁着一溜火光,我们还以为是作熙他们打着火把赶路。仔细一看,沿着我们的来路上,一个接着一个,共有四点火光在闪烁着,向我们来的方向游动。我们突然害怕地猜测起来:作熙他们两个人绝不可能点着四个火把,一定是村里人追我们来了?于是我便拉着阿建向路边山上爬去,在远离路边二三十米的树丛中匍匐着,让那些打着火把的人先上来看个究竟再说。待他们上到我们匍匐处下面路上时,我借着他们的火光,看清了他们一共是六个人,其中没有作熙他们两人,听他们的议论知道就是来追我们的,只听得一个人说"恐怕他们早就出山去了"。我们不敢弄出声响,准备让他们过去,走远了我们再出来。我们思忖着:就有这一条路,只要他们在前面守着,我们还能往哪里飞得过去呢?我们正感到茫然时,又仿佛隐约地听到有人声。我们向路上看去,看到了刚刚过去的那一溜火光走到前面坳口上时,又往回走来了。他们从我们眼前走过,慢慢地向山下而去,不似来时那么匆匆了。也没有听到他们说些什么。我们的心终于再一次放了下来。

四

看着他们一溜火光已经到了坳底,我们才从山上下来,继续向前走去。待我们再翻过一个山坳时,树梢头开始露出了一抹天光,路也好走起来了。尽管还是丛山密林之中的山路,但已是过了黎明前最黑暗的时候,不再是在黑暗中那样的跌跌撞撞了。一路上仍然是上山下山,没有村庄没有人烟,走着走着也不知道个时间,当我们感觉到天已经大亮时,才看清了我们正走在一条左边是高山密林,右边是深谷的山道上。那弥漫在山谷间的浓雾正慢慢升腾缥缈,到山巅林梢聚集成一朵朵淡淡的白云,从山那边的天际,渐渐地由鱼肚白继而曙光微露,透过云隙,柔柔地洒向残雾迷蒙的山谷,那光越来越亮地,和雾交织揉和成七彩的晨曦,向那枯枝败叶所无法掩隐的,苍翠欲滴的山谷林间照来。

此时身处缥缈的晨曦中,犹如身上披着七彩的轻纱一样灵动飘逸,恍如置身仙境。睁开之前还习惯于黑暗的双眼,迎着东方向山那边眺望,那耀眼的光芒,在山巅树梢和云朵间,幻化成一圈一圈闪烁的光环,让人感觉如身临佛光普照下的仙境般温馨惬意。经过整整一个晚上在凄风冷雨和黑暗中亡命的奔突,饱受了拂之不去的恐惧和饥寒过后,终于迎来了晨曦曼妙的早晨,紧张的情绪、一身的疲累得到了松弛,呼吸着这山谷间清新的空气,聆听着从沉睡中苏醒的大自然的生命气息,尘世间的烦恼也随之变得缥缈虚无。当我们踏着蜿蜒而上的山道,来到半山腰的一个坡峦上,有一片略显平缓的坡地,一眼看不到头的密林中古树参天。在那藤蔓缠绕、枝叶交错间,一缕缕飘拂的薄雾,循着树梢天际和着袅袅炊烟一起升腾幻化,在那密林之中有一间孤零零的廊柱古朴的瓦屋,犹似一处幽雅的道观,我们禁不住好奇地驻足观望。

　　只见一条小径,曲曲弯弯地从林外蜿蜒伸向那密林间的小屋,我们正好就驻足于这条曲径在山谷边的尽头。注目间,一个身着长袍的老者,正从那林中的小屋向我们走来。到了近处,只见那老者头上盘绕着蓝靛浸染的土布头巾,目光慈善,面容清癯,颌下髯鬚飘飘,左手拄着一根齐人高的古藤拐杖,那杖头屈曲盘绕形如龙蛇。右手臂上托着一只飞禽,快到林外山谷边时,只见他轻轻一抬手臂,那臂上的飞禽便扑喇喇振翅而起,嘎嘎叫着向谷底飞去,原来是只鸭子。我们向那鸭子飞落的地方望去,看到原来被浓雾掩隐的谷底,有几块收过稻子的梯形水田。我们正待回过神来,想跟那老者打声招呼,搭讪几句,以满足我们的好奇心理,眨眼间,却已不见了那老者的踪影,使我们更加觉得奇怪,更增加了我们对那深山密林中的独屋、老人、拐杖、鸭子的好奇。我们两个人互问互答着猜测:莫非那真是一处道观?那老人是个得道的隐士?那鸭子也是经过修炼的神禽?我向阿建不无认真地提议道:"我们进去看看,如果真是道观,我们就拜他为师,央求他收我们为徒算了,省得我们再这样不知何时是头的亡命漂泊。"也许是因为阿建自己虽然出来流浪,但他毕竟还有个可以回头的家,或许他考虑得更现实一点,他说:"就算是道观,这种年头,那老道自己还自身难保,他还敢收留我们这种来历不明的人吗?"我想想倒也是这个道理，多少的名山古刹尚被当"四旧"破掉，多少修行成道的和尚、道士、尼姑被迫还俗，四处漂泊，无家可归，谁还敢收徒？这里就算原来是道观，那老道恐怕已是被迫还俗了吧？我大概是因为对这种四处漂零无以为归的挣扎，已经感到绝望和厌倦，急于找个喘息之地、皈依之所，才冒出了这样一个不切实际的出家念头来。一阵山间清凉的晨风拂过脸颊，把我从遐想中拉回到饥饿、寒冷、恐惧的现实中，我们不得不沮丧地继续迈着疲惫不堪的脚步向山外走去。

第五编

噩梦醒来盼天明　漂泊沦落终有期

第四十四章　铤而走险

一

我们连夜从云雾山中逃出来,到昌明后,正好赶上有惠水经昌明到都匀的班车,没有等到和作熙他们汇合,就直接上车赶往都匀。在都匀转上当天晚上从贵阳到柳州的 404 次火车,第二天中午回到了柳州。

柳州的"野马"经过一段时间的整顿后,"野马风潮"基本上刹住了,堵住了农村劳动力的外流,建设单位招用农村副业队的条件更严格,"野马"们更难找到工作。我们原来赖以生存的,认为比较稳妥的唯一门路被堵死了。

我从贵州回来所剩的钱不多,又是以混进火车站买馒头,作为一日两餐的饭食,无所事事、躲躲藏藏的混着日子。每天漫无目的地在市里转来转去,希冀撞彩能遇着什么朋友或"贵人",能找到一条生活的出路。走累了或者百无聊赖时，就到鱼峰山下或桥头江滨一带坐一坐，或者在石凳、石板上、草地上躺着，等着时间到火车站买馒头。

在漫无目的的等待中，在二姐家收到了二哥从贵州黎平来的一封信，信中询问我的情况。关于我去柳城上门没有去成的事，之前我已经给二哥去过信告知他，所以他担心我在外面流浪的情况，担心我能否在当时那种境况下平安的生存下来。二哥对我的关心总是胜过我对他的关心，我心里总认为他比我年长，且读的书比我多，对生活的适应能力应当比我强，所以我平时也就不过多的为他担忧，而只是考虑我自己的事，有时想起这些，总觉得自己自私，对二哥缺少点兄弟情分。

其实像母亲及大姐她们心里想的一样，我对于社会环境和生活的适应能力要比二哥强，至少在当时那种境况下，我自己可以弄个假证明之类的事不用求人，再者，我学个泥水建筑、木工、油漆等技术和做生意的门路，总是能一学就会的，有了这么一些生存技能，就可以走南闯北的应付得了查户口、住旅社及混碗饭吃的问题。但二哥由于年龄以及肢体上的缺陷，加上不善于适应不同的环境，他的身上总是表现出一种文人的迂腐和呆板，不分场合，不分环境的死守着人性道德的底线，表现得与他的现实极不合拍，反而容易让人对他的身份产生怀疑。在他的流浪生活中，由于他的不善伪装，而屡遭民兵和派出所盘查和拘押。也正为此，他原来打算到那些偏远闭塞的深山老林中，找个尚未开化的女子上门的计划都难以实现。人们都认为像他这样的年纪，且能侃侃而谈似有很多文化的人，要到那样的地方上门必定有不可思议的，不便言传的秘密。

二哥信中说，他们在黎平中潮一带山中，倒是有锯不完的木头，但是工钱极低，也只是仅能维持生存，无法攒得下钱，上次给我结婚而汇的50元钱还是几个人凑出来的。但那里的人比较朴实，在那里还不至于被民兵怀疑和追问，混日子还是相对安全些。他信中告诉我，如果没有地方可去，就到黎平中潮和他们一起混。信中还说，贵州到处受旱，粮食很紧张，那里大米很贵，去时顺便带些全国粮票，可以多带点，到那里卖粮票也可以赚钱。

我考虑着，到那里做工，既不能赚钱，就不是长久之计，买卖粮票倒是一条生意的路子，如果有条件带些粮票去卖，也顺便可以看看二哥他们。

　　买卖粮票是严重的投机倒把行为，这个罪名是非同寻常的，要冒极大的风险，万一失手，有可能被判刑劳改，人财两空。另外，就是不怕风险，也还要有本钱，当时柳州黑市的全国粮票也要一元多一斤，这么远的路，跑一趟至少也得带个百把两百斤粮票，扣除路费成本，才能赚到一点钱。这样要有二、三百元的本钱才能做得起这门生意。以我当时的境况，二、三百元对于我是天文数字，从何筹集？只能望洋兴叹、坐待机缘了。

　　我在渺茫中听天由命的混着日子，无意中在鱼峰山下遇到了刚从家里出来的阿孝。

　　阿孝是二哥的高中同学，也是要好的朋友，他家住在县城里，当年我们在"七三布告"刚下达时的四窜奔逃，就是靠他帮找的证明，才得以买车票逃生的。阿孝人很聪明，画得一手好画，写得一手好字，且很义气，肯帮人，在朋友中普遍受到尊崇和爱戴。

　　这个时候遇上他，两个人一见如故，都真有点喜出望外，他说，他早就从朋友们当中得知，我以上门为理由离家出走的消息，有很多与我们同命运的朋友也都纷纷效仿，以同样的理由和方式，真的出去上门或出来流浪，逃离那生活上的贫困和政治上的桎梏。他也是刚刚以这种理由从家出来的，正在筹谋着以什么作为生存的手段。说到二哥信中所提的门路，他认为可行，并且也可以筹得二、三百元的本钱，去试一试，如果顺利，所赚得的利润还是可以维持得两个人的生活的。他也说，搞这一行，风险很大，但是现在连"野马工"都没有得做，为了生存也只能铤而走险了。再者，我们这样来来去去，大部分时间是在旅途中的车上，也不用担心老待在一个地方要防着查户口。

　　记得以前阿孝在武斗逃亡时曾经说过的一句话："人生的道路总是这样的，一个希望破灭了，新的希望又在孕育着，天无绝人之路，尽管在你前进的路上充满着荆棘和坎坷，只要自己坚持前行，就没有跨不过去的坎"。我又从绝望中有了新的希望。

在筹备这桩生意的过程中，阿孝无意中遇到他一个也是与我们同命运的，从来宾出来的朋友小何。小何也是因为家庭成分的缘故而从家里出走来到柳州，以养病为由寄住在汽车厂他姐姐家中，因为社交不广，找不到生活门路，无所事事，靠在厂里做技术员的姐夫和做工人的姐姐那微薄的工资养着。我们跟他到他姐家里，他对他姐说了我们的情况，他姐很希望我们能带着他出去闯一闯，她宁愿资助他一点本钱。大家出于同病相怜，我们也就欣然同意带他一起去闯。

二

有了小何的参与，又增加了一点经济实力，我们很快通过黑市的"九八佬"找到了粮票的进货渠道，买了400斤全国粮票，登上了去贵阳的火车到都匀，换上都匀到凯里的班车，到凯里后转上凯里到雷山的班车。我们之所以要先到雷山，是因为阿孝认得雷山的一个朋友，从凯里去黎平路经雷山，就顺路到雷山看望一下那个朋友，希冀能探得一些生意门道。到了雷山，在那朋友家住了一个晚上，也不敢对他说我们带有粮票来卖，只是试探性地跟他聊到这方面的生意，他说他们那里很穷，既缺粮更缺钱，没有人有钱买得起粮票和米。但是他说他们那里的人爱打猎，有猎枪的人多，猎枪用的火药碣子在那里很缺，听说湖南长沙有生产，一张纸药碣子一角多钱，到他们那里可以卖一分钱一粒，一张有一百粒，就能卖一元钱，利润还是不小的。我们第二天告别他后，把他提供的这个信息记在了心中，搭上到黎平的班车。快下午时到了榕江县与黎平县之间的茅贡路段，在一个没有站的地方下了车。

这里是黔东南地区，东与湖南接壤、南与广西毗邻，是三省交界的云贵高原的东南缘，气候相对温和。这里的自然环境和贵定云雾山区有所不同，虽然都是原始森林，但这里却不像云雾山那样荒凉僻静和人烟稀少。这里的高山密林间，随处可见一片片梯田和畲地。按照二哥信上的指点，我们离开公路，沿着一条羊肠小路，时而跨过一个个流水淙淙的山涧，一片片泛着清新嫩绿的梯田，不时还能看到在田中劳作的成群结队的，穿着少数民族服饰的妇女们，并不怯生的，注视着我们三个不同于本地人仪表和神态的行人的经过。来这里之前，曾听人们传说，这一带地方的妇女有在田间赤身劳作的习惯，我们既担心会遇上这种尴尬的场面，但心里又想能亲身见识一下这种传奇的少数民族的生活现象。我们走了约一二十里山路，走到一处地势稍显平缓的坝子上。坝子周边山高林密，古树婆娑。一个木楼错落、竹林摇曳、风景别致的村寨坐落其间。一条水流清澈的小溪穿寨而来，汩汩流向寨前梯田之中。层层级级的梯田连绵而下，约有两里路程。此时正值春夏之交，立于寨前往下俯视，田间禾苗茂密青翠。好一幅田园风光。身临其境，让人心情舒畅。我们沿着溪边的村道，找到坐落在村寨中央的老吴家中，见到了二哥他们。

　　老吴可算是这一带见过世面的人，他们这里都是苗族，他老婆长得娇小玲珑，眉清目秀，穿着一身地道的民族服饰，一脸妩媚而大方的浅笑，具有在电影中都难得一见的，极具民族特色的美少妇神韵。从她的身上看到了当地少数民族女子美丽纯朴的乡野气质。而老吴本人的外表穿着却是与我们这些所谓大地方来的人并无二致，和我们的相处也极为融洽。这也许和当年红军长征经过这里时所传播的文明有关。

　　我们在这里停留的几天里，这里的人，这里的山水村寨，对于具有绘画爱好的阿孝来说，是难得的素材。阿孝不失时机地用纸笔龙飞蛇舞般描下这里婆娑葱茏的千年古树；晨雾渺漫、炊烟袅袅的苗家村寨；那木楼窗外咿呀摇曳的苍翠竹林；那晨曦初现、露滴如珠、绿叶挂泪、蛙声呱呱、鸟鸣啾啾的山村田园景致。令阿孝如饥似渴，如痴如醉。阿孝为老吴他老婆所描画的人物肖像更是惟妙惟肖，几乎连她那银铃般的笑声都犹如跃然纸上。他的绘画技巧，让难得一见的村人们叹为观止。特别让老吴夫妇俩五体投地的佩服。也让我们所有同伴都大沾其光，倍受村人们的敬重。阿孝会绘画的事顷刻间在山村里传遍，一村子的男男女女都来找阿孝画像。这样一来，在我们倍受村人欢迎的背后，我们的身份就不禁引起村人们的好奇与猜测，在那念念不忘阶级斗争的年代里，我们的仪表和谈吐，以及才艺和知识，都与我们的现实处境不相协调，足以构成那些生活在相对闭塞的少数民族村寨中的人们心目中的传奇。不可避免的，让一些自认为具有政治觉悟的人们产生了怀疑。我们在村里呆的几天时间里，就不时隐约传出了一些对我们的质疑的话："他们这帮人相貌不凡，多才多艺，为什么到我们这种深山老林里来做这种苦活？"这样的质疑给我们带来几分担心和警觉，我们寻思着不应当在这里待得太久。

我们在这坝上的几天里，二哥他们出去为我们活动，找门路销粮票，到第四天早上，我们给老吴家留下一些粮票，作为我们几天的食宿费用，跟着二哥，翻过村背的大山，一路沿着密林间的山路赶到地势相对开阔平坦的孟彦去。在距孟彦三四里路程的一个村子里，借宿在二哥认的一个干姐的家中。最终在孟彦街的圩日才把粮票销完。

就这么一点粮票，就多经周折才这里销几十，那里销几十的总算销完了。过程中还险些发生意外，好在我们及时觉察，才幸免了节外生枝。

那是在孟彦街上，二哥遇见了一个他们曾经在寨蒿做工时认识的人，当初他们到过寨蒿做工，因为受到怀疑而被当地大队诘问过，他们害怕了，就像我们在云雾山里一样，连做工的工钱都不敢要，就赶忙逃离那里。这次在孟彦街上遇到的，正好是当时他们在寨蒿做工时的主家，他曾告诉二哥，当初民兵正打算到晚上来查夜时，把他们抓到公社去，全靠他们跑得快。我们分析着：也许是他怕二哥他们又回去找他要工钱，就故弄玄虚来吓唬我们，但不管怎样，都得警惕他就近到孟彦公社报告，那对我们将是极为不利的，三十六计走为上计，反正粮票已经销完，便决定及时离开这里到黎平去。

三

到了黎平后，我们就商量下一步的行动，我们认为，这400斤粮票零敲碎打的虽然总算销完了，但投入的人力时间精力太大了，得不偿失，无利可图。这粮票生意在这里是做不成了的，决定还是回柳州去另找出路。二哥提议我们这次就不走来时的原路回去了，应该从黎平乘去从江的班车到贯洞下车，走路到八洛，再乘船沿都柳江顺流而下，到广西三江县的富禄古镇上岸，第二天再赶到三江县城古宜，转车回柳州。

第二天，我们与二哥告别，二哥还回到茅贡老吴家。我们就按二哥指点的路线，在贯洞下车，走路到了八洛江边，乘上从八洛到富禄的小木船，顺江而下，到了富禄街上，找了个供销社办的小客栈，用我们所带的证明登记住下来。

小何说他有一个朋友就住在富禄街上，且有他的地址，难得到这地方来一次，就一道上那个朋友家登门拜访。那朋友家正好就在这客栈不远的街对面，没几步路就到了。三江县这里都是侗族人，极热情好客，那朋友见有远方客来，甚为喜悦，诚恳邀请我们留下吃晚饭，盛情难却，小何便应允留下吃饭。那朋友以侗族人最高的待客礼遇，把家中常年腌制的酸肉酸鱼来招待我们。那酸肉酸鱼本来就是从酸坛里捞出来不用煮就生吃的，但那朋友也是出过远门的人，理解不同民族有不同生活习惯，怕我们吃不惯那酸肉酸鱼，就拿来煮熟了招待我们，结果是弄巧成拙，那煮熟的鱼、肉吃在嘴里就像是陈年的老棉胎似的，怎么嚼都嚼不烂，极难下咽，为了不致拂了主人的盛情，只好强咽下去。尽管这一顿饭我们没有吃出味道来，但我们却体会了主人的诚恳好客，感动至深。饱餐之后，一再向主人表示了感激之情后，告辞而回客栈。

让我们始料未及的是，我们这一次到朋友家的造访，却惹出了一个麻烦。原来这朋友家的成分也不好，在这镇上也是受管制的对象，我们到他家去的一举一动，早就被这客栈的服务员向镇上派出所报告，待我们从那朋友家回来不久，就来一个穿着公安制服的人，来对我们进行盘问，并查验了我们的证明，好在有惊无险。真是处处荆棘，步步危机，走到哪里，都有那无形的魔咒缠附着我们，始终摆脱不掉。

富禄一带山清水秀，风景迷人，经过这场虚惊，我们也无心游览，不敢滞留，匆匆的于次日早上，乘船下到古宜。古宜到柳州的班车早上就走了，又不得不在古宜待了一个晚上，第二天才回到柳州。

第一次做这冒险的生意，就这么一点粮票所赚的钱，扣除三个人来回的车票等花费，也就所剩无几了。做这种生意，没有一个有实力的买家接手，靠这里几斤那里几斤，零零星星的找买家，这生意也就没有什么搞头的。回到柳州后，我和阿孝商量着下一步的计划。想起雷山那朋友说的那个讯息，不妨去长沙跑一转，试着去做做那纸药碾子的生意，本钱少利润高，或许可行。

四

经过这一次贵州之行一路上的风风险险，小何已经感觉到精神上的过度紧张和疲累，不想再继续和我们去担惊受怕了，只有我和阿孝不得不继续去冒险犯难，否则又能怎样呢？做哪样不是要冒风险？做苦工也同样要担心被抓，就是什么都不做也还是有风险的。

和阿孝到长沙跑了一转，把纸药碾子的生意路子给接上了，但是得的东西不多，装了两个行李包，也就是300来张，本钱不多，连给那中间人帮忙进货的酬金，划过两毛多一张，但那东西轻，体积庞大，不能带得太多，带多了容易在车站、车上暴露，这也是一门冒极大风险的生意，一旦被查出来，要背负两个罪名，一是投机倒把，二是带危险品上车，两项都是大罪名。过后想起确实有点后怕，这是易燃易爆物品，一旦不小心，行李包在车上受挤压摩擦，就很容易起火爆炸，后果不堪设想。

和阿孝总算顺利地从长沙回到柳州，又从柳州到雷山把货销完，回到柳州，把阿孝的本钱扣除，赚得的利润所剩无几，衡量了利害得失，阿孝担心一旦遇有不测，后果实在可怕，他就不愿继续做这门生意了，但眼下又找不到什么事好做，我又陷入了彷徨之中。

我又不得不像过去一样的怀着希冀的心情，漫无目的的成天在街上瞎转悠。命运就是这样捉弄人，在你近乎绝望的时候，它又会给你一点新的希望，还是阿孝那句话："一个希望破灭了，新的希望又在孕育着。"

在我无所事事的浪迹街头的时候，不想却意外地与建陆不期而遇。在相互询问彼此的近况时，我把去长沙的事跟他说了，我跟他说这事时，并没有意思想要邀他来参与，因为在我的心目中，他是个老实人，缺乏冒险精神，我也不想把他拖下水，因为他的家庭现状并没有像我的那么恶劣。但是他听了这事后，却产生了兴趣，进一步地向我盘问着，我就仔细的一五一十地告诉了他。他说他自己出来做工时攒了230元钱，可以和我去闯一次。我把这事的风险告诉了他，并说去长沙不一定能进得货，也很难保证能赚钱。他说赚钱与否没有关系，就算去玩一趟。

于是，我就和建陆再次重返长沙。正像我事先对他说的一样，到了长沙后，找到原来帮我们进货的人，他却说已经没有办法进得到货了，他的答复宣布了我们这次的长沙之行只能是白来玩一转了。

两个人来回长沙花费了建陆一百多元。我真有点过意不去，但他倒并不在意。我们的这一趟旅行，虽然没有收获，但心情却是舒畅的，因为在这次旅途中，我们遇上了两件值得记忆的事情。

到长沙的目的无法实现，我们也就无心游玩了，决定立即乘车返回。在长沙站候车时，在候车室里，我们意外地遇见了文革时期驻柳支左的55军一名军官。他因听到我们说柳州话，而主动地来与我们打招呼，并自我介绍是55军的。听说他是55军的，不由地使我们产生了一股亲切感，犹如老乡见老乡的感动。当年我们虽然没有和55军有过直接的接触，但是从当时的情势看出，我们一派确实得到过55军的支持，特别孙凤章军长，曾明确表态过支持我们。所以，在我们的心里一直保持着一种感恩的情感。在我们处于生死存亡的关头，我们也曾幻想过55军能主持正义，振臂一呼，拔刀相助，挽救我们于屠刀之下，我们这些刀下余生的人，定当舍命相随。但是胳臂拗不过大腿，区区一军之长，又岂能"蚍蜉撼树"扭转得了政治形势。

我们以尊崇的态度向那军官询问起孙军长之后的遭遇时，他心情沉重地说道："我们55军因支左犯了错误后，被调到韶关去了，孙军长也被调离了！"至于孙军长最后的境况如何，他或是不便言说，或是真的不知就里。但看得出，他在与我们的交谈中，表现出了对自己部队首长的尊敬和惋惜，和对我们的同情和无奈。他对我们的态度，给了我心中一丝人性的温暖和安慰。这一点也算是我这次长沙之行的精神收获吧。所以在返程的一路上，我们的心情是舒畅的。

我们与那军官告别后，登上回柳州的列车，第二天上午列车在兴安车站停车，上来一位与我们年龄相仿的女青年，见我们旁边空着座位，就以桂林腔很礼貌地问我们可以让她坐下吗？我们见她穿戴洁净整齐，容貌端庄，线条分明；只见她面带笑容，且不失稳重。我们便也礼貌热情的招呼她道："坐吧！"由于彼此的彬彬有礼，相互印象不错，待她坐下后，就很自然的相互攀谈起来。我们经过一个晚上的夜间行车，正从半睡半醒，迷迷糊糊中醒来，难免感到旅途的寂寞，乍在身边坐下一个开朗健谈、印象不错的异性旅伴，就像是注射了一针兴奋剂一样来了精神，于是睡意顿消，精神为之振奋。在彼此询问从哪里来、到哪里去之后，便天南地北的神侃起来，彼此话也投机，聊的内容也就越来越宽。在一问一答间，看得出她还是很诚恳坦白的没有编造之嫌。其实所谓的诚实坦白，那只是她对于我们而言，而我们，特别是我，当然不可能对她坦白我的身世现状，又不想拂逆她的诚意，只能采取尽量回避的顾左右而言他的把话题引开。

我有意地把她的问题引向建陆，由建陆来与她应付。建陆平时话语率直很少幽默，在这种话语投机的情境下，却也显得话锋犀利，滔滔不绝，应对得当。在谈兴正浓时，列车快到永福站，是她该下车的地方了，彼此都感到心中忽然间生出一丝依依不舍。只见她已在开始收拾行李，这时建陆却以一种似是调侃又是认真的表情，且略带腼腆地对她说："干脆一起到柳州去玩一下再回来吧？"我不无惊讶于他哪来的这般勇气，并拭目以待于她应变和处置的能力。只见她面带红晕的从容应道："对不起！这次没有时间也没有思想准备，如果你们能把你们的地址留给我，有机会去柳州的话，我一定去拜访你们！"真令人钦佩的应变能力，这无异于她对我们的内心表白，认可了我们这萍水相逢的朋友。

面对她的要求我们受宠若惊，我让建陆给她留了地址、姓名，因为建六还可以给她真实的姓名和可以通信的地址,而我则已经连真实姓名都不敢对她讲的,刚才她问到我们的姓名时,建陆是讲了真姓名的,而我则以名为姓地告诉她我姓"文",名字却略之不说。无巧不成书,当我看到她留给建陆的地址姓名后,她居然姓"文",竟是与我同"姓"了,怪不得刚才她听说我姓"文"时,却笑而不言,也不直接告诉我们她姓什么,这其中居然存在着巧合。在她心中的巧合是与我的同姓,而我觉得巧合的则是我编的假姓竟与她的真姓相同。

她从车上下到站台上,她没有直接出站,而是回头面向车窗里的我们,不无依恋的一再向我们告别,直到看着我们的列车渐离渐远,建陆更是真情毕露的把头伸出窗外,频频摇手示意。

回到柳州之后,我鼓励建陆按她的地址给她写了一封信,不知建陆的信怎么写的,据说她也给建陆回了信,内容如何建陆没有对我讲,只说她在信中让建陆代她向我问好:"代我向小文问好!"。她是真的把当成是姓文的了。

这是我和同过生死,共过患难的老朋友唯一的一次共同旅游的一段轶事,也是我流浪生活中的一个小小的插曲。在寂寞的旅途中,这是我几年来难得体念到的人性的本真。我试图从苦涩的人生中去寻求些许精神的慰藉。为了体悟空虚的情感需求,我却不得不将真实的自我,包裹于人为编织的外衣之中,去获取自欺欺人的精神"愉悦",自觉悲苦满怀。

第四十五章　贵阳收容所

一

从长沙回来后，和建陆只能又各自西东。而我却又要为下一步的路如何走而陷入渺茫，只有又到劳动路阿荣他妹妹家寻问阿孝的下落。见到阿孝，他说听朋友讲，贵阳的红片糖黑市价可以卖二元多一斤，我们想办法搞一批红片糖去贵阳试试，顺便探探有其他什么门路可走。

当时柳州一带郊区都种有甘蔗，生产队到收甘蔗时都用土办法榨糖，熬糖时还可以用糖泡熬酒。所以到生产队的榨坊买糖，每斤就七到九角钱，一般不会超过一元一斤。于是我们亲自到静兰村一带的生产队的榨坊，以九角钱一斤的价格，买了一百四十斤，每人负责七十斤，各用一个行李包和一个纸箱装好，装包时还要做好伪装，以防进站上车时被市管会的人查获。

当时在汽车站、火车站、航运站，都有市管会的检查站，专门对进站上车或下车出站的旅客行李进行检查。在旅途中的车上，也有随车的市管会检查人员或乘警，随时对可疑物品进行检查。一经查出携带的是农副土特产品，就会连人带物一起扣押，到市管会处理。好在做这种土特产品的倒买倒卖比倒卖粮票的罪名轻，只没收东西，人就放了。

我们两人各提着一个行李包，一个纸盒箱，不敢提前进站候车，等到开始检票进站上车时，才混进检票的旅客队伍中，且要等到旅客快检完票时进站，避免在候车室里待的时间过长，会被市管人员或站务员来盘问和检查行李。因为火车站有规定，旅客携带上车的物品不得超过20公斤，只要被站务员怀疑你的行李超重，就会受到盘问和检查，只要被检查出是违禁的物品，投机倒把的罪名就摆不脱了。所以在进站检票时，为了不让在检票口的检查员产生怀疑，两个人必须分开走，提着或背着行李还要尽可能表现得轻松自如。上车后也不能坐在一处，以免在车上行李摆在一处会引起怀疑，出事时就全军覆没。一路上提心吊胆的，好在这趟列车从柳州出站后不久就进入夜间行车，第二天下午一点多就到贵阳。

到站下车出站又是一道难过的关，在每一个车站的出站口都有检查站，检查车票，检查行李超重，检查违禁品。当时贵阳的副食品供应比柳州紧张得多，从贵阳到柳州的每一趟列车的乘务员都从柳州带东西。或是自己食用，或是帮朋友、亲戚带，或是乘机带回来在熟人朋友中倒卖赚点外快。所以市管会对这趟列车特别注意。但是，乘务员出车带东西回来也已经是公开的秘密，有些市管部门的人员也有托他们帮带的，所以他们对乘务员也就睁只眼闭只眼，且车站有专供乘务员进出的专用通道，可以规避检查。

我们下车时看到车站戴红袖章的市管员在站台上来回梭巡，气氛颇为紧张，我们在情急之下，发现了乘务员的这一动向，灵机一动就混在乘务员中，跟着他们从专用通道中出站。也有不少与我们类似情况的，听他们说话，都是本市人，且大概都是与乘务员有一定关系的人员，都以这种方式出站。我们混在其中，大概由于乘务员之间彼此心照不宣，都认为是对方的朋友，也就无人过问了。

我们混出站后，就找个人力车直奔市中心的小十字而去，到杂货店花几块钱买了一杆称，在小十字附近，阿孝在巷子里拐角处看着东西，我就一个人提着一包糖，摆卖起来，我们只卖2元一斤，没多久就卖光了一个行李包的糖。还有人等着买，我又去提来一包，不久也卖光了。我正想再去拿来，却有一个阿姨好心地提醒我说："你不要老是在一个地方卖了，待会市管的人来上班了，会出事的"。我想想倒也是，像我这样在大街边就大明摆白的搞起了黑市买卖，市管会是不可能不管的，刚才可能是因为他们下班回家吃饭，让我平安无事的卖了两包，如果再在这里卖，可能真的会出事。我以感激的心情向那位好心的阿姨表示谢意。我们决定换个地方，按那个阿姨的指点，提着东西沿着小十字到上面的老东门一带去卖。

我们在当天就卖完了一百四十斤糖，算了一笔账，除去成本和车票及其他费用，还能赚五六十元，心里挺高兴的。我们正收拾东西准备去找地方住一个晚上，却有一个和阿孝一般年纪，自称姓汪的青年人，来和我们搭讪，问我们是哪里来的，并说他一直在不远处看着我们做生意，还不错，但就是这生意太笨重了，一次也拿不了多少，除去费用，赚的就不多了，而且很容易出事。他听说我们是广西的，就说，你们老广还是很会做生意的，而且也有蛮多东西可以拿到贵阳来赚钱。他还说，柳州我去过，我见过你们那里的商店里有宝塔糖（小儿驱蛔药）摆着卖，贵阳这里是没有卖的，黑市里有卖，一颗就卖一角多，你们那里卖二三分钱一颗，一颗可以赚一角左右，带一千颗才十来斤，就比你们搞这种红糖轻松多了。我们听他这么一说，觉得确实是好生意，就说这生意是可以做，但我们没有销路。他说你们只管拿来，我帮你们找朋友销。

我们和他一拍即合，庆幸找到了一条好的生意路子，算是这一次来贵阳的最大收获，我们高兴不已。他还好心地邀我们到他在中山西路一带的菜市场路的家里，招待我们在他家里住了一晚上，他家里就他们俩兄弟。他嘱咐我们下次来时，就住到他家里。

第二天下午两点多，我们乘上404次列车于次日回到柳州。这次来回就四天时间。

二

回到柳州后，我们就着手积极的采购宝塔糖。宝塔糖在柳州都是当作小儿驱蛔药卖的，几乎在街头巷尾的小食杂店都有卖。那时没有水果糖卖，农村人走亲戚，就把它当成水果糖一样，作为给小孩的见面礼。但是农村供销社有规定一次只能买几颗，城市里就没有那么严格，所以我们还能分开到一个商店一次买一包（一包装一百颗），买得两三包就拿回阿建家里放，再出去买。

两天时间，我们把柳南一带所有的小商店都买遍了，我们各人才买了十五包。但是这两天总拿着东西频繁的进出阿建家，已经引起街道上的怀疑，好在阿建他家成分好，他妈与街坊邻居关系也好，就有人向他妈提醒说，有街委会的人怀疑阿建那些朋友是不是偷东西的。阿建就告诫我们，不能再这样继续往家里搬东西了，以免出事。我们也基本上买够了，又正好遇着阿孝的朋友阿荣从拉堡来，就赶忙地收拾东西离开阿建家，跟阿荣一起拿到他妹妹在柳北的劳动路家里，他妹夫家是菜农，是军属，不容易被怀疑。

这次阿荣出来找阿孝，是阿孝家里托他来的，叫阿孝回家一趟，所以这次阿孝不能去贵阳了，就由阿荣跟我一起去。

我和阿荣一路顺风地到了贵阳，如约到菜市场路的小汪家落脚。本想这一次能顺顺利利的做成这桩生意，但却不曾想到，这一次竟然是一次灾难之旅。

小汪一家是从贵阳被疏散下农村落户的，两兄弟受不了农村的苦，就跑回贵阳来，当时叫倒流城市。平时也找不到什么生活的出路，就瞎混日子，其实他所讲的宝塔糖的生意也只是偶尔见到有人在做，他根本就没有什么路子，也不懂行情，当他拿着我们带来的宝塔糖出去找人推销时，也是去瞎闯乱问的，结果却闯到了便衣市管员的手里，被抓了起来，追问起东西的来源，经不起"坦白从宽，抗拒从严"的一吓，就带着市管会的人回到家里来，把我们连人带物的一起带到市管会。

我和阿荣两个人到市管会里被分开一审，就什么也瞒不住了，就只能一五一十地说了。搜身时，从我的身上搜出了一张证明，由于事先和阿荣也没有沟通，为了不至于把阿荣牵进来，也只能承认是假的，且全部都揽在我自己身上，承认是我自己伪造的。伪造公章就不只是投机倒把的事了，而是政治问题了。于是当天就把我们俩人交到派出所，把材料整理好，又由派出所立即转送到了太慈桥的收容所里去。

收容所里人满为患，什么人都有，有文革武斗期间遗留下来的带有政治问题的，有从单位送来的现行政治嫌疑待查人员；有投机倒把份子；有小偷扒手；有流氓斗殴、卖淫嫖娼的；还有下乡插队倒流城市查户口时被抓来的；有从农村出来的盲流等等形形色色的人员。有男男女女、老老少少，大多数都是衣衫褴褛，邋邋遢遢，面容憔悴。只有极少刚进来的，略显衣着整洁有点儿人样的。这些人来自全国各地、四面八方。

我进收容所这已不是第一次了，在文革武斗逃难时，就辗转进出过许多地方的收容所，对收容所的生活有过经历有过见识，当初决定离家出来流浪时，也曾有过要进收容所的思想准备，所以就比较容易的适应这种生活，很快就在里面认识结交一些志趣相投的朋友。如家在贵阳本市中山路的小吴，在这些熙熙攘攘的、身份杂陈的人中，显得仪表庄重、卓尔不群。我们刚进去时的穿着和仪表，自然比原来在里面的人们显得干净整齐，显得与众不同，所以许多人都抱着一种新奇的心理来接近我们，围着我们问长问短，他却只在一旁不惊不喜的冷眼旁观。他看着我们与周围众多的人应对如流，并无惊慌失措和消沉沮丧之态，便在心中渐生好感，在我们应对完围观而好奇的人们之后，并主动的向他投去友善的示意时，他也向我们报以和善的回应，并热情邀请我们坐到他的旁边，和我们攀谈起来。在攀谈中我们都相互作了一些自我的介绍，从而知道他是因为一些话语和文字上的莫须有的政治罪名而被单位送进来的，他将面临被单位开除的后果。而我向他介绍的只能是我们这一次被抓进来的原因，至于我的身世和经历，那是我的最大的隐私，是绝不向人透漏半点真情的。这一点，成为我愧对所有贵阳的曾经给过我许许多多帮助的朋友的心结。

我认识了小吴，事实上也就算是打开了我之后几年，在贵阳获得的生存空间之门。之后，在我从收容所出来，重返贵阳时，他也已从收容所释放回家，我按着收容所里他留给的地址，找到他家，他热情接待了我，并介绍我认识了很多他的原来的朋友。他的那些朋友都是有单位的人，他们都曾经给过我许多无私的帮助，特别是赵永祥、赵永清两弟兄，被我当作终身的朋友，但是至今他们却并不知道我真实的身份和经历。其实他们也能从我的谈吐行止中猜出几分的，他们只是因为我没有主动向他们吐露，为了不至于让我尴尬而一直没有向我询问。

这次贵阳的落难，不曾想到竟然成为我能在贵阳浪迹了几年，度过我一生中自认为如黎明前般黑暗而渺茫的岁月，并且是在这个城市里迎来了重生的曙光，见证了"四人帮"垮台时的群情振奋和欢欣鼓舞。在这座城市里，我经历了许许多多的人生的酸甜苦辣，也深刻体会了人性的善良和美好，体会了人世间刻骨铭心的友情和爱情。

在收容所里，我还认识了有几乎相同命运的，从贵州思南县出来流浪的小邝，还有上海的小俞。小俞的朋友是在贵州插队落户的知青，他和朋友一起从上海来玩，顺便带一些全国粮票到贵阳来卖，以图赚点路费钱，也是因为没有门道而落入圈套被抓进来的，所以也就志趣相投，有了共同的语言，并且也希冀于今后如有机会，能在生意上有所合作。之后，和小俞的关系一直保持了许多年，直到改革开放以后，始终也没有机会合作，但是彼此间却结下相知相识的友情。之后多次差旅途经上海时，都能相约而重聚述谈。这些都是以后的事了。

三

我们在贵阳收容所里待了近一个月，被遣送回柳州。自一九六八年武斗逃亡时，在宁夏银川被抓进收容所，那是第一次进的收容所。从宁夏银川押送回来的一路上，经过河南三门峡收容所，作短暂停留，那是我进的第二个收容所；到湖北武汉收容所关了几天，那是第三个收容所；从武汉回到柳州后，进到柳州八中收容所，就已经是第四个收容所了。这一次进贵阳收容所就是第五次进收容所了。从贵阳回到柳州收容所只待了不到一天，当天下午就被送回柳江县收容所。柳江县收容所是我进的第六个收容所。所长"刘胡子"倒是个好人，从来也没有对我吹胡子瞪眼的为难过我。所里的工作人员中，一个很受所长器重的，姓覃的复员军人，从我的档案材料中知道我的情况，曾对我抱以同情，并特别地对我客气和照顾。后来不知何故，他竟也落泊成为流浪者。后来他用单车从农村贩鸡到柳州卖，我在柳州谷埠街见到他时，还曾如故人重逢似的，惺惺相惜，相述甚欢。他表示愿意跟我一起闯，我对他的境遇深表同情和惋惜，但我自身难保，随时都处在危机之中，我不忍心让他来和我承受这种无期无望的风险。

回到县收容所里不久，因为所有的事都由我一个人担承了，阿荣没有什么严重的罪名值得追究的，就放他回了家。他家就在离收容所不到一里路的思贤村里。他回家后还带了一餐好饭菜来看我。我自己心中在思忖着，伪造公章不是小罪名，可能不会多久，就要转到监狱里或者劳改农场，就是不知要判多少年了，我已经做好了这方面的思想准备，也就无所顾虑的在收容所里安心等着。不到一个月，所里一个姓韦的民兵来把门打开，叫我捡好东西，出到院子里，叫我跪下，就用一根麻绳把我绑了，背着一杆枪押着我就走，我问他要去哪里？他故作严肃的虎着脸说，到了你就知道了。我心中猜着可能是转到看守所去了，但他却叫我往汽车站走去，一直到上了往三都去的班车，我才意识到要把我送回公社去。

在车上我一路思忖着：我这次所犯的罪名，可算非同寻常，没有给我判刑劳改，却把我往家里送，这是我始料未及的。然而，我又不禁转念一想，我没有理由这么幸运的，轻易地就这样不受责罚的逃过这一关。即使就这样把我放回家，对我来说，也并不是什么好事。这样一来，我就不得不又要回到我原来所千方百计要逃避的，那个充满着辛酸苦难的家。又要回到那个令人难以承受的，非人的生存环境中。或许会给我戴上个"四类分子"帽子，整天面对着的将是非人的歧视，将又要承受着一级一级的"群众专政"的严酷管制，以及吃了上顿没有下顿的饥饿和贫穷。那样的生活将更是暗无天日的，倒还不如判刑劳改，在农场里还有个制度、法律，还有定量的口粮伙食，面对着的都是相同命运、身份和处境的人，没有相互的歧视和嘲笑。

然而事情发展的传奇性，却更是让我料想不到。回到公社后，在公社里等着大队的人来领，然而，等了两个钟头，大队的人却迟迟没有来，最后公社就把我仍然交由送我回来的民兵，押着我到车站等车回县里。

等在公社里的这段时间里，我没有见到蜗居在家，已经两年多不见的困苦年迈的老父老母，我思念他们，但我又极力地不想让他们知道我出了事，免得他们着急担心。所以我在县收容所时就一直没有托人带消息给他们。我回到公社,他们也不得而知,所以,也就没有人给我送饭。从早上至今,我滴水未沾,饥肠辘辘,在车站等车时,我的身上一直都绑着绳子,面对着过往的生人或熟人们的迷惑的眼光,我的感觉是麻木的,无所谓什么羞耻和畏惧。

回到收容所时,正好赶上开饭,收容所里的规矩是,进出收容所的人犯,如果错过开饭的时间,就只得挨饿,要等到下一餐才能有饭吃。我在心中庆幸自己运气不错,总算能赶上一顿晚餐,尽管那一罐不到四两米的蒸饭,下到肚子里几乎是没有什么感觉,总也可以缓解胃内空空如也的灼热劲儿。

回到收容所里,忐忑的心反而平静下来,原来所担心的不堪结局,终于得以避免,至于其他结果就都不是那么可怕了。那天晚上睡了一个出事以来所没有过的好觉。

第二天上午,所长来把我叫到他的办公室,把我为什么又回到收容所来的原因告诉了我,并责备我为什么之前不把我出去上门的情况交代清楚。他说,你已经把户口转出去了,原籍就没有了你的户口,人家当然就可以不认你了。我在心中庆幸我当时把户口转出来的决定是多么的高明、正确。

所长找我谈话后,对如何处理我的问题不置可否,最后只是说,你就这样在这里先待着吧。我的心中又泛着不安,我担心我原来所在的大队会突然改变主意,同意重新接收我,那将是我新的灾难的开始,我之前的所有努力将前功尽弃,我宁可在这收容所里长期待着。

我又在收容所里待了近一个月,像我这样没有户口的情况,收容所从来也没有遇到过,他们曾试图说服我原来的户口所在地重新接纳我。但是,我原来所在的大队拒不接纳,按当时的户籍管理制度规定,他们拒绝接纳我的理由很充分。再则,他们认为我没有了户口,就是对我最好的惩罚。确实如此,在当时的户籍管理制度下,我没有了户口,就没有合法的身份,就是真正的黑人黑户,甚至没有权利回自己原来的家。他们有理由在任何地方,把我当流窜犯抓起来,还是要送到收容所去。总之,没有户口,就丧失了做人的所有权利,尽管这些"权利"也无所谓权利,但至少有个合法的日出而作,日落而息之地，并且还有一份尽管维持不了温饱的口粮和布票，以及还有可以争取得到人性本能所需的婚姻。而我就此什么都没有了。

收容所在无所适从的情况下，不愿意长期的关着我，而且也没这份口粮长期养着我，就只好在快到一九七三年元旦时放了我，说是由我自己出去处理我自己的问题。

在贵阳的不慎而被收容，几经牢狱磨难，几度辗转周折，收容所最后也不了了之的竟把我给放了出来。对于我来说，这段经历，这样的结局岂不正合了"塞翁失马"的典故？尽管今后的人生道路极其渺茫，但我却获得了相对的自由，这样的自由正是我梦寐以求的。我原来还担心在柳州来去时碰着家乡的民兵之类的人，会被抓回去，这样一来反倒没有了这份顾忌和担忧，柳州便成了我没有家的家乡。

第四十六章 "非洲村"的朋友们

一

从收容所出来后，我只有又漫无目的的浪迹柳州街头。接下来的是如何寻找生活的出路，母亲常说的"人不死、粮不断"，成为我生存的信念和勇气的源泉。不久，就不期而遇的见到从家里出来做副业工的建七和阿亮，他们正在柳城马山粮所搞建筑，我就随他们一起去马山做工，做了不到一个月，工钱迟迟得不到，且还停工待料，他们就只好决定干脆先回家过年后再来。我无家可归，只想回柳州试图寻找新的门路。在流山车站上了404次列车，无巧不成书，万万没有想到，却在车上遇到了二哥和敏强，简直喜出望外，说不出的高兴。

二哥他们前几天各人搞了几十斤糖泡酒到贵阳卖，这是刚从贵阳回来。我和阿孝、小何从贵州黎平离开后，由于我们的出现，给当地人产生了不少的猜测，影响了他们在当地的生活，逼得他们几经辗转，换了几个地方，结果因为工作不稳定，本来工钱又低，半年多也没挣到什么钱，仅够维持生存而已。原来企望在那些偏远闭塞的原始山林中，找个不太讲究的女子结婚，就地上门落户，终老在远离政治喧嚣的深山老林之中。然而，他们的这种近乎幼稚、一厢情愿的想法，被当时无处不在的阶级斗争风潮吹得烟消云散，不得不又回到柳州来另谋出路。他在柳州遇着已经在柳城上门了的敏强，正好也以做副业为由，从柳城回到柳州，他们从柳州做生意的朋友那里得知，柳州三毛钱一斤的糖泡酒，拿到贵阳可以卖一块二、三一斤。

二哥他们听了我讲述的这段时间的落魄经历后，叫我也不要再找什么工做了，就和他们一起搞糖泡酒到贵阳卖算了。

做酒生意的本钱我都没有，都是他们出的本钱，好在本钱不多，就几个人合伙着做，以黄姐家作为我们进出和谋划的落脚点。

黄姐家就在大桥头上游的蔡家码头，濒临柳江河岸边的一间低矮狭窄得像鸽子笼似的，用煤碴砖砌筑成的小瓦房里。她比我们大不了多少，她是从柳城农村嫁来柳州市的，已经有了一个女儿一个儿子。她和孩子都没有户口，所以也就没有口粮，更没有工作。原来靠她老公一个人的工资，养着一家子的黑人黑户。她老公被街道抽上来当纠察队员。当时的纠察队什么都管，管穿牛仔裤，管留长发的，管讨饭的，管小偷扒手，管市场。投机倒把就是他们管理的主要事务，因为抓投机倒把有钱有物，所以他们最积极于市场的管理。因为搞投机倒把的人，每当碰到带着"纠察队"袖章的人来，就都忙乱地丢下东西就跑。留下的东西就给"纠察队""没收"了。黄姐她老公参与了一次抓倒卖粮票的行动，这次行动是有人向他们举报的，他就找来两个和他"夹得来的"纠察队员，突然出现在交易现场抓个正着。他们正忙着清点从投机倒把分子身上搜出来的粮票，"不小心"让当事人给趁机溜了，他们就私分了那几百斤粮票。后来因为被当事人匿名检举，判了三年劳教，工作、前途也全毁了。眼下还正在农场服刑，留下她娘仨更是无计为生，她就只好靠她老公的朋友指点的生意路子，做点黑市生意谋生。所以她在柳州的黑市生意行内，还算是熟行熟路的。这酒的生意就是她带的路。

到了柳州后，我与二哥、敏强和黄姐，就一起筹备着往贵阳倒卖酒的生意。我们到商店里买了塑料布，给人压制成袋子，袋子只留一个小口，装了酒后，把口子扎紧，然后放在大行李包里，或者装在纸盒箱里，伪装起来逃避上车下车的检查。每一袋可以装 20 斤到 40 斤，每个人可以带 60 斤到 80 斤。

这次倒卖酒的生意，不像我们原来来贵阳瞎闯，而是有现成挂好钩的路子，进站上车时有铁路的朋友帮忙送上车，到贵阳下车时有人来接车。下车后就住到来接车的朋友家里，东西就由那朋友负责帮销。一次能赚几十元钱，一个月能跑几趟，顺利的也有 200 多元的收入。搞这行尽管很辛苦并随时都有风险，但我还是感到从来没有过的满足。

以前做宝塔糖生意时，是因为在贵阳没有找到真正合作做生意的朋友，所以就出事了。这一次因为有生意上的朋友，生意就很顺利。而且通过朋友的引领，又结识了更多生意上的朋友，对贵阳的黑市生意有了更深的了解，门道也就越走越宽。

二

贵阳原来下放农村的人很多，大多都受不了农村的贫苦生活而返城，当时就叫倒流城市。这些人在城市里生活无着，靠做"野马工"，或做黑市生意为生。

黑市生意的门道很多。在那买什么都凭票的年代里，他们就转手倒卖各种票证：如粮票、油票、肉票、豆腐票、烟票、酒票、副食品票等等，种类繁多的这样证那样票。甚至于电影票都有通过内部关系倒出来，然后拿到街头转卖，同样可以赚钱。倒卖票证的罪名大些，这类买卖相对的要"地下"些。而各种粮食及副食品如大米、玉米、花生、黄豆、花生油、豆油、菜籽油、猪油、猪肉、糖、酒、烟等等，这些东西都是要上市摆卖的物品，但也都属于投机倒把行为，也是要被工商市管部门取缔的。轻则驱赶、没收，重的要被收容审查。较为老实怕事的人家，怕担大的罪名，就找些小生意做。如摆个辣鸡面摊子，汤圆摊子，或者烤豆腐（贵阳人叫豆腐锅）摊子等等一些小食摊。烤豆腐卖是罪名最小的生意，最多也就是被没收了事。但是烤豆腐本钱最少，被没收了损失也不大，所以做的人就多。每到晚上，只需要在街头巷尾摆个破旧搪瓷脸盆，盛满燃着阴火的木糠，火上摆上一块网眼铁皮烤板，把腌制过的豆腐块搁在上面熏烤，在旁边摆上几张小凳子，就算是做起了生意。进入傍晚，这样的摊子，在贵阳市的大街小巷边几乎随处可见。在一些相对偏僻的小街小巷边，甚至于白天夜晚 24 小时都有摆卖的。因此，对烤豆腐生意的管理，被工商市管部门当作维护市场秩序的重点工作来抓。烤豆腐摊子也就经常地被工商市管人员来驱赶、取缔、没收。特别是到了晚上生意高潮的时候，卖烤豆腐的人被工商市管人员撵得四窜奔逃的场景就经常发生。那场面就像电影中鬼子进村的场面一样，成为人们相互取笑和恶作剧的题材：有时当人们生意做得正红火，吃的人也正吃得兴犹未尽，还在急不可耐地等着豆腐出炉的时候，有点爱恶作剧的人忽然大叫一声"鬼子来啦！"（市管员一来就意味着要抢东西抓人）这样冷不丁一声喊，通常会吓得做生意的人措手不及，胡乱端起冒着烟的炉子，忙乱地向附近的巷子里跑。那场面乱哄哄，烟腾腾的一片狼藉。等到回头看却不是那么回事，就又端起炉子回来摆起，重新做起生意。弄得做生意的人少做了多少生意，甚至于弄得有些该收的钱都顾不上收了。但最终只要不是真的"鬼子来了"，不被驱赶，不被没收，还能继续做生意，大家也就知道只是一场善意的玩笑，也就乐得一场开心，最后也就哭笑不得的骂声"缺德鬼"了事。

那些倒流城市的人的生活状态大都如此。他们唯一注重的是如何填饱肚子。至于他们居住的状况，就更是没有条件过多讲究了。下农村前在城里的住房都给公家收了，他们就在城市周边的山上，或城中的街头巷尾，能占的空地上，用城中堆积如山的黑污肮脏的垃圾泥，夯筑成低矮的土坎泥墙，用乱七八糟的塑料片、油毡片、破蓬布片、纸箱壳子、烂毯子，随意捡些可以代替桁条的木柴棒子，撑起一蓬蓬勉强可以遮风挡雨的，连农村的猪圈牛栏都不如的低矮杂乱的窝棚，他们却称之为"屋"。在这些"屋"里，用木条柴棒、板皮等材料搭成各式各样的，能供一家人躺下睡觉的床。有些人多屋小的人家，"床"上躺不下，就轮流着一部分人白天睡，一部分人晚上睡。或者在地上随便铺上些，能避湿水寒气的杂七杂八的东西，一家人也不分个男女老少，横七竖八地躺在一地的歇困解乏。每一家的屋中间都安顿着个铁铸的煤炉，冬天可以围着炉子取暖，同时可以做饭。这种生活状况的人，在全国各大小城市里的旮旮旯旯，尤其在城乡接合部，形成了一处处独具时代特色的"非洲村"，成为黑人黑户的聚居地。

贵阳的"非洲村"随处都有，主要分布在大南门、次南门、老东门、东山丫口、威清门；头桥、二桥、三桥一带的山脚路边；以及罗汉营，花果园，太慈桥等地，较为集中成片，可以称之为"村"。而这些村里的人，全都是没有户口，没有工作的黑人黑户，冲着这"黑"

字，所以也就叫作"非洲村"了。而最具规模的，要数地处市中心地带的，河滨公园的南明河沿岸两边的河堤上。还有市西河两岸的河堤上，以及灌城河桥上。其中又以灌城河桥上的"非洲村"因毗邻于闹市中心的喷水池，把"非洲村"的生存状态，具有代表性的展示在城市中心。成为那个年代贵阳市貌的真实写照。

灌城河原来是一条穿城而过的小河，由于城市垃圾的污染堆积，变成了排污沟。河面上用混凝土浇筑成平整的桥面，将河道覆盖在城市下面，使原来的明河变成了暗河。在"非洲村"形成之前，这是一条城市通道。这里的"非洲村"是从1972年起才开始逐步形成的。"非洲村"几乎占去了桥面的全部，仅留有一米不到的西侧作为行人通道。

灌城河上的"非洲村"，与喷水池旁的百货商店背后的下正街毗邻，同一个出口进出喷水池。小赵一家就住在下正街。后来通过张哥认识的周妈一家，就住在灌城河上的"非洲村"口。在贵阳的流浪生涯中，下正街小赵家是我最初可以落脚投宿的地方。而灌城河上"非洲村"的周妈家，则是我每次从柳州到贵阳都必进出的地方。在这里所消磨的时光里，是中国政治风云变幻莫测的阶段，我是在这里迎来了我命运的转折，迎来人生的希望。所以这里也曾留下我人生中一段抹不掉的生活印记。

三

在贵阳流浪的日子里，我的足迹几乎遍及贵阳市所有的"非洲村"。可以说，我的生存有赖于"非洲村"的存在。有"非洲村"的存在，就催生了城市中的黑市交易。由于中国当时的物资严重匮乏，黑市交易就禁而不止。也由此给"非洲村"的人有了生存的空间。"非洲村"的人一般是以家庭为单位。而我则是孑然一身，连"非洲村"的"村民资格"都不够的流浪汉。

"非洲村"在当时中国的几乎每一座城市都存在。广西的柳州、南宁、桂林的"非洲村"也都基本一样，只是各地"非洲村"的棚屋有些大同小异，所用的材料各有不同而已。柳州人善于砌筑，就自制些泥砖或者捡些随处可见的石块，或者烧过板结的煤饼，用些烂泥浆砌筑起来，与贵阳的"非洲村"相比，柳州这些棚屋较正规工整些，屋面的材料则都差不多，都是油毡片，纸箱片，蓬布片儿。

"非洲村"的主流成员，是与我上下一般年纪的，符合上山下乡年龄的一代青年人。但"非洲村"的年轻人们，一般也都自称为"知青"。因为"知青"是个御赐名号，多少带一点可以称道的光荣成分。上山下乡的"知青"是戴着大红花，被革命委员会敲锣打鼓欢送下乡的。而"非洲村"的年轻人们都是因为家庭的政治原因，被全家遣送下乡劳动改造的。有的甚至是被武装押送下去的。他们大多都是因为父母长辈在政治上的灰暗，而全家被撵到农村落户。到了农村后，生活上的贫苦和劳作的艰辛让他们无法承受，再加政治上也得不到如"知青"们所享受的尊重和照顾，迫使他们千方百计逃离。他们有的全家倒流回城市里来。也有些家庭是老的因为有政治污点，害怕政治迫害而留在农村，年轻人则不顾一切地流浪进城。和倒流城市的上山下乡知青不同的是，知青返城至少还算有家可归，有父母兄弟姐妹亲人可以投靠。而他们则是扶老携幼，拖儿带女，无家可归，无亲可投。

"非洲村"里那些上了年纪的父辈们，因为生活的局促而外表委琐，但在他们当中却是藏龙卧虎，什么人才都有。他们大多都是因为历史上的原因：有土改时划成分的原因；有在反右时被打成右派的原因；或是文革及历次运动中失势的。他们大多都有着不凡的但又不便言说的经历。本着"好死不如赖活"的信念，就都回到城市里来赖着。为了养家糊口，他们忍受着心中的苦楚，干着别人不愿干的活。从他们的言谈中，也不时透漏出他们胸怀的非凡才学和远见卓识。也不难看出他们曾经有过的辉煌历史。在他们当中，不乏曾经是某些部门的书记、主任等党政领导级人物；也有的曾经是控管一方治安的公安局、科、所等带长字号的人物；有的也曾经是活跃在文艺舞台上，红极一时的星字号艺术家；更为常见的一部分人，则曾经是为人师表的老师等等。这一类人物，大体上都是因为在原来的体制内，在历次运动中的相互倾轧，或被人蓄意陷害而失意落魄。在当时那意识形态下的生存环境中，对沦为带"黑"类的贱民，最严厉的惩罚就是驱赶下放到农村去，并说成是把他们交贫下中农再教育和管制，把农民的身份给抬高一级，安抚一下本来就生活在底层的农民，以免让农民产生不满，认为什么污秽烂货都推到农村和农民一起，把农民不当人待。

他们一旦被赶到农村后，就被撤销了城市户口，断了他们的退路，让他们去受尽世态炎凉和生活的煎熬。于是就有人起而抗争，以申诉鸣冤，要求平反等等理由返回城里，等待处理。他们心中坚信：世间事，物极必反，像他们这样非人的生活状态，全国不只贵阳一域，终究会反过来的。但是到底要挨多久，他们心中也觉渺茫，所以也就抱着过一天算一天的念头，苦苦挣扎地挨着。

四

我最先认识的"非洲村"的朋友小敏一家，住在老东门的文昌阁下的老城墙脚。她父亲原来就是当地派出所的所长，划为右派后被开除党籍、公职，当了搬运工。文革时被举家下放晴隆县老家。她兄妹众多，上有两个哥哥，下有四个妹妹。一家人回城后，在老东门城墙脚下占了块地盘，挨着城墙搭了一间窝棚隔为两半，男眷在外，女眷在内，除了所谓的床，所剩的空地仅可容得下睡觉时脱下的几双鞋子。冬天就在外间床前摆着个煤炉，既可煮饭又可取暖。热天就把炉子搬到"屋"外煮饭。

小敏父亲及两个哥哥靠帮人修屋建房为谋生手段，她母亲则专捡垃圾卖，三个妹妹还小，靠她父亲走后门找老关系，还在学校读着书，她与大妹则是下乡贩些猪肉来市里卖。我是通过张哥认识的小敏，并进而成为她们家的常客。

张哥则是纯粹的流浪汉，独身一人，在贵阳市连个"非洲村"的家都没有，吃百家住百家，都是靠朋友生存。因为他力气大手脚勤快，什么脏活累活都肯帮人做，所到之处尚受欢迎。再加上他嘴码好，说话也幽默，他到了哪家逢着吃饭的，人家也都诚心的叫他一起吃。他往往也就顺水推舟的调侃道："我就算着你们这个时候吃饭才赶来的。"主人家就边笑着说："你还真是能掐会算"边给他递过来一副碗筷，接着主人家递过来的碗，自己就盛上饭吃起来，边吃还边讲些笑话，惹得大家喷饭。"张三疯"的诨名他便是由此而得。我跟着张哥所到之处，因为主人家爱屋及乌，我也就受到了同样的欢迎，加上张哥又介绍说：小文是柳州的"老广"。再加上我在人前说话总是有分寸，表现还算彬彬有礼，也就不怎么讨人嫌，就都把我视为朋友了。"非洲村"的朋友大多都是通过张哥认识的，至于如何认识的张哥，反倒模糊了。

　　因为贵阳和柳州间有一趟往返的火车，所以，贵阳人，特别是经常跑生意的贵阳人，对柳州还是很有感情的，也乐于与柳州人打交道。

　　小敏的父亲是受过教育的，算是有文化教养的人，在他的熏陶下的子女，还都知书识礼，谈吐不凡。由于我给他们的印象还不错，我和小敏的交往也没有被她父母兄长反对。虽然是一般的关系，但毕竟我是个不知底细的远乡人，如果没有起码的信任，家里人也是不会放心的。由于她家人的信任，我曾经带着她回到柳州，帮她在市场买了几十斤肥猪肉，带回贵阳卖，虽然赚钱不多，但她能平安地来回，也算做成一笔生意，使她家里人对我更是另眼相看。

　　小敏把我称之为"文哥"，和她认识两年后，她结婚了。但她没有忘记帮"文哥"找一个"马子"的承诺，她曾经给我介绍了一个女朋友，因为我自身无法具备成家的最基本的条件，但又不便跟她说明，只得编个理由慢慢疏远了。我感激小敏的热心，也感激那女子的痴情。我渴望爱，但我没有条件享有这份爱情，所以我只能自欺欺人的忍受着心中的痛苦，主动地拒绝。

　　在贵阳流浪的日子里，我还结识了不少的朋友，有男有女，男的如小赵弟兄，还有小江，小覃等等。他们都是有工作有单位的工薪阶层的人。他们给我的帮助纯粹是出于同情，不是同道人。我担心因为我的缘故而给他们造成不应有的麻烦，所以在不到不得已的情况下，尽量地避免叨扰他们，怕一旦遇着不测，影响了他们的前程。

　　至于我视为同道中人的张哥，以及张哥的一帮朋友们，我觉着他们大多也是背景复杂,过从太密,难免相互间多有猜测,互相提防,弄不好会生出些不应有的是非。东山丫口上的何老二也是张哥带去认识的朋友,他是做些倒卖香烟、票证等小生意的,年轻单纯,我在贵阳一时间找不到合适落脚之处,到他家里去,倒是个极安全可靠的临时去处。有时一天转来转去,直到夜深时,却找不到一个可以投宿过夜的去处,就从老东门的东山脚下沿着山边的路,上到东山丫口上的何老二家喊门借宿。他从来都没有将我拒之门外。所以我每次从柳州去时,方便的就给他带一些小礼物作为见面礼,维持着一般的朋友关系。

在贵阳众多的朋友当中,绝大多数都有着"非洲村"的家庭背景。相比之下,我经常交往合作的朋友当中,倒是以女性居多,基本上都是通过张哥与她们认识的。在和这些朋友们的相处中,由于都具有被社会抛弃的命运和境遇,彼此间存在着许多共同语言,且都有着共同的志趣,那就是追求生存和做人的权利。因此,彼此间也就少了许多相互的提防和鄙视,多一些理解和互助。特别是在与女性朋友的交往与合作中,更感觉到一种受到信赖的满足,从而获得些许男人的自尊。但是,由于自己深藏于心底里的,只有自己才感受到的,因为身世悲凉的酸楚,和对爱的自卑情结,无不时时萦绕于心头。在众多的异性朋友当中,不管是容貌和素质,哪一个都足以令我心动和向往,但我都把这种念头当作是一种奢求,而扼杀在自己的潜意识中,不敢有半点表露。

提到与之有深交的贵阳朋友当中,绝大多数是异性朋友这一点,很容易让人误认为我是一个多情少年、浪荡君子。人们很难理解,我之所以喜欢选择女性朋友合作共事,这其中原因,首先是出于我的生存策略的考虑。在那些年头,由于以阶级斗争为纲的政治桎梏,政治警惕性无不强制性的存在于人们的思想意识中,所到之处,人们无不以阶级斗争的眼光彼此相互审视着,一个人在相同的时间或相同的地点出现的次数多一点,就会让人对他的行迹产生怀疑。在男人和女人之间,男人与男人成群结队,容易受到怀疑,特别是留着大包头,穿着牛仔裤的年轻人。相对而言,女人受的怀疑就少些,因为在人们的思想意识里,女人的胆子要小些。同时,当一个男青年与一个女青年结伴来往,就容易让人认为是"刷马子"的恋爱关系,给周围的人少一点猜测和怀疑,也就相对安全些。

　　在贵阳众多的女性朋友中,几乎都属于"非洲村"人。如东门外摆个汤圆摊子的小吴妹;老东门文昌阁下的小敏姐妹;曾经和我一起,共同从贵阳倒卖永久牌自行车到柳州卖的,家住市西路的黄二妹、邱老二等等,都曾和我有过生意上的合作,也都曾与我结伴远行过,关系都很融洽,彼此信任。还有灌城河上的小婵,就更不是一般的关系了。与她们相处的生活既浪漫,又充满着风险,都是值得我永远怀念的。

第四十七章　爱的权利

一

在我还没有从事"黑市"生意之前，去贵定昌明做"野马"工时，我曾经在从都匀到昌明的班车上，萍水相逢结识了一个贵州三都县城关镇上的女青年。在都匀上车时，因为我们的车票座号紧挨着，就与她并肩坐在同一张座椅上。由于旅途中的寂寞，且彼此给对方的第一印象都不错，就自然而然地相互攀谈起来，话语也投机。她从三都县到惠水县探亲，昌明是这趟车子的中途站点，在车子快到昌明时，我们都相互给对方留下了通信地址。那些年头，彼此间愿意给对方留下通信地址，也就不言而喻，都有着心照不宣的用意，就是希望彼此间的关系有进一步发展。然而，我因为没有地址可留，只好把阿荣的妹夫，阿源家的地址留给了她。车到中途的昌明，我就下车了，她继续到惠水去。

我虽然从开始时就是以一种玩世不恭的态度与她应付着，无非是想排解一下旅途中的寂寞。但在交谈中，由于她大方的举止、得体的谈吐，却也真的给了我不少的好感。分手时，不免流露出些许的不舍，心中不免嫌这车子跑的快了。她更是真情流露的，半个身子伸出车窗外，频频向我摇手道别，眼中噙着泪珠，我似曾听出她道别声中的哽咽。此情此景，可谓一见钟情，难舍难分。就此一别后的一段时间里，我的心中不免萦绕着对她的思念之情。半个月后，我从贵州回到柳州时，竟然在阿源家收到了她的来信。在她来信中有许多"钦佩""爱慕""期盼"等等缠绵之词，让我空虚而自卑的心灵，从她的信中感受到了一丝丝精神的抚慰和自尊。以我当时的身份处境，能得到一个自己真心仰慕的女子的真情表露，就不禁受宠若惊，沾沾自喜起来。出于对她的真心爱恋，我便与她几番鸿雁往还，但是在她后来的信中越来越多地表露出想进一步增进了解的意思，但又不便直白的提问，而是旁敲侧击的试探着我的身世背景，这是我最为忌讳和害怕接触的问题，对于她来说，这却是最基本的要求，我无法满足她的要求，但我又不忍心编造谎言骗她，我只能故意的顾左右而言他的答非所问。

我把心中的为难，告诉阿孝，想听听他的主意。阿孝理解我的心情，他对我说："以我们目前这种处境，是不可能拥有真正爱情的。你和她的萍水相逢，从开始就存在隐瞒和欺骗。爱必须是建立在相互的了解之上，当她真正了解了你的身世背景时，你还能相信她会如她信中所表露的那份爱慕缠绵吗？这种年代没有纯粹的爱，在'政治第一'氛围下的所谓爱，无不是建立在政治光环包裹下的婚姻交易。我劝你不必为此认真，权且当作过眼烟云、逢场作戏罢了。"听了阿孝一番论述后，我静下心来一想，不正是如此吗？我与她书信往来用的是柳州市朋友的地址。一个家庭地址，可以证明一个人的身份等级。我与她通信的地址（我没有告诉她这是朋友的家庭地址）无疑让她误认为我是个柳州城市人。当时那个年代，农村人和城市人的身份等级是不可同日而语的，她对我的所有爱慕缠绵，也许就是冲着这个地址来的。即使我现在是个五官残缺，疾病缠身的人，她都可能会言不由衷的向我表示着爱恋之情的。我这样的假设，可能亵渎了她对我的一片真心。但是毋庸置疑，当她真正了解了我的真实身份背景后，她即使对我这个人有多么的心仪，最终的选择还将是忍痛割爱，来结束我们这不可能有结果的爱情。

我只好无奈的决定，和她了结这不会有结果的感情。我针对她的来信中对我表露的"我多么向往着，能和你成双成对，像小鸟一样自由自在的飞翔。"我便顺着她的想象，给她回了一封信，在给她的最后的一封信中，我不忍直白地告诉她，我是一个被社会歧视的"政治贱民"。我只能以含糊其词而隐晦的语言，用诗的表达形式，向她表露了我的真实处境。我在信中把我自己比喻成一只孤单飘零的小鸟，我无家可归，无依无靠。

我在诗中委婉地告诉她，我的生活不是她想象的那么美好，在我的周围危机四伏，随时都有可能被风暴击打得粉身碎骨。最后，我言不由衷的告诉她："既然命运让我们相逢，甜言蜜语将会变得虚伪，只有我对你的一见钟情却是真实的，我没有骗你。但我们的这份感情注定没有结果，你忘了我吧，为了你的幸福。"信寄出去后，我的心轻松了许多。之后，我不得而知她收到这封信后的感想，我再也没有收到她的信，她是否还给我来过信，我也不得而知，因为自那以后，我就再也没有到过阿荣家里。

　　一个长期漂流在外的流浪者，萍水相逢而滋生爱恋的机会很多，假若我能有一个正常人的身份，我的爱情生活也许会是富于传奇而美好的。然而，我却没有爱的权利，更没有被爱的资格，我只能让许多美好的爱情故事，从悲剧开始，以悲剧为结局，让我抱恨终身。

　　在结束了那一段本来不应当发生的故事后，情爱对于我更觉得空洞和渺茫，我对待情爱的态度就更为玩世不恭而破罐破摔。我不再有爱情的憧憬，我刻意地禁锢着自己青春的冲动。但是，每当一个个与我年岁相当的窈窕淑女，出现在我的面前时，又总会情不自禁地撩起我对爱的欲望。特别是当我遇到那些命运和遭遇与自己存在着共通之处的女青年时，就会觉得她们比我更为不幸，就会油然而产生同病相怜的同情感，想为她们提供一些帮助，同时也想能从中得到对方的理解和同情，企望从相互同情中去享受人性的温暖。

　　我得到过许多的同情，但我无法从中感受到温暖，反而让我感受到一种沉重和自责，那是因为我自己感觉到这些同情是我以欺骗得来的。在那个时代，那样的政治氛围下的社会中，我始终不得不深深的隐藏着真实的自我，对任何人都不会彻底吐露自己的真实身份和遭遇，甚至于自己的喜怒哀乐，都是那样的虚假和做作。由于自己不受现实社会所容而感到孤独，由于害怕孤独，怕一旦透露了自己的真实身份，将会让自己变得更为孤独、无助。为此，让我自己觉得自己就像一个"特务"、一个"间谍"一样，总要生活在阴暗当中，自己总是不得不时时刻刻在演着戏，在扮演着一个个自己不愿意，但为了生存又不得不扮演的角色。我总是以自己所扮演的角色和人交往，以自己所扮演的角色去追求生活,去追求爱情。所以,最终我得到的也只有悲剧般的结局。

二

在一次和思学从贵阳回柳州的列车上,我们遇到了一位逃票的女知青,我用巧妙的办法,帮她逃过了那一次查票后,她就以一种感激的心理,把我们当作了知己。

她是在龙里站上的车,当时我和思学两人各占着一个双人的座位,相对坐在靠窗的位子上,那时乘车的人不多,车里不算拥挤,长途的旅客都想占个位子晚上好睡觉,所以一般的人来问,我们总是说有人坐。她上车后,来到我们旁边,面带微笑,很有礼貌地向我们问坐,听到她那一口颇为标准流利的,极具电台播音员般清朗的普通话,我们俩都不约而同地转过头来,当我们的眼光从车窗外转回来向着她时,不禁眼睛为之一亮:只见她那轮廓清晰,线条柔美,肤色虽不算白皙,但却找不出半点瑕疵的脸庞上,那如悬胆般圆润的鼻子,在鸡蛋形的脸盘上占着恰到好处的位置,不上不下,不偏不倚;线条清晰的人中下,不厚不薄的唇间,微微露出一排整齐洁白的皓齿;线条明显的双眼皮下自然灵动的一泓明眸,不加任何修饰的含着微笑;她穿着打扮虽不华丽但却整洁得体,肩挎一只人造革背包,左臂微弯把扶着挎包背带,右手提着一个当时少有的,里面装着杂志类书刊的塑料物品袋,亭亭玉立在我们的旁边,竟然使我们两人都不免失态的,争相招呼她在自己身旁的空位上坐下。她道了声谢后,轻轻坐在了我的左对面思学身边的空位上。

由于彼此相互都有好感,她坐下后,我们也从开始时的失态中恢复了应有的庄重,努力将自己调节到"斯文人"所应当具有的风度,采用富于文化涵养的语言与她攀谈起来。我用那个时代少有的幽默,似直白却又含蓄地,刻意咬文嚼字的,用不太流利的普通话对她说:"对不起,请原谅我们刚才的失态。"掩饰了自己之前不经意间表露出的轻浮,进而表达了对她的尊重。我自认为这样的表白,既不失坦率又显出自己的庄重和礼貌，不至于让对方感觉受到轻薄而有损其自尊。从交谈中得知，她是家在贵州龙里县城的广西平南人，因要下乡插队，与她哥哥俩兄妹就要求回到老家平南城关插队，相对于被赶到举目无亲的贵州偏远农村插队要好得多。这次回龙里家中探亲已近半年，因接到哥哥的来信说，平南县最近有一批招工指标，她们兄妹已被初步拟定提名，叫她赶回平南等待分配。我们在谈话中赞赏她的普通话，她说由于受父母各自乡音的熏陶，在学校时特别注重语言修养，所以曾得到学校的青睐和器重，当过学校"毛泽东思想广播站"的播音员。

彼此心思相同，我们想从交谈中了解她的身世，她当然也对我们的身世欲知一二，虽然出于女子的矜持，没有直白的提问，也还是不免在话中涉及。我们出于自我保护意识，每当在与人交谈时，都会处处设防，小心应对，极力回避一些自己不便言说的话题，终于没有回避得了时，我便也就不得不各自编造一套"简历"应付于人。对她自然也是如此。

我对她说，我在贵阳某某厂工作，这次也是回柳州联系调动，争取调回老家来。由于对柳州和贵阳还都较了解，在编造这方面的谎话时，倒也不易找出漏洞，况且她凭着我们并没有脸谱化的"坏人"标识的外表，她也就信而不疑了。

在这种场合，我和思学两个人的个性有所不同，思学总是表现稳重有余，极力避免"话多必失"，而我却往往表现得相对活跃风趣，所以也就多占了点风头，引来了多一点注意。

由于有了话语投机，话题也就越扯越远，内容也就更多样，越谈越来兴趣，不知不觉间，列车已经进入夜间行车。

列车进入夜间行车，都要依例进行查票，一则要查堵无票乘车，二则是列车乘务员和乘警要掌握夜间在沿途站点下车的乘客情况，但是最主要的是查无票乘车的人。那时无票乘车的现象相当普遍和严重，虽然当时票价很便宜，从柳州到贵阳全票才是九元钱，但沿途小站上车的人大部分都不买票，因为太穷，钱难弄，就都抱着侥幸心理，能逃过查票就能省得几角一块的也能解决一点油盐粮米的生活问题，特别是那时的上山下乡知青回家、返队已经成为常态，没有钱就只好逃票或坐霸王车了，逃得了就逃，逃不了被抓住了就耍赖，乘务员也拿他们没有办法，只好半路赶他们下车。他们在这个车厢下车，就跑到另一个车厢上车，上不了车就待到下一趟车或爬货车走。

　　在相互交谈中，我们得知她姓吴。和小吴正聊得兴起，没有留意隔壁车厢已在查票，突然间一大帮的乘务员、乘警出现在车厢一头喊着："旅客们，请不要走动，开始查票了。"听到乘务员这一声喊，我们因为有票，且经历过的也多，也就司空见惯，心理上已经适应了，就没当一回事，但是此时，只见小吴却为之一惊，现出了一脸的尴尬和惊惶，但还是不忘了礼貌地对我们说一声"我到前面去一下"，就起身向车厢的另一头走去。当时列车查票都采用从车厢的一头开始，把没有票的都赶到另一头去，最后关起门来补票。她是向着没有乘务员的一头去的，我们当时就明白过来：她在龙里上车时是没有买票的。但是我们没有因此而对她有所鄙视，反而更觉得她值得同情和帮助。我当时就产生了要帮她一把的念头，我准备了两个方案帮她，一是我们两个人有两张车票，待乘务员查过我们这里后，我一个人带上两张车票，到前面给她把票送过去，帮她逃票，这样帮了她，也不用付出什么代价；二是如果第一个方案行不通，就出钱帮她补一张票，但是不敢说她一定能接受。当我尾随她过去时，乘务员没有拦我，我把票送到她手中，她尴尬地向我笑笑就接受了，我就先回到座位上来，她不久通过了查票后也回到原来座位来，红着脸不好意思地向我表示了谢意。经过这么一件事情，我们与她更进一步增加了理解，更是无所不谈，特别是有关知青生活的奇闻趣事。只见她比之前更显得开朗大方和健谈，整个晚上毫无睡意。

　　事先我们讲好了，到柳州时她随我们一起下车出站。中午时车到柳州终点站，我们带着她往鹅山道口出站，然后一起回到"老同妈"家，我们招待她吃过午饭后，安排她休息，我为她准备好了到贵县的车票，吃过晚饭后，七点多我就送她上了往湛江去的列车，一直在站台上等到列车开动。我在站台上，她在车门口的窗户边上，频频挥手道着再见，尽管彼此都没有听到对方的声音，却都依依不舍的待着让列车把彼此的距离越拉越远，一直到消逝在视线中，我还悻悻地站在那灯火通明的、经过一阵子喧嚣忙碌过后，显得空荡而沉寂的站台上，望着那列车远去的方向发呆。直到站台上预报列车讯息的广播声响起，我才如梦初醒，满怀着失落地回到"老同妈"家。

她的身材容貌，是我遇到过的同龄女子中，算得上是出类拔萃的无可挑剔。她的一颦一笑，都给我留下了深深的印象。送走她的那一个晚上，我躺在床上一夜没睡，满脑子都是她的形象，我不切实际地幻想与她相伴一生，与她共同演绎爱情的传奇、浪漫和美满。然而，正当我想入非非、思绪联翩时，自己悲凉的身世，凄惨的处境，非人的身份又油然而跃现在脑际，犹如一瓢冰冷的水当头泼下，浇醒了我，把我之前所有的美好梦幻都无情地撕扯成七零八落的碎片，把我从忘我的虚幻境地扯回到残酷的现实当中，我从心底里泛起了自贱、自辱的"癞蛤蟆想吃天鹅肉"的自嘲。

三

通过一番痛苦的思想斗争，我终于没有抵挡住对她的向往和追求，抱着万一的侥幸心理，陷入了对她的深深的爱恋之中不能自拔，我决定以我对她编造的身份向她展开追求，明知不可能有结果，但求从中得到些许精神上的自我安慰，尝试一下小说中的爱情故事的幸福和浪漫，企望弥补自己在世为人的些许缺憾。

我拿起了笔，当她还在回家的途中，我给她寄出了第一封信。在信中，字里行间真情毕露，竟至到了忘我的境地。

我很快就收到她的回信，以及随信寄来的她的一张半身相片。我手拿着相片左右端详，犹如她就在我的身旁向我深情的微笑，我爱不释手，恋恋不舍地将相片放到我的钱夹中。我的这个钱夹里平常只是存放些少得可怜的钱币和粮票，甚至于经常的空空如也而一文不名。因为有了这张相片而变得珍贵。我贴身珍藏着，她随我走南闯北，她成为我寂寞旅途中的精神安慰。

我深深地陷入了对她的爱恋当中，我对她的爱是真实的，但是我知道，尽管她在给我的信中也同样的充满着热情似火的爱恋之词，因为她所知道的是我虚构的身份，对我的爱也只能算是虚幻的，就如现代网络上的模拟爱情游戏一样，我只是以玩游戏来填补我对爱情的空虚和绝望，我就像患上了"网络爱情游戏瘾"不能自拔，但她却不明就里。在长达快两年的书信往来中，我从这一段自欺欺人的情感中，自认为感受到了爱的甜蜜，每当我漂泊在寂寞难耐的旅途中，掏出贴身珍藏的她的照片，自我陶醉的端详的时候，总是让我感受到了无比的慰藉和满足。这张照片随身陪伴着我，到南宁、到桂林、到贵阳、到长沙、到温州、到上海，到处流浪。每到一个新的地方，我都给她发去一封信，向她表达我的思念之情，以让她和我分享我的寂寞或我苦中的乐趣，以此来与她维持着没有网络的"网络虚拟爱情"。

　　这虚拟的"爱情"为我自己制造了烦恼，也造成了对她的伤害。由于我对她的虚拟的爱从而发展到了真正的爱，使我意识到我对她的伤害。良知促使我毅然决定和她尽快结束这段"虚拟爱情"的游戏。为此我感到释怀，同时也为我这似是多情却无情的，对感情的玩世不恭，在心中留下了终身的遗恨。我悔恨我伤害了那些曾经爱过我，尽管她们爱的是虚拟的"我"，但我却真正爱过的人。

　　美好的爱情离我并不遥远，但却像水中月镜中花一般，让我可望而不可即。我的爱与被爱的权利都被无情的政治剥夺了。在我的青春记忆中，命运总是在无情的捉弄我？让一幕幕爱情的悲剧在演绎着我的人生。

第四十八章　同是天涯沦落人

一

一九七四年中秋节前，由于已有相当长的一段时间找不到可以做的事，没有收入，我的生活已是相当窘迫，连一天两顿火车站五分钱的馒头都维持不了了。白天就在外面挨着，有时一天就只吃了一个馒头，晚上回到二姐家，遇着她们吃饭时，就厚着脸皮，接过二姐递过来的碗，舀着锅里本来不会有多余的那点饭，强作笑脸的吃起来，如果是她们已经吃过饭，二姐问时，也就只好说是已经在外面吃了。生活的窘迫，使我的思想又一度陷入了极度的空虚、渺茫和绝望之中。

我在绝望中挣扎，在挣扎中又一次找到了新的希望。尽管这希望就像落水的人，在挣扎中抓到一根稻草一样的无济于事：有朋友跟我说，浙江温州一带的西药如"庆大霉素""卡那霉素"注射液等西药很紧缺，当地卫生所都以高价从黑市采购。另外，那里的人有钱，结婚都讲究要有锦缎被面，所以那里的锦缎被面也很紧缺。我凭着这么一条口传闲话的信息，就决定去闯一下，试图找到一条能走出眼下这困境的路子。

那时，相对于中国其他省份，浙江省，特别是号称侨乡的温州地区的人的观念是比较前卫的，用自制的补鞋机到处游街串巷补鞋的、在街头巷尾摆起炉子摇起米花机爆米花的、扛着弹棉花的弓吆喝翻新棉胎的。押运着一箱箱饲养的蜜蜂，为寻找蜜源而走南闯北的温州人，在全国各地随处可见。由于他们什么都敢做、都会做，他们拿着公社和县乡镇企业办开的证明走遍全国。他们名为乡镇企业，其实都在千方百计往自己的荷包揽钱。他们有钱了什么都敢做：他们的医院、卫生所敢于从黑市采购药品，这是当时其他地方所无法想象的行为。近些年来，他们那里原来因为穷而讨不起老婆的人，有了钱，都敢于用钱从外地买女人回去做老婆。在社会主义的中国，在其他地方想都不敢想的买卖婚姻的现象，但是在温州，早就已经成为一种公开的现实。

据告诉我这个信息的朋友说，他认识的这个浙江朋友是个到处走的养蜂人，他家是在温州近郊温溪县的外洋公社，这个公社就在到温州的瓯江渡口一侧。并把那个温州人的家庭地址给了我，说是若到温州有什么事，可以到外洋找他家里人帮忙。

我没有本钱，我把这个消息告诉姐夫，姐夫看我几近走投无路，而且觉得这事可以做，就给我凑了240元钱做本。那些药品在药店里都是可以买得到的，除了留有足够到温州的路费，其余的钱就买进了药品还有六床锦缎被面，东西不算太多，用一个手提包和一个背包就可以装得下。

二

我就凭着一个没有具体联系人的地址，没有买卖对象的情况下，只身盲目的就闯到温州去。那时温州到金华没有铁路，从柳州乘火车到金华，再转汽车到温州。从金华到温州的汽车不多，要提前几天才能买到温州的车票，这一点我原来没有估计到。我在金华下了火车，到汽车站一看，只有几天以后到温州的车票，我身上的钱很难维持在金华几天的食宿，我只好买了当天到丽水的车票，丽水在金华与温州之间，先赶到丽水住一个晚上，争取明天从丽水赶到温州。

当天下午到了丽水，直接买了第二天上午到温溪的车票后，到车站附近的旅社登记住下。我自认为带这么一点东西，不至于引起市管和公安的注意，也就不太在意周围的气氛。没想到，当我从街上吃了晚饭回到旅社时，旅社的人就带着市管会的人来查我的房，并翻检了我的行李，发现了我所带的药品和锦缎被面，就把我带到市管会讯问，查看了我的探亲证明，我说是帮亲戚带的东西。他们说药品是医疗卫生部门专营的物资，就给我开了张扣没单，把药品都扣下了。并且说我的被面带多了属于投机倒把行为,给亲戚带只能带二三床,就只把三床被面给了我,让我回了旅社。

这一下,使得我又几乎陷入绝境,好在我已经买好到温州的车票,整个晚上我无法安眠,我不得不思忖着如何应对这样的境况,唯一的办法就是硬着头皮继续赶到温州去,按地址找到那个朋友家里,托他家里人帮忙,把这几床被面卖了作路费回柳州。

我到温溪下车后,打听了到外洋的路径,按地址找到了那个村子,和那个未谋过面的朋友的家。他母亲告诉我,他还在外地没有回来,她是个老妇人,也难帮得了我,为此我感到茫然失措,不知如何是好。当我把我的处境对她讲了以后,她知道了我是从广西柳州来的,就想起了嫁到她们村上的两个柳州媳妇来,于是把我带到一个叫小凤的家里。

小凤姓覃,她家是拉堡附近村上的,这样讲起来和小凤就算是乡里乡亲了。小凤人长得不错,不是因为在家乡嫁不落才远嫁到这里来的,而是因为家庭成分不好,想嫁的嫁不了,不想嫁的又总是在乘人之危,虎视眈眈的威逼。为了逃避苦难、逃避歧视,维护自己做人的一点尊严,宁可自己卖了自己,让到柳江养蜂的温州人,把自己"介绍"到这里来嫁了。这里虽然远离家乡,难免思乡之苦,但这里的风俗习惯却是对妇女有着特别的优抚,这里的媳妇不用担那份出外辛劳的心,只需在家打理些家务事,就算尽了本分,就可以在家中享着老公的福。比嫁在家乡与男人一样分担"半边天"的那种艰辛和贫穷,却没有做女人的权利和尊严,相对要体面些。至少在这里不用再受白眼和鄙视。

在这举目无亲的陌生的外乡,意外的遇到一个家乡人,让我有了一个可以投靠的地方,真让我喜出望外的高兴,我感慨"天无绝人之路"。

小凤嫁到这里几年了还没回过家,突然一个老乡从天而降,犹如他乡遇故知般的分外高兴,虽然我们本来从未认识过,但从熟悉的乡音中也可以感受到乡里乡亲的情谊。她还把另一个老乡小彭找了来,共述乡情。小彭家在柳州市河北,母亲是饮食店的,她是被分配到象州插队的知青。为了逃避遥遥无期的知青农民的艰辛生活，也就跟着在象州一带弹棉花的老公嫁到这里来了。我们都如他乡遇故知般的，越聊越投机。她们两人的老公在外谋生，这时都不在家，由于小彭的夫家较宽敞些，她们就安排我住到小彭家里。她们跟我说，这邻村还有一个张姐是我们柳州地区象州县人。并说，明天带我一起到张姐家玩。

  第二天，小凤和小彭领着我到了相隔不到三里的邻村张姐家。张姐是象州县寺村公社人，和二姐的年纪相当。张姐在家时结过婚，也是因为娘家成分不好，常受到夫家的歧视和虐待，婚姻生活很不如意，加上又在文革时沾上"反韦"派的边，在家里就更是无立锥之地了，且当时的象州是柳州地区出了名的穷县，生活的艰辛可想而知。在绝望中，她就横下心来，别家抛子的离家出走，在朋友的"介绍"下，也远嫁到了温州来。她丈夫姓王，是个很开朗大方的人，张姐把我的遭遇告诉他后，他从当地的世故风俗考虑，觉得我住在小凤和小彭家有诸多不便，就诚恳地邀请我住到他家里来，我感激而欣然地接受他的邀请。

  张姐家是个殷实之家，有几间宽大而洁净的二层楼房，许多房间是空着的。她们没有孩子，家里只有两个侄女——她丈夫的弟弟的女儿小春、小秋。小秋还在上初中，小春已高中毕业待在家中，由于她父母都在县政府机关工作，据说她也即将要分配到县里的工商局工作。她们两姊妹都长得很漂亮且与她们的伯父一样性格开朗大方。我在她们家住的几天里，除了一日三餐外，其他时间就是在房里聊天吹牛。

  小春也喜欢跟着张姐来陪我聊天。小春在和我聊天中觉得我对世事人情知道的还蛮广泛，和她有不少可以聊得来的共同语言，她也就把我当成她们家的亲戚一样，一点也不认生，有空时就常来与我聊些时事，或者中国各地的山水风光，世俗人情。也免不了聊些小说杂志里的文章故事。那时可以看的小说不多，说着说着，小春就把话题扯到了当时流行的手抄本来，她还把她自己亲手抄写在笔记本中的《塔里的女人》拿来给我看。她抄写的极认真，那娟秀而一丝不苟的字体，字里行间很难找出错漏之处，让我看起来不觉得费神，就像看正版书一样舒服。书中的内容激起了我的兴趣，我爱不释手地利用住在那里的几天时间里，一口气的看完了整本书。我觉得那书中不过是描述了一个女人的命运和爱情的不幸，并没有什么与现实社会格格不入的地方，竟至于被当成毒草而不能再版不准阅读，只能以手抄的形式在民间私下里流传。

在和张姐她们的闲聊中，她们不免地问到我的身世家庭情况，我也就只能编些似是而非的来应付她们的提问：我说我也是上山下乡的知青，农村太苦了就跑回来，柳州已没有家，是住在姐姐家里。她们知道像我这种情况极为正常，也就没有什么可怀疑的。她们问到我是否已经成家，我便以无可奈何的表情说，没有户口、没有口粮，家都没有，哪个会嫁给我？不过说了之后，为了显示自己的一点自尊，便又不无得意的，把珍藏在身上，装有小吴的相片的钱夹拿出来给她们看，颇有些炫耀之意。相片虽然已经有点发黄，但还是可以让人不难看出相片中人的俊俏，她们看了相片，包括小春在内，都一致夸赞小吴长得漂亮。小春还说："可见你多么的深爱着她，都把她随身带着了。"我笑笑没有否认。

三

在张姐家住的几天里，无巧不成书，她家里又来了一个不速之客。来客是个与我同龄的湖北女子，身材匀称，模样周正，典型的湖北女子鹅蛋形的白里透红的脸庞，大眼睛，性格爽朗、泼辣，一口湖北腔的普通话，好听易懂。是张姐的丈夫把她领来家的。听她诉说：她家在襄樊一带农村，家里成分不好，不愿嫁在当地，经人介绍说温州这里生活好，但是有很多男人都没有老婆，这里也不论什么成分，说是像她这样的人才，到这里可以随便挑个称心如意的人嫁，生活比她们家乡那里舒适多了。她就拿那个温州人给的地址，自己找到这里来，结果地址上的人却是个快四十岁的男人，且模样猥琐，与她自己心目中所想象的相去甚远，她实在接受不了，但那男家见她年轻漂亮，就舍不得放她走，说是已经给了钱给那介绍她来的人，若是她一定要走，就得还了那钱才能给她走。她身在异乡举目无亲，哪来的几千元钱还给人家？她坚决不从，也就把事情闹出来了，事情传到了张姐丈夫耳里，他就出面把那女子领了回来，因为他在当地还颇有些名气威望，当地人还不敢不给面子，那男家也不好拦着，再者他也给那男家打了保票，说是负责还了那家的钱，所以那家人也就做了顺水人情依了他。他回来对我们说：那男家给了谁多少钱，是真给还是假给，那不重要，这里的习惯是那介绍你来的人总是要得好处的，只要你到了这里，这个不成还有别个，只要不让你离开这带地方，总会有一个是你可以看中的人，谈成了的男方家也乐意拿出这个介绍费来的，这么漂亮一个姑娘，在这一带还愁找不到一个她接受得了的人家？再者，她一个姑娘在这里举目无亲，再经过被人这么一逼，她的条件也就会相应地降低一点，成功的可能也就会更大一点，最终只要成功了，这个钱也就会有人愿出了。我们也都觉得有道理，包括那湖北女子也觉心服口服，她本来就是为逃避原来的生存环境而来到这里的，也不是专门来挑什么如意郎君，没有条件挑三拣四，只要稍稍过得去，也就会屈意应承了。于是她也就安心在这里住下了，等待着这王大哥为她张罗，帮她物色对象。

由于有小春的手抄本看，不知不觉间在张姐家已经住了四天时间，书看完了，小凤和小彭也帮我把那几床锦缎被面换成了钱，加上张姐家里又来了个湖北妹，她丈夫都在忙着湖北妹的事，总有些人进进出出的有事商量，并且看得出他们都要刻意的回避着我，我觉得我在这里，好像对他们有诸多的不便，我也就识相地主动向张姐她们提出明天要走了。张姐客气地说，明天都是中秋节了，过完节再走吧。其实我心中也盘算好了的，正因为明天是一年一度的中秋团圆佳节，是家人团聚的节日，她们的家人可能也要回家团聚，而我一个不沾亲不带故，萍水相逢的人在人家中，会影响了人家节日的气氛，所以我也就决定要走。她们见我去意已定，也就不再勉强。

要离开这里了，难免对在这里认识的同乡姐妹们怀着一种感激和依恋之情，感慨在这人生地不熟的异乡，竟然能不期而遇到这么多的命运相同的姐妹，这似乎是上天的怜悯，不至于让我陷于绝望，也不免让我在面对着这些同是天涯沦落人的姐妹们时，油然而生出同病相怜的感触。我为她们能与自己的不幸命运抗争而欣慰，同时又想到，自己当初不也是企图以她们这种方式来与命运抗争的吗？然而，是不是因为自己是个男儿身而致所有努力终成泡影，至今仍浪迹、漂泊而深感悲哀。

四

第二天一早，我向她们辞行，到温溪乘上到温州的汽车，在瓯江轮渡过江，上午就到了温州市里。由于身上的钱合计下来，刚好够回柳州的路费，再则心情也不好，没有心思去游览温州的街道市容、风景名胜，就直奔车站而去，但是车站里到金华的车票已经卖到三天以后的了，我不觉心情沉重起来，我身上这点钱怎么能维持得了这么多天在温州的食宿呢？莫非我真的要流落街头？我得想办法走，我想到了温州还有到上海的海轮航班，于是我立即赶往航运码头一问，当天下午 4 点正好有一班航班开往上海十六铺码头，明天上午到，且还有船票，船票价是 17 元钱，再算算身上的钱还够从上海到柳州的火车票，就买了一张三等舱的客票。离开船还有四个多小时，且一大早从张姐家出来，还来不及吃什么东西，这时已感到腹中空空的饥饿感觉，就到码头附近街上转转，见只有一家饮食店里有人排着队吃米粉，我也就凑上去，掏出粮票和钱，排队买票，排队等粉吃。那粉就是温州制造的米粉机榨制的米粉，那粉汤不过是白开水加盐，连一点油味酱味都没有，毫无味道可言，仅作暂时充饥，坚持到上船后，船上会有不要粮票的饭可以吃的。

吃了粉后，无所事事，反正还没到上船的时间，趁闲着无聊，就随意向附近的街道逛去，只见街上行人稀落，市面萧条，商店里空荡荡的门可罗雀，自觉兴致索然，也就无心再逛下去了，只好返回客运码头等船。等几个小时的船，觉得很难挨，总是坐立不安的，见码头不远处有卖武耍杂技的，就凑过去，看一个哑巴练吞刀。只见他手中一把一尺多长闪亮的双刃剑，用手指一弹铮铮作响，竟自被他吞没到剑柄，好像是真功夫。不管他是真功夫还是假功夫，这样的年头，这样的街头卖艺居然还可以在温州的街头出现，却也难得，就当消磨时间吧。

终于等到开始检票登船，就急不可待地上了船，到舱内铺位上躺着。第一次坐海轮，没有体验过，躺在舱内，开始时机器还没有发动，就没有什么明显的感觉，等到机器发动后发出的轰鸣声，就增加了舱内的沉闷感，加上这时饥饿的感觉又随之袭来，立即就倍感头昏、胸闷、恶心，难受极了，我想我不是那些娇生惯养的人那么容易晕船的，只是因为肚子饿了一天才出现这种现象的，就强忍着跑到船上的餐厅里找东西吃，但服务员说到开船后才有饭吃，但餐厅服务部有饼干卖，我买了一盒饼干回到舱里狼吞虎咽地吃了，才觉着不再恶心，但是仍然觉得舱内的空气太沉闷，加上机器的震动和轰鸣声，仍然让人感到昏昏沉沉的难受，于是我跑到后舱的甲板上透了透气，才感觉好受些。

我倚在船舷边的栏杆上，朝轮船周边江面上扫望了一圈。这客船就停靠在瓯江口的温州湾内，船头向着东海，船的右侧靠着瓯江南岸的温州客运码头，沿着江南岸就是温州市区，只看到沿岸陈旧的建筑物中，有中式的也有西式的各种建筑风格的楼房相互毗邻，在船上看不到这个城市的繁华和生气。船的左侧是宽宽的江面，再往船后江心看去，就是温州的江心公园所在的江心孤屿，由于对温州本来就极为陌生，再加上这第一次的温州之行就折戟沉沙，几乎落得沦落街头，心情已是郁郁不乐，哪里还有心思游览山水，只能以忧郁的眼神朝那个方向匆匆一扫而过，过后也就没有留下什么印象了。记得当时只有一些各式各样的，并非游船的小木船在江心孤屿与江岸间的江面上来往。客运码头的前方江面与越远越宽阔的温州湾海面连接着，瓯江的江水在这里平静地汇入东海，分不清哪是江水哪是海水。我沿着船的右舷，手扶着栏杆走到船头的甲板上，朝着船的正前方海面举目远眺，只看见迷茫的海面连着湛蓝色的天，分不清哪是海面哪是天空，只感觉到无边无际的广阔。有了脚下轮船的存在，在这海阔天宽的茫茫空间，我感受到了自己的存在，也感受到了自己的渺小。

在客船周边的不远处，零散的停泊着外表锈黑色的大货轮，不时从不同的方向传来沉闷而短促的呜、呜的汽笛声和机器的轰鸣声，不见卸货也不是准备启航，好像只是在那里摆设着向人们宣示着它的存在。

我只身子立船头，觉得无聊，于是我又沿着左舷走到船尾的甲板上，回头多看了几眼温州市区，想尽可能在心中留下这个城市的一点印象。

这时，已是到了开船的时间，船员们正在忙着做启航的准备工作。不一会，突然感觉到脚下船身剧烈的颤动了几下，紧接着就从船尾涌起了滚滚的白色浪花，船缓缓地极其费力的启动了，与码头渐离渐远，待船调整了航向，速度也就越来越快地向着那海天一色的东海方向驶去，在船尾拖下一溜长长的白沫。

一只白色的海鸥贴着海面忽上忽下的翻飞，不即不离的追逐着船尾那翻涌着白沫的浪花，时而展开翅膀扑向浪间，时而振翅飞翔，直插海空。过去没有乘过海轮，没有到过海上，也没有看见过海鸥，记不清是从哪部书中知道的，这些海鸥跟在船尾是为了寻觅那些被浪花翻涌出水面的鱼儿。原来我想那海鸥总应该是成群结队的吧，为什么我却始终只看到就这么一只海鸥在船尾的海空间扑腾，显得那么孤单和无助，从它那吖、吖的鸣叫声中透着一股孤独的凄楚。

眼前的一幕令我触景生情，茫然伤感，不知道是因为即将离别而黯然神伤？还是归心似箭的喜悦？其实都不是，在我当时的心中，既没有对温州的依恋，也没有归乡的企盼，只在我心中留下了那只孤独的海鸥在苍茫的海天之间，与轮船翻涌起的滚滚波浪搏击的情景。我站在轮船的甲板上，脑子里一片空白、一片茫然，黯然地离开了温州。

第四十九章　海上中秋夜

一

　　客轮朝着东海面驶去，离温州码头越来越远。船上餐厅已经开始供应晚饭，饥饿的感觉促使我抛却所有的伤感，去寻找充饥的食物。吃过了晚饭，就想回到舱间的铺位上闭目休息，收拾一下情绪。刚才在餐厅吃饭的时候才想起，今天已是中秋团圆节了，但在船上没有一点节日的气氛。这种毫无节日喜庆气氛的情形，在当时那种生活背景下不足为奇，一是因为食品供应紧张；二是为了突出革命性，把所有的民族传统习俗斥之为"封建传统"，堂而皇之以"革命"为口号，自欺欺人地掩饰了社会的贫穷。

　　躺在舱间的铺位上辗转反侧，怎么样都定不下心来。同一舱间的旅客都互不相识，也互不理会，甚至于相互点一下头，以示礼节性的招呼都没有。每一个人都面无表情，好像都各怀心事，在各自的铺位上半睁着眼睛躺着，都把眼光投向舱间的舷窗上。整个舱间就那么一个脸盆大的舷窗，时不时溅上几滴细碎的浪花，把本就视线模糊的舷窗弄得更加昏暗而模糊，只看得见舷窗玻璃上的水滴如泪般流淌着。机器的轰鸣和船身的颤动，更加重了舱间的沉闷。我极不习惯于这样的气氛，再加上已经整整一天没有讲一句话了，很想跟同舱的旅客找话搭讪，来缓解一下这种沉闷的气氛，但却没有一个人哪怕是发出一声可以搭讪的叹息。

　　无聊得几乎令我窒息。我只好从铺位上下来，一个人闷声不响地走到甲板上。已是傍晚时分，客轮已经出了温州湾，在东海海面上向北行驶。

　　我站在船头甲板上举目四望，船的四周是茫茫一片浩瀚的大海，船左舷西面天边，模糊的海岸线还隐约可见，海岸上空飘浮着几缕浮云，被落日的余晖映照成五彩缤纷的美丽晚霞，正随着夜的临近而逐渐暗淡昏黄，并慢慢消逝。东边海面的上空，越来越显得湛蓝而深邃。原来若隐若现的几点星光，正慢慢在天空中顽强地露出了身形，并争相闪烁着晶莹的光芒，极力显示着自己的存在。在海风吹拂下，瞬间觉得心旷神怡，感到从来没有过的轻松和愉悦，之前在舱间的所有烦闷和孤独也随之烟消云散了。

不多会儿，一轮皎洁的明月从东边海空的尽头冉冉升起，缓缓迎向那星光隐约闪烁的夜空，向海面上洒下一片洁白而柔和的光幕。随着夜越来越深，月亮也越升越高，朗朗的月色把夜空照耀得如同白昼。原来还顽强闪烁着的点点星光，在深邃的夜空中若隐若现，似有似无的消逝在朗朗月色中，只有一轮明月，孤独地倒映在风平浪静的海面上，分不清是夜空倒映着海面，还是海面倒映着夜空，让人感觉到天上有一轮明月，海中也有一轮明月，在相互辉映，相伴相随。客轮就像在两轮明月之间徐徐而行。在客轮甲板上感觉不到刚起航时那种剧烈的颤动，只感觉到脚下的甲板在随着波浪有节奏的微微起伏，缓缓前行。我独自站在客轮甲板上，迎着拂面的海风，就像飘忽在浩渺的太空一样，漫无目的，不知所向，不知所终。瞬间又变得心潮起伏，思绪万千起来。之前的愉悦感一扫而空。在心中泛起了空虚、寂寞和孤独的恐惧。

轮船在风平浪静的海面上行驶。周边海面上静悄悄的，只听到被行驶的轮船划开海面而翻涌起的波涛，轻轻地拍打着船舷，发出的柔柔的哗哗声。平静的海面荡漾着微微波澜，在月光的辉映下，泛着粼粼的波光，闪闪烁烁，飘飘忽忽，让人感觉犹如置身梦幻之中，令人遐想。

二

迎着轻轻吹来的海风，轮船在行驶中的轻微抖动，把我的思绪从联翩的遐想中，又拉回到现实中来。我环顾四周，清醒地意识到自己正在旅途之中，而此时正是一年一度的，本应是亲人团聚的中秋佳节夜。在这月光惨淡的甲板上,只有我一个人孤零零的,孑然独立于这梦幻般夜色中,不由得我不触景生情而感慨万端。唐代诗人王维"独在异乡为异客,每逢佳节倍思亲"的著名诗句,也勾起了我对家乡亲人的思绪,在这清风明月之夜,在这四顾茫茫的大海上,在这孤单寂寥的旅途中,抬头仰望着明月星空,此情此景,充满着诗一般的无限情怀,然而却苦于自己才疏学浅,搜肠刮肚、绞尽脑汁,也没能找到可以表达自己此刻心境的,符合平仄格律的词句,而只能努力地回忆起那年在狱中的中秋节夜里,银老师曾给我们讲解过的唐诗三百首中,张九龄"望月怀远"的诗句来。尽管当时老师循循善诱地对诗句进行解析,我们却只是一知半解的领会。出狱后,在家里和二哥也曾不时吟诵品评过,因此,对这首诗所表达的情怀还颇有感触。而此时当我身临其境的时候,再一句一句的吟诵着"海上生明月,天涯共此时。情人怨遥夜,竟夕起相思。灭烛怜光满,披衣觉露滋。不堪盈手赠,还寝梦佳期。"此时,才真正感受到,这诗句所表达的不正是自己此刻的心境吗?恐怕这天底下,旷古至今,是再也没有哪一位诗人,哪一首诗句更能如此贴切于我此时的心情了,我简直觉得这诗就是为我而写的,我由衷感慨诗人空前绝后的意境和情怀。我完全忘我地反复吟诵着这诗句,我的思绪也随之缥缈到遥远的家乡、亲人、朋友,以及自己一厢情愿深爱着的人的身边。

  我完全地沉浸在,如梦如幻般的海上明月夜诗般的夜色中,我手把着船沿的栏槛遐想着:在这亲人团聚的中秋佳节,在这浪漫的旅途中,在诗一般美丽的,月光皎洁的夜色中,在这辽阔苍茫的大海中,我们的一家——父亲、母亲、二哥、三哥、三姐和我,在这徐徐而行的轮船甲板上欢聚一堂,摆着一张圆桌,以我们壮族人的习惯,在桌上摆放着几盘我们壮族人手工打制的月饼,还有广西特产的沙田柚,在沙田柚上插上三支点燃的香,让那袅袅的香烟,朝着那浩瀚星空中的明月升腾而上,虔诚地祈祷着这人世间的团圆美满和温馨。一家人围桌而坐,品茗赏月,自由自在的各遂其愿——父亲在一旁把杯自饮家酿的米酒,惬意的咂着嘴巴,用手捋去唇边胡茬上的酒滴,心满意足地哼着他自以为是,触景生情而构思的对子、诗句;而自诩具有诗才的二哥，此时正心无旁骛地，沉浸在他自己的诗趣之中，用他那总也改变不了的，夹杂着壮话口音的普通话，自吟自赏着自己时兴的诗作；三哥则戴着他那深度近视的眼镜，仰望着星空，尽情感受着，他那先天近视的眼睛从来没有体念过的，海上明月夜的旷远和辽阔，放声高唱着他所深爱的《草原之夜》。虽然歌的意境不一，一个是草原，一个是大海，但是大海和草原都具有一样的辽阔和旷远。在这无边无际的大海之上，唱着这首歌更感觉到自由和奔放；而我和三姐则似曾回到了童年的时候，双双依偎在母亲身旁，听母亲讲述着壮族版《嫦娥奔月》的故事。

这一幅幅充满着诗意浪漫的情景，曾经是我少年时代的憧憬和幻想。此时此刻又再一次海市蜃楼般，幻化浮现于我的眼前。我更进一步幻想着：此刻，我和我心中的她，结伴而行在这浪漫的旅途中，在这星光明月的照耀下，海阔天空，自由自在，无忧无虑，相依相偎，卿卿我我，共同憧憬着人世间的美好和天伦的愉悦。

三

我正想入非非的沉浸在幻想中，客轮乘务员"现在已经进入夜间航行，所有乘客要进舱休息，不得在甲板上逗留"的吆喝声，再一次把我从遐想中扯回到无情的现实当中，我只得无限惆怅的，悻悻地回到舱间自己的铺位上躺着，强迫自己闭着眼睛，想继续着之前的美好幻想。然而，我的思绪怎么也摆脱不了现实的羁绊，脑海中始终萦绕着有关中秋节的一幕幕往事：之前，由于年幼及家境的破落，从来未体味过中秋节的团圆气氛，更没有去领会中秋团圆节的传统涵义。自从大跃进的开展，以及随之而来的连续几年的饥荒，更是无从体验节日的愉悦和快乐。到了1962年，此时已是我小学五年级的暑假，随着年岁和知识的增长，对节日也就多了几分的期盼。期盼节日的童真乐趣，更期盼得以满足对食物的嗜求。然而，当时的世事如斯，粮食贫乏，食品贫乏，一日两餐的稀粥都无法保障，怎么还敢奢望享受到什么月饼？当中秋夜的来临，隔壁的小伙伴香云几兄弟都忙着在屋后的菜园边摆着桌子，准备供月赏月，而我和三姐此时正依偎在母亲的两侧，坐在他们的供桌旁不足五步之遥，我们一无所有，只能遥对清冷的月宫凝思幻想，内心的滋味只有自己知道而难以言表。香云家是非农业，他们家的生活自然是我们所无法比拟的，遇上这样的节日，他们还有办法从柳州买到一些正规坊间制作的月饼，还有黄澄澄的沙田柚，摆设在供桌上，点着蜡烛、佛香供奉月亮，几兄弟追逐嬉戏，津津有味的分吃着甜香美味的月饼，一家人其乐融融，团聚赏月。我想极力回避眼前这截然不同的两种情景，将眼光朝向那辽阔的夜空、颢明的月亮。然而，生理上的饥饿感的条件反射，总是在脑海里萦绕着对月饼的向往和期盼，促使我将眼光偷偷地，一再投向那供桌上的月饼。而香云几兄弟则好像故意馋我一样的，在那里旁若无人的尽情享受。母亲此时当是最理解我们的心思，她有意地引导我们尽量回避眼前的一幕，用手轻轻地抚摸着我们的头，对我们讲述着月亮的故事。我随着母亲的故事，延伸想象着：那圆圆的月亮就是一个硕大无比，缺了又圆的，永远也吃不完的月饼，每年的中秋节都能让所有的小伙伴们尽情享受。然而，想象代替不了现实，那一年的中秋节成为我童年记忆中的第一个中秋节，从那以后，在我的心中开始有了对中秋节的美好幻想和期盼。

  我对中秋节的幻想和期盼始终没有能成为现实，直到文革动乱最血腥的1968年中秋节，我在家破兄亡，无家可归的情境下，为了保命，自己申请作为罪犯被关押在监狱中度过。那天晚上的天空是阴惨惨、灰蒙蒙的，没有一丝月光，天不合时宜的飘着雨滴，给人一种苍天垂泪的感触，那就是我记忆深刻的第二个中秋节。接着几年的中秋节是如何过的，在我心中没有印象，一则因为当时处于革命的激情年代，有着许多美好传说的中秋节，更是被当着封建传统节日而被禁止；二是因为当时的食物匮乏，没有物质基础也就没有了节日的气氛，过节与不过节是一样的，许多与中秋节类似的传统节日，与革命化相抵触而被强制禁止，中国的文化传统，已经逐步在人们心中被淡忘了。

  像今晚这样的星空皓月之下，能与亲朋故友欢聚一堂，在碧海上泛舟远行，品茗吟诗，自由浪漫的共度中秋佳节，曾经是我心中的梦想。然而此时，我却因温州之行的失意落魄，正形单影只地漂泊于茫茫大海之上，不免"举头望明月，低头思故乡"而顾影自怜，思绪万千。

这是我人生记忆中的又一个中秋节，留在我心中的是苦涩和酸楚。

躺在舱间的铺位上，记忆和幻想占据着我的大脑的全部神经，使我的心久久也平静不下来。我努力地想忘掉一切，来平和一下自己的心境，但这大脑却像飞车的发动机，如何也停止不了，所有经历过的烦恼、悲哀都像电影一样，一幕一幕地在脑海中浮现。对自己人生的前途和结局的未知的恐惧和绝望，就像梦魇一样紧紧缠绕着我的思绪神经，使得我难以成眠。失眠让我感到头脑发胀得几乎要炸似的难受，我忍受着难以言状的痛苦，下意识地用双拳击打着自己的头，真想致自己就此休克而摆脱一切梦魇纠缠，但却情不由己，始终难以成眠。我力图把所有的思绪深深刻印在心中，直到筋疲力尽，才不知不觉昏睡过去。到了第二天上午，客轮进入上海吴淞口时才迷迷糊糊醒来。

中午时候客轮靠上了十六铺码头，上了岸，没有心思游览外滩的风光，就直奔火车站，买好下午回柳州的火车票。接着又是几十个小时走走停停的长途劳顿，终于郁郁不乐、疲惫不堪地回到柳州。怀着忐忑不安的心情，硬着头皮回到二姐家，沮丧地向姐夫述说着这次温州的遭遇。我看得出姐夫很失望，既没有指责也没有安慰，我极难为情地对姐夫说："你的钱我以后会慢慢想办法还给你。"但是，后来这钱一直没有能力还给姐夫，再后来，到有能力还的时候，已经不需要还了，因为姐夫已经不像过去那样拮据，等这点钱过生活了。

第五十章　爱恨情仇

一

温州一行的落魄，特别是经历了那一个海上中秋夜的孤寂落寞，我开始厌倦了四处漂泊的流亡生活。虽然那样的生活，对于长期被禁锢在贫困闭塞的农村人来说，具有令人向往的游山玩水般的浪漫色彩。但我的现实让我感受不到这种浪漫。我成天在奔驰颠簸着的汽车、火车、轮船上，疲于奔命的东奔西跑，来往于青山、绿水、城市、乡村之间，但是，始终伴随着我的，都是孤独和恐惧，我感受不到这是一种浪漫和快乐。在每一次外出（对于我没有什么内与外、去与回的区分）之前，我都不得不做着充分的心理准备，以应付随时可能出现的人财两空的后果。对所有的人，我都保持着防范的心理，我对所有的人扯着谎。加上我身上赖以生存的钱始终拮据，无法让我有闲情逸致去关注那些山水风光和名胜古迹。

在孤独和恐惧伴随着的每一次旅途中，没少遇着那些相伴而行的一对对情侣，他们的卿卿我我、情意缠绵的情景，让我顾影自怜，曾一次次的唤起我对美好生活的憧憬和渴望，我渴望着有一个情意相投的爱侣与我结伴同行，与我共同把这流亡变成浪漫。

憧憬始终成不了现实，我时常思虑的，不能不只是如何生存的问题。至于什么情感、婚姻、家庭，往往也只能是心中一闪念间的美好幻想。始终缠绕于我心中的是，我什么时候才能重新获得做"人"的资格？成为一个正常的人。我无法预期，只是在心中残留着一丝渺茫的期盼。也就是这一丝丝的期盼，支撑着我生存下来的勇气。

流浪者，是我最贴切的身份。提到流浪者，人们通常会自然而然地想到印度电影《流浪者》中的"拉兹"。人们很难想象，在革命激情澎湃的，"欣欣向荣"的中国还有"流浪者"。人们也不会想象得到，中国那个时代的流浪者，会比拉兹要悲惨多少倍？艰难多少倍？人们可知道，在拉兹的流浪生活中，尽管受着社会的歧视，失去家庭的温暖，但他至少还能够自由的流浪，自由的爱，他还能够"忍受心中的痛苦幸福的来歌唱"。而我却连这一份"自由"都无法拥有。拉兹需要应对的是吃饭问题，他为了生存而以偷窃为生的行为可以得到世人的同情和理解。但是，我为了生存，用自古以来人们视为正道的经商行为谋生，却被冠之以投机倒把罪名而被追剿。到饭馆捡别人的剩菜剩饭或街边行乞，都会被抓到收容所去承受非人的折磨。除此之外，我还要应付查户口、买车票、住旅社等一道道关卡、防线。这一切都需要我具备拉兹所没有也不必要有的，如演员般的表演艺术，去伪装、去扮演我需要扮演的角色。我要随时隐蔽自己真实的身份——在这个社会中失去了"身份"的身份。

我曾经不止一次预想过：在我沦落天涯的流浪生活中，不知什么时候，我会因为流离失所，因为饥寒和贫病而孤独的暴毙荒野或街头，成为一具无名的尸体，成为这个世界上连名字都没留下来的过客。或者是作为一名囚犯、劳改犯，背负着耻辱的沉重枷锁，在监牢或农场中如蝼蚁般死去。有时想到这些，脑际间曾不自觉地顿生绝望之感，也曾不止一次的闪过一死了之的念头。然而，也正由于心中尚残留的一丝期盼，使得那死的念头一闪而过。

在我的流浪生活中，面对的是形形色色的人——朋友和路人。交朋友时不敢以自己真实的身世让人知道。对于生意上的同路人，更不敢暴露自己的身世。因为，在生意场上，难免存在着黑吃黑的现象，在朋友间，也还存在着因为某些冲突或误解而相互报复，甚至也有贪利而忘义的现象。这种现象在我的亲身经历中，没有少发生过。

二

我和张哥是一对同病相怜，惺惺相惜的流浪者。张哥是个乐观的流浪汉，在和他的相处中，从来没有看到过他的忧愁，反而是经常能从他那风趣而幽默的欢声笑语中，感受到生活的乐趣，也暂时忘却了自己身世的悲凉。我和张哥之间，彼此都不了解对方的身世和家庭背景，彼此心照不宣，从来也不向对方道出自己的身世和家庭的背景，也从来没有向对方提问过涉及这些方面的问题。说不准是张哥的身世悲惨还是我的身世更悲惨？我在贵阳的许多生活片段中，都留有张哥的身影，但是至今连张哥的名字叫什么都搞不清楚，只听到过小周戏称他为"张三疯"。

张哥年纪比我略长，当时已经是过三十的人了。他个子不高，约一米六几不到一米七的个头；面色黝黑中泛着光亮；常开的笑口中被香烟熏得发黄的牙齿还算整齐；嗓门粗哑却妙语连珠，那脸上总带着玩世不恭的笑容。张哥身上总是那套穿脏了洗，晾干了又穿的灰的卡中山装，那衣领上的油腻却像永远都洗不净一样油光发亮。

关于张哥家的一些情况，一直到和张哥已经混得如"尿泡饭"般溜熟的时候，才略微知道一些。他有一个妹妹，姓陈，是继父所生，他的父亲和继父都已过世。妹妹也已经出嫁，没有户口，随着丈夫在一个什么工程处，同样的居无定所。只有母亲一个人在贵阳，在僻静的云岩东路街边，一处"非洲村"的小棚屋里，这里称之为"非洲村"其实并没有成为"村"，而是指它的建筑材料和样式。张哥"家"在这里没有左右邻居，孤零零的一丘棚屋孑然独立于路边人行道上，不知是哪个单位的围墙外边，在两棵落叶飘零的街树之间，以树干为柱，以垃圾污泥夯筑的土坎为墙，那门是用一些烂板皮拼成的，人不在时，就象征性地在那所谓的门上挂着一把弹子锁。家里除了一铺所谓的"床"和一个煤炉外，别无他物。张哥很少归家，就他母亲一个人孤零零的生活在那清冷的棚屋中，靠她那微薄的退休金生活。她顾不了张哥，张哥也顾不了她。

那年夏天，张哥和朱姨在跟一帮福建人做生意，经常在贵阳与福建间往返，更是难得回家一次，他母亲一个人不知是饿还是病，竟一个人孤零零的死在棚屋中的床上。不知是过了多少天，才被张哥的朋友破门而入发现。是那些朋友们帮他处理完后事之后，他才从福建回来，连他母亲的最后一面都没有看到。从此后，张哥更是无牵无挂，孑然一身。

张哥有很多男男女女的朋友，但就没有一个女子像是他的"马子"，谈得上是相爱的女朋友。由于他的流浪生活及他的玩世不恭的性格，他从来也没有和我谈起过他有过这方面的朋友。他反而经常逗我说，你长年在贵阳混，不如就在贵阳"刷"个"马子"，只要你想，我帮你的忙。我心里何尝不曾想过，但我心中的酸楚，又不便向他明说，只好一笑而不置可否。

　　在张哥的母亲过世之后，我和张哥的关系也慢慢地疏远了，一则他和朱姨跑福建的生意也忙，我们很少能遇到一块。再则，因为他母亲过世时，我在贵阳，没有能像他那些朋友一样去为他母亲守灵，处理后事，我去时，后事已经处理完毕，在他的那些朋友中有些与我话不投机的人就乘机以此为由，对他数落我的不是，在他的心中就留下了我不够朋友的印象，

　　张哥的母亲过世时已是1975年的深秋，没有了母亲，张哥就更是没有了家的概念，他那座棚屋也就荒废了。别的人因为知道里面死过人，并陈尸多日，再加上那一带本来就显得荒凉，也就没有人敢住进去了。听小周说，张哥那时跑福建的生意并不顺利，再说他自己又没有本钱，是帮人家朱姨跑腿，也就是为了糊口而已。如果停下不跑了就又是生活无着了，谈不上有什么收益，所以张哥的生活总是拮据的。那年冬天里，朱姨的生意暂停了，张哥就又像是没头的苍蝇，到处乱窜混生活。我难得的在小周家遇上了他，见他好像没有以前那么风趣和开朗，他那原本黝黑的面庞不再那么光亮了，而是黑里透着灰暗的斑块儿，他的笑声也没那么爽朗了，我不禁从心底里泛起一股凄凉的感觉。我想趁此就他母亲过世的事，一则向他表示哀悼、抚慰，二则也顺便向他表示歉意，他却表现得一副既伤感又如释重负般的神情，对我说："死了倒好，省得这样活着造孽。"

　　这次遇着张哥，我正好是从柳州带来一些全国粮票，还有95斤没有卖掉，对张哥说了，他叫我拿给他帮我去卖了。张哥拿走粮票后，就再没有露面过。小周说，他最近没有事做，手头又紧，且又爱和人玩麻将，怕是卖粮票得的钱打麻将玩光了，就不好回来交差了，算了吧，百来块钱，就当是资助他罢了。我也是这么想的。也就是从

这事以后，就再也没有见着张哥了。

听行内人说，朱姨的生意是一种极具冒险性的生意，万一出事了那可是要判重刑的，所以她自己不去跑，只在幕后操纵，出事了她还有应对的空间和策略。张哥是个天不怕地不怕的人物，据他自己说曾经拜过师傅，练过一些拳脚，平时和朋友们一起调侃时还爱亮个一招两式的，又讲义气，朱姨就看中了他，算是养个保镖、帮手。张哥自己一无所有，有人赏识他，他也就有个依靠和寄托。那年头，对于所有的人，特别是对于张哥和我这样的流浪者，根本就没有什么不冒险的，我们的生存本身就是危机四伏，所以张哥也就不在乎这些了。

过了年已经是1976年了，张哥又重新开始了曾停止过一段时间的营生，在福建和贵阳间往返着。后来又听说和他合作的福建朋友在找他，说是他手中还有人家一笔货款给他整没了。再后来，到了唐山大地震那阵子，他又和那些福建的朋友混在了一起，又跑到福建去，此后就再也没有见他回过贵阳，据风传，怕是他自己给人整没了。

当时在生意行内黑吃黑的事也是屡见不鲜的。做生意不光要防着政府的公安、工商部门的查缉、抓捕，同时也要防着行内人黑吃黑。所以，在当时的黑市生意行中，只要你缺一点心眼，缺少点防范心理，你就会被人家吃了你的财物，然后再向公安派出所或工商管理部门点水举报你，让你人财两空，你想报复都没有机会。所以做这行，还不得不学着多一点心眼，处处要小心防范着。

我和思学合作时，思学就显得处处小心翼翼，在一些细节上，稍有一点疏忽，他就会非常及时地提醒我，这样一来，虽然不容易出事，但是过分了就变得风声鹤唳，草木皆兵，什么事也做不成了。

三

我起初做贩卖糖泡酒和片糖生意时，还没想到这么多，而且总觉得到处都遇着好心人。到做了宝塔糖生意因被朋友出卖而落网后，才开始意识到这行内的奸诈与风险。由于这些生意都是政府禁止的行为，而且很容易的上纲为政治问题，所以每一个行内人都秉持着"以人为本"的原则，宁可丢财，也不能让人给出事了。也正都是抱着这种心理，就是明知是被人吃了，你还只能是哑巴吃黄连，不敢声张。

之前，我和阿孝一起跑南宁时认识一个叫阿超的"朋友"。有一次，我单独一个人从"老同妈"那里得一斤红参，带到南宁找阿超帮销，他却设计找来一个"买主"，和我约好晚上到一个地方交货，他没告诉我具体的地方，只说由阿超带我去。我由于一直就把阿超当朋友，也就压根儿没有防备之心，晚上七点过后天黑定了时，就随着阿超走，他用单车搭着我，一直的往郊外去，我也搞不清天南地北，毫无疑虑的由着他。结果一直到了离市区很远的高峰坳，我才略有些猜疑，这里山高林密，幽暗僻静，纯粹是荒郊野岭，从柳州到南宁的公路到这里顺着山边蜿蜒上下，那时车子又少，一到晚上就没有了来往的汽车，更没有行走的行人，这高峰坳自古以来就是进出南宁市的门户要隘，是兵家必争之地。抗日战争时的昆仑关战役，这里也曾经是中国军队和日本侵略者殊死争夺的战场，双方死伤枕藉。可见其险要。从柳州坐班车来南宁都从这里经过，所以我也就认得出这是什么地方。这时就只有我和阿超两人，他带我在坳脚就推着单车步行上坳，到了坳上，就在路边停下，说是就在这里等那人来接货。我向四下里张望，四周一片漆黑，伸手不见五指，霎时从我心底里透过一丝阴森恐怖的感觉，我心中犯着嘀咕，为什么要到这样的地方来接货呢？莫不是那人暗藏着什么玄机？等了约莫十来分钟，也没见有人来，我就对阿超说："走，这生意不做了。"阿超见等不到人来，又见我说得坚决，也就不得不带着我往回走。

回到我下榻的旅社住下，到第二天，我打算去找阿超要回放在他那里的红参，一直等到下午六点，他才从外面回来，却对我说，货昨天就给那人拿走了，说是昨晚送钱到高峰坳给我们，但是他没来，可能是出事了，万一他把我们拱出来，事情就麻烦了，你如果在这里被抓，我们大伙就都完蛋了，特别是我又是有工作的，你还是先回柳州等我的消息。果然不出我的所料，昨晚我从高峰坳回来到旅社，一夜没有睡好，就想着这件事中的蹊跷：这样一笔生意，即使是被抓到了，也不是什么大不了的事，顶多也是没收东西，把我抓进收容所去，他们不会有什么事的，为什么要约我到那样的地方去交接货呢？而且去时也没见阿超带着我给他的东西，莫非是故弄玄虚，把我骗到那里，然后制造一个抢劫的场面，把我吓跑，然后吞了我的货；或者是他们联手，在那里把我杀了灭口，也可以吞了我的货。不管结果怎样，他们都是想仗着我不敢报案的心理，而设计黑吃黑的吞掉我的货品。听他这样一讲，我再联系昨晚的事考虑，就已经不难明了了。好在我对阿超还留有一手，没有把我这一次到南宁的全部意图告诉他。我本是打算让他帮我把红参卖掉，得到钱后，加上我身上带有的现钱，跟另外一个朋友买两块日本双狮手表，拿到桂林换成粮票，来回倒腾就可以多赚一点钱。但红参被吃掉了，我带的钱只够买一块125元的樱花表，（双狮表是160元以上）。当知道红参的事已经无法挽回，也就无可奈何了，只好忍气吞声的，自己悄悄回到柳州。

四

由于这次南宁之行的红参生意被黑吃黑血本无归，欠了"老同妈"一笔账，她虽口中不说，我当时没有能力拿得出这笔钱来还给她，虽然我身上还有一块樱花表，但是我得靠这一只表做本钱，想办法去赚回来才能还给"老同妈"，所以我还不能让她知道这事，只能是在心中记下这笔账，立志迟早要把这笔钱还给"老同妈"，我不能辜负她老人家平时对我们的关爱。

"老同妈"是四姑的同龄姐妹，我和思学是在四姑那里认识她的，四姑对我们说，"老同妈"是生意行内的人，什么生意门路都懂，要我们跟"老同妈"学做生意。

"老同妈"当时五十来岁，是个寡妇，有一个儿子与我们一般年纪，"老同妈"把我们视为他儿子的兄弟，我们就叫她为"老同妈"。思学刚从家出来那一阵子，就和我一起以"老同妈"家为家，从贵阳来回，就进出"老同妈"家。"老同妈"的儿子阿高是个老实人，"老同妈"总嫌他老实得像个木菟，只会做些苦力活，我和思学两人正好可以帮着"老同妈"跑跑生意，她可以从行内拿些如粮票、手表之类的货品，由我们拿到贵阳等地销售，因为我对贵阳的路子较熟。

我和思学跑贵阳那阵，敏强和黄姐他们一批人都正忙于跑桂林。他们跑桂林，是从柳州带布票到桂林换粮票，主要是全国粮票。他们那阵子狠赚了一笔，1尺布票到桂林换1斤粮票，布票在柳州只5—6角钱1尺，换得的粮票回到柳州成批交货是9角到1元1斤，按布票的进货价算，每1尺布票销出去就可以赚到4、5角钱，他们每一次带去上千尺布票，两天来回就可换回上千斤粮票，一出手就可以赚到四、五百元钱。但是，什么生意都不可能长久，这生意好做的信息传出去，马上就有人跟着跑。以布票换粮票，就像是和尚化缘，满大街小巷的跑，一家一户地问，总要对人说：我是农村来的，我们那里遭灾荒，粮食不够吃，更没有钱买布做衣服，所以就拿布票来换粮票回去买米度荒。那时的农村缺粮是众所周知的事，不管是遭不遭荒，农民都是缺粮的。而城市相对要好些，每人都有定量口粮，但是想穿得好些，布票却是有限的，所以有这种机会，都愿省些口粮，来维持城市人的光鲜。特别是桂林人最讲究外表美，过去曾有过这样的顺口溜："山东马、湖南牛、桂林'鸽子'耍派头。"意思是山东人长得高大，有如马的坚韧劲儿；湖南人则具有牛一样的不撞南墙不回头的蛮脾气；桂林人就爱讲究派头，注重仪表，尊严。桂林人宁可饿肚，也要穿得光鲜漂亮，所以用布票换粮票在桂林就很有市场。但是做这生意的人多了，整个桂林市很快就给跑遍了，也引起了工商市管的注意，不少人纷纷出事，等到我碰到敏强，知道这事已是尾声，很难做了，我们也就没有机会参与到这桩生意里去。阿强在这桩生意里是赚了不少，也因此而在桂林结识了一些朋友，在桂林有了来去的落脚点。通过这些点也可以获得其他生意的信息，也就可以开发新的项目。我后来和敏强到桂林，就是通过那些朋友，获得了以日本手表换粮票的信息。

五

从南宁回到柳州，向"老同妈"作了交代后，第二天我就赶到桂林去，打算把这块手表拿到桂林找朋友帮换成粮票。

在桂林朋友家里，我认识了一个下乡回城的女知青，多次接触后，她知道我是个做黑市生意的柳州人。她当时插队农村，实在过不了农村那种毫无前途和希望的生活，回到家中靠父母供养着，成天无所事事，又身无分文的闲着，他们也想找一点事做，但家里没有关系，没有路子也就无可奈何的闲逛，偶然在那个朋友家遇上，在闲聊中认识她姓刘，但并无深交。算是有缘，第二次去桂林时，又在那朋友家遇上她，就多聊了些，因为是朋友的朋友，也没过多的顾虑，不经意就让她知道了我所做的事。并且知道我做的事都是当时社会所不容许的，但她也表露了她也想找点事做，而且她还说她认识的一些朋友，有的在公安局里，也有在工商局里的，出什么事情，还可找那些朋友帮忙摆平。意思是想让我带着她做。言谈中我看得出她是真心的。但是，我当时的情况并不好，确实没有能力帮得了她，出于对她的尊重，只能委婉的推说，下一次来的时候，找到好做的事情，再带上她一起做。而我只是出于客套说说而已，心里并不当真，不知她心里是怎么想的？当我从南宁铩羽而归，身上只带着一块樱花表又到桂林时，中午在桂林站下车后，走去工农路那个朋友家时，在解放桥上看到她从桥的对面相向而过，她走在桥左的人行道，我走在桥右的人行道，中间是车来车往的车道，我看到她时，她也看到了我，我没有喊她，但她也没有喊我，正好有一辆公交车和她同向驶过，车子过后我也没有回头看她，就过去了，我没把这事放心上。也许是她对我产生了误解，以为我有意识不想理她，以至让她心生妒恨，几乎使我遭受了一次灭顶之灾难。

就在桥上相互错过之后，当天下午，我就从那朋友家中被几个公安人员带到了市公安局刑侦队。不用过多的讯问，从我身上搜出那块手表就算是人赃俱获，对我来桂林的目的也就了如指掌，给我一番拳脚交加的下马威后，最后由于我身上带有正规钢印的"工作证"，而把我送到桂林市设在东江一带一个破砖窑里的收容所里关押，准备遣送回"单位"处理。

当我到了收容所里冷静下来后，我才悟出了这次出事的原因，只怪我对她的关系处理不当,特别是在桥上相遇而不理睬她,让她产生了误解,以至于竟下此毒手,欲置我于死地。其实他们来此一招,开始只是想从我身上捞一点油水,把我吓走就算了,没想到我带有"工作证",打电话到单位里查问,对方不承认我这个人,只好把我交到收容所里去了。

这个后果是严重的。假若任由收容所遣送回"单位",就不止像当年在贵阳被"收容",难说这次还会有那么幸运。已经到了这一步,我也只能听天由命了。但是想不到的是,事情的发展往往出人意料,在到收容所里的第三天,无意间竟给我获得了天时、地利、人和的机会,居然能让我逃过了那一次难以预料的惩罚。

想到那次成功的"逃狱",还真有点感慨苍天的怜悯:我被送到收容所里,关进一个废弃的砖窑里。原来关在里面的大部分是桂林本市的青少年,看得出他们都是一帮"牛鬼仔"——打群架的、扒窃的。他们知道我是因为投机倒把被抓进来的,就都对我刮目相看。特别是我有丰富的生活经历,作为与他们沟通吹牛的资料,更能唱得几首当时在青年人当中流行的"黄色"歌曲,在他们当中,我算是"知识分子",由于当年知识分子的遭遇在社会中普遍得到民众的同情,所以,我尤其得到他们的青睐和尊敬。他们中一个年纪稍长的,被他们奉为老大的,更是明令他们要特别优待我这个"柳州仔",他们不管谁家里送吃的东西来,都主动的分给我一份,他们把我安排跟一个有蚊帐被子的十五六岁的小个子共睡一铺,而其他刚进来的人,则连一个有稻草垫的铺位都没有。由于有他们的优待,在管理人员来要人出去做工时,他们竟然联名保荐我和他们一起,在没有监管人员跟随,由收容人员自己管理的,且出到警戒区外的山场去装卸石头。结果,刚到了工地,还没开始做工,天就忽然间乌云密布,刹那间下起了倾盆大雨,所有人都自然而然的各自跑向岩洞中去避雨,就像是老天有意给我造就了千载难逢的机会,在乱哄哄中,我当机立断的与他们背道而驰,尽力奔跑起来,还不忘道义地向他们打了声招呼"我走了",以示我并没有不辞而别。

我在奔跑中回头望了几眼,除了有一个外县人远远跟在我后面边追边喊以外，没有任何人朝着我追来，我当时还怀疑那个追着我的外县人是不是也想趁机逃跑，后来我听到他叫我不要跑的喊声时回头看，见他却自个儿往回走了。

我跑过了一个山丫口，看到前面不远处的田野中有一处学校，考虑到我的这副狼狈样，会让人怀疑，就决定到左侧山上先避一避，等到天黑再下来回桂林市里去。我作出的这一个决定是明智的，我刚爬到山上的崖壁下，就听到山下有收容所的一帮人，并发动了山下那个学校的师生都一起来了，正朝着这座山围将过来搜山。那些学生们还口中学着电影"杜鹃山"里搜捕共产党时的画面情景，口中学着电影里面喊的"抓共党"，朝着山上包围搜查过来。当时的情景，真叫我哭笑不得。好在这时雨还在哗哗地下着，让人睁不开眼，且这时已是黄昏时分，天越来越暗了，他们要搜到我藏匿的地方，至少要半个小时以上。此时我已经全身淋得透湿的匍匐在一处灌木丛下，由于恐惧和湿冷，我的心突突的跳着，牙关也不由自主"得、得"地打着寒战。终于等到天黑了下来，再也听不到有人声了，我才敢从树丛下站起了身子，朝山下桂林城望去，已是万家灯火，眼前却是一片漆黑。我摸着黑爬下山来，深一脚浅一脚朝着灯光闪亮的市区走去，回到那朋友家院墙外。我不敢大明摆白从大门进家，只得偷偷翻墙进去，借了那朋友一套干净衣服换了，跟他要了几块钱，匆匆赶到火车北站（不敢到南站），正好有一趟开往柳州的列车正待开行，就买票上车回到了柳州。

过后想起，在庆幸自己这一次能化险为夷，确真是得益于所谓的天时、地利、人和的诸多因素。

在我的流浪生涯中，离不开朋友的无私帮助，但是由于自己不便与人言说的身世处境，在当时的社会环境下，为自己的生存，不得不时时对所有人都保持着一种戒备心理，因此又造成了对一些真心待我的朋友也不能坦诚相待，伤害了一些朋友的感情，也使我自己的内心遭受着良心和道德的折磨。我为我欺骗了朋友而深深地自责。

第五十一章 噩梦醒来

一

与小周的相识，前后也有四年时间，过去只是和张哥到她家玩时，有过言语上的接触。我们的命运和遭遇都各有不幸，年龄相当，言语投机，性格相近，彼此间也就产生了惺惺相惜、同病相怜之情，随着之后接触的机会日多，彼此间便也渐生情愫，不过因囿于我自己的身世处境，知道我们之间不会有好的结果，只好将那份爱隐忍于心中，不敢表露出来。看得出，她一直在期待着我的表白。我曾有过向她表白的极好机会，但我最终没有勇气向她表白，以至于让我们之间那份隐忍的爱情，失去了最佳的表白机会，只能成为我的青春记忆而抱憾一生。

我之所以选择没有向她表白，是因为我对自身的处境和前途已经完全丧失了希望。我认为我的命运将永远无法改变。因为当时的中国正处于多难之秋，当政者无不以阶级斗争为武器。不管谁上台，都会把我们这类人踩在脚下作为垫脚石来标榜自己的革命性，以求维护自己的政治地位。我们也将永远无法改变我们"阶级异己"的政治身份，而"永世不得翻身"。

1975年到1976年那段时间里，我除了有事要回柳州，其余时间有事没事就都在贵阳混日子。在贵阳的大部分时间闲着没事，白天就都是在小周家里待着。在她家里，我和她的父母、弟妹都已经混得如同家人一般，她那些弟弟妹妹们都尊称我为"文哥"。我也就依着她家里人对她的昵称，叫她"小婵"。我只知道她随她继父姓周，至于她自己到底姓什么，我倒是从来也没有问过她。平日里，我和她母亲和继父间也有许多共同语言，除了对生活的感慨，对世事的困惑，对时局的认识和观点也都比较接近。她们对我也基本上无所不谈。

那时，人们对中共高层变幻莫测的政治动态和频繁的人事浮沉，无不抱着浓厚的兴趣和热切的关注。在亲戚或朋友相聚时，彼此闲聊的话题，无不是有关这类问题的"大道、小道"消息。

在当时的社会上，在每一个家庭里，在有人聚集的地方，人们在私下里议论的话题几乎都与邓小平有关。人们议论着他坎坷的政治境遇，议论着他在周总理的支持下，能从"文化大革命"开始以来的靠边站中，重新出来主持经济整顿工作，抱着些许期望，期望他能掌控全局，改变现状。但是，当人们正期待着他的整顿成果，能够给中国老百姓的生活，有些许改变的时候，却因为周总理的去世而引发了天安门事件，又使他再一次被打倒了。人们对于他的再一次被打倒普遍抱着不平。中国老百姓的忍耐已经快达到了临界点的迹象，逐渐强烈的显露了出来。

我个人当时的心境和大多数人一样，也在心中对他抱着一种朦胧的期盼，我期盼着他会改变这个社会的现状，尽管我认为这种改变不会给我个人带来多少直接的利益，但我总还在期盼着。我在心里琢磨着：邓小平也是这个时代的受害者，他应当对这个社会中所存在的弊端了解至深，对于深受苦难的人民大众，应当有较深的理解和同情。所以大多数人都愿意相信，一旦他能重新上台，他绝不会继续沿袭这种，使他自己曾遭受过苦难的路线和政策的。周妈和周叔与我都有同感。当小婵听着我与她母亲、继父议论这些问题时，她不表示反对也不表示支持，她曾经向我们提出这样一个问题："就算邓小平能重新上台，又会对我们这些底层的人有什么好处呢？他不也是共产党吗？"我也曾一直在苦苦地思考着这样的问题，但我无法得出能令自己信服的结论。我曾经有过这样的思考：一个政党的信仰和宗旨是崇高的、革命的，而从信仰和宗旨到现实毕竟有一段距离。一个政党或组织，能否按着自己曾经向人民宣示和承诺的信仰和宗旨去行动、去作为，则决定于他的成员的素质和品格。但是，谁又能保证，一个政党成千上万的成员中，每一个人都能保持有同样崇高的品格和素质呢？当这个政党获得了政权之后，他的成员中，又有多少人能够始终如一地坚持着自己在革命年代的信仰和承诺呢？事实证明，在一个组织里，正确的意见不一定都能得到多数成员的认可和赞同。如果其中有一些成员表里不一，喊的是一套，做的是另一套，对别人是一套，对自己又是另一套，且此一时彼一时的变化，将会对这个政党产生什么样的影响，就不得而知了。特别是这样的人，一旦可以独揽大权，主导这个政党时，将会对这个政党，乃至整个社会，造成什么样的后果，将更是难以估料的了。而我对于邓小平，则仅仅是出于对他个人品格的期待，和对他个人遭遇的一种同病相怜的同情。当小婵提出了这样的问题时，使自己竟然会对邓小平产生"同病相怜"的同情而感到茫然和自嘲。

有一个常在小婵家出现的中年男人，她们都称呼他为"任老师"。不知他是对小婵一家的处境视而不见，还是根本不顾及人家的思想感受，他每一次到小婵家来，总爱当着所有人，像在他的教室里给他的学生上政治课一样，侃侃而谈的发表着他自以为是来自官方的，有关时局的大道、小道消息，以显示他是这个局中之人。他还常常为了显示自己是个御用文人的身份，公开吹嘘他正在写一本《邓小平传》，并准备发表。他不无得意地炫耀说，他如何的熟谙邓小平的大地主的家庭背景及身世，他将如何在他的书中详细的作出权威的披露。但他却浑然不知，在他的背后，小婵一家人对他嗤之以鼻，并不欢迎他的到来。其实大家都心中明白，他的所有表现，无非就是垂涎于小婵的青春，想把小婵当作他婚外恋的追求目标。他自视他自己的政治地位和社会关系，足可以轻而易举地征服小婵。

小婵曾对我多次揭露过他的龌龊企图。也因此，我对他产生了一种说不清道不明的厌恶。同时，我对小婵也就产生了一种渴望亲近的期盼。每当我要离开贵阳，就总在心中自然地产生了一种依依不舍的感觉。总想创造机会再回到贵阳，能再见到她。

二

在张哥往返于贵阳和福建间跑生意的同时，我在贵阳也不期而遇上并认识了几个福建的朋友，因而沟通了福建方面的生意渠道。

在当时的福建沿海地区与台湾,及港澳间的走私黑市生意,事实上都已成为公开的秘密。走私的布料、服装以及新型材料的生活用品,在福建晋江地区,特别是石狮镇都已经在市面上大行其道,到处都在公开或半公开的摆卖。石狮是有名的侨乡,大部分人家里都有台湾、香港、澳门、新加坡、菲律宾甚至美国、英国等国家的"海外关系"。他们大体上都能通过在海外的亲人了解到国外的生活,而他们那些身居海外的亲人,也都能了解到国内亲人物质生活的贫乏。特别是在港澳台的"同胞",都在通过各种非常手段,给家里寄些紧缺的生活用品以资助家人。这些生活用品除了给家人自用外,多余部分就流入了当时无处不在的黑市进行流通,给黑市交易注入了走私品地下交易的内容。而那些侨乡的黑市交易的主要物资,就是通过这样的地下渠道流进来的。有了这样的黑市,那些有海外关系的人,也就乐此不疲,把这个行当当作谋生之道。慢慢地,这些黑市商品在当地黑市逐步饱和的时候,就开始通过各种渠道,流向了国内各地的黑市进行交易。石狮一带地方的人大多通过这种方式,在发着黑市生意的财,不少人都建起了坚固而漂亮的欧式小洋楼,穿戴着国内难得一见的时髦服装。当国产的上海表还在凭票供应的时候,他们有的人都已佩戴着日产的,具有国内人所无法想象的,功能神奇的电子手表。

在这样的背景下,我偶然结识了来贵阳闯生意路子的,福建石狮的老陈、老王他们。

和老陈的友谊一直持续了几十年,是值得怀念的一段朋友情谊。老陈是晋江县金井镇上的人,他父亲过去是被卖"猪仔"而漂洋过海到南洋去做劳工的,属于那些凭智慧和刻苦耐劳,在国外挣扎着站住了脚,有所成就的人。他们因远隔重洋,加上政治的隔阂,与家人天各一方,不能来去自由与家人团聚,只能以非常手段暗通音讯,聊以慰藉相互思念之苦,并千方百计资助家人的窘困。老陈可是个不甘俯就、敢冒风险的人,有了这一层关系和条件,他就邀起一帮朋友走南闯北,总想找出个能赚钱的路子来。

老王也是沿海小镇永宁海边的渔村人,还是当地一个大队支书,在当地是个叫得响的人物,但却是一个诚实而厚道的人,他是老陈的至交好友。老王的父亲在海外颇有成就，随时都在等待机会，把他弄出去继承家业。但当时国内政策不允许，出国投亲被当作叛国投敌，特别是像老王这样的共产党员，且身为当地大队的党支部书记，更是身不由己。老王有这层海外关系，多少影响了他的政治观念，他不甘心那么唯唯诺诺的当一辈子渔民，在老陈的邀约下，把他的连襟小王也邀了出来，共同闯财路。

在福建沿海一带，可以进入内地市场的东西，除开始时的走私布料、旧服装和塑胶鞋等生活用品外，随之又升级为电子表，收录机等电子产品。还有厦门感光材料厂生产的感光片和印相纸等，也是内地紧缺的东西。内地可以流向福建一带的，就只有一些生产原料：如家具生产用的贵州土产的生漆。还有就是沿海地区所特别需要的供奉神灵的用品——锡箔纸的生产原料——响锡（即锡锭）。我在老陈的提示下，我在贵阳当时自然形成的废旧市场里，找到了锡锭的货源。

在这种半公开的黑市里，大多都是从一些厂矿企业里流失出来的小型机电设备和金属材料，价格都远远低于国家规定的价格。99.9%的锡锭是国家紧缺物资，而流入黑市的锡锭就100元一锭，仅1元1斤。而带到福建可以卖到13元1斤，利润空间很大，虽笨重但体积小，容易伪装、携带，不易出事。我决定把这条生意路子走通。

找到这样一条生意的路子，我终于有机会邀小婵合作。我早就想找机会和她相伴旅行，但在我没有勇气向她表白前，她始终坚守着一个底线，不与我单独脱离家庭的视线，也许这是她母亲对她的告诫。她母亲知道我和她之间双方的心思，在我经常出入她家时，除了礼遇和尊重外，同时也在注视着我们之间的动向，不让越雷池一步。在张哥的母亲过世的前一天晚上，我在喷水池帮小婵学自行车时，就受到她母亲的警告："不要太惹人注意了，以免让人说闲话。"但她母亲却曾同意她二妹和三妹随我到过柳州，这也许是她母亲对我的人格的考察和试探吧。而我却总在期盼着能与她相伴远行，共同去分享旅行的浪漫，并寻找机会向她表露我对她的心迹。在我向她提出了这个建议时，想不到她妈妈竟很果断地同意了，也许是出于她对生意的老到经验，也看好了这桩生意。

我把买来的锡锭斩成几小块，分开装在几个背包或提包里，我们各人背着一个包，提着一个包，在贵阳上了昆明到上海的 80 次列车。

三

列车晚点了两个多小时，于第二天傍晚 8 点多才到达江西的鹰潭下车转车，于当晚 11 点多换乘上海到厦门 275 次列车。

过一个晚上就是 9 月 18 日了，我们将要在列车上参加全中国人为于 9 月 9 日辞世的，我们心中的红太阳，伟大的导师，伟大的领袖，伟大的统帅，伟大的舵手毛泽东主席举行的追悼会。

1976 年对于中国人来说，是个令人哀痛不已又震悚不安的一年。在这一年里，人们是在极其复杂而矛盾的心境中度过的。人们在经历着一阵阵的哀痛的同时，又都在各自的内心世界里，隐忍着一种难以言说的希冀和期盼。

那一年，从新年伊始的 1 月 8 日，在全国人民心中具有崇高人格魅力的总理周恩来，在未能亲眼看到他为之奋斗一生的国家和人民，得到温饱和幸福的无奈中，抑郁而抱恨离世。也许在他临终前，唯一值得他感到宽慰的是，在他支持下的邓小平正在进行的全面整顿。然而他或许没有料到，在他离去之后，人们自发地为他举行的清明节祭悼活动，竟然酿成了"反革命"的"天安门事件"。在这个事件中，足够睿智而坚韧的邓小平又再次被打倒了。天安门广场上血迹未干，追查天安门事件参与者的运动，又搞得举国上下风声鹤唳，人人都如惊弓之鸟。接踵而至的 7 月 6 日，人民心目中德高望重的朱德委员长也与世长辞了。在为朱德委员长举行的追悼会过后，人们的悲痛和不安还未有所平复，中国史上未有过的唐山大地震随之发生。整个的唐山市在一夜之间被夷为平地，人民的生命财产遭受了惨重的损失。这一连串的灾难事故发生之后，在中华人民共和国建国二十七周年即将来临之际，实际掌握着共和国命运大权 27 年的毛泽东主席，也终究未能违抗人类生老病死的自然规律，而"无可奈何花落去"，给他的国人留下了一个经济濒临崩溃，政治危机四伏的国家，永远的逝去了。

在毛泽东逝世的那一段时期里，全国上下所有机关单位、部队、学校、厂矿、企业、城镇街道、农村生产队的干部、职工、军人、学生、工人、农民，包括那些上山下乡返城的，没有户口、没有工作的"非洲村"的人们，无不处在莫可言状的震惊、悲哀、麻木或亢奋的复杂的心理状态之中。"按既定方针办"的文章口号，连篇累牍地出现在广播和报纸的头版头条位置上，向人们提示着：毛主席的逝世不会改变中国的现行政策。在街道上穿梭行走的人群，明显的少却了平时的喧嚣熙攘，看得出是在有意的约束着自己的行为和语言，刻意地表现出诚惶诚恐的哀痛表情。那些臂戴黑纱的男女老幼比比皆是，他们几乎都是在单位的统一布置下，自觉或不自觉的，向别人显示着自己对领袖的不渝忠诚，和沉痛的哀思。广播喇叭中低沉的哀乐声缭绕于城市和乡村的上空不绝于耳，代替了平时《东方红》和《大海航行靠舵手》的高亢和激昂。这一切都充分地显示了，个人崇拜的强大的社会效应，和强大的社会控制力。

我在外出时没有戴黑纱，但是我也不例外的在衣服的口袋里装着周妈给的一截黑纱，以备应急的需要。在这种时刻，我没有无动于衷，我的心中思绪万千，感慨良多。领袖的辞世，在我的心中也不免泛起了对于死亡的悲哀。毛泽东曾经在他的《为人民服务》一文中说道："人总是要死的，但死的意义有不同。中国古时候有个文学家叫做司马迁的说过'人固有一死，或重于泰山，或轻于鸿毛。'为人民利益而死，就比泰山还重；替法西斯卖力，替剥削人民和压迫人民的人去死，就比鸿毛还轻。"从在学校里跟着老师一遍又一遍的背诵着这一条语录时起，在我的心头早就感受到了那份泰山般的沉重，沉重得几乎让人喘不出气来，而到了此时此刻，我才感觉到了些许如释重负般的解脱。

我从伟人的辞世中去体会着人的生命的意义。一个人的生命的意义，在于他生前的思想和作为，对大众生命所产生的影响。这种影响的好与恶，在他生前是无法得到准确而客观的结论的，只能在他的生命终结之后，由世人来为他评说。伟人和强人都存在着死后落骂名的担忧。一个人生前的成就越是惊天动地，他就越在乎他死后的名声。所以也就都不例外的在生前为着身后的名声做着预后的铺垫，预防着死后招来骂名。然而，一切都不会那么尽如人意，于是就存在着人们常说的"死不瞑目"的现象。相对而言，渺小卑微的人的生命，本来就不足挂齿，甚至由于他是在生不如死的境况下生存，那么他对于死亡也就无所畏惧，无所牵挂了，甚至于还会把死亡当作一种解脱。人死后一了百了，是谁也改变不了的人的生命的终极现象。是泰山也好，鸿毛也罢。像我这样卑微的人，生命本就轻于鸿毛，不管是生前或死后，都不会有多少人知道我曾经的存在，我无须去考虑死后世人对我的评说，我所需要关心的只是眼下的生存。而毛泽东的生和死都是轰轰烈烈的，他在生前受惯了世人的吹捧和崇拜，他总要耿耿于死后人们对他的是非功过的评说。所以也就在他的死后留下了"未竟的事业"。但是他心中"未竟的事业"究竟是什么样子？连他自己也不知道。而那些极力标榜着"按既定方针办！"的人们，毕竟也讲不清他那"未竟的事业"究为何物？无非只是为了标榜自己才是死者正统的继承人的身份，理所当然应该从他手中继承和接掌他那一份长期独揽的大权。

　　按中央的规定，在举行毛主席的追悼仪式时，全体人民将停止所有的活动，要参加毛主席的追悼仪式。追悼仪式在下午 3 点同时在全国各个角落召开。当时我们正乘坐在从鹰潭向厦门奔驰的列车上。时间一到，列车在行驶途中就地停了下来，我们和车上的所有旅客一样，全体起立，朝着车厢里挂着的毛主席像低头默哀三分钟，伴着的是所有可以鸣响的汽笛、喇叭同时嘶鸣三分钟，在这三分钟里，在960万平方公里的土地上的每一个角落，包括中国在世界各国的领使馆，或其他一切驻外机构的所有十亿中国人，也就是说，全世界五分之一的人，都处于噤声的状态，以示举国哀悼。这样的规模、气势，是前无古人后无来者的。只有在我们这样的，伟大的领袖领导下的伟大国家里，才有如此宏大的场面和景象。

　　随着追悼仪式的结束，整个治丧"运动"也就随之结束了。这是中国老百姓长期适应了的，毛泽东生前擅长发动和领导的"群众运动"。这也是一场和毛泽东有关的，由继承他的政治遗产的人们，为他而发动的最后一场"群众运动"。这场运动所涉及的面的广度，比之他生前所亲自发动的那场史无前例的"文化大革命"运动更为"史无前例"，而且是世界级的史无前例。"运动"结束了，一切都将成为历史，包括毛泽东和毛泽东所发动的所有"运动"的千秋功罪，只有留待后人评说。人们不再需要继续戴着黑纱，不再需要表现着那悲痛和哀伤。也不再需要反复念叨、祈祷"万寿无疆"了。自然的规律雄辩的证明："健康"终究不能"永远"，人的"寿命"同样的不会"无疆"。在人们众口一词地情不由衷的祈祷和祝福声中，林彪和毛泽东都不能置身于自然规律之外，所不同的是，这一对亲密的战友，一个成为异域他乡的游魂，一个却成了人们心中的神灵，成为被封固在水晶棺中供后人观瞻的偶像。总之，对他们来说，他们的生命终结了。他们一生的梦和追求也随之终结了。但我却在心中揣度着：他们曾经给人们带来的所有好梦和噩梦还会继续吗？

追悼仪式结束后，列车在继续向前奔驰着。车上乘客纷纷打开车窗，让窗外的清风吹进车厢，把车内沉闷混浊的空气吹散。我不失时机地争相把头伸出窗外，把沉积于胸中的几近令人窒息的那一腔浊气呼出，及时地去感受着从未感受过的轻松和舒畅。我抬眼望向车外，看见那些之前还戴在人们手臂上的黑纱，飘落在列车奔驰而过的铁道边的路沟里、道碴上，有的飘拂在车窗外的树干枝头上，在我眼前一闪而过，犹如频频挥手告别那运动式的举国悲哀。又似向苍天诘问：中国的芸芸众生，从此是否可以卸下背负的沉重包袱？

于追悼仪式过后的当天下午六点多钟，列车到达了美丽的滨海城市厦门。踏上这片土地，我感觉如在噩梦中被一阵清风吹醒后的一种清新和爽快。

第六编

苦苦挣扎风雨后　殷殷筑梦水云间

第五十二章　潮流

一

按照老陈给的地址，找到了在思明路上的老周家。老陈说老周是他的朋友，是市高甲剧团的戏曲艺术工作者。老周一家人对我们表示了诚挚的欢迎，并给予了我们盛情的款待。

老周的家是个独立庭院的二层古旧别墅式楼房。院墙内外爬满了长青藤，小院内围墙边摆放着一排盆景花木，在城市里枯燥一律的街景中，少有的叶绿花红，显得别具一格。在骑楼式商铺鳞次栉比的思明路上，这样的独院家居尤为显得有点特立独行，省去了多少左邻右舍的纷扰。从那古色古香的房内装饰和摆设，可以看出它年代的久远和曾经的辉煌。房屋规模虽不宏大，但与当时中国城市居民的居住条件比较，却算是少有的宽敞，是我所能亲眼看到的，在当时那个年代，私人所能拥有的最漂亮的房屋。

老周家中有母亲和弟弟，但他与母亲和弟弟已经分家生活。他们夫妇和三个子女一家住楼上。他们之所以还能拥有如此宽敞漂亮的房屋，据说是因为他和他的妻子都有海外关系，都是侨属。他们家如此宽敞豪华的房产之所以能在社会主义改造中完好地保存下来，正是得益于国家对海外侨胞和港、澳、台胞财产的特殊保护政策。

我们投宿在这样的人家中，有一种安全感，但也不免有所拘束。由于我来自穷乡僻壤的出身背景，对出入于那样的豪宅世家从来没有经历过，一旦身临其境，就觉得举手投足间无所适从，诚惶诚恐的总怕有失礼节。我们与他们一家无亲无故，素不相识，凭着朋友给的地址，却受到了非同一般的热情款待。他们一家的热情好客，使我非常感动，同时也使我意会到了老周与老陈之间的非同一般的情谊。我曾为我一点见面礼都没有的空手而来感到内疚和失礼。

自那以后，我就在内心里把老周视为至交，直至今日。但每当回忆起与他的不多的相处中，对于他对朋友的无私和真诚，我总深感自愧不如。想我一生，在与朋友们的相处中，曾经得到过许许多多朋友的无私的帮助，但是因我一生拮据，对朋友给予的恩惠却一生无以回报，为此我深感内疚和自责。

老周夫妇年纪与我们相差不大，堪称同辈兄长，他们的子女也与我和小婵的年纪相差无几，同样也可以作同辈相称。与他们一家人之间的称谓就显得莫衷一是。我们称他们为兄嫂，而他们的子女也可以称我们为哥、姐。我们对他们的子女就只有直呼其名了。

二

在老周家住了一个晚上，第二天上午，老周把我们送到厦门汽车站乘班车到达石狮。石狮当时还是福建省晋江县的一个镇。按照老王给的地址，找了两部专事载客的单车（当时汽车交通还很贫乏，在福建却有了专事以单车载客的营生，就如当今城市和乡村的"摩的"一类），把我们送到永宁海边一个渔村的老王家。

福建人都这么好客。我和小婵一男一女两人，在老王家同样受到如在厦门老周家一样热情的款待。开始时他夫妇把我们俩误当作小两口安排我们住宿，我为老王的误解而在心中自觉甜滋滋的，但我仍然不得不婉然而真实地向他表明了我和小婵之间的关系。我必须严格遵守着伦理道德的底线，是为了维护小婵的尊严，同时也是在维护着我的自尊，维护着我正人君子的形象。

老王夫妇是同村人，他妻子是个小学老师。老王把他内弟叫来家中负责陪伴和招待我们。他内弟与我们一般年纪，为人诚实和大方，他领着我们到村中浏览了一遍，然后向海边走去。一边跟我们讲解着当地的风情，以及渔民的海上生活。

他们这个村子，是个濒临海边的小渔村，村中的房屋都是用石块垒砌而成，虽显低矮但却牢固。这样的房屋适应于抵御海风海潮的侵袭。村外不足百米之遥就是一溜平缓而洁净的海滩，沿着海滩延伸下去不远，是村中渔民泊船的海湾。也许此时不是渔民下海打鱼的时节，海湾里停泊着几十艘落帆的渔船。

他对我们说，与我们脚下站着的这处海岸向东，隔海相望的是台湾岛，沿着海岸向南不远处的海中，就是有名的金门岛，到深沪湾边的围头村海边，是与金门岛最近的地方，站在围头村码头，天气好可以看得见金门岛。他还说，他们出海打鱼时，经常可以在海上遇着金门或台湾的渔民，有时可以在海上和他们进行交易，可以向他们买些我们大陆没有的东西。如果想去台湾玩，也可以通过他们的帮助，混过去。曾经也有人通过这样的方式跑到台湾去的。他还说，如果我们有兴趣，过几天他们出海时，可以带我们一起出海去看看。听他讲到这些问题，我马上敏感地觉得这是个可怕的政治问题，便不敢和他搭腔。并让我马上意识到，我们眼下正是处在电影和书报中所讲的东海前哨。

在当天晚上，老王以白水煮鲨鱼招待我们。这是当时海边渔民奉为最美味最尊贵的海鲜食谱。它是以渔民们刚从海边捕捞得的鲜活小鲨鱼，斩切成一块块后，用村中的井水不加任何佐料，烹煮至熟而成，那鱼汤原汁原味鲜美无比，那鱼肉入口鲜嫩清甜。

在老王家作客的几天里，我们心情舒畅，我和小婵还到村中的水井边去，试着用绳子系着水桶向井里打水，在井台上洗衣服，村里人都把我们看作小两口，把我们当作贵客一样尊重。可见得老王在他们村里是极有人缘的。

三

虽然村里人对我们礼貌尊重，一点也没有我们在电影、报纸上看到的那种政治的警惕，但我们对于自己的身份是有自知之明的，反而是我们自己处处小心约束着自己的行为表现，避免让人怀疑我们来这里的目的是来做特务或想逃往台湾、金门投靠国民党。我们不得不提防着，假若在这样的地方被怀疑上，就麻烦了。当年我和思学逃亡到银川被抓回来时，就被说成是企图叛国投敌逃往苏联。这里是真正的海防前线，海对面不远处就是国民党盘踞的金门岛，是个极具政治敏感的地方，不由得我们不小心谨慎了。我和小婵本打算是到海滩上散散步，体验一下俩人世界的浪漫和幽雅，体验一下海浪沙滩的休闲情怀。但是当我们到了海滩上，眼前看到的是，一片空寂的沙滩上倒覆着两艘待修的渔船，俨然如沙滩中的一座地堡。不远处的海湾里，停泊的渔船被波浪颠簸得上下起伏、左右摇摆。湾岸边兀立的礁石，从远处看就像是民兵巡逻队正在巡视着海岸。在沙滩的边沿岸坎上，有几棵枝叶稀疏的、被海风吹得嗦嗦发响的，稀拉拉的几棵岸树，就像十步一岗五步一哨的海岸哨兵一样，排列伫立海边，警惕的扫视着沙滩、海面。寥落的沙滩上显得特别寂静，只听到波浪拍击着海岸礁石的哗哗声。我潜意识地感觉好像海岸边的暗堡中，正有一双双警惕的眼睛在盯着我们。这时正是黄昏时分，一阵海风吹过，不禁打了个寒噤，我不敢在海滩上多作停留，就招呼小婵匆匆往回走了。对于那些生活在这里的人们，也许不会觉得有什么异样，但是我们毕竟是来自于偏远内地的生人，在"阶级斗争的弦紧绷着"的年代里，处在这种极具政治敏感的环境中，难免不让人在潜意识里产生一种"风声鹤唳""草木皆兵"的感觉，担心着让人觉得自己"形迹可疑"。这也许是我们自己"心有余悸"吧。

在老王家住了五天，老王已经帮我们把我们带来的东西脱手，换成了现钱。

我们问老王，你们这里人要这响锡是做什么用的？老王说，这海边人靠出海打鱼为生，出海时经常遇着台风海浪，随时都会发生海难事故，有生命危险。所以这里人很迷信，很崇拜妈祖，把妈祖当成护佑渔民出海平安的神灵。每当沿海渔民要出海时，都会祈祷妈祖的保佑。每年逢三月二十三日和九月九日的妈祖节，都会举行隆重的祭祀活动，人们都会备办供品，去妈祖庙祭拜妈祖。祭拜用的供品除三牲果品外，就是焚烧祭品，包括香烛纸钱，以及纸制的服饰辇辇等。那些祭祀用品都是用响锡加工制作的锡箔纸做成的。祭祀时所耗费的这类东西很多，所以在沿海一带的这类地下作坊也就很多，所需的材料自然就多，也就形成了这类产品原材料需求的市场。但是当时政府对这类祭祀活动是明令禁止的，所以生产和销售这类产品，包括祭祀活动，就都只能是秘密的地下活动了，也就形成了与这类产品相关的原材料供应和产品销售的地下市场。

当时锡锭是国家一级物资，受到严格控制，单位厂矿都靠计划供应，各有指标。而且往往还连计划内的指标都无法满足，更不用说是用于迷信活动。而我们能在黑市里找到这样的货源，唯一的途径就只有通过工厂内部人员利用工作之便，从仓库里偷出来，再通过黑市进行交易换成钱。用偷的方式的人大多都只能是一般的工人，在领用过程中，耍手段多领少用或偷工减料剩下的，然后想方设法从厂里偷运出厂，流入黑市。也有利用作为仓库保管员的职务之便，利用厂里管理的混乱，偷运出厂。如何偷运出厂是个关键环节，所以也就有了与门卫相互勾结，合伙作案的办法。事后案发，厂保卫科往往也就把怀疑的目标投向那些家庭出身不好的，平时的政治表现差的人，但这类人是绝不可能有资格担当仓库保管员和领料员的。保卫科为了这类案件，会派生出不少的冤假错案来。而往往受到冤屈的都是那些家庭出身不好或平时表现不好，在厂里历来被视为异己的人。

还有一些是凭借手中的权力，利用其社会关系网，相互联手，以物资调剂的名义，按国家调拨价把紧缺物资套购出来，然后流向黑市进行交易，获取额外的利润。这种现象就是改革开放后所谓的"官倒"。

那时的工人和单位职工工资很低，如果再加上家里有黑人黑户，没有户口没有口粮，要买高价米，高价油，高价煤等等名目繁多的高价生活必需品，靠那点工资，根本就无法维持基本生活。所以都在千方百计地找门路弄钱，有地位有关系的就充分地利用地位关系，一旦权在手或是有这方面的亲戚朋友，就会不失时机地相互利用。"有权不用，过时作废"就是从那时候开始流行开来的，而不是改革开放后才有的讲法。只是在改革开放后得到了充实和发展，其"权力""关系"价值也有了突飞猛进的提升而已。

四

我们告辞了老王，离开了永宁。到了石狮的下洪村找到阿宝。

阿宝也是我们来福建前，在贵阳通过小婵的朋友间接认识的朋友。当时她们三个石狮的姑娘也是到贵阳做生意的。她们是带着厦门生产的印相纸和一些进口布料到贵阳卖的。当时照相用的胶卷、相纸到处都缺货，而厦门有个感光材料厂，生产这类东西，但是这些东西都是计划供应的商品，有特定的供货对象，而且还不能满足计划需求，所以一般人买不到，得有关系和后门才能买得到，且只能买得一些属计划外的边角材料。就是边角材料在内地也是供不应求的，利润很可观，厂价是 6 元一包，再加中间关系环节，一共是 8 至 10 元，到贵阳可以卖得 26 元至 30 元。这是一条不错的生意门道，体积小且轻，便于携带。我们来福建前曾和阿宝有过预约，到福建时要来找她们。

阿宝家在镇子边缘的下洪村。村中没有像镇上一样宽敞笔直的街道和商铺，一家一户都是独立的别墅式的二层楼房，且都是标准的料石垒砌成的小洋楼，美观坚固，但村中房屋布局都是极不规则的零星分布，这就是村和镇的区别。阿宝家是一幢二层小洋楼。一楼有两间居室，一个大客厅，一个餐厅；楼上是四个居室，一个客厅，显得宽敞明亮。阿宝家也有海外关系，也是靠做些走私品的黑市交易赚的钱，从表面看，她们家也属有钱人。

阿宝是个热情好客的，开朗大方的，有一点中国式古典美的漂亮姑娘：小巧的身材，大眼睛，小嘴巴，脸上时常露着让人感到亲切的微笑。我们在阿宝家也受到她们一家的欢迎和盛情款待。在阿宝家住的几天里，阿宝带着我们到石狮街上，到晋江县城到处转了转，了解和熟悉当地的国营商场和地下黑市。我们发现了一个有趣的现象：在国营商场的柜台里，商品零零落落，没有多少人光顾，显得冷清和萧条，而那些街头巷尾的黑市摊铺上却是琳琅满目的走私进口产品。我们问阿宝，这样的市场在当地是允许存在的吗？她说工商所的市管员是经常来阻止的，但是他们来了就收起来，他们走后就又摆出来。因为几乎是家家都做这种生意，包括那些市管员的家人同样也在做，所以管理也就成为一种过场的形式禁也禁不绝了。来这里买东西不太难，但是要把东西带走就非要有当地人的配合帮助，才能过得了设在汽车站的检查站，检查站的目的就是防止走私品流向内地其他地方。

跟着阿宝在晋江的黑市摊铺上，我买了一条香港进来的咖啡色条纹直筒裤才花了 9 元。阿宝领小婵到一个裁缝摊买料定制了一件兰棱格的确良衬衫。这种服装面料质地柔软，色彩艳丽，在内地市场当时是不可能买得到的。在内地商店里，当时刚刚出现在柜台上的最时髦的服装面料是的确良、的卡，但是要凭布票和工业券才能买得了。且价格还比这黑市的卖得贵。所以这些黑市商品很有市场，只要能弄到内地去，是不愁销的。

我们觉得从这里倒些服装及布料到内地卖，可以有 30—40% 的利润，但相比之下，就不如倒些相纸更能赚得多些，且还便于带着上车下车。于是，我们就托阿宝帮我们弄些厦门的相纸回贵阳。她当时就叫他的男朋友，帮我们在厦门弄。我们两人要了 20 盒，阿宝自己也弄了 10 多盒，她男朋友在厦门通过关系，一起在厦门火车站办了托运手续，托运到贵阳去。事情办好了，我们在石狮的时间已是 9 月 30 日，就和阿宝一起乘汽车到了厦门，并一起投宿在老周家。

五

　　回到厦门的第二天正是 1976 年的国庆节，老周特意抽了时间，带着他的小儿子阿雄，专门陪我们游了鼓浪屿、南普陀和厦门大学。我们一起在南普陀合照了一张相片，这一天是我开始流亡生活以来，最快乐的，最有意义的一天，这张相片成了难得的纪念，一直为我所珍藏。

　　在厦门玩了几天后，我和小婵、阿宝三人离开了厦门，于 10 月 6 日到达桂林下车，仍然到老龚家投宿。在桂林，我为她们作向导，领着她们游了七星岩、叠彩山、独秀峰等风景名胜，并在七星岩也照了一张合影留念。作了短暂停留后，就乘火车赶回柳州。我把她俩领回二姐家住了一个晚上，第二天在柳州玩了一天，到一些个人开的相馆了解了一下相纸的行情后，下午就乘上 403 次柳州到贵阳的火车。

　　回到贵阳已是 10 月 10 日了。我们急于想把相纸出手，好筹备重返福建。这时在贵阳的街头巷尾，在有人聚集的地方，就发现有半秘密半公开的议论，在人们的议论中开始出现了"四人帮"这样的称谓。自上月毛主席逝世后，我们离开贵阳到福建去，到再回到贵阳的这段时间里，原来在北京的中共中央高层就一直存在着争夺权力的激烈斗争。一场殊死搏斗已经在悄悄地进行着，而我们却仍然蒙在鼓里，毫无知觉。

　　直到 10 月 21 日，"四人帮"被抓的消息才正式公开让老百姓知道。为此欢欣鼓舞的人们自发的走上街头，欢呼雀跃，奔走相告。喜庆的鞭炮声日夜不断的震天响着。这一天的整个晚上，我正在喷水池边的非洲村中，在小婵家里，和她们一家人共同见证了这一生难以忘怀的场面。喷水池是贵阳市中心，这种自发的喜庆场面在这里更是表现得淋漓尽致。无数发自内心喜悦的人们，一拨接着一拨的自发地从四面八方聚集而来，认识和不认识的，都在相互传达着相同的信息，尽情宣泄着胸中积聚已久的，对"四人帮"的怨愤。这样的宣泄同时也是一种控诉、一种否定。是对"四人帮"的罪恶的控诉，是对"四人帮"专制制度的否定。尤其是对"文化大革命"的否定。其实，沉浸在喜庆中的人们都心照不宣的明白,"四人帮"并不是带给他们所有苦难的罪魁祸首,这十年"文化大革命"也不是他们所能发动起来的,但是习惯于逆来顺受的中国老百姓,非常善于"两权相害取其轻"的利弊得失权衡,只要他们心中的不满得以宣泄,只反贪官不反皇帝,他们也觉得心愿已足了。其实他们在喜悦中,却还在心中隐藏着几分担心,担心着因乐极而生悲引来灾祸。历次政治运动给他们造成的苦难和教训太深刻了,他们不免心有余悸。喜庆的人们都在心中期盼着黑暗从此成为过去,黎明就此而到来。人们已初步体会到了,从桎梏中解脱的快感。我和所有人一样充满着期盼,并已预感到,我的流亡生活不会太久了。但我前面的路还没有明确展现在我的面前,我还不得不以原来的方式,在维持着我的生存。同时,我也在思考着,我眼下这种生存方式,是否能见容于即将由新的当政者所推行的政治路线和方针?我无法预见。但是随着对"按既定方针办"的批判,我坚信一点:即绝不会再"按既定方针办"了。不管人们如何因余悸犹存而心照不宣的不便言明,但谁都明白,随着"四人帮"的倒台,毛泽东时代也已随着他生命的终结而成为历史。"青山遮不住,毕竟东流去",这就是历史的潮流。

第五十三章 让过去的永远过去

一

这次带小婵和阿宝回柳州二姐家,一则想让她们了解一下我的家乡柳州,二则也是想让小婵对我的身世处境有个大概的了解,渐次的将我自己真实的一面向她坦露,以便于最后下决心向她表白我对她的心意。之前,在阿宝家时,我曾经向她做过试探性地表白,她也曾经不置可否的含糊地向我提出过反问,我当时却没有勇气和信心向她做出最后的表白。但我明显感觉到,我们彼此都读懂了对方的心,在之后彼此间的言语交流间,在有关个人生活上的议论时,"我们"就成为彼此间语言交流中的共用词汇,"我们"都感觉到彼此间的感情在逐渐靠近。"我们"共同规划着回家的路径,"我们"共同憧憬着未来。然而,由于我对男女间的感情缺乏经验和理解,我为自己的感情掘下了陷阱。

我们三人一起回到柳州时,我当时只想到我作为当地人,应当尽到地主之谊,向她们展示自己的家乡,以及家乡的朋友。于是我把她们领着浏览了柳州的街道、山水和风景。并带着她们认识了柳州的朋友。小萍姐妹是当时我所能让她们展示和认识的朋友。同时我还有一种可笑的想法,就是我认为小婵、阿宝、小萍姐妹当时在我的眼中,都堪称各具地方特色的代表人物,我想在让她们相互认识的同时,我也可以向她们炫耀一下我在朋友间的人格魅力。我没有想到这种可笑而幼稚的想法,会造成了几方面的误解,让彼此间的关系变得复杂化。无形中也使小婵在阿宝面前丢了面子。

我和小婵回到贵阳后,继续共同筹划着重返福建。在这期间,我们又阴差阳错的间接认识了另外两个福建的中年男女,在我们正愁着找不到锡锭的货源而拿不定主意,要带什么东西到福建去的时候,他们提议我们搞些贵州土产的生漆去，他们能帮我们通过在大土火车站工作的福建人，办理托运到厦门，到福建他们负责帮我们销售，我们觉得这样就少了许多旅途中的风险，再加上我们出于对福建人的良好印象，居然就轻信了他们。我们从地下渠道买得了几十斤生漆，然后由小婵的母亲给我们找来一部解放牌汽车，帮我们把生漆送到大土站。我们全然没有想到，到了大土站，那在站上上班的福建人说是今天办不了托运，叫我们把东西留在那里，他明天才帮我们办理托运。第二天我们去到大土站，那两个福建人已经把东西办了托运，并随车走了。我方才恍然大悟，我们是被他们所设的圈套骗了。这件事的发生，使我和小婵的合作产生了危机。

　　对于小婵的个人问题，她母亲一直认为她有条件找一个有单位条件好的对象。在我进出她们家的这段日子里，尽管我闭口不谈自己的身世，但从我闪烁其词的谈吐中，她或多或少的猜测到我的大概状况。平时虽然从我的行为举止中，找不出我人格上的可厌之处，也对我倍加客气、爱护，但当她察觉了我和小婵间感情上的变化，在她心中不免产生了对小婵未来人生的忧虑，并感觉到了时间上的紧迫。早在我和小婵去福建的期间，她母亲就已经紧锣密鼓的，在家张罗着，为她找了个在单位开车的司机，等到我们刚一回到贵阳，就逼着小婵去相亲。那个开着车子帮我们送东西去大土站的司机，就是小婵去相亲的对象。过去也多次有过同样的事情，但都被小婵坚决拒绝了，这一次从柳州回来后，由于发生了多方面的误解，使她没有了先前表现得那么坚决了。再加上出了这事，她母亲认为是终止我们之间的关系的最好时机。她的态度就变得无可挽回了。这其中的情节我都有了大概的了解，我预感到，我们之间的感情要到最后摊牌的时刻了。被福建人骗走我们东西的第二天，小婵有意识的邀我和她从喷水池到大南门坡上她家刚买的房子去，走到邮电大楼的路上，她把这一切原原本本地向我倾诉，向我表明所有的事情并非出于她自愿，并向我表示了歉意。其实她的本意是想试探一下我的感受，看我是否还有挽回她的意思。我当时由于生意上受人所骗而深感自责的同时，也有一点迁怒于她对我的疏离，并且错误地认为，她的婚事已成定局，我和她之间已经无可挽回的了。我竟赌气地以一种绝情而冷漠的口吻，以反唇相讥的态度，回了她一句"自作多情"，顿时令她语塞。在接着下去的一路上，我们双方都默默地，一言不发的，一直走到她那坐落在大南门半坡上的家里。到了她空荡荡的新家里时，她还在多次以暗示的话语，想把话题引回到我们两人之间的关系上，而我却浑然不能理解她此时的心境，心中满怀着对她的一腔怨愤，装得若无其事地把话题扯开。我的表现伤透了她的心，也把我对她真情表白的最好机会葬送了。过后我深感懊悔和内疚。我们之间虽然在一时间的误解之下负气地分手了，但是在我们各自的内心还保留着彼此相互的体谅和牵挂。以我自己的条件而论，在当时的形势和环境下，我们就算是不顾一切相互厮守，许许多多那些生活上无法绕开的问题，如户口、住处以及随之而来的其他种种，甚至连我们之间的婚姻关系都是无法得到法律认可的，那样的婚姻、家庭、前途是无法想象而极其堪忧的。那样的结果就不只是拖累她个人的问题了，我于心不忍。从她一生幸福的角度考虑，这样的结果也是最好的选择了。刚开始时我心中总是难以割舍，多少还对他抱有些许的怨愤，待冷静下来面对，就算是自我安慰的忍痛割爱吧，原来心中那一丝的责怪，也就慢慢消逝而平复了。但是我们之间的那一段曾经拥有过的感情，却依然值得留恋，想忘也忘不掉的，只好让它成为心中永远抹不去的一段美好记忆。

周妈要亲自和我到福建追回那批生漆，我当时出于因小婵的事对她的抱怨，且在小萍的一再要求下，我带上小萍，和周妈一起到福建去。这样一来，更让她坚定地认为，她阻止我和小婵间关系是正确的。而我也是故意以此来与她赌一口气。

这一次三个人的福建之行纯粹是白跑一趟，我们到乡下按地址找到那两个男女，他们压根儿就拒绝了我们的要求，无可奈何，强龙难斗地头蛇，最后只能空手而回到贵阳。

二

我在极度的孤独和空虚中郁郁寡欢的和小萍回到柳州。我的心境小萍都看在眼里，她对我和小婵之间的事情都很清楚，她想安慰我，但她在安慰我的同时，有些言语伤害了小婵，曾经使我感到不快和反感。回到柳州后，她和她妹阿华曾到二姐家找我。她安慰我，叫我把那些过去的事情忘掉，重新再来。并提出要和我继续到福建去。并暗示我，乐意为我填补感情上的空虚。我听懂她的意思，但我更清楚的懂得，我和她之间是绝对没有可能的。

和小萍的认识，是在一次从贵阳回柳州的列车上，她与另一个女子也是来贵阳做生意的。在车上听到彼此说话的口音，知道都是柳州老乡，就相互攀谈起来，我对她似乎有点面熟，在交谈中，我才慢慢想起，在一次和阿建在柳州街上闲逛时，到鱼峰山下遇到一个阿建的朋友，当时那个朋友身边带着一个略显稚嫩且貌相娇美的女孩子。打过招呼后我和阿建也就匆匆走了，但是那小女孩却给我留下了很深的印象，我曾对阿建感慨道："这家伙去哪里找得个那么漂亮的拐仔（柳州当时对女朋友的流行称谓）。"那个女孩正是小萍。这时她已是结了婚的，并已经是一个一岁多孩子的母亲了。但一点也看不出她是一个结过婚的女子。

从交谈中知道，小萍俩夫妇也都是没有工作的。小萍的丈夫是个无所事事，靠父母生活的花花公子。但是她自己不甘于那样的生活，而甘愿出来冒风险找生活。我对她的这种生活态度深表赞赏，所以在到柳州下车后就留下彼此联系的办法。她对我的生活极感兴趣，之后就不时来二姐家找我。二姐说在我和小婵、阿宝从福建回来之前，她曾来找过我，所以我也就有了那次带上小婵和阿宝一起上她娘家找她的一行。

我们回到柳州后，我想尽快从心中把对小婵的眷恋之情模糊掉，就和小萍筹备着重返福建。

和小萍两人又一次到福建，还是得到老周和阿宝的帮助。由于本钱少，生意上成不了什么大事。但却在老周的儿子阿建的陪同下，心情舒畅地在石狮周边玩了几天。

石狮一带都是低矮的沿海丘陵，所以道路显得平坦，眼域开阔，但没有什么山水风光。倒是那里的村居建设值得从内地来的人驻足流连。沿公路两边眼界所到之处，星罗棋布的几乎都是相同格式的，以条石砌筑的牢固的小洋楼，这样的风景却是在内地任何地方所没有的，让人看了就感觉到这地方的人们的富足。这典型的侨乡风貌，让人联想到国门之外的生活的多彩和富足，撩起人们内心的向往。

我们到金井老陈家住了几天，金井街是个海边传统的小圩镇，街道狭窄，街道两边都是保留着故居特色的老式骑楼。老陈家的屋居虽宽敞，但却因采光不足而显得晦暗。我们得到老陈一家的诚恳而热情的款待。老陈把我们带到他那搞音乐艺术创作的弟弟华智先生的家，与他交流了一下两地的民歌艺术。小萍也是个有歌唱天赋的人，我们俩把几乎所有的《刘三姐》歌曲都唱给他们听了一遍，得到他们兄弟的交口称赞，华智先生还即时把我们所唱的歌用笔录了下来。之后阿建又领着我们从金井到围头村的海边，去眺望了海对面的金门岛。但那天天气不怎么清明，只是看到雾茫茫一片海面，看不到金门岛。囿于当时的形势，我们也不便于在金井过多的露面，甚至连小小的金井街都没有认真去浏览一下，在结束了金井之行后，我们又到衙前村阿建的朋友许前途家玩了几天。前途的父母是学校的老师，他们家也是侨属，住着同样漂亮的小洋楼。在他家，我们用他家的双镜头相机照了几张很值得留念的照片。照片的背景都是他们家的房屋。

这一次福建之行玩得开心，把之前的不愉快都忘掉了。我们带着阿宝帮我们准备的一批相纸，带着老周的小儿子阿雄一起回贵阳。十一岁的阿雄是个活泼得近乎顽皮的孩子，在车上跑来跑去，我们真担心他跑丢了，就只顾留意他，也是我们有点忘乎所以，却把我们的一大包相纸在车上让人给偷了，还全然不知，直到鹰潭下车时才发觉，已无从查找，损失惨重。

我们到了贵阳，还是把阿雄带到小婵家。我和小萍就投宿在小何家里，当时小何已经结婚，并已生了一个小孩，她不忘旧时的友谊，且见我带着小萍一起，认为我们是一对，她自己认为过去没有能帮我完成的事，好像现在有了结果也就心中高兴，于是很热情的邀请我们住到她租住在火车站背后的菜农家中。

现在提到阿雄，就不免想到阿雄的事来。我们把他带到贵阳托给小婵后，也就没有时间陪他玩了，都是小婵一家安排他的起居食宿。一个星期后，老周来把他接回了厦门。后来因为我的生活有了改变，就没有像原来一样来往于厦门了，和老周之间也就只有通过书信的往来，保持着相互的了解。已经是进入到改革开放的年代了，我无意间从一本杂志上的一篇纪实文章中得知了有关老周的小儿子阿雄的事情。真是世事难料，因老周一家申请移居香港，阿雄为了能和家人一起赴港而弄出了一件惊动厦门的，让我万万不会想到的事情来：知道阿雄一家即将赴港，和他恋爱年余的女朋友则要求必须带她同时赴港，当时他们尚未结婚，按当时的政策是绝对不可能的事，但是那女孩却执意要挟，如果不能一同赴港，她将不择手段弄到阿雄一家计划落空。阿雄为了不致因她而造成他们一家期盼多年的计划落空，竟在一时气愤之下，将他的女友失手致死于家中。其后果可想而知。为此，老周因爱子心切也曾身陷囹圄，最终也没能如愿的保得了阿雄。十指连心啊！此事让老周一家乃至所有的亲朋伤痛不已。两个年轻的生命就因为想要离开社会主义的中国而以这样的方式消逝了。看了那篇纪实报道，让我看得目瞪口呆，唏嘘不已。不管从法律的角度还是从人性的角度，我都不可能认同阿雄的行为，但阿雄毕竟和我有过一段不短的相处，他在我的意识中曾经留下过天真活泼可爱的抹之不去的印象，我对他的不幸和他所造成的不幸，都感到痛心疾首的同时，我们这个社会主义国家的户籍管理制度和出入境政策，在我的心中也留下了无法解答的疑问。我不知道如何安慰老朋友，在给老周的信中，唯有一句"节哀顺变"。我知道这样一句套话，远远不能给老周因失子而伤痛的心任何一点实质的安慰。为此，我一直深感内疚。

之后老周一家虽如愿以偿，得以全家移居香港，但已是不那么圆满了，而是在厦门留下令人伤痛的遗憾。后来老周一家从香港回厦门，为阿雄在普陀寺举办一次隆重而风光的超度仪式。事后给我寄来了仪式的留影照片。看到这些照片，我也不禁悲从中来。没有人会赞同阿雄的行为，但是，如果当时我们国家的户籍制度，和出入境管理制度，能像现在这样多一点人性，阿雄的惨案也许就不会发生。这是一个时代的悲剧。

三

　　这次福建之行，是我一生中最后一次的流亡之旅。虽然玩得尽兴，但生意上却受到了本不应该受到的损失，只能和小萍沮丧地回到柳州。这时已近年关，我告诉小萍，我决定到金城江大哥家过年，并和她们姐妹俩约好，她们年初二到金城江找我。小萍两姐妹如约来到金城江，大哥、大嫂简单做了一餐饭招待了她们，吃过饭后，她们就要赶车回柳州，也没有时间到街上玩玩，我就匆匆地送她们上了车。她们姐妹俩的到来，在大嫂的单位百货公司里，引来了不少人的注意和好奇，特别是年轻人。当时的柳州在金城江人眼里是个大地方，柳州青年人的生活方式也成为金城江青年人崇拜和向往的榜样，尤其小萍姐妹俩的时髦打扮和俊俏的相貌，在金城江可以算是鹤立鸡群。她姐妹俩的到来给单位里人们留下了印象，也成为我在大嫂单位里留下的第一个印象。为我以后来投靠大哥大嫂时，给单位里的人在心理上不至于产生太多的猜测和议论，对我的人格有了正面的认识，使我的到来没有给大哥大嫂造成太多的心理压力。

　　过了年初五我从金城江回柳州，二姐说，小萍姐妹俩昨天刚来过，我告诉她们，说你还没回来。为了一起商量筹备去福建的事，我没有经过她的同意就径直上她家里去找她，她老公也在家，我的冒昧登门，给她造成了尴尬，在她家里我觉察到她们两口子正在闹别扭，但我没有料到是因我而起。她有点责怪我的冒失，叫我到她娘家找她妹妹阿华。我找到阿华不久，她也来了。

　　小萍她父亲过去是国民党军队的武术教官。加上她们姐妹是这一带街道上出了名的"牛鬼"（穿着打扮带有浓厚港澳风格的人），所以她们家在街道上也算是有一点知名度的人家。

　　她妹妹阿华是个性格开朗又泼辣，敢恨敢爱，敢于追求，不计后果的姑娘。当时在广东深圳一带大陆人偷渡香港成风的事，在柳州也正在风传，很多年轻人都蠢蠢欲动，都在伺机寻找途径。阿华认为我老在外面混，一定会有这方面的路子和关系，曾直白地对我说：我们一起找路子跑过香港去，跑得过去我就嫁给你。我觉得她天真得可爱，就笑笑对她说，我对广东方面一点不熟悉，我带你到福建玩玩是可以的。前两次我和小萍跑福建时她就很强烈的要求同去。但迫于我们的资金微薄，除了三个人的往返费用，就没有进货的资金了。我就极力说服她，并答应她，待我们跑两转赚到点钱后再带她一起去。所以这一次她就坚决要求一起去。为此她姐姐小萍就有点不高兴了，小萍曾经对我告诫过，叫我不要和阿华单独做任何事情。因为她们是亲姐妹，我就理解为，她是不想让她妹妹去冒风险，却没有想到其他意思，也没有过多在意她的告诫。这一次阿华要去也是我们之前允诺的。我便答应了阿华的要求。

也是命中注定我的流亡生活的终结，这次计划在筹备中流产了。我和阿华正在到处找锡锭的货源，因一直没有头绪而感到着急时。却在一个半夜里，从二姐家被北站派出所来的两辆吉普车带到了北站派出所去了。在刑讯中知道，我们的计划已经被派出所掌握了，要逼我把锡锭的来源坦白出来。我无从交代，也就免不了一顿死去活来毒刑拷打：用绳子牢牢反绑住我的双手，然后用铁棒从绑住的两手间穿过，一头架在窗台上，由一个人下面踩住我跪地的双腿，上面用肩往上扛起来。那个难受劲不堪回味。我也实在是没有办法招出对他们有用的口供来。他们也折腾得累了，无可奈何只有把我放进一个专门关人的小房子里。那房里原来关着一个人，他见我进来时近乎奄奄一息狼狈不堪，在我稍微缓过一口气来的时候，就来和我攀谈起来。他说，傍晚时，有一个靓拐仔（漂亮姑娘）被抓进来，起初时见她还蛮硬点的，挨逼了一阵子后可能应付不了了，就带着老派开着车子出去了。没想到就是去把你抓来了。经他这么一讲，我才明白过来，当时是有两部车子去抓的我，我上了一部车子，而另一部车子上是谁我就不知道了。现在想起来才知道大概是阿华了。但是，又是谁把阿华拱出来的呢？一时间也猜不透。好在我没有什么现实的把柄被抓住，快天亮的时候，他们竟把我给放了。这让我感到意外，原来我以为天亮后可能要把我送到收容所去的，没想到会这样就把我给放了。我躲过了我逃亡生涯的最后一劫。

我带着一脸的伤，从北站派出所回到二姐家。对门的韦妈见了问我是怎么回事？我不敢说是被派出所抓去，撒谎说是在工地做工时受的伤。过了几天，大哥从金城江来柳出差，到二姐家见到我，就说，这样下去不是办法，实在没有其他的路可走，就到金城江去跟我吧。

四

有了大哥这句话，我做了一番思考：这些年以来，为了生存，做生意、搞"投机倒把"混生活，纯粹是过着一种"地下斗争"式的生活。东奔西跑，流离失所，处处无家处处家，经常是风餐露宿，饱一顿饿一顿；风声鹤唳，草木皆兵，危机四伏，到处躲躲藏藏，提心吊胆隐姓埋名。从来不敢在人前暴露过自己的真实身份，讲一句真心话。总是在自欺欺人，在亲人面前饿着肚子装饱，忍着寒冷秀体魄，在人前强装笑脸摆阔。为了苟且偷生，不得不施展浑身解数，殚精竭虑，不惜火中取栗，到头来仍然一无所有，孑然一身。那是在之前那样的政治环境下，对人生和前途的渺茫和绝望中的挣扎。然而，目前这形势似乎透出了一些希望的光芒，先前那种生活方式，也好像是应该到头了，何况眼下自己已经又是陷入了身无分文、穷途末路的境况了，我还能去哪里？我何不去大哥那里权作休息一下，静观其变，看看形势怎样发展再说呢？

我把想法与二姐说了，得到二姐的鼓励和支持，收拾了仅有的一套换洗衣服，到了金城江投靠大哥。

大哥原来是河池地区供销社办事处的干部，曾经是单位里公认的"四大才子"之一，因为家庭出身和文革的原因，从地区单位被流放到干校改造，到过水利工地搞后勤，然后下放到偏远的县份巴马供销社当采购员。这时是刚从巴马调回金城江镇企办工作。这些年在大哥被流放贬逐居无定所的时候，大嫂在县百货公司上班，一个人含辛茹苦带着三个孩子，住着一间隔成两半的宿舍，一个不足三个平方米的厨房。维持着这个家，让大哥回来时总算还有一个落脚的地方。

为我的到来，大哥就把那不到三平方米的厨房腾出来为我改成了一个房间，铺上一铺床。我也就暂时有了一个可以栖息寄宿的窝。

我的到来无疑是给大哥大嫂增加了可以想见的负担。大哥大嫂两人每月工资不足70元，三个孩子的读书费用，虽然紧巴，但比起农民也还不至于生活无着。但那个时候什么都是凭票供应，买米靠粮证、粮票，副食品有油票、肉票、酒票、糖票、豆腐票、烟票，还有布票、煤票，等等这样票那样票，都按指标供应。其他还能应付得过去，但孩子们正是长个的当口，都是抢饭吃的时候，加上油水少，就更是老吃不饱了，这口粮指标本来就已是捉襟见肘的了，再加上我这么一个成人的小叔，就更是显得紧张。好在那时的集贸市场管理已稍为放松，黑市米和杂粮如红薯，芋头有钱也都可以买得到。大哥也就每天下班就到市场里转，专等人家卖到后面还剩的尾水货便宜时，就捡点便宜的红薯、芋头回来补充。这样一来，钱就又显得更紧张了。我琢磨着，我不能一个大活人要靠着大哥大嫂养着，要么就离开这里，要么就想办法弄钱，至少要能自己养活自己，不能给大哥大嫂增加负担。

　　我把想法跟大哥说了，大哥劝我还是不要走的好，他说，出去混不是长久之计，以前你到处跑这么些年，到头来不还是一无所有，还担惊受怕。不如在这里，想办法找点零工做也可以解决点生活的问题，看这形势发展下去怎么样再说吧。

　　大哥凭着他在镇企业办的关系，他托他本单位的同事林姐，给我在镇劳动服务公司弄得了一本临时工工作证，我就有了在这个镇范围内做零工的资格。凭着我个人的条件，没有当地的户口，是不可能得到这本工作证的，全凭大哥在镇企办工作的关系。劳动服务公司是镇企办下属的单位，劳动服务公司就是专门管临时工的。没有临时工工作证，就属于"野马工"，就没有人敢请你做工，做了工也领不到钱。有了临时工工作证，需要雇工的单位才可以雇你做工，你自己找有工作了，就到公司登记，你做工，由公司去雇工单位结账，公司扣了管理费后，剩下的就是你的工资。

　　有了工作证，大哥又到他原来工作过的地区供销社的日杂公司帮我找了个在仓库搞搬运的工作，每天的工资是1.68元。扣了管理费后，也还有1.4元多一点的工资到手。我那时对得多得少都不在乎，够我一天的伙食就行了。有了这份工作，我就不用整天闲在家里无聊。那时和我一起做这份工的都是城镇街道或单位里那些刚从学校里毕业的初中高中生，与这般男男女女的小青年们在一起，以我的经历见识，在他们当中，我就算是老大了。他们也都与我合得来，一天和他们吹牛调侃，嘻嘻哈哈的，就算是扛包搬运的重活，也就轻轻松松的过了每一天，比起过去的流浪生活，也就觉得快乐惬意得多了。从这时候起，我也就算是开始过上了相对安定的，基本正常的生活。

五

在这段时间里，我仍然与小婵保持着书信联系，在我的心中，始终还有着藕断丝连的期盼。直到1977年中，她给我来了一封信，邀请我去参加她的婚礼，我才最后死了那份非分的期盼。我回信给她，表示了我对她的祝福。之后虽然也时有收到她的来信，得到她的问候，但那已是别样的感觉了。

此时我已经将是二十八岁的人了，比起那些和我一起做工的男女小青年们，我已将是而立之年了，成天和他们混在一起虽也能模糊和冲淡了许多的烦恼，但我始终觉着与他们毕竟不是同代人，因而在心中产生了一种失落和自卑，我感觉到青春正在离我而去，油然而生出因岁月蹉跎的一丝淡淡的，抹不去的悲哀。

这一年，因文革而中断了十多年的高考又重新恢复了，而且是采取了特殊政策，连历届，甚至于我们当年老三届的初中毕业生都可以报考，这对于在文革中毕业的历届青年，无疑是个天大的喜讯。但对于我，连作为一个正常人身份的户口都没有，再加上当时还在坚持着两个"凡是"，还在延续着以阶级斗争为纲，政治审查仍然是录取的第一程序，家庭出身仍然是横亘在我面前的不可逾越的鸿沟，"文化大革命"后的第一届高考的特殊的或不特殊的政策，也都是与我无缘。

高考的恢复，对于广大的应届毕业生和历届毕业的青年，特别是文革时首当其冲的老三届毕业生，无异如严冬过后迟来的春风。而对于我，非但不能让我感受到温暖，反倒成为泼向我头上的一盆冰冷的水，把我从剧痛的昏厥中浇醒，让我承受着身心上双重的痛楚，犹如一把钝刃的刀，划开了我心头上还未痊愈的伤疤。我的痛苦没有人能够想象得到。但是这个改革毕竟也让我看到了生存的希望。

　　由于我的生活经历中有太多的苦难，消磨掉了我所有的理想，我把自己对美好的所有向往都当成了奢求，而忍隐埋藏在心底里。自己的意志已经被磨砺得没有了棱角，我尽管享受不到那高考改革的实惠，但我却也可以从此不再流亡不再逃难了，这就足以使我感到欣慰和满足。我从心底里为我那些同学们，为我那些同代人感到高兴。在真心地为他们祝福的同时，我也看到了我自己生活的曙光。

第五十四章 希望不再渺茫

一

进入1978年,"四人帮"垮台已经一年多了。在中国的政治生活中,发生了许许多多惊天动地的变化,拨乱反正的工作开始全面开展起来。随着《实践是检验真理的唯一标准》一文,在中共中央党校内部刊物《理论动态》第六十期上发表,掀起了全国性的关于真理标准的讨论;在国务院召开的务虚会上,针对经济管理体制改革问题进行了讨论;着手开始并完成了为全国56万右派分子平反摘帽的工作;历经近20年的城镇知识青年上山下乡运动,也事实上停止了。在中共中央工作会议上,陈云提出了解决历史遗留问题的意见,并得到与会者的响应。中央政治局宣布为"天安门事件"等错案平反。召开了中共十一届三中全会,开启了新中国成立以来,共产党历史上具有深远意义的伟大转折。开启了中国改革开放历史的新篇章。

由于当时广西的当权者,在"两个凡是"错误方针的基础上,延伸出了广西的一个"凡是",以三个"凡是"的思想自上而下的,禁锢着广西人民的思想。广西各级当政者依然紧抱着"阶级斗争为纲"不放,坚持"以韦国清同志为代表的正确路线",顽固地维护着一派当权的政治局面,紧紧地捂着广西否定文革和改革开放的盖子,以至当全国各地都在大张旗鼓地开展拨乱反正的工作时,广西的表现却与在历次政治运动中的积极姿态,特别是同抢先点名批判邓小平的"右倾翻案风"形成了鲜明对照。那些在派性斗争中,以胜利者的姿态上台的权势人物,依然在各个部门掌握着实权,号令一方。他们对"四人帮"的倒台,从上到下步调一致,有条不紊,表现得有恃无恐、波澜不惊。那些在历次运动中倒霉的干部和群众,仍然逃不脱倒霉的噩运,继续被"刘少奇的孝子贤孙""叛徒集团""上了林彪贼船的人""右倾翻案风在广西的代表",最后又变成了"四人帮在广西的死党"等大帽子压着,换汤不换药的实行派性专政。得势者始终成为政治上的不倒翁。

金城江地方虽小,但却是整个河池地区的政治、经济、文化的中心,且又是红军时代的革命老区。河池地区各县革委会在推行"广西的一条正确路线"中,表现得也尤为突出。在"四人帮"肆虐的年代,他们坚定的"紧跟"而成为毛主席,党中央、中央文革眼里的红人。到"四人帮"垮台的时候,他们又摇身一变,适时的紧跟了华主席,在"两个凡是"的基础上,又紧抱着广西的一个"凡是",紧紧依附着韦国清的权势地位作为他们坚实的后台。以至于在全国其他地方正在开展着轰轰烈烈拨乱反正的时候,河池地区革委会还在坚定地执行着广西区党委所推行的"一条正确路线",部署和指挥着各县革委会,继续着他们自1968年派性武斗时就开始的,一直没有完成的"凤山县剿匪"计划。而那被清剿的"残匪"就是十年前的派性武斗中,为了逃避派性的围剿和屠杀,不得不持枪逃进深山老林中的韦明乐四兄弟。他们被当时的凤山县革委会,河池地区革委会,广西革委会定性为"散匪"而长期围剿。在这一所谓的"剿匪"过程中,"剿匪"指挥部采取了建国初期"剿匪"时的惯用手段,以保全生命作诱饵,欺骗逼迫"匪属"上山动员"残匪"下山缴枪投降。当年仅17岁的韦明景被骗下山投降后,第二天却被杀害了。其余兄弟三人就更是不敢下山。而在其后继续围剿的战斗中,韦明乐死于"围剿"者的刀枪之下。为围剿这四兄弟的"残匪",在广西革委会运筹帷幄下,调动了正规精锐部队一个团,以及从百色地区的凌云县、乐业县,和河池地区各县调来民兵,组成包括"联指"武装人员在内的,共4000多人的剿匪大军。这一"剿匪"工作前后共持续了15年之久,在"四人帮"垮台后也没有停止过。[1] 一直到广西全面开展"处遗"工作的

---

[1] 香港天马出版有限公司2009年11月出版,黄家南编著的《壮乡悲歌。广西文革纪实》218页记述:1983年12月1日,《广西日报》头版以《"处遗"政策顺人心合民意,被逼上山十五年的韦明成、韦明立兄弟俩重返家园》为题,对此事进行过报道。

1983年，在长期围剿下幸存下来的韦明成、韦明立兄弟俩，已经在深山老林中，度过了15年像电影《芦笙恋歌》中的主人公式的"野人"生活，才得以平反，回家和亲人团聚。可见，在"取得无产阶级'文化大革命'的伟大胜利"背后，所掩盖着的血腥，就是广西"一条正确路线"的真实写照。但是，这"一条正确路线"，已经遮蔽不了初露于人民群众心中的曙光，掩饰不住广大人民群众，为"四人帮"的垮台而溢于言表的兴高采烈。这是当政者与人民群众之间，截然不同的两种情绪表露。

　　人们的精神面貌在自觉悄悄地发生着变化，而不是运动式的轰轰烈烈。人们似乎从历次的政治运动经历中，特别是在"四人帮"终于被打倒的现实中，悟出了"阶级斗争"的真正含义。人们不再认为，人与人之间客观存在着的矛盾和斗争，都是"地主""资本家"与农民、工人之间的，不可调和的阶级矛盾和斗争了。所有事实雄辩的证明，过去一次次政治运动的实质，就是统治阶级内部的权力斗争；是统治者与被统治者之间的斗争。而这种斗争却被统治者冠以路线斗争作为幌子，人为的扭曲和转化成被统治者大众之间的矛盾和斗争。毛泽东提出的"阶级斗争"及"在无产阶级专政下继续革命"的理论，掩饰了反民主的封建主义实质，蒙蔽和利用人民群众，达到其维护专制统治的政治目的。无辜的人民群众被裹胁着，被动地成了这种斗争的工具和牺牲品。残酷的斗争现实，促使人们从被挑拨起来的群众斗群众的狂热情绪中冷静下来，自觉地尝试着挣脱那套愚民理论的裹胁，开始了独立的思考。这种全民性的思考，是在"林彪事件"无法掩饰而不得不公之于众之后就开始了的。特别是人们通过不同渠道获知了"571工程纪要"的内容片段中，更加深了人们对这些斗争的认识。人们开始有所觉醒。及至到了1976年，群众自发性的在天安门掀起的"4·5"运动中，终于在"欲悲闻鬼叫，我哭豺狼笑。洒血祭雄杰，扬眉剑出鞘。"的暴怒之下，忍无可忍的，公开暴发了从长期被愚弄中觉醒的愤怒。这是一场真正意义的群众运动。在这一运动中，"四人帮"开始感受到了"群众"不再是"愚不可及"了。尽管他们在感受到群众的真正力量后，仍然不甘于即将到来的最后失败，而动用了他们惯用以维护他们的专制淫威的"专政工具",以图压制住已经燃烧起来了的群众的怒火。然而,愤怒的剑已经出鞘,何时会向他们当头劈下只是个时机的问题。人们在等待这个时机。终于,在自然规律和历史潮流的相互作用下,在"4·5"的群众运动刚过去半年的时间里,人们所期盼的时刻终于到来了。当"四人帮"垮台的消息像春雷一样,撕开了长久笼罩在人们心头沉闷的阴霾,而引发了举国上下一片欢腾的时候,人们长期郁积在心中的怨愤得到了宣泄。同时也使人们更坚信了和"四人帮"的斗争,是一场正义与非正义的斗争。在这场斗争中,中国共产党的一些老革命家们又一次坚定地站在了斗争的前沿,代表了人民的根本利益,也代表了他们自己的利益,代表了正义,为人民的再次解放作出了伟大的贡献。

历史再一次证明,乌云终究遮不住真理的光芒。如果要问,在和"四人帮"斗争的胜利中,人民得到什么?那就是全体人民的人格得到了起码的尊重。我个人对此的感受尤为深刻。

二

1978年的金城江让我感觉到,和我刚来时没有多大的能令人震惊的变化。这大概是因为我的"文化大革命"的经历,和金城江这地方没有直接关系的缘故吧。这里没有人知道我的身世,使得所有的人都可以与我交朋友,使得我在这里的生存成了可能,加上有大哥的这层关系,至少我在这里的生存,不需要再像之前那样的亡命漂泊。我辞掉了原来在土产仓库扛包做苦力一天1.68元工资的工作,转而到地区水电局找到了一份临时工作,协助工程师们搞砼砌块摩擦试验。这项工作的技术含量较高,每天的工资是2.96元。由于我之前多年的流浪生活的磨练,使我具有较高的适应能力,很快适应了这项工作。到了"四人帮"垮台两年后的1978年,在大哥的操持下,通过相亲的方式认识了我现在的妻子,并闪电般的以大哥的"干部子弟"的名义,在大哥办公室开了一张证明,在镇里民政部门办了结婚登记手续。但是这个时候,我仍然是身无分文的穷光蛋,在我妻子不嫌不

第六编　苦苦挣扎风雨后　殷殷筑梦水云间

弃的情况下，没有任何仪式和张扬，悄悄地以我妻子那残破不全，且昏暗的土屋为新房，以我妻子原来所用的床铺被褥，在没有一样是新的，能称得上结婚用品的情况下，过上了婚姻生活。婚前，我没有对妻子袒露过我自己的文革经历，以及那一段自己曾经刻意去寻找，而又不愿意真正得到，最终也没有得到过的婚姻经历。我的家庭出身成为妻子同情我的理由。

　　由于金城江镇是河池地区行署所在地，有地、县、镇三级的行政机关，以及各类事业、企业单位集聚在这里。吃国家粮的非农业人口也都集中在这里。非农业人口的所有生活所需，都是由国家计划供应，包括蔬菜都是由蔬菜公司限量供应。这蔬菜则是由当地的蔬菜生产队专门种植，并按蔬菜公司规定的数量、价格交售给蔬菜公司，以换取国家向菜农供应的口粮指标。所以菜农的口粮比纯粹的粮农有保障，还不至于经常的缺粮断炊。那年月，粮食成为人们生存的根本，所以，能够享受国家供应口粮的菜农，身份就比种粮的农民略高一等。菜农是得益于家住城镇或近郊，才有资格成为菜农。妻子一家原来住在金城江现在最繁华的新建街，原来叫作"灰耨村"。由于1970年的一场大水，全村的老屋都被大水冲垮了，政府也就趁机占用他们的房地来建设街道，把他们全都赶到镇西南近郊，水洞村南面的山脚下重建村落。但在重建中，革命委员会仅给了他们微乎其微的，象征性的补助。他们只凭着自己的双手，利用还可以利用的，从坍塌的瓦砾中捡来的旧材料，拼凑成勉强可以遮风挡雨的新屋。妻子一家与村里分开，自家独门独户的在军分区背后的山丘下路边，重建了两间土屋，和新村隔着400多米远。新建的土屋，比起她们家原来在市中心尚未坍塌的祖屋显得简陋、凋零。我住进妻子家时，家里还没有电灯。我和妻子两个人利用出去打工的业余时间，用屋后的坡土，夯打成一块一块的坯砖，亲手一块一块地把坯砖砌筑成 L 形的两面墙，靠在岳父的屋后和厨房边，用岳父给的十四根桁条，到木材加工厂买来当柴火卖的板皮作椽子，买来别人从旧屋上拆下来的旧瓦，纯粹是以我们两夫妇的双手和力量，建起了约有 20 来平方米，属于我们自己的房屋，等待着我们的孩子出生。

我的妻子家里成分是贫农，但我岳父是个国民党桂系第七军廖磊部的老兵，曾到过安徽参加抗战。解放战争时没有随军撤往海南、台湾，而是伺机逃回家来。据我妻子讲，解放前，她们家里并不贫穷，比我那地主家所拥有的田地还多，有几十亩田地，且都是好田。但是一个地方和一个地方不同，我们老家那穷山沟里因"塘里无鱼虾子贵"，解放时我们家被划为地主，但她家里的成分却是贫农。我的岳父在国民党军队服役时，在外面走南闯北见的世面多，对共产党的政策有所了解，逃回家后，就趁着还没有土改的时候，几兄弟就分了家。把家里的田地分成了几家几户，到了土改的时候，各家各户拥有的田地也就够不上地主富农的条件了。但是，在那阶级斗争的年代里，他们虽然家里成分是贫农，却因为老岳父在解放前的抗日战争时期，乡里抽壮丁时，由于他们家弟兄四个，必须得抽一个壮丁，他在兄弟中排行老二，性格刚烈，为了让兄弟免除兵役之忧，同时他也胸怀救国之志，自愿报名当了兵，参加了国民党桂系。入伍不久，随着廖磊的部队，开拔到抗日前线的第五战区参加抗战。之前，他们曾在淞沪战场的大塘战役中，和日本兵真刀真枪、你死我活的激战了几昼夜。后来廖磊部先后参加了徐州会战、武汉保卫战，及其后在大别山的抗日游击战。据他自己说，他是腰挎驳壳枪，背负大刀的特务队队员，曾跨着战马，左右腋下各挟着一个小孩，从战场上纷飞的炮火中把他们救了出来。他也是从日本人的枪林弹雨中捡回来的一条命。所以每当听到说国民党军队没有打过日本鬼子，他就压不住心中的火气，而不顾一切地争辩。他很少跟人说起他所在的桂系第七军与解放军的恩怨，特别是与林彪四野的恩恩怨怨。当他听到人们议论林彪是常胜将军时，他总是表现出一种少有的不屑和嗤之以鼻。他在家里曾对我们说起过："林彪也不是什么常胜将军，在湖南的一战不也给我们桂系打得落花流水，整整一个师差不多全军覆灭"。当时我有点将信将疑。后来查阅历史知道，他说的是解放战争后期，在湖南永丰县的青树坪一战，林彪四野的49军146师，被白崇禧的第三兵团桂系第七军和48军伏击，并几乎被全歼的史实。但是他对于他们第七军在衡宝战役中的全军覆没，只有他们的军长李本一只身从四野的围奸中脱逃而绝口不提。而他正是随护着他们的军长逃出来的不多的幸存者之一。逃回到桂林之后,他也就乘机脱队,从桂林经柳州只身逃回家来的。好在那时桂系退回广西后,已是兵败如山倒,没有人再抓逃兵了。这其中的经历只有他自己知道。在他成为清理阶级队伍的批斗的对象时,也就有人想抓住他的痛处来整他辱他,他也就不得不顺坡下驴的为自己辩解说,自己是因为反对国民党发动内战而逃跑回来的。批斗他的人中,大多都是原来本村的同族兄弟,大家知根知底的,没有人存心要害他。只有那些解放前逃难到这里落户的外来户,被干部们所倚重的贫下中农积极分子,在上级的指使下,趁机落井下石的整他,但没有附和者,也就不了了之。

当兵前,他在家就已经定了亲的。因当兵离了家而未能成婚,家里以为他再也回不来了,他的未婚妻也就被人拐跑了。家里有田有地,他回来后几兄弟分了田地分了家才成的亲。我那没见过面的岳母在我妻子12岁时的饥饿年代,就过早的因饿病交加而过世了,留下姐、弟、妹三人,由岳父一人拉扯到大,当时生活的艰辛可想而知,所以他也就一直没有续弦再娶过。由于岳父是国民党兵的政治污点,其子女的政治前途自然地也就失去了念想,姐、弟、妹三人年纪小小的就成了正式菜农了。

妻子由于小小年纪就要帮着父亲照顾弟妹,初小没读完就辍了学。仅凭着求知的欲望,只要能弄得到的报刊和小说,她都不会错过机会,在每一天劳累之余的晚上,都会就着那昏暗的煤油灯,如饥似渴的一篇不落的看完。虽然写不出来,却能把书中的故事,条理清楚、层次分明地,边劳动边向一起劳动的伙伴们,讲述得头头是道。她讲的故事,在为大家解除了劳动的枯燥和疲累的同时,也引起了那些队干的不高兴,甚至上纲上线的指责她。由于她的性格受到她父亲的影响,心直口快,不畏强权,也就常常的少不了和队干顶嘴辩驳。穷人的孩子早当家,小小年纪的就又当姐如当妈的帮助父亲照顾弟妹,而且还要参加队里劳动挣工分,十四五岁就成了队里的主劳力,所以她在队里长辈们眼中,也就成了公认的"辣妹子"。那些得势的,想整她的干部,却也拿她无可奈何。由于家里这样的条件加上她个人的性格，所以她的个人问题也就高不成低不就的，几乎拖成了大龄青年，一直拖到"四人帮"的垮台。这天下大势已开始向好的方面变了的时候，我的即时出现，也就顺理成章地成就了"有缘千里来相会"的佳话，了却了我过去寻寻觅觅而不可得的一段姻缘。尽管我们是闪电式的婚姻，但我们都能很好珍惜而相依为命、相濡以沫。

婚后，妻子和队里几个女青年作为队里派出人员，到县饮食公司最大的饮食店做临时工，以换取店里的潲水回队里喂猪，但她们却只能回队里按月记工分，每人每月向队里预支 5 元钱的伙食费。我依然自己做着临时工谋生。到了 1978 年的最后几天里，报纸里相继报道了有关中共中央在北京召开的十一届三中全会的消息。决定结束全国范围的揭批"四人帮"运动，并且停止使用"以阶级斗争为纲"的口号，否定了"无产阶级专政下继续革命"的错误理论。不再批判邓小平的"右倾翻案风"。还决定给 1976 年发生的"4·5"天安门事件平反，也给刘少奇平了反。为全国地主、富农分子脱帽的工作也在胡耀邦任中共中央组织部长时提上了议事日程。如果说"四人帮"垮台的消息只是给我带来了生活的曙光，接踵而来的这些消息，给我个人带来的无疑是照亮我前途的光芒。使我开始有了对未来的憧憬。

三

到了 1979 年 5 月，我们的儿子出生了，并顺利地在水洞大队报上了户口。这不仅是得益于天下大势的变化，却也离不开妻子在大队里当文书的儿时伙伴的帮助，这个情分也是忘不了的。而此时我的户口依然是前不靠村后不靠店的说不清楚。从将来孩子的前途考虑，我不能总这样永远的做黑人黑户。有了大队里这层关系，加上大哥在镇里的关系，我开始把我的户口问题提上了议事日程。根据当时的户籍管理规定，农村户口向城镇迁移可不是容易的事，特别是要农转非，好在我要转来的是蔬菜队，仍然带着农字，也就相对的容易些，只要生产队同意，再得到大队的同意，再经镇里盖章批准，最后关键的环节，就是到派出所审核签发准迁证。生产队里有妻子的同宗姐妹做队长，且我的理由也是正当的，就不是难事了。大队里就更没有问题。到了镇里，有大哥单位的林姐热心帮忙，连到派出所这一关都包了，这准迁证也就弄到手了。这一切得来似乎很容易，但如果不是在每一个关节上都有关系，那就是可望而不可即的。生产队和大队且不说，那是妻子自己的姐妹关系。到了镇里和派出所这一关，如果没有林姐出面，那前面的就算白搭。

　　林姐在金城江算是个叫得响的角色。要说她能给大哥面子而帮我的忙，那真是人和人之间正常关系的人性体现。林姐在文革中两派斗争的时候，在"联指"派里也算是个强势人物，后来"联指"得势，她自然就没有受过什么难。但她是个热心肠的人，同情弱者，对大哥的落魄经历她是一清二楚的，后来大哥因家庭出身和文革的原因受到多重压制，被调离原单位，到干校，到拔贡水电站工地，后又被贬到边远的巴马县供销社。到"四人帮"垮台后才得以调回镇政府企业办，和林姐在同一个单位。两人过去因派性斗争时就相互认识，但没有什么个人恩怨，如今在一个单位共事，也就没有什么尴尬和隔阂。尤其是经过那么些年的折腾，让人始料未及的世事变迁，人们对世间事也有了新的感悟，大家都对那没完没了的，为迎合政治需要的你争我斗、相互倾轧，已经感到厌倦了，不再热心于受别人所利用，为他人作嫁衣裳了。在一个单位里朝夕相处共事，彼此心胸也就放得开，关系也算融洽。林姐是个性格开朗的人，加上大哥有自知之明，一贯为人低调，凡事不与人争，性格又幽默随和，对人生哲理的领悟也较透彻些，所以到了镇企办的单位里，和林姐等一帮同事就如一只锅里的韭菜般"一捞就熟"。我刚到金城江时，在几个重要的关节上，在大哥的请求和委托下，都因得到过林姐的热心帮助而解决了。当初如果不是林姐给弄的一本临时工工作证，我还不知能不能在金城江待下来。到了办户口这样的大问题上，不是她出面到镇里，并且直接到派出所找她管户籍的好姐妹以及所长"刘胡子"，那准迁证也就不会那么容易就签下来的。这些我都铭记于心终生难忘。

　　得了准迁证，要去办迁出证，这对于我仍然是个大问题。我的户口早就从原籍迁出来了，而后就没有个落处。迁移证一直就放在维新巷姨孃家,我还能去哪里去办迁出呢?我思前想后,认为只能还是硬着头皮回老家办。我想起当初在贵阳被抓回柳江县收容所时,后来送回三都的时候,因三都大队拒绝接收,而不得不又把我送回县收容所,最后县收容所无可奈何,只好把我放了出来。所长告诉我要自己想办法解决,也没说要怎样解决。现在是应该到了可以解决的时候了,我不如就回去直接找县里解决。

于是,我首先把我的户口情况写成一份三页纸的材料,在材料中把我当时为什么要出去上门,三都大队的一些人如何的从中阻挠和作梗,最后被迫流浪的经过,做一番控诉性的陈述。然后和妻子带着半岁不到的幼儿,回到柳江。我想到,这些年办任何事有关系就好办些。我循着这个思路,想到要找一个能帮我出点子的人。我第一个想到的是从成都部队复员,在县药厂上班的堂哥。堂哥文旭是真正关心和同情我们一家遭遇的人,当年二哥和振切、姚桂娥他们避难到四川时,他曾毫不避嫌的给予了庇护和收留。像我这情况找到他,他肯定会千方百计帮忙的。找到了文旭哥,他为我有了着落而很高兴,马上去把同在制药厂搞供销的,我儿时的伙伴刘智荣找来一起商量。他们两人一致认为,办这事还非要找在县公安局工作的三都老乡颜建学不可。他当时是拉堡派出所所长,我们一起到派出所找到了他,把我的情况向他说明,他很热心地答应帮忙。我把写好的材料给了他,他看后说:"这些事就不要讲了,我们的目的就是能办好我们现在的事就得了。我帮你去找管户籍的副局长,这个局长蛮好讲的,只要他开口了就好解决了。"于是,我把准迁证给了他。就在当天下午,他就来答复说:"我把你的情况对副局长说了,他当时就给局里专管户籍的那个女公安交代,让她负责这件事。那个女的当时就给三都管户籍的人打了电话,她叫你带着准迁证和原来的迁移证,直接到三都办就得了。"得到他的答复,我们几个人都非常高兴。我当时就对老同学表示了千恩万谢。他也很诚恳地对我说:"过去这些年也确实难为你们了,过去了就算了"。第二天上午,刘智荣陪着我们夫妇一起,回到阔别多年的三都街。我们没有先回家,而是首先去办事。智荣对我说,他认得三都这个办户口的人,并叫我买一条烟,(当时一条烟也就几十元钱），到时进门好说话些。我就照办了，交由智荣一个人进公社去，我们就在外面等着。由于经办人事先已经得到县局的电话交代，智荣进去不到一个小时，就把事情办好出来了。我长长地吁了一口气，感叹我在经历了长达九年没有"户口"没有身份的"黑人"生活，至此后，我才得以恢复了"人"的身份。怀着高高兴兴的心情，回到我那破败不堪的老屋。年迈的父母为儿子媳妇及孙儿的忽然出现而喜出望外，加上听到我说是回来转户口的，并且已经办好了，母亲禁不住的老泪纵横，悲喜交集。

四

有了户口，我正式成为了水洞大队的菜农了。生产队开始推行以家庭为单位的土地承包责任制，但是，队里可以种菜的土地已经不多，妻子一个人，就能把全家要交售蔬菜的任务，全都一起包干了，我就可以找其他工作做。我和从老家来的阿亮一起做起了肉皮加工的生意。当时的农民做生意还未能获得政策的允许，我们就在大队开一张做乡镇企业的证明，到金城江各个饭店联系收购他们不用的冻肉皮，回来加工成干肉皮。做这生意是要起早摸黑的，半夜里饭店开始上班，我们就要赶到饭店，帮他们把冰冻的肉皮铲下来，把肉皮收购回来，在家里加工成干皮。然后通过火车站托运到柳州，交给阿亮在柳州的二姐负责销售。主要是销往玉林地区的贵县。那时在火车站托运东西并不容易，到火车站要经过检查，而且要有证明。有一次我们就着晚上人少不用排队，把肉皮送到火车站办托运时，由于我们的衣着脏污油腻，被铁路派出所认为我们"形迹可疑"，而把我们人和东西都扣了下来。通过与镇里河南派出所联系了解了情况，才放了我们。后来我们又把生意扩大到贵州云南，还是通过大哥从镇企办开了一张外出业务的介绍信，去采购加工好的干肉皮，运回广西来。我们在河池本地引领了农民做生意的潮头，虽然属于小打小闹，却最先尝到了政策开放和社会变革的甜头。我为此而受到鼓舞。但是这时广西改革开放的政策还很不明朗，中央又刚下发了一个"加强市场管理，打击投机倒把"的什么"2号文件",给镇里一些搞惯了运动整惯人,早就对我们所做的这桩生意抱着质疑眼光的人,又好像把握了尚方宝剑一样,以镇企办给我开介绍信出去做生意的事为把柄,说成是纵容我们搞投机倒把,以此为由,乘机整大哥,整镇企办的人。并为此搞了一个专案组,跑贵州,跑昆明的忙了几个月,也没搞出什么名堂来,加上这时全国农村已经在搞土地联产承包责任制,到处都在搞分田到户了,这事也就不了了之。虽然没有给我造成什么实质性的伤害,却也足以使我虚惊了一场。这是我在毛泽东后时代所经历的最后一场左祸遗毒,

五

在计划经济年代,农民被紧紧地束缚在那毫无希望的土地上,农民们从来不敢设想或奢望,要过上什么样的好日子。因为一直以来,他们头脑中的好日子,都被意识形态定性为"资产阶级的糜烂生活"。何况他们所赖以生存的土地,并不属于他们所有,他们的生活、他们的将来,也就由不得他们自己去设想去规划。而是早就由党为他们"规划"好的。

过去的农民世世代代梦想着拥有属于自己的土地。共产党领导的革命曾经一度圆了他们的土地梦。他们衷心欢呼着新中国的建立。但是经过建国初期的农村社会主义改造后,农民最终彻底失去了自己的土地。成了乌托邦式"共产主义"的人民公社的社员,被牢牢的束缚在人民公社的土地上,像农奴一样被驱使着。他们世代贫困的命运没有改变。所改变的是他们对土地的梦想。还有他们梦想的自由。土地不再是农民的希望,而是成了奴役他们的枷锁。从他们彻底的失去土地的时候起,他们转而变得对土地产生了厌恶。他们梦想着如何逃离农村,摆脱土地的束缚。在城市近郊的农民,都盼望着国家征用他们的土地。他们不是为了得到国家征用土地时应当给予的补偿。而他们所期望的是让他们"农转非",让他们得以摆脱农民的身份,和吃了上顿没下顿的生活。仅仅如此,他们就觉得是对他们最大的恩

赐。他们最美好的梦想，就是能摆脱土地的束缚，不要再做农民。

寻找新的生活出路，是我从红色恐怖的年代里，就致力于为之挣扎而追求的梦想。我从初步开放的言论自由中，看到了民心之所向。

我最早的办法就是以社队企业的名义，自己找工做。当我看到经商比务工更有效益的时候，我又以社队企业的名义，开始弃农经商。我认识到，以社队企业的名义，毕竟名不正言不顺，随时有可能被当作"资本主义尾巴"被割掉，被清算和打击。我以镇企办的名义做猪肉皮加工生意，导致大哥的被诬陷审查，让我余悸未消。对这种"冒名"方式的经商，有了更深的顾虑。于是我在加工猪肉皮生意做不下去的时候，开始考虑着改行。

第五十五章　个体户

一

1979年，随着全国各地知青返城大潮的涌起，城市的就业问题，成为各级领导部门迫切需要解决的问题。中央高层为了应对回城知青的就业问题，唯一能够给出的解决办法，就是鼓励知青们自己找事做。但是，文革十年国民经济已经濒临崩溃，原有的工矿企业都处在倒闭边缘，原有职工大都无事可做，更不可能有什么新的项目上马，打零工的事都找不到，他们还能找到什么事情可做？逼于无奈，一些有商业头脑的知青及其家人们，一反过去的观念，把眼光投向市场。过去把市场看成是滋生资本主义的温床，而对市场采取了严厉的管控，把一切商业行为都当作投机倒把禁止或打击，使得流通领域的物资匮乏，市面萧条，因而也让市场留下了不小的空间，给知青们的大量涌入造就了条件。知青们经历了多年的农村生活，深深体会到，在城市里补鞋子，甚至帮人刷马桶都比农村强，所以，在选择职业上，只要能赚钱，也就没有什么可以讲究的了。最关键的还是政府的观念也在改变，不再认为做生意是资本主义了，原来那套市场管理的法规也不再适用了。但是市场还要管理，要做生意就要办理工商登记，要办执照。工商执照上的"经济性质"原来只有"国营"或"集体"，为了给回城知青们开一个方便之门，于是在工商行政管理登记上就造出了个新词叫"个体"，"个体"是相对于集体而言的，于是"个体户"作为一种职业，在中国开始流行开来。有了个体户，确实给各级政府对回城知青的就业压力，起到了一定的缓解作用。个体户也就成了知青们最先享有的专项"职业"，其他人要做"个体户"，特别是农民，就更不具备那个资格了。其实，从维护稳定角度考虑，知青的就业问题急于需要解决，而最迫切需要解决的，还应该是占全国人口百分之八十以上的农民的生存问题。因为，自建国以来，中国农民所承受的苦难最为深重，生存的条件也最为恶劣。

自土改以后，农民对土地的拥有只是个虚幻的概念。而土地对农民所能起到却是严苛的束缚作用，农民一直被紧紧地束缚在生存条件最为恶劣的农村。农民的不满已经到了临界点，正因为如此，土地联产承包责任制也就应运而生，这条农村改革的道路是农民们自己走出来的。是邓小平顺应了农民的意愿和诉求，把土地按劳动力分配到以户为单位的农民手中，对农民的生产积极性起到了极大的推动作用。但是，在推动这一项农村改革中，城镇里的农民却因此而承受了极大的不公平。城镇里的农民是负责种菜供应城镇居民的。他们种的菜得按蔬菜公司定的收购价格，交售给蔬菜公司，以换取国家定量供应的口粮。在没有进行改革之前，菜农的待遇相对于粮农的待遇稍好，至少因为有国家给的定量口粮而不会挨饿。而改革后，由于历年来城镇建设需要，他们的土地已经被征用得差不多了，当时征用土地，农民并没有得到补偿，只是象征性的安排几个人的工作，而要得到那份工作，那得经过多少道严格的政治审查。没得到工作的家庭，就只能是哑巴吃黄连，有苦无处诉。到得按劳力分配土地的时候，我所在的生产队的土地已经所剩无几，我们一家人分得的土地不足一分，再怎么勤奋，这点土地也养不活一家人。而且分的地还必须种菜，并按蔬菜公司规定的价格，交售给蔬菜公司，才能换得每一个月的粮食供应指标。换来的钱仅能够买得购粮证上的粮食指标，也就不能顾及其它了。基于这种现状，我也只好把目光投向了市场，想从市场里找点生意的门道。

我在农贸市场里看见，高价面条的交易量不小。当时粮食还是定量供应，买米买面还要凭粮证粮票，但农民的粮食产品可以进入自由市场进行调节。农民喜欢吃面条，甚至把面条当成待客的食品，但是农民没有粮证就买不到面条，只能到自由市场买。[1] 有购粮证的人在粮店里买的都是3号米（陈年老米），想吃新米的人就到市场里买农

---

1 当时都把市场称为自由市场，改革开放后才称"农贸市场"

民拿来卖的米。就出现了凭证买面条到市场上卖高价，再买高价或者直接以面条换米，面条比米价格高，换算下来面条换得的米也就和粮店的平价米差不多了。这样就出现了粮食市场上面条需求量的增大。搞面条加工也就有一定的利润空间。我算了一下市场上一斤面条的黑市价格，除去买面粉买粮票的成本，还有几角钱的赚头，这几角钱就算是加工费，再除去加工机器折旧和电费，也还有两三角钱的人工费，算起来也还比种菜、做工划算。当时柳州个人加工面条已经兴起有两年多了，而金城江只有一家街道办的面条加工厂，还没有个人搞面条加工的，我认为可以做，就花了200多元，从柳州买回人家一套旧的面条机。原来妻子家里是单门独户，个人安不起独立电表，一直还在用煤油灯照明。面条机是电动的，需要用电，就向供电所申请安装了一个电表。把机子安起来的同时，也解决了家里照明及生活用电的问题。

　　面粉的问题是面条加工中最棘手的问题。当时金城江都是凭证供应粮食，而不是发粮票，要到柳州买广西粮票或者全国粮票，回金城江买面粉。这样做下来周折太多，过程太复杂，而且粮票买卖还是属于投机倒把，是违法的，粮店里见你总是用粮票大量的买面粉，会引起他们的怀疑，一旦追查下来问题就复杂化了，说不定又会给加上个什么罪名，没收工具财产等等。所以，这个生意没做几个月，赚不了几个钱，也因为面粉供应不上，就不得不停了下来。一套面条加工机械就闲置成了废铁。第一次创业就这样失败了。

　　面条加工的生意失败了，我只好又操起砖刀，去傍人家建筑公司施工队的边，做起了建筑泥水工。做建筑行业是苦力活，同时还要有一定的门道，才找得到工程来做。但那是工头的事，我做不了工头，只能是纯粹的打工。工头要接工程，这个门道的水深着呢，首先要有这一行内的信息渠道，懂得哪个单位有什么工程，懂得管工程的人是谁。那时还没什么公开招标的，全凭着攻关工作的技巧和关系。具备这些条件的人才能做得了工头，所以那年头首先富起来的，大都是包工头。这还仅仅是纯粹的包工，到后来发展到包工包料的时候，就涉及水泥、钢材、红砖、沙子等建筑材料，除了沙子不用批条外，水泥、钢材包括红砖,都是需要关系才能弄到手。尤其是水泥、钢材,当时还都是计划供应物资、紧俏商品,物资部门掌握着这个批条的权利。于是,由包工头又带动了物资部门掌握实权的人,也跟着富裕了起来。而我们这些做工的,能够得到的也就仅仅是血汗换来的那点钱了,仅仅是以解决温饱为主要目标。我也想发财,也想富裕起来,但我们没有那个条件,只能望洋兴叹。

在搞建筑的时候,我发现,当时的红砖供应很紧张,同时也开始出现了水泥砖代替红砖的趋势,而且河池建机厂已经有水泥砖机生产。我又凭着一股热情,放下了泥水工不做,开始了第二次创业,与人合作办了个水泥砖厂。但我却忽略了主要材料水泥和石粉的来源渠道。水泥砖厂办起来了,碰到的首要问题就是水泥的问题。当地有一个水泥厂,但我没有水泥厂供销科的关系,去求爹告娘的都没有用。我只好通过朋友的朋友,接上了水泥的货源渠道。这样一来,在生产过程中的成本就大幅的增长,剩下的就只有那点工人的人工钱了。最后连石粉也成了紧俏货的时候,我又重蹈了面条加工的覆辙,不得不停了下来,砖厂又失败了,连投资都收不回来。还背上了银行几百元钱的贷款债务。

我总想以比较现代化的工业手段,来找到一条生活的出路。但是,我对当时社会现状认识太过粗糙了,我不善于做工业的经济核算,忽略了其中还存在着的隐性成本。这是我失败的根本原因。这种失败,损失虽然不是很大,但是,依我当时的现实境况而言,每一次失败都意味着倾家荡产。

二

想从加工业找出路的尝试都失败了。我就想还是做买卖来得简单些。但那时以一个农民的身份去做生意,按政策显然是不可能的。为此,我曾经就我们这种基于农业与非农业之间,粮农与菜农之间的身份区别,专门到工商所咨询了一下,以求从中找到一些可资利用的政策资源。当时金城江工商所的所长是个50来岁的老所长,是个体恤民瘼的人，他听我说了：菜农是吃着国家商品粮的农民，但我们的土地已经被国家征用得所剩无几，靠种菜的收入，仅仅能买得起国家供应的口粮指标，其他生活所需，则无从顾及，长此以往，菜农如果得不到适当的工作安排，就变相成了城市的失业者，变成城市贫民，永远摆脱不了贫穷。眼下知青的回城，已经造成城市就业的巨大压力，政府更无力顾及农民所面临的困境。我跟所长提到：如果政府对待菜农也可以采取对待回城知青一样的政策，允许菜农参与到市场活动中来，自己找生意做也不失为解决问题的办法？我知道，工商所长不是什么政策的制定者，但他是具体的执行者，县官不如现管，或许他说可以的也就可以了。他听了我这番话后，沉思了片刻后对我说："现在的个体执照主要是针对从农村回城的知青而定的，也没有个明文的规定。但是，菜农地少，靠种那点地确实也很难维持生活，但政策摆在这里，我们这执行的人也没有办法，不过，现在不是还鼓励发展乡镇企业吗？你回大队去，开个乡镇企业的证明来，我让他们帮你办一个执照，先做起生意再说咧。你想做什么生意？有些生意个体户是不能做的。"我听他如此说，就觉得有了一线希望，就跟他说："我就想在街边摆个摊卖点凉粉。"他说："那倒是可以，没涉及其他政策就好办，你就按我的意思回大队开个证明来，我帮你想办法办个执照。"得了他这句话我特别高兴，觉得这个所长是个好人，不由得对他怀有一种感激的心理。

  我去工商所之前，因为心里有了要做生意的想法，我曾经到市场，到街上，到商店里逛了几次，想从中找出一点生意的门道。我看到，那些商店里有卖的东西，当时都不愁销，但我们是不可能经营那些东西的。首先那些东西都是计划生产和供应的产品，那是由国营商店垄断了经营权的，政策还没放开，就谁也无法染指的。所以我们能打主意的，只能是从农产品中，非统购统销的产品，没有国家政策限制的，可以自由进入市场的东西，才能做。

  说要摆个摊卖凉粉，我是经过一番认真考察过的。我心里早就想找个可以大明摆白的生意来做。因为在此之前的流浪岁月里，虽然一直都在做生意，但那些生意，都像从事地下党的秘密工作一样，偷偷摸摸着做。所以，我心里一直在梦想着有一天我能够不躲不藏，理直气壮的开门做生意。知道可以允许私人做一些小生意时，我就在心里琢磨着，找个什么投资少，风险小的，适合我们这种没有经济实力，白手起家小本经营的生意。为此，我们夫妇俩带着儿子专门到街上，到农贸市场去察看。

　　我们从农贸市场出来，走到街中心百货大楼门口，本想进百货大楼里逛一逛，顺便躲一躲那火辣的太阳。但我那刚过三岁的儿子，已经开始表现得有些不听话了，闹着不想走。大概是因为饿或渴的原因吧。但是，当时的街上，除了一两家国营的饮食店有米粉卖外，别无其他可以吃的零食饮品。我们就朝着百货大楼对面的朝阳街走过去，想到街边的树荫下找个凉茶摊，买一杯1分钱的三楂茶给儿子解解渴，让他不再吵闹。我们走到朝阳街口的一棵木菠萝的树荫下停住脚步，正寻找着过去一直在这里摆卖的凉茶摊。都这个时候了，卖凉茶的覃嫂还没出来摆摊。我们正准备带着儿子往回走时，才看见覃嫂俩佬推着辆三轮车，从桥头方向匆匆而来。来到我们歇凉的街边树荫下。我老婆以调侃的口气和覃嫂打了个招呼："我们都干死了，这个仔闹着要找你讨杯凉茶喝，你们干啥这个时候才出来？"

　　覃嫂见是熟人，且是在等着她的生意开张，心中自然高兴，笑着答道："今天逢着贵人了，摊还没摆好就有贵客等在这里帮我开张，不过我已经蛮久没卖凉茶了，现在只卖凉粉。"接着俩佬把三轮车依着街边摆正，并用竹竿搭起了棚架，在上面铺上一张旧床单，就算搭起了可以遮挡整个三轮车，还可以在前面站两个人的摊棚。从家里推出来时就已经在三轮车上摆着一块不到两平方宽的案板，覃老板从三轮车后厢里把一只蒙着白纱布的大木桶摆到案台上，再把两个玻璃缸也摆到了案台上。一个缸里装的是熬好的红糖汁，一个缸里装的是泡着大海子（中药）的凉茶水。一个凉粉摊几分钟时间就摆好了。

　　覃嫂的摊子还没摆好，在摊子前面就已经有人在等着吃凉粉了，好像都是熟客，都和覃嫂打着招呼。摊子刚摆好，覃嫂就从摊板下面拿出白瓷碗，熟练的从桶里往碗里舀凉粉，然后用舀凉粉的小铜瓢在碗里把凉粉剁成小碎块，再从凉茶缸里舀一瓢茶水，从另一个缸里舀一小勺黄澄澄的红糖汁添到碗里，最后用瓢子把凉粉茶水和糖汁搅拌了一下，就成了一碗当时市面上唯一称得上清凉饮料的凉粉。覃嫂忙起来就一直没有个停，也就没闲空搭理我们了，只顾忙她的生意。

待覃嫂大概忙了半个多小时后，大约卖出去 30 来碗凉粉后，节奏开始慢了下来，才往后面转过身来，找点话和我们搭腔，并打了一碗凉粉递到我老婆面前说，"只顾做生意倒把你们给忘了。"她边做着生意还边和我搭着话。

"这几天天热，这个生意也特别好，一出来就忙到收摊，今天是在家多准备了两桶，恐怕到下午不够卖时，再回去做就来不及了，这种凉粉搓好要等一两个钟头才能结得起来。所以今天出来就迟了点，往时每天 10 点前就出来摆好摊的。"

我一直在注视着凉粉摊的生意。看着覃嫂正在忙生意没多久，在她的摊子对面街的树荫下，又摆好了一摊，也是卖凉粉的摊子。

这地方小，几乎每一个街坊邻居的人都相互认识，对面那个凉粉摊的老板是在地区水电局上班的老梁的老婆。两个摊子相同的生意，好像并没有什么相互拉客抢生意的样子，各有各的客人，各有各的生意，都相安无事。生意也都差不多一样的好。我们是出来探生意路子的，眼前的场景不免让我有所思忖。老婆喝完了凉粉，我也让覃嫂打来一碗尝尝。味道确实不错，清凉解渴。

我们吃完凉粉，也没马上要回家的意思，依然坐着覃嫂来时递给的小木凳子不动，继续观察着两个摊子的生意。一直到我老婆催了，才给了凉粉钱并告辞。

一路走，我一路对我老婆说："刚才在凉粉摊边我一直看着他们两个摊子的生意，真想不到他们这生意有那么好。我粗略的估计，他们差不多是平均一分钟能卖一碗，一个多钟头就能卖出一大桶，一桶大概有 100 碗左右，照这样的情况，一天能卖个 10 桶 8 桶没有问题。一天的收入就是 100 元左右。就是不知道他们的凉粉籽是多少钱一斤？去哪里买的？"

我老婆说："这种凉粉籽我知道的，我们这附近山上都有，个子就像秤砣一样的，成熟时摘回来，掰开，掏出里面的籽晒干就成。做凉粉的时候用布袋子装起籽，在水桶里搓出黏稠晶亮的果浆，搓好后放在阴凉处二三个钟头就能结成，还有就是必须要用清凉的泉水才能凝结得起来。覃嫂她们可能是跟村上的人挂好钩，叫人家专门收来卖给她们的。不过这种凉粉籽纯粹是野生的，一定是附近村上的人摘来卖给她们的。我们要是去农村赶圩也可以买得到，但是能收得多少很难讲。"边走边聊，不知不觉间也就回到当时还属于城郊的家。

从街上回来，我心里就一直在思忖着：老人们常讲的，大生意好看，小生意赚钱，这道理不假，从这两个凉粉摊的生意看，他们一天下来，能赚个百把几十元是不成问题的。在当时一个工人、职工每个月的工资才30—40元的情况下，他们算是高收入了。也是现在，要是过去，不知让多少人眼红，不把他们当投机倒把、发财暴富的资本主义典型批斗才怪。我继续往深里想：做这个生意也要不了多少本钱，有个百把几十元也就可以做起来了。看起来还比去打零工强得多。于是，我对我老婆讲出了心中的想法。

我老婆说："这个生意有这么好，是可以做，而且我们也会做，但是我们现在要一样没有一样的，就连100块钱都拿不出来，怎么做？"

我说："本钱可以去跟大哥借，看来不成问题，就是凉粉籽不知道去哪里买？还有最关键的问题是，卖凉粉也要办工商执照的，覃嫂她们是非农业，她们可以办得执照，我们农民是办不了工商执照的。"说到这个问题，我们的心就凉了下来。但心中却一直在萦绕着，我已经打定了主意要做这门生意。就因为这执照的问题，我才专门到工商所，去查询了关于办执照的问题。

三

第二天一大早，我又一个人上街去。这一天我哪里都不去，就径直往百货大楼正门口那里去，从九点钟起，就蹲在那里，朝着对面朝阳街中那几棵木菠萝树下看着。还不到十点钟，老梁家就先出来了，在他们的那棵树下原来的位子上摆好了摊子，开始做起了生意。老梁两公婆比老覃俩佬年轻，动作更显得麻利，三下五落二的就开始忙着待客。

今天是星期天，老梁不用上班，他大女儿不用上学，就一家三口一起出动，不像往天他老婆一个人忙都忙不过。他们都快卖完一桶了，覃嫂她们才摆好摊子开始做生意。两个摊子都一样，一直在忙着，摊子前面还围着一帮人等着。他们从摆摊起，就一直没机会坐下来休息一下。

做这生意辛苦是辛苦，但是生意好，所以总是见他们时时都乐哈哈地招呼客人，没有一点累的样子。我就瞅个空过去和他们套个近乎，进一步探究一下心中不明了的问题。于是看看老梁家那边稍有闲暇，便向那边走去。

过去我在地区水电局做临时工的时候认识在水电局做后勤采买的老梁，也还聊得来。老梁远远就看见我向他的摊子走去，很热情地跟我打招呼："小文，快过来吃碗凉粉。"我也就顺势应道："好生意！来一碗你家的凉粉，看看你家的味道！"说这话是考虑到，老梁的招呼让对街覃嫂俩老肯定看在眼里，不管怎么样，看着自己的老熟客往别人摊子走去，心中总有些疙瘩的，这后一截话等于是说给覃嫂她们听的。

到了老梁家的摊子后面，老梁也给我递过一张小凳子来，边喝凉粉，边和老梁两公婆聊些闲话。同时也不免恭维一下他们的生意："这种天气，喝一碗凉粉真爽，舒服！"

老梁边帮他老婆忙着，边和我聊着："你不在水电局做了，现在忙点什么？"

听老梁问到这个问题，我也就顺势以试探的口吻答道："找不到什么好赚钱的，做零工辛苦不讲，领钱又麻烦，而且钱又少，想找点生意做，又不知道做什么好。昨天出来在覃嫂那边吃凉粉，见你们两摊凉粉都忙得不行，所以今天特地出来找你取取经，想请你指点一下，不晓得你舍不舍得教我一招？"

老梁听到这老实又带恭维的话，心中也蛮舒服受用的，就谦虚地答道："我哪有什么点子谈得上教你，以前你在水电局做工的时候，水电局那帮'"臭老九"'都在背地里议论,夸你是少有的聪明人,总在猜测你这样的人为什么就没有个工作,要来做零工?"

老梁讲的"臭老九"是指水电局里的那些工程师们,当时都把知识分子叫"臭老九",那些工程师们也都乐于自称"臭老九"。我听老梁这样一说,也笑笑道:"我算什么聪明,不过是靠卖力气而已。"老梁说的水电局里的人夸我聪明的事,是指我在水电局协助工程师们做砼块摩擦试验时,我给他们提出了一个建议,被他们采纳,并按我提议的方法,搞了一套防险装置。那一次试验过程中,不出我的预料,出了一次安全事故,全靠我那一套保险装置,才不至于让从试验台上滚落下的300多斤重的铁锭,造成人员伤亡,实验设施也没有遭到损毁。我是想到了工程师们没想到的事。所以才得到了他们的认可和称赞。水电局确实也想留我继续在那里做工,但那毕竟是临时工,对于我不是长远之计。为这事,我在水电局留下了一个好的印象,让局里上上下下都认得我,再加上我家就在离水电局不到300米的路边,特别是老梁天天出来采买,几乎天天都能见到。所以就以熟人相待了。话聊到这份上,我也就乘机把正题挑明了说:"我也想做一摊凉粉来卖,不知道做得做不得?会不会影响到你们的生意?"说话间,我一直留意着老梁他老婆的神色,因为她在那里忙着,自己却和老梁聊个不停,看得出她都有点儿不耐烦了,话说到这里,我就特别加上一句恭维他老婆的话:"梁嫂,你舍不舍得教我一招?如果你舍得教我,搞不好我就可以做得起来。"

梁嫂是个开朗泼辣又随和的女人,听我这么一说,心中原有的一些不快就消失了。也抽空稍停了一下手中的生意回道:"你那么聪明的人,还用我来教?何况你也不会看得起我们这种小生意。"

听梁嫂这样说,我心中原来的一些担忧也就随之消散了。

瞅着老梁他们的生意忙得顾不上理我的时候,跑到旁边一个卖黄皮果的摊子买了两串黄皮果,把一串拿过街对面给覃嫂俩佬,客气地说:"覃嫂啊,太忙了,饭都没有时间吃,得空就吃点黄皮果坚持一下。"

覃嫂答道:"不用客气,拿回去给你仔吃。"并顺手递过一张小凳子："坐一下！"

我把黄皮果放在覃嫂摊子上说："我不坐了，我还要到对面和老梁他们聊点事，你忙你的生意。"就又走回老梁家摊子那边去了。

梁嫂是个心直口快的人，见我又回来了，还拿着黄皮果，就笑着说："我还以为你买了黄皮果就回去了，舍不得给我们尝一尝呢。"

我顺势递过手中的黄皮果向着梁嫂说："哪里话，凉粉钱都还没付，哪就敢走。"

梁嫂爽朗的笑出声来说："哎哟！一碗凉粉几多钱？我还怕你不给钱呢？"引得大家都笑了起来。

老梁说："坐坐，现在没有刚才那么忙了，有大妹仔帮着她就忙得过来，我也可以和你坐一下了。"

见老梁可以坐下来和我聊，我也就把心中想问的问题都问了一遍。从老梁叙述中知道：他们一天的生意，可以卖个10来桶，但就是做不出来，这种凉粉籽结得慢，所以经常出现做得不够卖，事先准备得多了怕卖不完会坏掉浪费。正常的也就能卖个七八桶，但七八桶是远不够满足客人需求的。老梁还生怕人听见一样的故作神秘的悄悄说："只要卖得出去一桶，总能赚个10把块钱的。"

我向老梁趁势强调了一下说："我真的想做一摊，又怕抢你们的生意。所以特意来征求一下你们的意见，我昨天也试了一下对面覃嫂俩佬，她们倒是含含糊糊地说'生意做得完嘛，各有各的生意，哪个又抢得哪个的，哪个也管不了哪个。'所以今天我就是专门出来问问你们，如果你们也没有什么意见，以后做起生意来也好相互帮衬拉扯，大家和和气气的才好。"

老梁说："其实再多个摊子也没有什么大的影响的。就怕你不愿做这种小生意。"

听老梁这样说我心中就有了谱子了。同时也从老梁的口中知道：做这种生意除了要办工商执照外，还要经过防疫站体检，还经常来检查你卖的东西的卫生情况。这些都不是什么大问题，不过是走走形式而已。凉粉籽一般都有那些农村圩市的人收来，可以长期跟他们挂钩要货。但是没有保障，有时有，也有经常断货的。我获得我想知道的信息后，见他们的生意又开始忙了，知趣地掏出一角钱放在摊子上给老梁的凉粉钱，就告辞了，高高兴兴的回到家中。

四

　　回到家后正式和老婆商量，认为这个生意确实可以做。一方面本钱不需要太多；再则是不存在技术难度，这个事情就定了下来。接着下去的就是愁着原材料的来源。覃嫂、梁嫂她们做惯了，有固定的货源渠道，但是我们开始做，就不知道去哪里找货源了。覃嫂、梁嫂不可能大方到连货源也让给我们，何况这种野生的东西又不是想要多少有多少。

　　事情定下来后，我就挖空心思地想着如何解决凉粉籽的来源问题。我搜肠刮肚的动着脑筋，记得老家山里就有这种东西，我曾经动过回老家看看的念头。但又想到老家的圩日，过去也只是偶尔看到有卖的，但从来没有见过有人专门卖这种东西的。我的思绪不由自主地回到过去的流浪生活中去，力图从记忆中去搜寻到一些有用的信息。几天来我为此冥思苦想，皇天不负有心人，终于想起过去流浪在贵州、云南的一些县份上时，一些县城街头总有些卖大碗茶的摊子，摊子上除了摆有凉茶外，还经常看见摆着个玻璃缸子，那些摊主在吆喝叫卖凉茶时，同时也有"水晶凉粉"的吆喝声，在贵州的黔西南一带，自己曾经品尝过。贵州的水晶凉粉质地要比这本地凉粉好吃好看，正如他们称谓的一样，那凉粉晶明透亮，口感爽脆。但贵州人吃凉粉和这里本地不同，吃的是醋酸拌凉粉，不像我们广西吃的是糖拌凉粉。这一段记忆唤起了我极大的振奋，让我如获至宝，为此兴奋得不得了，当时就拿起笔，给贵阳的朋友写了一封言简意赅的短信，向朋友询问关于水晶凉粉的事。信写好后马上就到邮局寄了出去。

　　从金城江到贵阳，那时的书信往返需要一个星期。那个朋友与我算是真正的铁哥们的，信发出去的第六天，回信就来了。我迫不及待地打开来看，信中说：那水晶凉粉籽是农民地里种的，每年都在秋季收籽，农村供销社也有收购的，不是什么紧俏物资，想做凉粉卖，收凉粉籽不是问题。而且在当地价格很低，一般是一元左右一斤。得到这样的消息，无异于找到了生财之道一样，简直让我欣喜若狂。但是信中说，水晶凉粉是如何加工的他就不知道了。经过一阵沉思中，我在心中就想好了解决的办法。

当晚，我们带着儿子，到大哥家中，在大哥家中吃了晚饭。饭后，我把这一打算告诉大哥大嫂，得到他们的赞同，并同意借给我们300元钱作本钱。回到家后，我们商量好，明天作一下准备，后天就由我带着儿子上一趟贵州。第二天，我老婆就到大队里找她当文书的朋友，开了一张社队企业人员外出公务的证明。当时，外出乘车住宿是要带证明的。第三天晚上，我带着儿子登上开往贵阳的列车。

贵州对于我算是轻车熟路。次日的中午到贵阳下了车，就直奔汽车客运站买了一张次日到兴义的客车票。在贵阳的当天晚上，为了省住宿费，就投宿在离贵阳汽车站不远的那个朋友家中，第二天一早起来到汽车站，登上开往兴义的班车。

下午1点多到兴义下车，找好住宿的旅社后，带着儿子到街上转。在汽车站不远的一个街口，就有一个凉茶摊子，上面有一个大盘子，里面盛着一个盆形刚做好的水晶凉粉。盘子前面还摆着一块纸牌子，上面写着"水晶凉粉"四个字。我走过去，看到摊子后面是一个50多岁的男老板。叫老板打了一碗凉粉，并找话跟老板扯了起来："老板，你的凉粉是糖的还是醋的？"老板答道："有糖拌的也有醋拌的。"我要了一碗糖拌的就在摊子边两父子喝了起来。边喝就边和老板聊起来。我有意问老板："你这凉粉好吃又好看，是用什么做的？"

那老板见是个青年人，还带着个孩子，就很客气地答道："是凉粉籽做的嘛！"

"这凉粉籽好不好买？"我紧跟着问道。

老板答道："这是我们当地土里栽的，年年都有的。"

"现在可以买得到不？多少钱一斤？"我又进一步探问。

那老板生意不忙，也就和我有问有答地聊着："凉粉籽有嘛，我们这里就9角钱一斤。我家里都有，你要不要嘛？"

我故作若有所思地说："我见你的凉粉搞得好吃，比我们那里的本地凉粉好吃多了。所以我想要一点回去自己试做来吃吃。但是不知道这个凉粉的做法和我们那个凉粉的做法是不是一样的？"

那老板听我这么一说，便很热情地问道："你从哪点来的嘛？"

我答道："我是广西来的。"

老板说："你要得多一点籽籽，我可以教你做嘛，不难做的，而且我们这个凉粉籽是当时做当时就结的，可比你们那个野凉粉好做多了，结起来的凉粉又韧实，落到地上都不会散的。"

听老板那么一说，我心中就暗暗高兴起来，赶忙接着老板的话说："要多少你就可以教我做？"

老板说："你至少要10斤以上，我就教你做，而且保证现教现会。"

我没想到这老板提的条件会那么低。本来还以为人家提出非要个五、六百斤才肯教，我出来的时候，就带着大哥给300元钱，来回的路费食宿费，最多也是能要个200斤，而且一下子要那么多，没有经验，又不知质量好坏。回到家能不能做得成，也还有些担心。原来打算也就最多要个100斤这样。加上托运费，这钱也就合适了。听老板这样提了，我也就顺水推舟地说，如果你有，就给我30斤吧，本想多要点，带着个小孩，不方便多带。

老板听我说要30斤，高兴地赶忙答道："有！有！我家里就有30多斤，我自个留几斤，就给你30斤吧。"

双方一拍即合，彼此都很高兴。老板当即叫隔壁摊的人帮招呼一下摊子，就带着我两父子到不远的家中，摆起架势就从头到尾的教我做起来。可不其然，不到半小时，把籽籽搓出浆汁后，按常规需要添加的几种辅料按比例用水化开，用手把那经过过滤的浆汁边搅动，边加入辅料，那旋转运动的浆汁还没完全静止，那晶明透亮的水晶凉粉就做成了。我知道，这就是我们在学校里学过的化学反应过程。老板当时就用刀子切下一块，从一米高的地方让它自然下落，那块落地的凉粉居然还是有棱有角的保持原样，真有点儿神奇，看得我心中高兴不已，当时就叫老板给我称好30斤籽，正好装一个布口袋。老板说凉粉籽不能用别的口袋装，只能用布袋装，否则会影响凉粉的质量。付了钱，记下老板的地址姓名，并对老板说："回去后，我做得好了，到时候还要凉粉籽，我就先写个信给你为我准备好，我来要就走。"

老板也高兴得很，认为遇着大老板，找到好的生意门路了，忙着连声应道："好！好！"还帮着把货送到我住的旅社去。得了30斤凉粉籽，我也不想再找了，多少还担心回家后能否可以自己做得成。第二天带着儿子，扛起凉粉籽，买票上车往回赶。

第三天下午回到家。算是圆满达到目的，顺利归来，一家人高高兴兴的。但我始终对自己学到的做凉粉的技术是否过得硬担着心，生怕那老板教我做的时候还留一手。回到家的第二天就按老板教的方子，把所要准备的辅料备齐后，立即就进行试验。让我们喜出望外的是，不出半个小时，自己独立操作做的凉粉获得了圆满成功，做出的凉粉洁白透明晶亮。各人尝了一碗，口感好极了、脆口、清凉、味道清纯，毫无异味，比本地凉粉好得太多了。我心中说不出的高兴劲儿，仿佛就要发财了似的。

第二天按着那天老所长教的方法，让我老婆到大队找文书开了一张做生产队副业的证明，再到防疫站开了一张健康证，第三天当天就把营业执照领了回来。营业执照上的经济性质一栏写着"社队副业"。

五

接着下来，就可以出去摆摊了。到街边摆摊对于我们来说，可不是一件轻松的事。人家覃嫂、梁嫂的摊子都是用三轮车来去送货摆摊。而我们一样没一样的，做好的凉粉和一应用具摊板，只有靠肩挑手提的搬出去了。那时的人们对生意人并不怎么尊重待看的，所以，第一天出摊时，我们就有点儿踟蹰不前，我怎么也不肯挑起那担子，而是让我老婆挑着，我牵着儿子，提着一张小饭桌，跟在老婆后面，到得朝阳街，想找一个有树荫的地方，结果到处都是人家原来摆摊的地方，都不让摆，好不容易搬来搬去的终于不被人赶了，把小桌子摆好。她学着覃嫂、梁嫂她们摆好凉粉、茶缸，糖钵，还按着贵州人的习惯，也用一张硬纸儿写了"水晶凉粉"几个字，摆在桌面上。也许我们命中注定就是做小生意的，摆好摊没多久，就有客来了，刚开张，不免的吹嘘了一番水晶凉粉的好处，客人们听我一介绍，就都围了过来，有一个带头吃了一碗，并说确实比原来两摊的好吃，其他的人也就都跟着递钱等吃。因为是开张的生意，不够熟练，还真的手忙脚乱了一阵子。不一会，摆出去的第一桶也就到了桶底。把第二桶再摆上去，也一直都忙着。第一天的生意，没有谱子，就只做了两桶，看这阵势，得给一个人回去再做来，才能接得上，于是我让我老婆一个人留下来继续做着生意顺便照看儿子，我一个人就小跑似的往家赶。从街上到家里也得走一、二十分钟的路程。我一下做好了两桶，这一次可就没有可推让的了，我只好自己拿扁担挑起就往街上赶。来回也就个多小时，到摊边时，第二桶早已卖完，我老婆正抱着儿子在等着我来。我老婆卖了两桶，手脚也开始麻利熟练了，来不及歇一口气，就捡碗洗碗的帮上了忙。到有点空的时候，就乘势瞅了瞅覃嫂、梁嫂她们两摊，生意显然不比原来那么忙了，但还是不紧不忙地、不间断地做着，她们也不时地往这边看，好像都怀着一种奇异的表情。但都各自做着生意，也没时间走往攀谈。到得下午4点多钟，第一天的4桶凉粉也就卖完了。再做来也就嫌晚一点了，商量着就此收摊了。一路上往回走，我们心里都觉得甜滋滋的，总算开了个好头。

  回到家，两口子一边忙着做晚饭，一边盘点当天的生意，总共卖了70多元，除去本钱，纯利润也还有50来元。照这样的势头，要不了多久，我们的生活马上就会有所改善。为此我充满了信心。

第五十六章　举步维艰

一

凉粉生意做了两年，算是做得最成功的一项生意。我和另外两家凉粉摊的生意都差不多，我虽然开得晚，但是我开起来后，就立即显出了我的优势。这优势在于我的凉粉籽及其工艺上的优势。我们之间没有竞争，因为她们对我都不错，从开始起，她们对我都是很友善和支持，并没有垄断和排斥。感于人和人之间相互的尊重和理解，基于她们对我的友好，我也就投桃报李，在她们来向我请教到我的凉粉的制作等问题时，我也就毫无隐瞒地把关于凉粉籽的来源，以及制作方法等全部情况，都如实地向她们讲了。她们让我再去买凉粉籽时，帮她们也带一份回来。并说，不管我进货价是多少钱一斤，回来由我按本地价算给她们。这样一来，我自己在做凉粉卖的同时，通过帮她们带凉粉籽，可以格外的赚了一些差价，每出去一次回来，也能赚个二三百元。帮她们带凉粉籽，还手把手地教会她们如何制作，并把添加剂的配方也都教给了她们。她们原来做那种凉粉在制作和存储上存在一些瓶颈问题，用上这种凉粉籽后，也都得到了根本性的克服。而且成本要比她们原来的明显降低很多。她们对我感激不尽，彼此间也合作的非常融洽。

到了1982年，贵州方面不知怎么的，凉粉籽的货源一下子就接济不上。8月份正是凉粉生意的正当季节，几家的凉粉籽都看着维持不了几天了，他们都来催我抓紧时间出去找了，而且还鼓励我，这次出去要是能找得到就尽量多带些，价钱回来也多加些，说是出去跑挺辛苦的，多赚点也应当。我也觉得情况有点紧迫，但又有点为难。为难的是这几天我老父亲又正好住着院。人说的"父母在，不远行"，更何况父亲住着院，我丢下生病的父亲不管，尽管还有大哥在，但是

第六编　苦苦挣扎风雨后　殷殷筑梦水云间

为父母尽孝是每一个子女的责任和义务。但情况确实也紧迫，没有办法的情况下，我只好和大哥商量，把二哥叫来和大哥一起护理父亲。二哥第三天就从老家来了。他们对我这个时候出远门心中都是不快的，也只好叫我到一个地方住下来，就给家里发电报。那时最快捷的通讯就是电报。

作了这样的安排，我也就稍可放心，第二天晚上就登上去昆明的列车。我是打算往滇南地区去找。记得那年做肉皮生意时，在个旧、建水、蒙自等县也看到过有水晶凉粉卖。次日凌晨 3 点多登上上海到昆明的 79 次火车，经过贵阳，第三天早上 6 点多才到昆明下了车。在车站附近找个小旅社登记住了下来后，即刻到车站电信局给家里发了个电报，把旅社的地址告诉了家里。然后才到汽车站了解到各地的班车情况。但还是拿不定主意要去哪里，就先回旅社，想跟人打听一下滇南哪个县有凉粉籽。初步决定到建水去看看。晚上，吃了晚饭回来，就看到服务台通知有我的电报。电报是二哥发的，说是父亲在我出门的那天中午就去世了，叫我速返处理后事。当天由昆明到上海的 80 次列车已经开出去了，只好又白白的等了一整天，到第二天才得上车往回赶。心急如焚地坐了 26 个小时的车，第三天晚上 10 点钟才到的家，父亲的后事已经在我到家的头一天处理完毕。

父亲的后事是在我家处理的。就在我那小房子前面那一小块地坪停柩守灵的，我老婆带着两个孩子（老大三岁、老二才一岁）忙上忙下，二哥晚上就在父亲灵柩边守灵，其他一应事务，全都是仰仗外家兄弟们的大力协助。父亲就葬在水洞二队的芭面山上，那是父亲生前自己去选的风水地。照说，老人一般都乐于落叶归根，这里不是我们的祖籍之地，但老人家心里想的是，金城江有我们两弟兄在，儿孙们除了二哥刚出生没几个月的儿子外，大都在这里，考虑到日后每年清明节，让儿孙们不至于为清明而奔波劳碌。

父亲是 1980 年全国地富分子脱帽后，在老家亲自为二哥操办了婚事后，才从老家来到金城江的。父亲享年七十五岁，一生历经诸多磨难，但却从未得享天伦之乐，尤其在文革中九死一生，又经历了三哥的遇害，遭受了难以承受的白发人送黑发人的丧子之痛。之后，我和二哥又各自离家出走，各奔东西，浪迹天涯，生死莫测。只有两个老人孤苦伶仃，提心吊胆的蜷缩在那破败的老屋里，自己挣扎着吃上顿没下顿的苟且偷生，总算熬了过来。政策终于变了，不用怕连累子女了，就想来享几日天伦之乐。但是，那时大哥一家住在大嫂单位的百货公司宿舍，一家五口就那么一间二十来平方，隔做两间的简易砖瓦房里，实在也没有办法再安下一铺床了。而我一家三口，就住在自己用泥砖垒起的，不足20平方米的瓦屋里，其中三分之一还是岳父家的屋檐下。大哥后来在镇政府得了一间单身宿舍，才安顿得下父亲的住宿。白天，父亲就在百货公司门前摆他的药摊，中午由孩子们把饭送到药摊边吃，晚上一餐才回家跟大哥他们一起吃。吃过饭洗过澡，到了晚上就一个人孤伶伶地到桥头镇政府宿舍睡，半夜有个什么突发事件都没有人知道。父亲是在操办二哥的婚事时落下的病根，为操办酒席那晚他一夜没睡，太累了就在灶边的草堆上躺一下，那个晚上他就感冒了，一直没有得到正规治疗，只是用些中草药自己调理维持着，便落下了肺炎的根子。他是带着病来到金城江的，我们都认为他自己是医师，他不说，我们也就不在意他的病情。其实，他晚上难受时不免呻吟，让隔壁都听得见，而我们却无法在他身边照顾他，过后想起来才觉得当时有多么可怜。人还在的时候，我们心里都没有那种父子骨肉相连之情，直到后来父亲过世了，那份情义永远失去后，才感觉到那份情义的可贵。母亲一直都不愿来金城江，她还经常絮絮叨叨的埋怨父亲，总想去麻烦子女。另一方面是她不忍抛开残疾的二哥，二嫂当时正怀着老大，且能力也有限，只能在家做做家务，母亲就考虑着要帮二哥照顾二嫂和将来的孩子，让二哥有余力去找生活。

　　二哥从老家来的时候，他的大儿子刚出生几个月，二哥没带孩子来。父亲住院前就听说二哥的儿子已经出生，心里是由衷的高兴，他终于看得到他自己的子女都成了家，也都有了他日思夜想的孙儿女。遗憾的是，他没有看到二哥的儿子。

　　我从云南赶回来时，父亲的后事都已处理完毕，想再见父亲最后一面的心愿已是不可能实现了，我悲伤懊悔的心情无以言表。这时，母亲也从老家来了。她也是特地来看看我们是如何处理父亲后事的。

母亲要我带她上山,去到父亲的坟前和父亲作了最后的诀别。母亲和父亲虽然牴牾一生,但到了父亲的坟前,我看到了母亲眼含泪光,轻轻地叹了一声,像是自言自语,也像是对着父亲,又好像是有意说给我听似的。她悠悠地说:"那些年,你们一个都不在家,只有我们两个老的厮守在那个破败的家里,心里就是盼着有一天你们会回来。"我听着这话,不禁悲戚地想着:我们是可以回家了,但最后还是没有回到那个家去。我们同样的没能在父母身边尽一份孝心。尤其想起父亲骂我的那句"忤逆不孝",真让我悔恨终身。

二

做凉粉生意,使我一家的生活有了保障,并略有盈余。照说这样的生意也应该可以赚成大钱的,但是,这凉粉生意却是季节性的,只能在大热的夏天时才有生意,等于一年四季,只做一个季度的生意,再怎么赚,一天做三天吃,坐吃山空,到头来也就只能是略有盈余,攒不下多少。而且,那凉粉籽的货源也不知道是产地的人不再种了还是什么原因,也越来越难找了。我把这个情况也对梁嫂、覃嫂她们说了,她们也有紧张感,都把希望寄托在我的身上。面对这样的情况,除了继续寻找凉粉籽的货源,也不得不动起脑筋来,琢磨新的出路。

1983年10月,小女儿出生了,梁嫂给我们送来了一笼的鸡,我家里用的第一代家用电器——三角牌电饭锅,也是梁嫂送给的。覃嫂俩佬是没有小孩的,也给我们打了红包和送了小孩用的衣物。她们对我这些年来,给予她们生意上的帮助表示感谢。我也跟她们表露了可能要放弃这门生意的意图。她们为此而深感失望。

父亲去世后没多久,我们原来住的那间小房子,连同岳父家的老房子都被河池县"城建办"征收了,没有任何经济补偿,只是以房换房。选址在地区电信线务站西侧,县交通监理站对面,距原址约200米的山脚下,给我们重建了三间水泥砖墙,钢筋混凝土楼面的一层平房。岳父的两间,我们的一间。新房前面部分是正房,后面隔着两米天井是厨房。我们搬进去后,我把我们自己部分的厨房也改建成混凝土结构，上面则加了一层砖瓦房，搞成下面是住房，上面是厨房。我的住房条件有所改观。

小女出生的时候，已经不是卖凉粉的季节了，得找一点事情做，否则下去的生活靠什么维持？还真觉得渺茫。趁着老婆还坐月子的时候，我开始筹划着在新屋前面再建一间小屋，开个小卖部，卖点糖、烟、酒等杂货，在这一带地方应该是可以的。家前面隔着七、八米的菜地就是公路边，但那菜地是别家的地，我们就拿自家的地和别人换了，在房前建起一间简易的房子。用的是原来做水泥砖厂时卖剩的水泥砖，自己动手，一块一块的摞上去，顶上盖着油毡子，花不了多少钱，就成了一间房子，稍加打扮一下，请外家堂弟帮打了一组柜台，办好执照，凭执照到糖烟酒批发部批发些东西，小卖部就这样开张了。我们还增加了一个小书摊，买回一批连环画，[1] 租给小孩们看，2分钱看一本。小卖部右侧挨着线务站，对面是市交通监理站，[2] 左侧往西路两边都是菜农生产队村民的民居，小卖部的生意一般般，不亏本也赚不了大钱。做了半年，要死不活的样子，眼看难以维持，我不得不又动起了脑筋，找新的出路。

隔壁线务站修理汽车的谭师傅给我提了个建议："你这里对面是监理站，单位的车子每年都要年检，新车上牌，都要到这里来，你不如搞一个汽车修理厂。中山街有个李老二以街道名义，搞的一个修理厂，生意很好，工都做不完，赚钱得很。"我觉得这个建议不错，但是我不具备汽车修理的技术，再者，修理汽车得有厂房，最少也应该有一个车槽才能修车，光凭我这间小卖部如何做得成？谭师傅说："技术方面，开始时我可以过来帮你，带你一段时间，你也就可以学会独当一面了。厂房也是要讲究的，你可以在你岳父家前面再加一间大一点的，搞一个车槽就可以了的"。听谭师傅把一整套规划都为我想好了，我在心里也就基本上接受了这个建议。为此，我也向监理站

---

1 文革后书店里又开始有《三国演义》《水浒》《红楼梦》等文革中被抄没的书卖了。
2 河池县于1983年12月10日改设河池市，交通监理站即后来的交通警察大队。

站长咨询了一下，他也很赞成我的这个打算。他说，技术你可以慢慢学，开始时，你就专门帮车主喷点车号，车门字，就可以维持你这个修理厂的生存。我又打听了人家中山街那个修理厂的情况，有些懂得内情的人就对我说，人家那个老板的人事关系非常好，几乎有车子的单位的车队负责人，都和他玩得来，车子有点问题都指定到他那里去修，总站大修厂都搞不过他。听人家这样说，我心里头就打了顿，我本来不是本地人，在地方上也认不得几个人，特别是涉及开车修车方面就更不认得几个了，看来这个饭我是难得吃的了。但也有许多人都鼓励我干，说是做什么事都不可能万事俱备，事在人为，总是要做起来后，碰对有问题了就边做边学，边解决。我把这个打算在心里初步定了下来。为此，我想起了我一个儿时伙伴，小学、初中的同学韦卓祺，他爸原来在我们老家街上是修自行车的，精通五金修理方面的技术，他自小跟他爸也学了不少技术，听说他在柳州锰品厂也是修汽车的。我就专程回了柳州一趟，找到卓祺，才知道他因为超生（他夫妇已有一个儿子，又生了一个女儿）已经被单位除了名，正赋闲在家，我跟他一说我的打算，他很支持我搞汽车修理厂，并答应我做起来以后，他去给我当师傅。有了他的承诺，我的信心就坚定了下来。

三

事情定下来后，跑到工商局咨询了办营业执照的问题，答复是，要具备这方面的技术，要有一定的场地，要具有相应的机械设备等等。关于这几个条件，后两样是看得见的东西，主要是有钱就好办。而技术一项是看不见的，也没有具体的考核标准，靠自己申报即可。

接下来首先要着手建厂房，还是老办法，自己动手。在岳父的屋前，还是用原来砖厂留下来的水泥砖，买回沙子、石灰、水泥，趁着阿建从柳州来借钱，便拉他帮了几天，他正好又是建筑老手，就和他一起，把一面墙砌起来了。阿建借了500元钱就回柳州去了。阿建走后，我一个人爬上爬下的，再在中间砌起三个柱子，把车槽也搞好了。剩下的事就全靠两夫妇自己折腾，一样一样的做，还是用油毡盖屋面，厂房的事就解决了。下去要做就是筹钱买设备。钻床、砂轮机、电焊机、气泵、万能电表、等其他成套的手工工具等等，算下来共需要 6000 多元，原来做凉粉生意攒下的一点钱，做小卖部，建房等用得所剩无几了，只有向信用社申请贷款。也是靠我老婆儿时的姐妹在信用社里，且也看在过去曾经跟他们贷过，又都按时还清了，信誉还算可以，就答应贷给了 6000 元。把该买的东西都买了。原来做面条时向供电公司申请的是生活用电，搞汽车修理得安工业用电，电表也安好了。把原来的小卖部作为机电设备间，全部安装就绪后，就向工商局提出申请。那时办执照的人不多，手续也不很麻烦，只给人来现场验证一下，签了字，执照也就办下来了。执照上的企业名称叫"河池市宝山汽车修理厂"，经济性质还是个体。但"麻雀虽小，五臟俱全"，招牌、公章、税务登记、税务发票都有了，俨然就像一个正规企业一样。具备这些条件，才能与企业事业单位打交道，要不，人家和你打交道，发票都开不出，钱也就无法要了。这都是一些内行的人教的，为的是有时需要应客户的要求，发票上除了自己该得的，再额外多开些让他回单位报销，这些都是惯例，是潜规则，没有这点条件，就不会有人送车子来给你修，这厂就不可能办得下去。

　　该办的都办了，该有的都有了，万事俱备，把老同学卓祺请来，把招牌在路边竖起来，烧了两挂鞭炮，也就草草的开张了。厂子就在柳州到南丹的必由之路旁，过往车辆有个轮胎漏气或什么小故障，司机见有这么个修理厂，就停车休息来问一下，修理费有没有发票回去报账？说是有正规发票，没有故障毛病的也就变成有了故障，车子开进厂里来扭扭轮胎螺丝，调调刹车，十多二十元的生意，开个五六十元的发票，是常有的事，修理费多少是多少，一般都得多开些。留下修理费和多开部分的税款，司机回去报销的才是大头。这种情况大多是过往的外地车辆。本地有车子的单位一般都自己有修理班，小问题都由单位自己修。有大问题的，就送总站大修厂。所以，和本地单位打交道，必须得和有权力的领导拉上关系，才有机会赚他们的钱。那要下大功夫才行。要想生存下来，就要懂得这些规矩，而我的短板正是在这方面。单靠过往车辆是没有多少的，而且对有些司机提的条件，你还不能不分青红皂白来者通吃，一旦出事，那后果是不堪设想的。担惊受怕地过了半世人，好不容易过上几天像个人样的生活，尤其懂得珍惜，做事还是习惯于小心谨慎。但是，江湖人常说的"大胆的撑死，小胆的饿死"，人家懂得你是这样的人，就没几个来找你了。俗话讲："人无横财不富，马无夜草不肥"，单靠苦力劳动，这生意也就仅能维持几个人的基本生活罢了。

改革开放之初，只有单位才有汽车，没想过在我们中国会让私人拥有汽车。到了 80 年代，柳州汽车厂原来生产的第一代汽车，2.5 吨的柳江牌已经正在淘汰之中，被柳州人贬称为"冼凉房"[3] 的柳江牌汽车没有单位要，只能卖给了私人，运输市场也不得不有限的开放，开始出现了个体运输业。但是，当时私人能拥有的汽车，都是从单位里淘汰出来的老旧车子。原来县办企业金城江搬运站拥有进口的罗马产"伊发"柴油大货车，全部淘汰，处理给个人，由原来站里的司机个人买下来搞运输，当时在河池地区拉煤炭、拉木材，生意都不错。于是，在金城江对旧汽车的需求量也就一下子多了起来，有路子的人都纷纷到外地找旧车买回来，能卖了赚钱的就卖了，再去找回来，卖不了就留着自己用来搞运输。于是，这又是一条赚钱的路子。我的修理厂曾经修过不少这类车子，也就从中悟到了其中的商机：到外地去找单位淘汰的旧车回来，利用自己的修理厂进行修修补补，把车子外观搞好，然后再卖出去，即使车的差价赚得不多，但能给厂里找工做，也不失为一个生财之道。

倒腾车子得要本钱，我建厂时借的银行贷款还没还清，银行不可能再给贷款，而且以这个理由，银行是不会给贷款的。我把这个项目，向市乡镇企业办主任说了一下，刘主任原来是城建办主任，因为征我们的房子时认得的。没想到他竟答应从单位里借了一万多元给我，真是逢着贵人了。

得了这批钱，我就邀上本生产队的一个复员军人，他在部队是开车的，懂得一些汽车的基本常识，得了车子他可以开回来，和他一起

---

[3] 比喻像当地人的洗澡房那样四面通风破破烂烂的意思。

到广东罗定县,听说那里有伊发车要处理。是搬运站的人告诉我这个讯息的。以前进口有同一个牌子汽车的单位,在修理和零部件上都是互通有无的。到了罗定,只找到一部伊发车,花了五千多元,办了过户手续就买下了。车子虽然很残,但还能开。后来又找到了一部红卫牌的杂牌中型货车,以3000元买下了。车主负责把车子给我们送到家。回玉林的路上,又找到一部江淮牌2.5吨的中型货车,也是3000元,办了手续,也由车主负责送车到家。

  得了三部旧车回来,经过一番修理,几经周折,前后也花了几个月的时间,总算都卖掉了,没赚到什么钱,只能算是得了一点修理费罢了,倒也没亏本,首要是能还了借来的钱。本来借这个钱时说是只用一个月的,后来给拖了几个月,见车子没卖掉时,刘主任就担心我还不起那个钱,会给他造成麻烦,已经有点老大不高兴的了。本来想向他表达一下歉意,但是当时为了凑钱还账,已经是费了很大的心思,实在也没有能力向他表达这份感激之情,饭都没有请他吃一餐,过后心中觉得非常过意不去。万幸的是最后总算如数还完了债务,彼此都松了一口气。

  我这人是穷惯了,已经习惯于紧巴巴过日子,且最怕欠人家债务,遭人逼债的滋味可不好受。在过去流浪的时候,曾经跟要好的朋友借过百多元钱,结果一时间还不起,被朋友怀疑是骗了他的钱不想还,就追着逼债,那时是真的穷途末路,饭都吃不起了,哪来的钱还债,那滋味真的像杨白劳一样,[4] 要死的心都有。最后是把一件跑贵阳时穿的风衣拿到他家作为抵押,才算过了那一关。过后不久,我还是千方百计地还了那笔钱,要回了我的那件衣服。那都是过去的事了,不管什么时候,遭人逼债的滋味是不好受的。无债一身轻,不管是私人的债还是银行的债。

  在改革开放开始的那些年头,之所以鼓励人们争当万元户,那个时候,确实是没有人能拿得出一万元钱来的,要做大事,都得靠银行

---

4 借电影《白毛女》中白毛女的父亲杨白劳被逼债而服毒自杀的故事隐喻穷途末路,无计可施。

贷款。要银行贷款都是凭关系的，没有几个能有值钱的物件去抵押贷款，唯一靠的和银行的关系，二是靠权力的关系，通过权力向银行施加影响。贷得越多越有本事，就越有面子。当时那些闻名一时的所谓大老板，出手阔绰，派头十足，其实都是用银行的钱壮的胆。而我们这些平民百姓，要做点事情，三两千的，都至少也是直接或间接的认得人，但也是一两次可以，如果总是循规蹈矩的，请人家吃一餐饭都畏首畏尾的，也就难得有下次了。

四

私人汽车的拥有量，对于当时的汽车修理业的生存，能够起到决定性的影响。私人汽车的大量拥有是在二十世纪80年代后期，但是，我的汽车修理厂已经难以为继了，我必须另找出路。把汽车修理厂出租给那些有技术，专靠做工吃饭的人维持下去。

我从中反省了一下，我的创业，不管是面条加工，还是水泥砖厂，又到汽车修理厂，我的创业方向是对的，但就是起步超前了。由于太超前，又缺乏经济实力作为后盾，无力维持到行业的成熟期，就不得不放弃和转行，以至前功尽弃，都以失败而告终。这几个行业如果都能坚持到九十年代，中国开始步入市场经济的时候，有了政策上的保障，这几个行业都有其广阔的发展空间。如在我之前办的街道面条厂，粮食还在定量凭证凭票供应时，他们因为拥有国家供应面粉的保障，而能够坚持下来，到改革开放之后，粮食市场也彻底放开了，他们也才能得到了更大的发展。至今，他们已经成了"全国主食加工业示范企业"，还创出了"第一届广西名特优农产品交易会金奖"的"双狮"牌面条，行销全广西乃至全国；而水泥砖（砼砌块）在建材行业中，已经正在取代用土烧制的红砖，成为市政建设的主要材料。而我当时的水泥砖厂却因为没有水泥而不得不停产倒闭；我的汽车修理厂，在苦苦维持到85年后，便不得不放弃。而汽车修理业一直到90年代以后，随着私人汽车的大量拥有，才进入了兴盛时代。我堂弟当初是在我的汽车修理厂学的这一行，到我那个厂彻底倒闭后，到了

90年代他自己重新选址,在新的地区车检所对面建起了另一个厂,沿袭了原有的思路,充分的利用各种有利条件(包括人脉关系),搞得风生水起,成了金城江小有名气的汽车修理行业的老板,现在已经能够和柳微联手经营汽车销售,达到了年获利百万的私人企业。

  如果我是一直死死抱住那个修理厂坚持下来,我没有堂弟那样的经营理念,也是难有作为的。比如说,到他搞修理厂的时候,他不但帮人修车,还为车主代办检车业务赚钱,这一点我是难以做得到的。

第五十七章　皮包公司

一

改革开放之初，说是大潮滚滚也并非其实，大家（包括中央高层）都是在摸着石头过河。这是邓小平当初提出来的，关于经济体制改革的策略性方针。没有明确的模式、范本，各种政策也是瞬息万变。而且都是在经过一定的实践，得出了成熟的经验后，才用政策把它肯定下来的。

在我不得不放弃汽车修理业的时候，经商大潮正在席卷全国。那才是真正的大潮，是全民经商的大潮。包括农村的农民在内，几乎所有人都在经商。但是，当时的国民经济已经濒临崩溃，更是经商的人越多，物质就越显得匮乏。

一些原来在国营商业企业搞供销的人，或者与物资部门有深层关系的人，都纷纷下海，毅然脱离所在单位，自谋出路，办起了名头吓人的各类贸易公司，即当时普遍存在的"皮包公司"。纯粹靠着自己原来在职时的人脉关系，搞着倒买倒卖的生意。还有一些人则担心政策变化，不敢公开下海，而是拿又怕死、放又怕飞的，暗地里上挂下连，内外联手买空卖空，合伙赚钱。

改革开放前，自行车、缝纫机、电视机、钢材、水泥等等，都属于凭票供应或计划分配的物资，供不应求。只要有关系，弄得一张自行车票或者缝纫机票、电视机票，过一下手，就可赚几十、几百、甚至上千上万。钢材、水泥更是大宗商品，有渠道有货源就是钱。所以，那些皮包公司都需要这方面有经商经验，有人脉背景的人才。

地区瑞福公司王总是个具有广泛人脉背景的人物。他父亲原来是地委组织部长，就凭他的这一层关系，只要他向人开口，没有办不了的事情。受他父亲提携过的人遍布各行各业，方方面面。就凭着这层关系，他高中毕业后，还不到当兵的年龄，就虚报了两岁入伍当兵去了。在部队入了党，从部队转业回来直接进了地委工作，后由地委保送中央党校学习，准备毕业后作为第二梯队的培养对象。无奈时运不济，到他从党校回来时，这个关键的时刻，广西开展了"处理文革遗留问题工作"。他父亲不合时宜地离开了组织部长的位子，退休回外省老家养老去了。他可以利用的只有他父亲在位时，那些曾经得过他父亲的提携，受过他父亲恩惠的各级党政部门，各企、事业单位的领导，出于报答他父亲的恩德，给予他反哺性的关照或提携。他自知，按照眼下的情况，以及官场上的惯例，他父亲既已退出官场，手中失去了权力，要靠别人出于感恩而报答他，那也只能照顾在他们的羽翼之下，是绝对不可能让你有机会凌驾于他们之上的。他原来规划和设想的前途是无望实现了的。他是在官场中耳濡目染成长起来的，他知道，离开父亲的荫蔽，自己混出个样子来，那得先从抓钱开始，有了钱就没有解决不了的问题。要实现他的抱负，那就只有以退为进，趁着当下经济政策的逐步改革开放之机，先离开政界，乘着全民经商的大潮毅然下海，利用现有的人脉，企望在商海中混出一番实力。有了钱作为后盾，再杀一个回马枪重返政界，至少要超越他父亲当初那种手握实权，门庭若市的荣耀。

　　他在有关部门的允许下，在地委办理了停薪留职的手续，下海经商。并通过银行给他开了资讯证明，在工商等部门，给他注册了一个以地区冠首名号的国营贸易公司。但银行给的只是资讯证明，却并没有可用的资金到位。银行是精明的，知道他能言善辩，夸夸其谈的本事只适合于官场上的迎合吹捧，而在尔虞我诈的商场里，是不能成事的。给他的钱可能就会肉包子打狗有去无回了，到时候就会成为烂账，追究起来是要承担责任的。所以，他的公司开张的时候是从朋友处揽得的一些投资，场面着实风风光光，一些政要也纷纷出面给他撑场。公司到了正式运营时，银行没有真金白银的支撑，他就有了举步维艰的感觉。没有钱，让他错过了许多赚钱的机会。他对银行那些忘恩负义的家伙，恨不得带人去揍他们一顿，但也无可奈何，只能是常常在背后骂骂他们："过去在老头子面前摇尾乞怜的极尽奉承，人走茶还未凉就开始抖起威风来了"。骂归骂，他也开始领略了人情冷暖、世道炎凉的道理，只得想招应对，用项目去招揽客户注入资金，进行合作分肥。公司的这些项目，大都是他所招揽来的那些人才们通过各自的关系，找来的业务，其间的利润已经经过多次再分配，最后归于他公司的利润也就所剩无多，仅能维持公司的运转。而那些以权力作为交换的人，才是游戏中真正的得利者。这些都是当时生意场上的规矩，即商业"潜规则"。

我通过过去打零工时的朋友，认识了王总，到过他公司里吹过牛。他倒不嫌我的草莽出身，郑重地邀请我加入他的公司。当然，我是没有条件和他谈合作的，只能作为他的员工而已。而我这时也正在谋划着要成立一个自己的公司，就婉言拒绝了他的美意。

二

阿亮和我结束了猪肉皮的生意后，回了老家，卖了几年的米粉，也算是捞到了改革开放后的第一桶金。他到县城拉堡开发区买了一块地皮，建起一栋五层的楼房，一家人就搬到拉堡住了。在拉堡，他认识了一个部队里的朋友，那朋友懂点电子技术，自己研究发明了一种"用电控制器"，已经在申请专利。当时，国家的电业还很落后，用电还存在着严重的短缺，用电还属于计划控制之中，特别是企业的工业用电，需要通过申请，批准你安装多少安的电表，你只得装几安的电表，超用电要被处罚。那个朋友的发明迎合了供电部门的用电管理需要。他发明的"用电控制器"是针对用户超负荷用电时，起到自动控制的作用。我认为这项发明是逆潮流的，是不受用户欢迎的。而且电业是要随着工业的发展还会发展起来的，以后的用电不会总是计划用电，只会鼓励用电，要强制用户安装"用电控制器"，有悖于社会进步和经济发展的时代潮流，是没有前途的。所以，阿亮和阿平邀我回柳江和他们一起搞这样一个"用电控制器厂"，我也就谢绝了他们的好意。他们当时已经通过银行的朋友帮忙，借了25万元的贷款，已经万事俱备，不需操心投资的问题，所以他们还是做了下去。

他们实际运作了几个月,已经开始投产了,并且出了不少半成品。最后果然不出我所料,产品送到自治区电业部门报备时没有通过,人家说,现在只对工业用电有所控制,但民用电是在鼓励用电,这项技术在很早以前就已经有过发明,但不符合国家经济发展的方向而得不到认可。他们的这一项目不得不中途停产,但已经花掉了七八万元的贷款,形成了骑虎难下的势头。手头还有十多万元,需要找到合适的项目,去赚钱来弥补之前的亏损。恰在此时,我这边市监察局的朋友见其他党政部门都纷纷办起了公司,想着法子弄钱,也向我打听路子,我便提议他,以监察局的名义办一个公司,利用监察局的关系做点生意。他就要求我出来逞头筹划,并找注册资金,由他负责办理各种注册手续。于是我跟阿亮阿平一讲这个打算,他们也都认为可行,马上把银行户头上的钱,划了十万过来作为注册资金。但是,当时的政策瞬息万变,刚刚还在鼓励各行各业全民下海经商,而我们正要注册一个公司的时候,突然又下发了一个通知:国家政府机关,事业单位不得经商办企业。就这样一个文件下来,我们信心满满的计划就都成了泡影。

公司办不成了,我们看到了金城江的个体运输业正在迅速发展,特别是金城江有火车站,而且周边各县都是煤炭、木材的产区,金城江就成了这类大宗产品的集散地。汽车运输业随之兴旺发达起来。阿亮他们就提出,用剩下的钱,买两辆东风牌汽车来搞运输。东风牌货车是柳州汽车厂淘汰了柳江牌以后生产的。当时汽车并不好买,也是要凭批条的,阿亮有办法,他通过朋友的朋友,买一辆车得多花上万元的"水饭钱",才买得下来。车子得回来,由我负责管理,我就交给我堂弟负责跟车。聘了两个司机,每天都跑贵州荔波县打油寨拉煤。

从金城江到矿山的路况很差,对车子的磨损尤为严重,我们请的司机都是刚领证的新手,在矿山道路跑车的经验不足,也不善于保养车子,跑了几个月,基本上赚不到钱,而且车况也变得很差,再搞下去,可能连车子的本钱都难保。加上阿亮要跟人到江浙一带搞电子游戏,也需要钱,他就把车子卖掉了,投资搞电子游戏去了。阿亮的这一决策是非常正确的,他后来的发达就是从电子游戏开始。

而我此时也找到了另一条路子。在桂林做猪牛皮(制革材料)的老朋友敏强跑来金城江找我,鼓励我在金城江收购猪牛生皮,然后由他带着一起销往梧州外贸皮革厂。他这几年已经垄断了桂林的生皮市场,小有成就,成了桂林颇有名气的大老板。经他一番鼓励,我经过一番思考,他那边有稳定的销路,金城江市场的屠户也开始习惯了剥猪皮卖肉,货源还是有的。就答应了他。

我开始筹备起猪牛皮的收购业务。沿用敏强做这一行的成熟经验,找市外贸公司经理谈一下,以外贸公司的名义经营,给他交一点管理费。在经济体制改革初期,外贸企业都已经处在倒闭的状态,他们没有资金,没有项目,全体职工都无所事事地坐在办公室里,等着公司从银行借贷款发工资。而我们要做的这一行,给他们的职工做,他们做不来,也不愿意做。因为,收购猪牛生皮,不是像他们过去经营的土特产品那样,开个收购站什么的,等着人把东西送上门来,而是要收购者自己去找屠宰户,等他们把猪皮铲下来,有的甚至要自己动手铲皮子,然后回来一张一张的用生盐腌好,放在仓库里码起来,赚的都是苦脏累的辛苦钱。他们都是国家职工,干多干少都领那点工资,谁愿意干这种活?于是经理觉得,他们只需要为我们提供经营权,不用他们出资金,出劳力、场所、仓库,不用他们管销售,他们不用承担任何的经济风险,他们只需要在工商局查问时,承认我们是外贸公司的,每月固定交给他们几百元钱的管理费即可。依那时他们的工资标准,也能解决了他们发几个人的工资问题了。

经营权的问题落实了,在南桥找好百货公司的几间闲置的房子,租下来作仓库和人员住房。前期工作都准备好了,回老家把大姐的两个儿子以及三姐夫请来,都是自己人,就开始行动起来。他们每天一清早,在市场没开市以前,就赶到屠宰场,一张张的按市价收购。当时已经有人在收生皮,他们是为地区皮革厂收的,算是独家经营,所以收购的质量等级价格,都由他们讲了算。当我们开始收购时,就打破了他们一家讲了算的垄断局面。他们仗着地方保护政策的保护,便向工商部门反映,工商部门过问时我们就由外贸公司出面应付。当时，外贸部门是受国家特殊政策保护的，出口贸易换取外汇成为压倒一切的优先保护对象。于是地区皮革厂也就拿我们无可奈何。

我们的业务得以正常运作，因此也就成了工商部门管理的对象。覃股长专门负责对我们的管理，每月定期向我们收取工商管理费。当然，这管理费没有明确的收缴标准，由股长定多少就多少。和覃股长打过一两次交道后，彼此就成了朋友，管理费也就象征性的百来元钱，都是到我家里来收的。作为朋友，每次到家来，弄餐饭招待是必要的礼节，走的时候，送条把香烟也是为友之道。我们并不认为这样的行为有不当之处，反而觉得是他给了我们面子。正如股长在饭桌上开的玩笑："我每来一次，你都杀鸡招待我，但是名为杀鸡待客，但我一个人又吃得多少？还不是你们自己吃的多。但是我领你这个情，你把我当朋友，我也把你当朋友。"这种现象是改革开放前就形成了的。比如以前在农村为了招工进城当工人，摆脱农民一世贫穷的命运；知青回城或者保荐上学等等，从大队支书，到公社书记，都形成了一些众所周知的潜规则。发展到后来，就成了权钱交易的常态，成了一些人暴富的路径。它是由百、千、万……，从小到大的发展下来的。它不是改革开放的产物。

为地区皮革厂收购生皮的人，也是一种代理行为。在我们和他们的竞争中，我们的后台硬，而能维持下来了。但皮革厂却为此断了一方的货源。他们本来就因为原材料供应不足而随时有停产的可能。所以他们只能改变策略，一改与我们的竞争为和我们的合作。他们的供销人员找上门来，与我谈合作。其实也就是让我把收来的皮子就地给了他们，这样一来，对他们的企业，对地方政府，对我们个人都有好处，并且可以消除可能出现的恶性竞争。当然也少不了他们在保护我们的利益的基础上，我们也会照顾到他们个人的利益。大家自此合作愉快。

本来这样的一桩生意，路子已经走到这一步了，应该是大有前途的。但是，这摸着石头过河的改革，在大潮下面潜藏着的石头，总是让人看不清真模样，这个生意维持不了多久，地区皮革厂也维持不下去了，他们的资金链断了，没有钱来付给我们了，说是要倒闭了。于是我们又转向去找桂林的朋友。当初他让我们搞这一行，只是为了给我们指一条路径，当有本地厂家跟我挂钩收购皮子时，他也就省得让我们舍近求远，再要他转手销往梧州。到我们又重新再找回他帮忙时，他也已经面临着不好的形势。他说，现在皮革原材料的外贸业务萎缩，朝不保夕。而国内私人皮革企业正在兴起，挤占了国营企业的市场空间，由于私企的成本低廉，使许多国营厂纷纷倒闭。所以生皮的收购也出现了较大的波动。他那里因为外贸路子走不通了，浙江方面私企厂的收购价反而低于我们的收购价，已经出现了上百万元的压库现象，眼看着他要承受银行还贷的压力，他已经难以坚持下去了。我们好在原来规模不大，库存量不多，最后还是仗着他在梧州方面的关系，把最后一批皮子销了出去，不致造成亏损而得以善始善终的结束了这一个行当。

三

不到一年的生皮收购业务，所赚不多，几个人分下来不到一万元，平均每月不过一千元左右，在那个时候可算是不错的收入了。但所赚的这个钱纯粹是起早贪黑的辛苦钱而已。做不下去只好让姐夫、外甥们回家去了。他们原指望来投靠小舅能发点小财回去，最终却是失望而归。

停了皮子的生意，我又一度陷入了彷徨之中。好在那时我老婆在结束小卖部的生意后，就一直坚持着她卖包子的生意。搞饮食行业投资小，是吹糠见米的生意，但却是要起早摸黑的耐得辛苦，没做过的人是体会不到的。不管怎样辛苦，比起农民干地里的活，就不会觉得辛苦了。做包子生意是一环扣着一环的，中间几乎没有过闲空。当天的生意要在头天晚上就要做好发面的工作，然后把所有用具洗刷干净，捡好放好了，把肉馅准备好，那时还没有冰箱，只能用凉水浸泡保鲜，才能上床睡几个小时。刚眯一下眼皮子，正待进入睡眠状态，闹钟响了就要爬起来生火，用一辆自行车改装成的三轮车，把一应器物搬到家对面的大队部门前摆好摊，就开始揉面擀皮包馅，把蒸笼搁上蒸锅开始蒸，边做边蒸，天亮就开始做起生意。那时一个包子才卖一毛钱，一天做 15 斤面粉，也就卖个十多元的营业额。一个月就四、五百元连本带利，净赚也就一二百元。有了她的这桩生意，才保障了三个小孩上学及一家人的生活。而我才得以放心闯荡外面的生意，但我的生意却总以失败告终，愧对家人。一时找不到好做的事，也就安心在家帮帮老婆。但是包子生意也就那么一个规模，做得多了又卖不完，也没办法扩大。所以心里总还是惦记着要找新的出路。

桂西北地区是煤矿和有色金属矿产区。改革开放之初，冶炼和水泥生产好像有过一个迅猛发展的阶段，对优质无烟煤的需求在全国达到供不应求的程度。两省区交界的贵州荔波县和广西环江县产的无烟煤，在全国都是很有名气的。尤其是贵州荔波县打油寨产的无烟煤更为上品。而金城江站是打油寨煤最近的铁路运输集散转运地，南方各省都有采购人员到金城江采购煤炭。之前我们搞汽车运输时，就是帮人家从矿区拉煤到金城江站的，所以对煤生意有所了解，我也想进入煤炭市场试一下水。在征得外贸公司的同意之下，我以外贸公司名义，到矿产局向局长咨询了相关的政策规章。局长说经营煤炭是要具有经营权的单位才可以经营。外贸局有经营权，但是最好是向有关部门申请办理一个专营煤炭的经营部，你是个人自负盈亏的，就要注明个人"租赁经营"，这样就可以在经营中以经营部名义申报准运手续，申报车皮计划等业务。

我按局长所说，租用了老袁家一楼作经营场所。让外贸公司出具相关手续，到工商局办了个外贸公司煤炭经营部（租赁经营）的营业执照，并按规定办了税务登记，银行账户也开好了。一应所需的印章全都齐备。我找了个机会，去站长办公室与站长见了一面，把要报车皮、要货位的事跟他说了，站长已经事先接得王总的电话，听我讲完也就点了头，让我找管申报车皮的小陈申报车皮。

申报车皮计划是一个莫测高深的过程，要深谙其中所有的潜规则，并且需要具有高超的公关艺术手段。而我缺的就是这方面的条件。第一个月，我只得了一个车皮。所得利润还不够维持经营部的正常运转。我把这个情况跟老袁说了，并邀他和我一起合作搞煤炭生意。老袁接受了我的邀请，并注入20000元资金，商量好由他负责申报车皮计划及车站方面的一应事务。我就负责收煤和销售。这样，我最不愿意做的那些事情，都由老袁去做了。老袁每月都要发运木材，都要和车站打交道，他与车站的关系已经是轻车熟路了，就算是把煤炭当作附带的一项业务而已。

  第二个月多发了几个车皮，那利润就看着涨了。销路是不成问题的，而且都是带着现款来等货的，只要哪家有能力发货，都是抢先付款的。广东茂名一个客户第一个月得了我一个车皮的货，第二个月就提着一个密码箱的现金，（那时人民币最大面额是拾元），跑到我家来，一下子就全给了我，央求我想办法多弄些车皮。我跟他说了老袁在车站方面的关系，让他放心。结果第三个月，老袁就给批回来11个车皮，我和他都高兴得不得了。满以为只要能保持这样的情况下去一年时间，我也就可以成为一个不需要再为生活发愁的小老板了。

  就在我信心满满、雄心勃勃做着发财梦的时候，矿产局又收到了上级下发的"中央文件"，文件的精神是煤炭经营要实行归口经营。即把煤炭的经营权收归各级国营的煤炭公司、燃料公司经营，其他企业不得染指，外贸公司也被剥夺了经营煤炭的权利，我的煤炭经营部接到通知被注销了。

  归口经营了以后，据我知道的，那些所谓的国营煤炭公司，燃料公司，其实仍然是个人承包经营。能够继续经营的人，都是各有背景，该发财的命。

四

  老袁是做木材起家的，他纯粹是个个户体，早一两年木材走俏的时候，他和一些专做偷运木材生意的人联手过，他因为结识了外地来采购木材的老板，专门收购那些偷运过关的木材。那些木材因为是偷运，省了许多的这样金那样金，所以价格就便宜。他跟林政部门专管签发砍伐证和运输证的人搭上了关系，熟谙国家林业政策和办事规矩，人家办不通的事，他去办起来就轻车熟路，往往都能办通。他做了两三年这样的木材生意，也就让他大发了一笔。原来他都是为那些外地老板代办业务赚的钱，后来王总把他拉到公司里来，他帮王总的公司去林政部门批得了木材经营权，他也就挂着王总公司的名义做生意，给王总的公司交承包费。他之所以能发财，一是跟主管部门的关系过硬，二是他跟铁路方面的关系也过硬。至于货源方面，他做久了，那些白道黑道的人都熟。具备这几个条件，也就不难发财了。他这一发财，也就带动了方方面面的人，也都发了财。因为是潜规则，那些手中掌握着权力的人发财，就难以说得清楚。估计到这个时候，没出事的，也就实打实的发了。而像车站专管车皮申报的那个小陈，夜路走得多了，不知道在哪一个环节出了纰漏，竟然就出了事，大概也就是被铁路部门处分了事，也没听说被捕被关了，因为那些老板给他的也不会是他一个人吞了，方方面面都多多少少沾点边的，处理重了，就难免他守不住口。凭着老袁和他的关系，花在他身上的肯定也不少，但老袁是不会自己挖坑自己跳的。老袁如果松口，他自己也就进去了。

我和老袁的合作，自我的煤炭经营部被注销后就终止了。老袁仍然在王总的公司经营着他的木材。

经王总的再三邀请，我在没有其他路可走的情况下，也加入了"地区经济开发公司第二业务部"。王总原来的公司已经被撤销了"国营"性质，为了保持这个"国营"的招牌，就只好挂靠到国营的地区经济开发公司，降格为一个业务部。业务部虽然不是一个公司的级别，但其麻雀虽小，五脏却是俱全的，一个业务部里分设木材业务室、矿产业务室、百货电器业务室等。王总让我担任矿产业务主任。

本地区是全国有名的有色矿产之乡，盛产锑、铅、锌等。当时的锑矿行情很好，本地区的，特别是南丹县的锑矿品质不错。当时已经允许私人投资开采，但运销仍然受到限制，没有准运证就过不了关卡，一是为了防止偷漏矿产税，二是为保障本地冶炼厂的原材料供应。

我们为了寻找锑矿的货源，跑了一趟矿区。在拉么矿用现金买得了两车高度矿，回到家一转手给广东客户，就净赚了几千元，王总高兴地给我们几个业务员各人几百元的奖金。那一次是运气好给撞上的，再去时就不那么容易找到了，因为每一个矿井都有老板带着现金去定购包干了的。而我们并没有钱去那里等着。矿产品的管理政策也是多变的，有政策上的重重关卡，也有道路上的重重关卡。那都是社会主义计划经济的特点，那时中国特色的社会主义市场经济还没开始。王总的第二业务部事实上就是个皮包公司，只是在营业执照上填着注册资金，而实际上就根本不存在那笔钱，每当有生意时，才现想办法筹集资金。

　　我大哥此时也已经被王总从镇企办挖到他的手下担任副总。大哥从参加工作时始，都是在商业部门工作，但那都是国营企业，都是循规蹈矩按部就班的计划经济年代的生意，他熟悉的是那些供销系统的规矩，并不经历过尔虞我诈的真正的商场里的拼搏。王总就是看中他的与世无争和没有野心的老实劲，就让他负责过问一下业务部里的一些杂务。王总自己则可以脱身而游刃于官场政界之间，去做一些商人不应涉足的事务，为一些官员的升迁去充当说客。凭他对党内人事关系的了解，以及官场上的关系和口才，倒确实也帮了不少人的忙。据他自己跟我们透露的，某某、某某都是他从中帮的忙才给调到自治区一级去的。他也就从中赚些那方面的活动经费，那些都不是业务收益。而他自己原来下海时，是抱着捞得盆满钵满后，退出江湖重回政界，就不用一级一级往上爬了，而是想来个一鸣惊人，超过他父亲之前曾经达到过的境界，那才是他的初衷。但是在商海里拼搏了几年，尝够了世间人情冷暖，凡事都要求人的滋味，始终没有达到预期的目标，自己的梦想始终仍然是梦想，他只有把自己所有的资源，用来为别人铺路搭桥，企望将来在得到过他的帮助的人身上得到反哺，退而求其次的实现自己的初衷。所以，熟悉他的人在背后都议论他不务正业，整天去为别人铺路搭桥。他千方百计收拢到他羽翼下来的，他所器重的商场上的人才，见他是这样打理一个企业的，心都凉了下来，也就各怀异心，都在各自打各自的算盘。做成的生意，赚得的钱，就都先往自己的荷包里填。所谓的公司也就成了各人借用的招牌了。

五

　　我从1987年6月进的第二业务部，在他的羽翼之下，也没做成什么生意，所赚的钱也只是对得起自己那份工资罢了。到了88年，王总接受上级地区外贸公司老总的一项任务，让他派一个擅长矿产业务的人，陪着外贸公司的一个业务员，到河南洛阳考察一项钼矿的业务。王总就派我去了，并嘱我顺道往山东泰安看望一下他的父母。洛阳的业务考察没有什么实际收获，那里是全国有名的钼矿产区，当时钼矿是用于出口的。但那里的矿区已经呈现一派胡开乱采的混乱局面，造成了国家资源的极大破坏和浪费。矿产品交易市场更是极度混乱，在交易过程中的以次充好，欺诈造假比比皆是。那个带着我去的业务员对他家乡的这些情况一无所知，因为他对矿产业务也是一无所知，他此行的目的只是为了赚得一次公费回老家探亲而已。我和他也跑了一次矿区，到了一些矿老板那里看了一下他们开采的矿区，以及他们待销的矿品，只是为了回来交差时，有所交代就算完事。我就一个人先离开了洛阳，让他在老家多待了几天才回去交差。我在洛阳登车打道往山东方向，到泰山脚下的泰安市，探望了王总的父母。我说是王总特别交给我的任务，让我来看望他们两个老人家的。他们看到我很高兴也很热情，还招待我住在他们家里。过去串联时曾经坐车经过这里，但没有机会下车游过泰山，王总父母劝我难得来这里一次，就多待一天，去看一下泰山的日出，我也就接受了他们的好意，第二天我一个人去登了泰山。虽然没有看到泰山的日出，却也领略了"一览众山小"的博大气势。第三天就告辞了二老登车南下上海。在上海停留了一天，回到家，向王总交了差。王总叫我到外贸公司向老总汇报情况。跟公司老总的汇报因为涉及与我同行的业务员，他是正式职工，我就特别留意了我的一些措辞，有些在王总面前可以讲的，对公司老总该略的也就略去了。因为这次出差没有达成老总的预期，而这趟考察之旅是那个业务员向公司提议的，生怕对他产生不好的影响。

　　这次转道上海也算不虚此行，发现了一桩小生意。我在上海中百

第六编 苦苦挣扎风雨后 殷殷筑梦水云间

一店给孩子们买了一台时髦的电子琴。当时就觉得这是一桩有利可图的生意，在店里的零售价是一百四十多元，在我们当地是从未有过的最新电子产品，价格也没有个标准，可随意定价，利润空间大，即使按它的零售价回来加倍价出售，也一定畅销。我把情况对王总说了，并把我带回来的琴拿来给大家看了一下，大家都认为可行。王总就让我与上海方面电话联系，对方当时就回复说可以按零售价全部给我们。只是说库存量不多只有几十台，让我们汇款过去即可发货。于是王总一面让门市部贴出广告，开始接受预售订货。结果货还没发到，就已经预售完了。从上海发快件，三天就收到了，卖两三天也就卖完了。这一桩生意也像我八零年帮镇企办做的那桩台湾缝纫机生意一样。那年到昆明做猪肉皮生意，看到百货公司有台湾产的缝纫机卖，我也买了一台回来后，跟大哥提议，让他们去要了一车回来卖，结果也是，货到家就卖完了。难得有这么干脆利索的生意。

在王总的公司里呆到了88年年中，一则因为我要建房，二则也是因为处理一桩生意不合王总的心意，受到王总在电话里的指斥，而事后证明是我做对了，所以心里面也留下了疙瘩，觉得以后王总不会再信任我了。

那是一笔钢材生意，是本市一个公司找得的货源，因为他们的钱不够，就邀我们共同投资合作平分。王总问我是否可以做，我经过进一步的了解后，觉得是一笔好生意，让王总想办法做这一笔生意。当时公司也是没有钱的，王总就费了九牛二虎之力借来了十万元钱，让我跟他们去合作做这笔生意。他一直接心吊胆的怕我们弄丢那笔钱，所以一再嘱咐我处事要小心。王总还派了两个公司的业务骨干，我们一起三个人，带了十万块现金，跟着那个公司的两个人一起到贵阳去。但是到了贵阳，却不是贵阳的货，而是从第三方发来的货，且因运输问题，没能按时到货，需要我们等一个星期。这个星期是个最难挨的一个星期。王总在后面不了解这边的情况，就更是担心这笔钱出问题，每天打电话催问，说是要等一个星期，他就更害怕了，叫我们马上回去，不做这个生意了。当时我是这项生意的主要负责人，他是把钱交给我拿的，而我经过了解，觉得这生意虽然时间上有变动，但还是可做的，不做就可惜了。但王总又催着回去，我就擅自主张，我们人回去，把钱留给他们，和他们订了协议，让他们保证按规定的利润给我们，不管他们是赚多赚少或是亏本。因为都是本市认得的人，也不怕他们骗了。把钱留下了我们三个人就先回来了。回到家，王总听说我擅自把钱留给人家，就气得七窍生烟，我回到家的当晚，就打电话到我家把我臭骂了一顿，他说："军人以服从为天职，你懂吗？出了事你负得起责任吗？"我是心中有数，认定了这个生意不会搞砸的，也就有恃无恐的也回了他一句："将在外君命有所不受"。这话一出，就更是惹得王总暴跳如雷的骂起娘来了。第二天我照样去公司上班，王总看在我大哥的面子上，没有在公司里提这个事，好在过了两天，那批钢材也就发回来了。那个公司听我说了我们的情况后，立即就把我们那钱（他们也是把钢材卖给人家收的预付款）按协议规定都还给了我们。这一下子王总的担心才算落了地，高兴之余，看得出他因为骂了我而心生内疚。后来还拿了一千元作为奖金分给我们三个人。

　　皮包公司的生意也越来越难做了，趁着我要建房，就以建房为理由向王总提出了辞职。王总同意我辞职，但他一再叮嘱我，等忙完家事再回来大家共同奋斗，看得出他是真心的。

第五十八章　私有"国营公司"

一

　　经济上的改革开放，让长期受到政策束缚的人们感受到了重新解放的快感。老百姓分不清什么政治，什么经济；什么社会主义，什么资本主义。其实谁又能说得清楚？包括邓小平也说不清楚。人们只是觉得不再畏惧，能够凭着自己思、自己想、自己规划自己的生活，有饭吃饱了，有一间属于自己可以遮风挡雨的房屋了，这些就是那个时代的中国梦。

　　回一趟老家，到县城的开发区，看了阿亮的新房子，五层楼，现代化的钢筋混凝土结构，很漂亮。这是过去不敢想象的。和阿亮隔壁邻舍的，同一条街的，整个开发区里都是一些近年来弄了一点钱的人，刚建起来的新房子。这是过去几十年来不敢想象的现象。我心里在想，什么时候我自己也能建起一栋这样的楼房，过一下现代化的生活。这些年来东奔西跑，为的就是想改善一下生活条件。原来城建办给我建的一层平房，已经不够一家五口人住了，但这些年来，拼来拼去，就没赚过大钱，也就不曾有过建房的念头。这时手头有点钱，也没考虑过哪些是自己的，哪些不是自己的，只想趁着城市建设规划还不是很规范的时候，把原来房前做小卖部和修理厂时的简易棚房，改建成正规的住房。回一趟老家看到了开发区的情况，受到了启发，也得到了勇气，就打了个申请报告交到城建局。当时河池还没有出现此类"开发区"，建房的人不多，很快报告就批了下来。请城建办小张帮设计画了一张施工图，作了个大概的预算，当时手中的钱够建一栋五层的楼房，但那钱不都是我自己的，有老袁投在煤炭经营部做煤生意的二万，煤生意停了还没退给他，暂时挪用他的钱来建房，当时他也不缺这点钱，和他讲他就同意了。还有一万是原来收购生皮子得了大哥的钱，还有和阿亮做汽车运输散伙算账后该补给他的四千元也还没给他，都暂时挪用来建了房。

那时建房价格还很低，找个私人的建筑队包工包料，从10月份天凉时开工，到次年雨季前的5月份竣工，临街的五层半楼房，三百多平方米建筑面积，总共花了不到十万元。住上了新房子，但也背了一身的债务，心里一直没踏实过。到后来老袁催要钱的时候，一时间没有其他的办法，只好向贵阳的小婵开口借钱，她那时一家人正在北京开饭馆，让我到凯里她表姐那里要了两万元钱才还了老袁的债。

我从王总公司辞职在家建房的这段时间里，王总已经把他原来的地区经济开发公司第二业务部改投在中国广西国际经济技术合作公司门下，成立了"中国广西国际经济技术合作公司河池地区分公司"（简称"国合公司"）。这个公司的名称是以"中国"冠首的"国营"企业，名头大到不可以再大的了。房子建好了，我也还没有什么事情可做，国合公司里几个主要人物过去都与我合作过，他们又邀我回到国合公司来，大哥也还是公司副总不好开口，但王总是真心欢迎我回去的，我就又回到王总的国合公司。王总给我安排在第三部任副经理，实际上这个部里就三个人，为了业务方便，每人都有个头衔，还是搞矿产、煤炭业务。早几年我在市外贸公司煤炭经营部因为煤炭归口经营而被撤销了。此时已是1989年了，国家政策又开始松动了，很多单位又都搞起了煤炭生意。有这么一个国际公司的头衔，经营煤炭就更没有问题了。

二

5月31日晚上，接到外甥电话报来噩耗，心中一直担心挂欠的事情终于还是发生了：自己带着两个不谙世事的孙儿住在老家，八十二岁高龄的老母亲在没有任何征兆的情况下，仆倒在给孙儿做饭的灶前地上，就此油尽灯枯的就再也起不来了，于当天夜里，离开了给予她太多苦难的世界。第二天一大早，我用公司的三轮摩托车，把大哥原来买好的一副棺材拉上，一家五口从金城江赶回老家奔丧。

第六编　苦苦挣扎风雨后 殷殷筑梦水云间

我们是 6 月 1 日下午两点左右回到老家，大哥一家乘班车比我们稍晚些也赶到了。而早几日和别人贩羊到海南岛卖的二哥此时还远在天涯，母亲去世的消息他都无从得知。家里已经由大姐三姐与街坊邻居们一起，准备在家中为母亲设灵堂。我们进家的时候，母亲的遗体还躺在屋角的地铺上，下面铺着稻草。这是我最后看到母亲的容颜，也许母亲的灵魂还未远去，还等着我们回来看上她最后一面。我禁不住的潸潸泪下，泣不成声，心中油然生出深深的自责。母亲的逝世，我们一众儿女居然没有一个人得在身边为她送终。我含泪忍悲，让人把棺材抬回来后，着即油漆好，让街坊邻居的大嫂大婶们帮忙，为母亲收殓遗体，为母亲守灵祭祀也就正式开始了。

在灵堂中为母亲守灵的、祭灵的人络绎不绝。一众街坊的大嫂们簇拥在灵旁，相拥而哭，真诚地泣诉着母亲生前的善行（母亲地主分子的帽子早已在胡耀邦当政时就脱掉了。）[1]。哭灵是我们当地丧葬习俗中的一个程序，但是，从哭灵者的泣诉中可以听出，那都是她们发自内心对母亲的真诚哀悼之情。在街坊父老们的提议下，我们请来了一众法师为母亲做了一场法事，为母亲超度亡灵。道场法事做了两天两夜，到第三天早上要出灵之前，在主祭法师指引下，我们一众儿孙按照祭祀的规矩，在母亲灵前行了三跪三拜之礼。过去阶级斗争的年代，在大庭广众下跪都是我们的"专利"，那是对我们人格的侮辱，曾经在我们的心中形成了条件反射式的抗拒心理，只有在母亲灵前的一跪，才是出自我们内心的虔诚。

母亲就葬在自家屋后的自留地里。母亲的丧事从 6 月 1 日开始，到母亲下葬完毕入土为安，在母亲墓前的祭祀仪式刚刚结束，天却忽然毫无先兆的下起了一阵蒙蒙细雨。这样的天象就好像是老天有眼，是给苦难的灵魂赐予一掬同情的泪，抑或是为人世间一切善行表达的依恋之情。

那时，老家平时经常停电，街坊里有在供电所上班的，知道我们

---

[1] 母亲生前会接生，会医治"小儿惊风""黄胆""马牙"等婴幼儿疾病，从来都是义务疹疗，从不收费。

在办丧事，从 1 日到 4 日那几天都能保持了正常供电，一时也没停过。这是乡亲们对我们的照顾。本来那几天，北京的学潮也已经波及全国，但凡有人多聚集的地方，都成了维稳的对象，母亲的丧事也得到了公安部门的照应，让我们得以顺利地完成。那是 1989 年的 6 月 4 日，我们连续累了几天，晚上和大哥他们家一起，两家人都到三都供销社旅社里投宿。当我们洗漱完毕准备上床休息时，乡里广播站的有线广播里传来了北京"平暴"的消息。这是个震惊世界的事件，竟然与母亲的丧事搅和在同一个时间段里，加深了我对母亲丧事的深刻印象，也增加了我对世事的忧虑。

　　在失去母亲的悲痛之余，从北京传来的消息，让我陷入了沉思。讲句心里话，我对十一届三中全会，六中全会是抱着感激的心理的。尤其是在三中全会上对文革的彻底否定，以及对阶级斗争的摒弃，都是得民心顺民意的。当听到邓小平关于政治改革的相关论述，和六中全会对中共历史问题的决议时，我由衷地感觉到国家前途的光明。改革的头几年也开始出现了一些可喜的现象，如果能有政治改革的跟进，前途是乐观的。然而，这几年来，由于胡耀邦的黯然去职，又让人在这一片光明中感受一丝寒意和阴影。人们从习惯的思维中预感到这一场改革的凶险。从各种大道小道的消息中让我意识到，这场改革的最大阻力来自中共党内。虽然经历八十年代初的那场世纪大审判，以"四人帮"为代表的一股势力暂时败下阵来，一时间难有作为。但是，追随他们的势力依然强大，卷土重来只是个时机的问题。而导致"四人帮"倒台的华派势力与"四人帮"势力之间，纯粹只是一种权力之争，历史证明，他们并不是为了改革。但他所起到的历史作用是巨大而不可替代的。而邓小平为代表的一些开国元勋们，正是借助华派势力才得以重新上台。邓小平等虽然主张改革，但他们自认为是正统的革命派，他们只是主张通过渐进的改革，让老百姓在改革中获得经济利益，以稳定民心。然后再推行有限政治改革，其目的在于稳定政权。在这样的理念下，致使政治改革滞后，导致经济改革陷入了畸形发展的陷阱之中，给反改革派造就了反改革的理由和口实。而胡耀邦等一帮开明派，是真心拥戴邓小平进行改革的真正改革派。他们较容易接受民间的改革思潮。但他们的力量薄弱,他们得依赖于邓小平的支持。失掉邓的支持他们便难有作为。所以,民间思潮的刚刚涌起,便给反改革派造就了机会,给反改革派加以利用和搅局,推波助澜地把民间思潮推向高潮,并暗中引风吹火,把浪潮的风头引向邓小平,以达到离间胡等开明派与邓小平之间的关系,反过来借助邓小平的力量,打击和削弱胡等开明派的力量,削去了胡的权柄,达到了他们一箭三雕的目的,既可打压胡等开明派势力,又可以削弱邓小平的渐进派势力,同时还利用邓小平的力量打击了民间思潮。反改革派的成功在于邓小平的误判。主要是因为邓小平在毛泽东的文革中失势,给他造成了对权力的得而复失的恐惧,而他又对民间思潮缺乏清醒的认识,把他们看成了文革造反派的卷土重来,错当成反改革派的力量基础予以打击,中了反改革派的离间之计,以致造成了其后的惨痛局面。而民间思潮也没有意识到自己被人利用,而只知一味地激进,反而弄巧成拙,前功尽弃,把一盘好棋给搅黄了。历史往往不是由人设计的。在很多时候,都可能因为一个偶然的事件,改写了历史。

这个事件过后的历史证明了,由于邓小平的误判,失去了胡赵这样的改革中坚力量,已经促使他有所醒悟,但事已至此无可挽回,他已经失去了对改革的全盘掌控能力,眼看他的改革事业将毁于一旦,他不得不在1992年的南巡讲话中,发出了谁不改革谁下台的狠话,才维持了改革的继续。但是,这样的改革,最后呈现给他的却不是他想看到的模样。从邓小平关于改革的所有论述中,找不到他赞同和接受贫富悬殊,腐败横行的相关话语和文字。但是,他原来所担心的事情都一一成为现实。中国的改革又到了深水区,摸着石头过河已经变得危机重重,要不奋力冲向彼岸,要不就此沉沦而前功尽弃。

三

办完母亲的丧事回来,我回到国合公司开始上班,正值老袁在向浙江萧山、昭兴等地发运木材,与此同时,也给萧山水泥厂发送煤炭。从广西向浙江发运煤炭,在铁路运输上不符计划流向。江浙一带本应该是北方煤炭供应的区域。但因北方货源供不应求，且铁路运力有限，只能向西南方面寻找货源，但是从柳州局要发运煤炭到浙江的车皮计划是不可能的，只是凭着老袁与铁路方面的关系，采用零担托运的方式发运。这样对铁路来说是好事，而对于发运方的成本就存在大幅度的增长：除了运价高，还得用编织袋把煤炭包装起来才能发运。光这一套程序的人工及包装用品就得增加不少成本。厂方为了维持生产，只能水涨船高提高收货价。他们的产品也就不得不抬高价格。如此连锁反应，当时国内物价飞涨也就可想而知。由此而造成全国性的三角债务现象，已经成为一种危机。老袁的木材老客户也都纷纷存在拖欠货款的情况了，所以老袁就跟王总说，让我去浙江出差，一则帮他催木材款，二则到那边负责接收煤炭并验收结算。

带着任务，我一个人到了浙江萧山，在瓜沥镇待了两个月，直到把萧山一带客户的欠款全部催收完毕，然后赶往绍兴，也是去处理相同的业务。在绍兴市到一些欠款单位催款就不那么容易了。都推说他们也是被客户拖欠货款，所以没有钱给我们。也就是认欠不认骗没有钱给的相互赖着。一个乡镇企业供销公司甚至有拒付货款的企图。老袁用零担给他们发的煤炭，收货已经两个月了，我去催款时，他们以发来的煤质量不达标为借口拒付货款。并带我到他们的货场看，那里约有一车皮的煤是用编织袋装着的，确实是我们发来的煤，我看得出，那是我们当地的"白土煤"，质量确实是存在铅超标的问题。我跟家里通了电话，告诉了这边的情况，老袁说确实发了一车白土煤，叫我和他们协商。我心中有数后，就到他们公司找他们协商，对方却以这一车的质量问题说成是十个车皮的问题，企图要挟我们全部作降价处理，我以他们已经拿不出实证来而与之据理力争，只承认有一车煤质量不达标。最后他们提出一个先决条件，要我们继续按质量标准给他们发货，以便他们掺和着质量差的那车煤一起销售。那一车质量不达标的作降价处理，其余按合同价结算，这个条件我接受了。为保证双方协商达成的意见得到执行，我在未能得到公司的明确指示的情况下，擅自要求和对方就这个处理意见签订书面协议。我把这次商量的事情分为两个问题来解决，签订了两份协议，一份是针对原来质量不达标的煤炭作降价处理，按双方同意的价格给我们付款；另一份是我们继续按质量标准给他们发货，收到货后一个星期内给我们付款。这样，就形成了两份各自独立，互不制约的协议。经他们签章后，我就把协议文本寄回公司。

在信中我向公司汇报了我和对方协商的情况，并提议：对方是想通过拖欠货款来绑住我们，收到新货才给付前批货款，让我们源源不断地给他们发货，他们始终可以占用我们的货款来做生意，让我们总是被动的给他们牵着走。让公司准备好动用法律手段，方可达到催收货款的目的。否则，依据当时普遍存在的"三角债"现象，我们这批货款将很难收回。

后来不出我所料，我到对方公司催他们付款时，他们就提出了要我们先发货来才给我们付款。我把情况反馈回公司后，公司已按我的意见作好准备，老袁带着我们当地的中院经济庭和执行庭一起来到了绍兴。法院一来，就按照我与对方签的那份协议，冻结了对方的银行账户，然后由法院出面和他们协商，在这种情况下，他们以我们没有按协议给他们发货为由，反诉我们不遵守协议约定。法院给他们的答复是：两份协议是两个不同的法律关系，不能同案处理。他们是因为没有钱不能给你们发货，并未造成你们的损失。对方在账户已经被冻结，无可奈何的情况下，也自知理亏，就当着法院的面付清了所欠货款。

老袁还有不少木材款需要去收，他还必须带着法院的法官们一起，就让我帮他把两万现金先带回家。在浙江待了将近四个月，总算圆满完成了公司（事实上就是老袁个人的事情）交给的差事。绍兴的事，法官们都说了，我那份合同订的巧妙，要不事情还不那么容易处理。

四

我从浙江回来的时候，三部正计划到贵州水城和云南宣威一带，发运煤炭给来宾电厂。我们需要先到来宾电厂，签一份煤炭购销合同。那时想得到一份这样的合同并不容易，因为要和电厂做煤炭生意的大有人在。和我前几年做煤炭生意需要归口经营的规定不一样，政策又放开了，但还是只准有经营权的国营公司才能经营。如果再归口专营，电厂就会因燃料断供而停产。但是，厂里还有一批人闲着没事做，就让他们在厂里成立一个劳动服务公司，除了厂里直接签订大宗煤炭购销合同外，留有一定数量的指标，让劳动服务公司跟厂里订，然后再转手让其他单位发货，劳动服务公司可以在厂里坐地分肥。客户发来的煤炭由他们转手给厂里，由他们按厂里验收的质量数量，与厂方结算，他们先按每吨3元收取劳务费。然后才给供方付款。事实上也就是让他们卖合同要钱。

我们跟来宾电厂劳动服务公司订了一份合同，数量不限，能发多少就发多少。因为这种生意，货源是一回事，还有最关键的是铁路运输的问题。车皮计划批不下来，货源再多也没有用。电厂也考虑到这个条件，反正他们不怕货多，所以数量就不设限，按实际情况，可多可少。

我们做的这生意，公司没有钱给我们，都是我们几个人自筹资金，自负盈亏，打着公司的名义做生意，按成交量给公司提成管理费。

1990年7月份，我们四个人到贵州六盘水市蹲点，等车皮发货。六盘水本来就是三个县：六枝、盘县、水城，和云南省宣威县交界。那一带蕴藏着丰富的有色金属矿和优质的无烟煤。国家就把三个县合为一个市，所以就称为"六盘水市"（之前称"特区"）。不用我们下到矿山，车站站台上有的是煤炭，只要有车皮计划批下来，随便装谁的煤都可以。我们在那等着，主要是等贵阳的朋友跑车皮计划。发了货后，我又得跟着货，回到电厂搞结算要钱，否则有车皮多的时候，我们的钱就不够周转。

我们在给来宾电厂供煤的同时，还和柳州冶炼厂订有块煤的供货合同。同属华锡集团旗下的来宾冶炼厂，曾经一度被认为是柳州冶炼厂的分厂。贵州方面给我们发了一车块煤到柳州冶炼厂，运单上的到站是柳州，收货单位是柳州冶炼厂，但货到柳州站调度编组时，却把我们那车块煤发送到来宾冶炼厂去了,这就给我们造成了极大的麻烦。这本来是柳州站出的错,但那时铁路是老大爷,我们根本找不到该负责的人,根本没有人理会我们。却推给我们自己去处理。找柳州冶炼厂,他没收到货,他们不理会。去找来宾冶炼厂,是货到地头死,他们更百般刁难,说是没和你订有合同,凭什么跟你结算,你的货进到我的货场占用我们的货位,还要按天收你的货位费保管费。我要把货拉走,找不到他主管部门的负责人,货场不给装车,门卫不放行。我去找到他们的供应科的采购员,他答应帮我们收下这一车块煤,但得按他们出的价,还要按他们厂里的规定,要收这样费那样费的,我都答应了,并还塞给他个人一千元请托费。但是,他什么作用都没起到,我只好向他要回那一千元钱。再这样拖下去这车煤也就算没了。最后还是请柳州冶炼厂出面与来宾冶炼厂协商办理转售手续,一来二往,这费那费,到头来也就所剩无多,本钱都得不够。这样的事要按章追究下来,责任应由柳州站负责,但是,你找谁去?你还要依赖铁路做生意,就只得"捏着鼻子吃冲菜"忍气吞声了。

情况在不断变化,贵州方面的车皮又被卡死了,批不下来,到了1991年头,这煤的生意也就不得不停了下来。奔波劳碌了快一年时间的煤生意,到头来也只算是略有盈余,建房时所欠下的债务尚未还清。

五

改革开放逐步深入,许多大型国营企业纷纷面临倒闭。当时金城江原来的几家军工企业纷纷迁往南宁、柳州,原有的职工及家属都随厂迁走,如东江厂、设备厂等。还有一个人民厂还在金城江,正在筹备改产。他们针对本地区盛产有色矿产的条件,有改行冶炼的意向,我们获得这一讯息,就想办法和柳州锌品厂一分厂取得联系,并从中促成了柳锌给他们提供技术支持,帮他们建起一座焙烧炉,并负责培训他们的工人,搞起了一个焙烧车间,专门生产锌矿高温焙烧砂。我们作为来料加工方,厂方作为代加工方,由我们付给他们加工费,柳锌负责提供技术保障，由我们向他们支付技术服务费，为我们焙烧生产的锌矿砂由我们供给柳州锌品厂。这是一种三方合作方式，几个合同关系。

这样的合作开始时进展得很顺利，几方面合作得也很融洽，我们也有利可图，成天忙得不亦乐乎的，到各矿区选矿厂联系采购锌矿粉。为此我们和当地最大的龙泉矿冶总厂也搭上供求关系，[2]从他们那里获得精矿粉的供应。我们这样的势头，使柳州几家锌品企业感受到了原材料供应的压力。当时柳州龙化曾派人找我们联系过，希望我们能供应部分高温砂给他们，但是，我们是靠柳锌的技术才拉上这个项目的，这种关系是绝对不能受到损害的。所以我们没有答应他们的要求。于是他们便动起了挖墙脚的念头，以我们给的加工费太低为由，挑拨了我们和人民厂之间的关系。加上我们原来只注重和人民厂车间的关系，忽略了和厂里高层之间的联系，他们和厂里高层很快达成了共识，找理由向我们提出终止合同的要求。经双方多次协商，无法达成一致意见后，唯一只能通过诉讼的形式解决。我们本可以在协商过程中，接受对方的要求，给他们增加加工费，他们也就没有理由提出解除合同了，但我们当时看到，按原来的加工费标准，加上原料供应的价格，我们还可以从中获得比较稳定正常的利润，如果按他们提出的加工费标准，比原标准高出五倍多，即使我们继续搞下去，利润空间就被压缩在极小的范围内，一旦原料供应价格有波动，我们的利润空间将难以保障，前途很难预料。我们和龙化不同，因为他们和人民厂的合作是直接的，没有中间环节的成本，他们只是为了获得生产原料的保障，而我们是柳锌的供货方，赚的是中间环节的差价。而且我们也看到，进入1992年后，有色金属市场的行情正在显露出疲软的迹象，我们感觉到柳锌对我们的货款给付已经出现了困难。继续坚持下去，是否还有利可图难以预见，所以我们就选择了见好就收的策略，放弃和龙化竞争。我们只想通过诉讼获得一定赔偿也就达到目的了。我参与和经历了诉讼的全过程。我自认为还是懂得法律的，我

2　广西南丹县震动全国的7.17矿难事故责任企业民营"龙泉矿冶总厂"。

们虽然也请了律师，但是起诉状等法律文书，都是经我的手起草后交给律师的，我作为原告代表，和律师一起出庭。一审在河池中院受理，我们获得了胜诉。但是，原告方的人民厂因为有龙化的撑腰，承诺败诉所受的经济损失由龙化承担，他们不服一审判决，在龙化的运作下，向高院提起了上诉，到1993年终审判决下来后，砍掉了一审判决赔偿金额的一半。

一桩好好的生意随着诉讼的结束而结束了。这时，中国的经济改革正在向中国特色的市场经济迈进。

第五十九章　破梦难圆

一

身份等级观念在中国人的心中根深蒂固。这种观念在一切社交活动中起到的影响是非常明显的。在这些区分里包含着政治和经济上的不同待遇。不同的身份等级也享有不同的信誉等级，这种信誉在商业活动中起到至关重要的作用。比如，国营企业比集体企业的信誉度高，集体企业要比个体企业信誉度高，信誉度决定商业交易中的成功率。这种现象在计划经济体制下，表现得尤为明显突出。在改革开放之初的公司潮中，都想往国营性质上靠，以免让人留下皮包公司的印象。王总的公司尽管是个皮包公司，但他的公司执照上的企业性质还总是标着"国营"两字。

我原来想，做生意就应该实打实的，堂堂正正的做生意。但是真正做起来才体会到，以个体的名义是吃不香的。你不是国营单位的，你给人的信任度就低，你成功的机会就少。你挂着个国营单位名头，人家才会多敬你几分，愿意和你往来。这其中或许存在这么一层意思：即国营单位是公家的，办事的人就不会斤斤计较而决断大方。是个体的利益往往就会锱铢必较，不择手段。我在王总的公司里，王总对这一点体会得是比较深刻的，所以，他为了方便我办事，都会给我一个"经理""主任"之类的名头，还都郑重其事的，给我办了带着地区外经委的，或者是国际经济技术合作公司钢印的工作证，让我在业务交往中，得以理直气壮的以国营单位职工的身份示人。一些重要的经济合同，经过我签字的都得到认可和执行。在一些商业谈判中，同事们都乐意让我唱主角，甚至在发生经济纠纷需要对簿公堂时，都推我出庭充当诉讼代表，我的意见也普遍得到尊重和采纳。不管是在业务交往中还是诉讼活动中，对方也都不敢不给以足够的重视。这其中最主要的原因在于，他们都不了解我的真实身份，更不会有人想到我原来只是个农民而已。身份等级是决定许多事情成败的关键因素。这一点没有人体会得比我深刻。

与柳锌和人民厂三方合作搞高温焙烧砂，因为龙化的居间插足，最后以高级法院判决的形式解除了我们与人民厂的合同。龙化取代了我们和柳锌两方与人民厂的合作。据说，他们帮人民厂承担了法院判给我们的合同违约金。此外，他们还承受了另外一项远高于这方面的损失：他们的技术员在焙烧炉点火过程中，不熟悉柳锌所设计建造的焙烧炉，加上技不如人，对炉温的掌控失误，发生了焙烧炉爆炸事故，两个技术员被炉内喷发而出的高温气浪冲落下几米高的操作平台，造成严重烧伤及摔伤，在柳州当地无法医治，只得用飞机送往上海治疗。这笔费用损失也不算小。而我们当初选择以这种体面的方式退出，事后证明是正确的。因为就在我们退出这门生意不久，锌冶炼行业已经开始陷入低迷，三角债务的现象也越来越严重了。凭我们的经济实力，势必也维持不了多久。而此事对我来说，意味着我又要面临着无事可做的失业状态，又要寻找新的出路了。

在生活的道路上，还是朋友的那句老话："一个希望破灭了，新的希望又在孕育着。"

二哥离开金城江后，一直东奔西闯的致力于他的"非金属矿产开发"。但是他一家人的生活却常常处于朝不保夕的状态，他凭什么去搞开发？那时，大哥大嫂是靠那点工资维持一家五口的生活，孩子们都还读书。我一家也只是靠着"灵活就业"，[1] 东挪西借的维持着五口人的生存。我和大哥也只能是在生活上接济二哥一点，没有能力解决得了二哥一家的根本问题。完全凭他自己到处游说，寻求合作与支持。然而，就他那落魄的样子，他所提出来再好的项目，最终都难得有人相信他。他所有的努力终将徒劳而无益。

---

[1] 国家对失业者的身份定位为"灵活就业者"。

二

　　二哥在奔忙于他的非金属矿产开发中，发现了二氧化硅含量极高的石英砂的产地，被当地人作为生产玻璃的原材料开发销售给玻璃厂，价值只是五六十元一吨。而这种石英砂若是经过一番加工，则可以应用于铸造行业的造型材料，它的价值将达到几倍的增长。当时柳州的机械制造业造型材料所用的石英砂，几乎都是从海南来的文昌砂。二哥发现了本地有二氧化硅含量极高的石英砂后，便取样送到相关部门进行化验鉴定，得到的结论是肯定的。于是二哥就这种石英砂的生产工艺进行了考察研究。对生产所需的工具设备也进行研究和探索，在心中形成了生产这种石英砂的设想和规划。但是，他身无分文，他的规划又将从何着手？他到金城江来找我和大哥。大哥是不会有条件去实现他的梦想的。

　　听二哥侃侃论证他关于石英砂开发项目的可行性。我觉得合逻辑有道理，但是，我想起母亲生前曾告诫过我："你二哥这人不懒，也聪明，想法多，但他的命不好，你爷爷曾经推算过他的八字，他将一事无成，潦倒终生。你们兄弟有钱能帮他一点就帮他一点，千记不能拿钱和他做什么事业，到时你们会被他拖累。"母亲的话我信又不全信，我认为二哥，包括我自己，之所以一事无成，是由于我们的家庭给我们造就的基础条件太差了。而我们这样的家庭又是社会所造成的。究其原因，就是由于我们的基础条件太差，致使我们在奋斗、在拼搏的过程中，所遇到的艰难困阻常常比别人的多。但是，二哥由于是病急乱投医，他的想法往往会不切实际的贪大求洋，而致他的想法最终都成为一场梦幻。我和他不同的是，再小再卑微的，别人看不起眼的事，只要能赚到钱，我都会去争取。所以还不时小有成功。而二哥则不然，由于他的条件太差，所有和他合作投资的大小项目，无不归于最终失败。悯于二哥一生的悲惨境遇，作为兄弟在有条件的情况下，不忍心看着他就这样一生落魄潦倒，而且还有那么几个嗷嗷待哺的侄儿，总在等着我们的接济，何时才是头。我在想，现在我们刚从人民厂的生意中停下来，我建房所欠的债务也都已还清，我们各人借来投资在人民厂生意上的钱还在我们手上，何不趁着这个时候手上还有钱，拉上他们两个一起干番事业，一是借助他们的钱，二是借助他们的精明和运气，或许能拉二哥一把，让孩子们不再像我们这一代人一样悲惨和艰难的人生。

我的一生算是悲惨和艰难的了，然而二哥的一生比我更加艰难不知多少倍。在前面我的文革经历中，已经有了关于二哥的记述，在此不再赘述。二哥因为我在文革中参加了你死我活的派性斗争，不放心我的年幼无知，出于对我的关爱和照顾，也参加到组织中来。然而在那复杂而险恶的境况下，他的应变能力往往还带着些书生气，还不如我初生牛犊不畏虎，或是我的运气的缘故吧，倒是让我屡屡为他担心。但是他却总是那么不幸运，倒霉的事总让他给遇上了。比如他的手被炸伤的事，试爆手榴弹那事本来该是我的事情，但却偏偏在我不在的时候，他去试了，而且也不会采取一点防护措施，结果酿成了他终生的残疾，贻害了他一生。

我把我的想法向我原来的两个合伙人提了出来，并和他们俩一起跑了一趟柳州，让他们亲自听听二哥的意见。并就这一产品的应用市场进行了咨询和认证。还专门为这种产品的市场前景，去找了老吴在电机厂当总工的大哥，征求他对这一产品前景的意见，得到了他的肯定答复，且他也同意一起参加进来。让我们更加有了信心。还让二哥带着我们跑了一趟柳工、柳微、柳机、柳州铸造厂、汽车发动机厂等，对这一产品有需求的厂家一一进行了认证。也专门跑了一趟矿产区进行了考察，排除了原材料供应不足的可能性。也与生产设备的制造厂家取得了联系。并就这一项目进行了整体的投资预算，有二十万元作总投资基本上可以投产。这个项目就这样算定了下来。接下来的是选址的事了，我们跑了郊区门头村、柳东村、四十一军。最后把厂址落在柳铁车辆段的车辆整备所内。我们看在那里有现成的房屋、场地，有现成的水、电设备，这样可以节约了我们许多的基础设施投资，且建设周期短，铁路系统内部的水电费也低。

我们把当时手里还有20万元现钱，办了电汇到柳州工商银行，通过我在行里的同学，全部提了现金。那时，银行提取现金数额达到万元以上都是要经过特许的。万事俱备，一面着手整理场地，一面到工商部门办理营业执照。厂名定为"柳州市龙江擦洗砂厂"，私营企业性质，属于私营企业协会会员。他们都推我做法人代表。几个人订了个投资协议，所投入的资金由四个人分摊负责，共担风险。我承担了二哥那一份。二哥对此有意见，他认为他应当以技术入股。二哥的意见是合理的，我考虑到为了安抚大家，我愿意为他承担一份。厂里的事大家商量着办，二哥主要负责生产技术与销售。一面给人到江苏无锡铸造机械厂买设备。这时是我们停了人民厂的生意的四个月后的1993年5月。一个月后所有设备也发到了，便着手安装。

全部工作就绪后，让我内弟来择了个吉日开业。搞了个简单的开业仪式，烧了爆竹后，便开机运营。用传送带将料送上3米高的平台。平台是用钢轨作梁以旧枕木作台面，由于旧枕木有的已经腐朽，料一上多就承不住重量，枕木断裂，平台就垮塌了。两个工人随着枕木和料一起摔了下来。不幸中的万幸，人员没有受伤。但是开张的日子生产平台却垮塌了，这是个非常不吉利的兆头。我的心里就觉忐忑不安，莫非天意？

重新铺设平台，一个星期后正式生产。之后不久，其中一个合伙人要求退出，不好勉强他，只好随他去了。而我为了二哥，也只能硬着头皮顶着坚持下来。

进入正常生产后，产品倒是不愁销的，用户都在等着要货，而我们却难以满足客户的需要。其中原因就在于我们毕竟对此类生产过程的经验不足，由于分级工艺采用的是原始陈旧的筛选分级，效率极其低下，一时又找不到替代的办法。因此而致客户怨言。生产了一年，竟是仅能维持，却没有盈利。此时老吴因事回家，事实也是失去信心了，只是不好讲出来而已。就我们两兄弟在坚持着。这还不算是打击，真正致命的打击随之将降临到我的头上。

三

当初我们在选址上犯下了一个致命的错误。由于我们手头的资

第六编 苦苦挣扎风雨后 殷殷筑梦水云间

金有限，过多地注重于前期投资的节制，而忽略了企业长远的利益考量。同时也是我们对相关企业法规知识的欠缺，我们从未对该租用场地的权属提出过任何质疑，尤其是因为有一个铁路上的朋友作的引见，车辆整备所给出的条件相当优惠，我们竟然没有注意到他们只是铁路局下属车辆段的一个基层单位，没有考虑到他们根本不具备法人资格，我们跟他们所签的合同是无效合同。

从1993年5月建厂，到7月份开始投产，由于有现成的场地、所需的房屋，和现成的水、电设施，我们建厂的时间很短，确实为我们节省了很多前期的投资。但是，开工一年多来，生产工艺上的技术问题就暴露了出来，并一直没有得到有效的解决，这是二哥原来也没有考虑到的难题，毕竟他不是什么专家。产量上不来，不能满足客户需求，效益低下，流动资金不足，厂里就一直处于艰难的维持状态。正考虑在即将到来的新的一年里，对工艺流程进行技术攻关改造。然而，1995年元旦刚过，我们迎来的却是铁路局的一纸通知，告诉我们：我们与整备所签的场地租用合同为无效合同，且该场地目前处于铁路局对车辆整备所的扩建规划之内，限令我们本月内搬离所有设备及人员。铁路供电部门也发来通知，将于本月10日停止对我们的供电。这一变故对我们不啻晴天霹雳。接到这个通知，我们就知道，和铁路局是没有商量余地的，我们只有做好搬厂的准备。

搬到哪里去，如何搬，这些都需要我们立即作出决断。好在二哥原来在沙埔还和人一起也搞了这么一个简易的洗砂厂，他对沙埔的情况比较熟悉，那里有一个专门生产供玻璃厂用的石英砂厂要转让，由于我们正急于找场地搬厂，他也急需要转让，双方一谈就拢。退路找好了，便着手做好搬迁的规划。此时，送出去的产品还有部分没结到款，厂里已经两手空空，没有钱了，工人的工资要发，还需要安排工人作拆迁工作，请搬运的车子要付装运费，等等都要用钱。我只好去找二姐夫借了4500元，回来应付这一应事务的费用。处在这样的关头，要应付这样那样的事情，才真正体会到什么叫呕心沥血。

心里一直在设计着一个搬迁的方案，于是，拆卸设备的工作从14日开始，请来了一台吊车，四部大货车，边拆边吊装上车，直接运往沙埔新址。第二天装了两车，第三天又装了四车，一共是十车满满的设备，只用了三天时间边拆边运，终于搬清楚了，这个工作还算干得干脆利索，半个月来压在心头上的一块石头终于放了下来。

当我登上最后一部装着厂里杂物的车子，离开柳铁车辆段车辆整备所时，"柳州龙江擦洗砂厂"也就事实上破产了。合伙人老吴不在柳州，我又是工商注册的厂长。一切都是我一个人的决定，尽管这样的决定是唯一的办法，根据我们几个合伙人的协议，这就已经意味着，我必须承担这个厂破产的责任。搬到沙埔新址后，场地厂房需要改造、建设，设备需要重新安装，都需要人，原来厂里的二十多个工人，大部分都不愿意离开城市到农村来，最后只说服了四个懂技术的工人，让他们暂时过来协助安装设备等工作。

需要建新厂才能恢复生产，厂里虽然还有部分货款尚待收回，但离实际需要还相差甚远，还需要有新的资金的注入，这些资金将从何而出？让我感到渺茫。来柳州搞这个厂一年多，我不但不能给家里赚一分一文，我还要从家里要钱花，孩子们还在读书，全靠老婆卖包子、加工米粉、熬糖卖来维持一家的生计，家里是不可能有能力来填补这样一个烂摊子的。

沙埔是柳城县辖下的一个镇，到这里办企业，必须到县工商部门办理注册登记。二哥原来和阿强办的砂厂是以阿强的名义注册的，他们原来办的那个厂向农行贷的款，都是我以柳州龙江擦洗砂厂作的担保，他们欠的贷还没还，龙江擦洗砂厂就还负有连带担保责任。鉴于这样的关系，只有将两个厂一起合并为一个厂，注册为一个有限责任公司，取名为"柳州市沙龙造型材料有限责任公司"，合伙人是我和二哥及阿强三人。本来法人代表由我担任是比较合适的，因为那一整套的设备家底都是我一个人的投资，但是，我心里对这个项目已经失掉了信心，主要在生产工艺技术上。纵观中外同类企业，目前对这项工艺还没找到可以替代的新技术。我在心中曾经有过一个腹案，即采用风选分级的办法，但是需要经过实验才能知道是否可行。要做一项实验需要时间和资本，而我们缺乏的就是资本。鉴于方方面面的因素，我在心里已经打算好，我在这里和他们一起，把新厂建起来后，就交由他们去管理和运作了，我要回家另谋出路，以应付原来那个已经破产的摊子的债务。

二哥没有其他的路可走，他一家人都在沙埔，他本来就一无所有，只要有这个厂在，他们一家就有了生存的依靠，他是无可选择的与这个厂共存亡。从柳州搬来的这个摊子骨架还在，也还值得一二十万的身价，可以支撑他去继续拼搏，或许他的梦想还会实现。所以，我就主张以他作为法定代表人注册登记。工商部门以及银行方面的人从阿强那里了解到我的一些情况，知道我在金城江有一栋五层楼房，都认为我是有钱人，以我作为法定代表人更具有资信度，方便于以后工作的开展。我也理解他们的用心，但他们不知道我内心不便言说的酸楚。在我坚辞不就的情况下，还是以二哥为法定代表人注册了。我和阿强都挂着个副董事长的名义。

四

新厂注册了，建新厂的工作也在紧锣密鼓地进行着。一方面也在努力动用可以利用的关系，加强与银行方面的联系，争取得到他们在资金上的支持。银行要求我们先抓紧建厂早日投产，他们才能考虑给我们什么程度的支持。但是，眼前我们的困难就是资金，一些还欠我们龙江厂货款的企业，迟迟没有钱给我们，而建新厂每天都要用钱，巧妇难为无米之炊，这工作如何能抓紧得了。面对这样的现实，我原来要就此离开的打算也就难以达成了。这个时候我离开，就意味着在柳州投资的几十万元，至今所能留下来的这一套设备，将会被弃置成为一堆废铁。之前的全部心血将化为乌有。鉴于此，我不得不继续为之穷思竭虑地为二哥支撑着。我不得不咬着牙齿，回金城江和老婆商量，用我们夫妇辛辛苦苦建造的，还没住惯的房子作抵押，向银行借了五万元的贷款，带到沙埔作为建厂费用。

有了这笔钱，才终于把厂建成了。请来了银行的人，到厂里作了评估后，考虑能给予我们多大的支持。关于我从金城江带来的这笔贷款，我和二哥和阿强有过约定，只要厂里有了钱，不管钱是从哪里弄来的，都必须首先还了这笔债务，否则将会危害到我整个家庭的利益。他们都认可了我的这一要求后，我嘱咐他们一番后，离开了沙埔，让他们俩具体的负责这沙龙公司的所有业务。

我回到金城江后，无事可做，也曾一度和别人合伙开了一家有限公司，为一家外地冶炼厂代购锌精矿。我们自己没有钱，全靠客户的钱来操作，而且当时的矿源也很紧张，不容易找到货源，且合伙人之间都在各怀异志，业务不好开展，责任也难分清，我就自己退出来了。为此也引来了一场无谓的官司，虽然最终有惊无险，但毕竟身心疲惫。在此进退维谷之际，老家的发小兄弟智亮来找，来意是：他在柳江搞了一个服装厂，专门生产西裤，质量款式都不错，正在寻求拓展市场销路，要求我在金城江搞一个专卖店。他的这个提议就如在我瞌睡时送来了枕头，正应了我眼前之所需。他给我的条件非常优惠，我只需找一点钱租下一个门面，打起招牌即可开业。他的产品可以源源不断的先发来给我卖，按实际销售量付钱给他，卖不掉的可以退回给他，他可以批发给其他地方的客户。他的目的只求在当地打响他的牌子即可。按他的条件，我即刻行动了起来，只需一个星期就让他把货发来开张了。开始个把月生意确实很好，让人看了眼红。牌子也打响了，让所有服装同行的老板都知道了这个牌子的西裤。而智亮在柳州批发市场也在公开的批发同一个牌子的裤子，让金城江到柳州进货的老板很快在飞鹅市场发现了这个牌子的出处，而且智亮也照样的批发给他们，于是我的专卖店也就不成其为专卖店了。在同一个市场内出现了相同产品的竞争，价格很快就明显的给降了下来。我一生经历过的事业，屡屡都是好花不常开，好景不常在的结局，该不是我命中注定的发不了财的吧？

好景不长，但与此相反的烦心事却是一桩接着一桩。沙埔那边二哥打来电话，说是他们原来跟私人借的一笔救急的高利贷开始催债，没有钱给他，他已经告上了法庭，而且法庭应原告的要求，要跑到金城江来找我要钱，因为我是合伙人，并打算封我的房子。其实在二哥打来电话之前，他们已经来过了，经过他们的暗访，知道我还欠银行

第六编 苦苦挣扎风雨后 殷殷筑梦水云间

的钱，房子已经抵押给银行了，他们只得无可奈何地走了，也没来找过我本人。

沙埔那边，因为我的离开，二哥和阿强之间也产生了一些矛盾，因为阿强原来欠银行的11万贷款是他在银行工作的侄子帮贷的，已经过期无力偿还，他侄子为了免去他个人的责任，利用他在银行的便利，强行要求二哥同意从沙龙公司的账上扣还阿强的那笔欠款，那是阿强个人的债务，并非公司债务。就这样从沙龙公司账上扣还阿强个人原来所欠银行贷款，显然是不合理也不合法的。我为此赶去沙埔，看到公司的情况，预感到沙龙公司已经濒临深刻的危机，为了让二哥能在没有任何掣肘的条件下，灵活的处置公司的事务，向二哥提议，动员阿强自动退出沙龙公司，放弃他在公司中的股权。他原来作为参股资本的场地设施等仍然归于他个人名下。而这些场地设施是沙龙公司为之付出的11万元债务获得的。阿强并不领会我们所作的这个决定，是让他占了便宜的，是维护了他个人的利益的。他反而把我们的好意当作了驴肝肺，怨恨我们。

沙龙公司当时的贷款是以本厂资产作抵押的贷款，二哥在苦苦地支撑了一年多后，整个公司的财务没有任何改观，资不抵债的迹象已经逐步显露出来，银行也就果断的起动了冻结公司资产的程序，对公司进行了清算，最后只能作为破产处理。

这个项目从柳州龙江擦洗砂厂到沙龙公司的最终破产，其所开发的产品从原材料到销售市场，是没有问题的。其间出现的生产工艺的落后现象，也不是不可以通过技术改造得到解决。而其最终流于破产的症结所在，就是没有足够的资金进行必要的技术创新所致。二哥呕心沥血，期望以知识改变命运的挣扎，最终付于流水东去。我们又败在了起跑线上。

二哥从沙埔被扫地出门，一家人又一次像猫搬家一样的回到柳州。老家的老房子早几年前就为还债而卖掉了，如此结局就真的无家可归了。他用手头还剩下的几千元，跑到柳州古亭山开发区跟菜农得了一块地，建起了一间未经批建的水泥砖瓦房，刚入住不到一个星期，就被城管当着违章建筑用推土机给推掉了。我和二姐夫去到现场目睹了那种凄惨场景,真让我们欲哭无泪。姐夫叫他们一家到姐夫那里先住一阵,二哥觉得一大家人的,不能都挤到姐夫家去,而坚持不愿意去拖累姐夫一家。我和姐夫只得无奈地离开了。可怜二哥一家,不知道那天晚上他们是怎么过的。

五

在可怜二哥一家流离失所之余,感慨二哥由原来的一无所有,经过一番挣扎后,又回到了原点上。这就是他成为这个家庭的子孙后,爷爷给他推算的,他的八字里所暗含的人生际遇?他的命运?古话说的生不逢时,对二哥来说再贴切不过了。如果一个人的一生里,每十年逢一个大运,二哥生于1939年抗日战争时期,到1949年的十年间,是他人生的第一个十年。在这十年间,他亲身经历了日寇入侵家乡的灾难年头;到这个十年尾,是他初谙世事的少年时代的开始,又是我们家庭惨遭横祸的年头。到他人生的第二个十年里,正是他充满青春理想、朝气蓬勃地进入柳江完中寒窗苦读,为前途而奋斗的年代,却又逢上了1959年,正值中国三年大饥荒的开始,但生活的艰辛,没有影响他的学业。到了他的第三个十年的开头,他首先遭受的打击的,却是他因地主家庭出身而两度高考落第、大学梦的幻灭。这是他的人生所受到的最沉重的打击。接踵而至的是文革风暴的洗礼。他是身心俱受摧残后步入而立之年的1969年。

1969年在广西来说,当属后文革时代。广西刚刚经历了史无前例的大屠杀,二哥身带残疾亡命归来,全家都沉浸在家破人亡的哀痛中苟且偷生。到了他人生的第四个十年的1979年,二哥已是人到中年,却仍是孑然一身,毫无希望可言。直到他四十一岁成家后,才迎来广西的"处遗"和改革开放,终于得以甩开了束缚他半个多人生的政治包袱,趁着改革之风,满以为可以就此一展抱负,活出个人样来。但是,几十年来的折腾,家里一贫如洗,在官场、商场,没有一丝可以利用的资源,如此两手空空,任凭怎么挣扎,前途都是渺茫。像二哥这种情况的人,若能成功者,非得是敢于第一个吃螃蟹,敢冒江湖风险的人。像二哥此等自诩仁义道德者，事业有成是鲜有先例的。

就拿我们老家街上来说，二十世纪八十年代末，就有不少人到江浙、广东一带开赌马机的，[2] 几年间就赚了几十万甚至上百万，那都是刀口上舔血的营生，拿命去搏的。也有朋友邀我一起去，但我自知没有那个魄力。再者，我们也是历年来给阶级斗争整怕了的，只想珍惜眼前难得的这份安宁，也就无缘发得起那种横财了。二哥一直到1989年，已是他人生的第五个十年了，却还在为一餐饱饭而东奔西走，直到为他操劳一世的老母去世时，他却还远在海角天涯（海南），而无缘于灵前尽片刻之孝道。回想他的一生，唯一可以体面自我安慰的解释，就是"生不逢时"。在遭受此番破产时，他已岁近花甲，对他的打击无疑是致命的。当他确认了此番变故之时，当场就口吐鲜血昏倒在地，幸得送医及时，方得苟延残生，却又因无钱彻底治疗而留下了病根。此后，就再也没有翻身的机会了。二哥此番重病，纯属气血攻心所致，他除了为自己命运多舛而悲哀绝望的同时，也因为公司的破产，将导致我陷入债务的泥潭而自责。凭良心而言，从主观上说，他不是有意拉我下水。但在客观上，他向我和大哥游说这个项目时，促成了我这个错误的决策，甚至连大哥一家都为此而遭受了无谓的损失。而从我的主观愿望上，首先是从扶持他摆脱困境为出发点，再则也是认为这个事情可为，也能给我自己一个成功的机会。毕竟是一母同胞、手足之情，但我却把母亲生前的告诫，以及我在还完欠债后的一番心思都置于脑后而不顾。以我当时的境况而言，我可以知足而平淡无为的维持着我一家的温饱，我可以不做事，靠租房子即可维持一家人的生活。

我的命运，并不比二哥好多少，我的一生也一样坎坷，甚至还有过之而无不及。所不同的是，我比二哥晚生了十一年，在我的人生道路上，有过失败的悲哀，但也曾经有过些许成功的喜悦。公司的破

---

[2] 赌马机为一种新型电子游戏机，实质就是一种新式的赌博活动，每天赚钱可以万计。

产，二哥回复了原来的一无所有。而我却是为此而背负了一身的债务。这些债务足可以导致我倾家荡产，这是我不能不面对的现实。

我一生中最怕的就是被人逼债。公司破产形成的债务对我的打击也是史无前例的。思来想去，要摆脱这种精神的折磨，就必要有壮士断腕的勇气，只有把我们夫妇用血汗堆砌成的房子卖掉，还了债后，剩下的钱还可以寻找新的出路东山再起。但是，房子卖了一家人上哪住？这是个难以决断的问题。这时，妻子的堂弟从澳门回来，也准备卖掉他自己刚建的房子，拿钱回珠海做事。我把卖房的打算跟他说后，他极力鼓励我卖房，然后到珠海去，到那里可以凭他的关系给孩子们找事做。有了他这番话，我就坚定了卖房的决心，把卖房的消息放了出去。不久就有人找上门来了，一谈也就谈妥了。让买房的付了部分钱，把银行的贷款先还了，得回房产证，才可以办理房产过户手续。十月份卖的房，把家里的家具等零零碎碎的东西，卖的卖，送人的送人，这些善后工作也花了将近一个月的时间。这期间，我和妻子两个人，按照内弟的提议，从南宁乘飞机到珠海，先去把住的地方落实下来，然后再回来搬家。

在珠海前山，租下了一套三房两厅的房子，每月1500元的房租。然后经深圳回金城江搬家。把卖房所得还了债后，所剩二十余万元弄成现金汇票随身带着。把高中毕业的儿子和正读初三的小女兄妹俩安顿在他们舅舅家，待放假后才去珠海。一切都安排妥当后，顾了一辆双排座货车，把该带的东西装满了一车，于11月14日凌晨3时20分，带着妻子和从青岛服装中等专业技术学校辍学的大女儿，依依惜别了那个曾经的家。向陌生的，前途未卜的珠海驶去。经过整整24个小时的颠簸，于15日凌晨4点到达珠海临时驻地。

是1997年11月15日在珠海安顿下来的，在那里度过了1998年的春节。到3月23日傍晚8点25分登上一辆雇来的北京牌双排座货车，离开珠海经广州返回柳州。在珠海共待了4个月零8天时间。其间走遍珠海的角角落落，找门面，找事做。但就凭着我们身上带的20万元资本，做什么都没有把握，也就迟迟决定不下来。内弟一直滞留在广西没有回澳门，他原来答应帮我们的忙，只委托了几个朋友应付了我们一下，连小女的上学问题都解决不了。至于在珠海买房的事，更谈不上了，这点钱买了房就变成了两手空空，生活怎么办？最后征求了二姐和姐夫、以及朋友阿亮的意见，都主张搬回柳州。一方面柳州房租便宜，每月有 500 来元就可以了。最关键的还是可以回来投靠智亮，他的服装厂还在正常运营着。就这样我们又回到了柳州。

六

刚从珠海回来，全靠阿亮的扶持，才顺利地在柳州站住了脚跟。也许是我的命中注定没有发财的命，我做什么都是在刚开始时红红火火，但做着做着，这形势总是与我的愿望背道而驰。

地下街的服装生意出现了下坡势头，一个月近一万元的门面租金让我产生了压力感，心里又在为下一步怎么走而忐忑和不安。不同于过去年轻时的流浪，那是一个人吃饱全家都不饿的亡命时刻。现在可是拖儿带女的全家流浪，心里的负担就不一样了。所不同的是，过去那是浪迹天涯。而今这毕竟是家乡，在危难时有亲人朋友会给予一些不同程度的帮助，这是令我稍觉宽慰的一面。老家三都离市里仅只三十公里路程，可谓一步之遥。所以回到柳州一年多，特别又是在柳州最中心的工贸地下街做生意，一些文革后各奔东西的旧日相识也就纷纷不期而遇、久别重逢。所谓旧相识，老朋友，在阔别的几十年中，各人的道德修养，为人个性都不尽相同，心思各异。在这些人中不乏一些善于钻营者，利用别人重感情的弱点当作自己发财的捷径。尤其把那些在文革派斗中，曾经一度同过命运共过生死的派友，当成了自己招摇行骗的目标。这种情形在我们老家当年的两派人中都有其人。

回到家乡一年多，遇上的同学、朋友、老乡多了，久别重逢，也让人感觉生活丰富多彩。于是更产生了落叶归根的愿望，况者像我的情况，当下也没有什么好的目标和方向，毕竟已是耳顺之年了，一种归属感就更加浓重。手头还有一些钱，在珠海时，那是背井离乡，这点钱在那里就是穷人,所以就下不了买房的决心。现在不同了,这是家乡。于是就开始在心中动起了买房的念头。那时柳州的房子还便宜,买一套房子,甚至买一栋两三层的楼房也还可以买得起。但是,中国的户籍制度在我的心中总是挥之不去的阴影。依然对我产生着强烈的束缚感。我们的户口仍然还在金城江,我们去到珠海、回到柳州,都必须到派出所办理暂住证,才具有合法的居住权。做生意办执照也要凭暂住证。若要买房子,凭暂住证是办不了房产过户手续的。没有户口,孩子们读书、工作都无法解决。受到这致命的约束,在计划买房时,就必须把这一因素作为首要考虑的因素,因而让我错过了许多赚钱的机会。到了1998年,国家开始了住房商品化改革,各地搞土地开发的多了起来,政府从土地开发的角度考虑,户籍管理政策也才有了些许的松动。房地产开发公司开发建设的居住小区,为鼓励人买房,政府允许以购房面积作为入户的条件。铁路一个房开公司已经推行了这样的政策,并得到银行的支持,实行购房分期付款的政策。这一政策对于我确实起到极大的鼓舞作用。我们的钱还足够一次性付款买房。经过各种利弊的权衡,最后是决定以分期付款的形式,买一套四房两厅的房产。这样,我们一家五口就可以在房产所在地落下户口。有了户口,孩子们的读书、工作也就相对好处理些。手头的钱,交了房款首付,还留了一部分钱做生意,生活也才有所保障。房子到2000年方可交付入住。

　　买了房,手头还有些现钱。一个在老家工商所上班的朋友,她们两夫妇都是我小学、初中的同学,都是文革时同一派的派友,在朋友聚会时重逢,对我侃侃而谈她老公是个搞建筑的工头,她们有多少房产,她在做卖私烟的生意,还放高利贷等等,如何如何赚钱。听了她春风得意般的吹嘘,加上她还有一个堂姐夫的官方背景,我竟都相信了她的说词,信以为她真的很有钱。一来二往,在后来的交往中,她向我提出要借两万元,说是急用,我也便毫不犹豫地借给了她,她当时就按百分之十的利息给了我两千元。以后两个月她都主动地给了利息,并一再保证说,你如果不急用钱,就继续留在我这里,每月的利息照付,你要用钱时,随时提出来,我都可以给你。我当时确实不需要用这笔钱,就一直留在了她那里。再到了下个月时,她向我提出,她准备又要做一笔生盐的大生意,她大姐是象州县盐业公司经理,盐业是专营物资,没有关系是做不了的,这一点我相信。我在金城江做猪皮生意时,跟盐业公司打过交道,对于盐业行内的事知道一点内情。她问我是否还有钱?我也就把留在阿亮那里的十四万一起借给了她。到我得了房子后,找她要钱装修房子时,她和我结了一次账,给了我几万作装修房子用,剩下的就重新给写了一张借条。到再找她要钱时,她就开始编织起另一套谎言来敷衍我。她以她姐夫身份的名义,说是她姐夫的儿子正在办出国留学签证,需要一笔押金作保证,等办好签证后即可取出来。我知道,她姐夫儿子办签证何须要我这一点钱作保证?就这样,我们由浅到深地落入了她的陷阱中去了。不光是我自己的钱,后来我姐夫的钱也被我连累着又被她骗去了几万元。等我们发现这是她精心设计的骗局时,已经为时晚矣。我们去找她还钱时,发现那些和我们一样被她骗的人都已纷纷向法院起诉,并查封了她所有的不动产,而我们要起诉她,光诉讼费就得两万多元,我们已经拿不出这笔钱了。再者,她已经资不抵债完全没有偿还能力了,起诉也是没有任何意义的,只得无可奈何的由她凭良心,盼她有钱时再还了。但至今她总是躲着不露面,唯一留下的只有她写的那一张借条,可以证明我们夫妇奋斗一生的所得,全部付之流水。真是世风日下,人心不古!

七

2000年装修了房子住进新房后,就出现了我原来所担心的情况,手头的钱已经花得精光了。借出去的钱追不回来,总要想办法做点事来维持一家人的生活,小女儿还在龙城中学读高中,得让她读下去。遭受这样的变故,精神打击是沉重的,但相比之下,毕竟不是文革当年的亡命天涯了,只要舍得拼搏,还不至于会挨饿。我们已经不能顾及面子了,搞地摊经济也是一条出路。我回金城江堂弟的修理厂,自己设计了一台烧烤车,堂弟帮我做好,让来柳州的顺路车送到家。

烧烤摊的生意做了起来。刚开始，是儿子唱的主角，白天我们在家里准备好所需的材料，切肉、腌肉、串肉，到夜幕降临的时候，让他推着烧烤车到新小区后门一带，摆起个烧烤摊，对过往行人做起了生意。儿子当时已高中毕业，高考落榜，本来如果有钱，还可以通过朋友的关系到武汉政法学院攻读法律，但家里这几年连生变故，他自己考不上，也不愿意花钱买书读了。对家里被朋友骗钱的事，他表哥说找人去收拾那个骗子，他不愿意用非理性的手段去处理这种事情。他说只有等她凭良心，有钱时再还吧，她没钱，你怎么对她也是没有用的。原来我以为他会嫌摆地摊没面子，他不会去做的，没想到他倒还很坦然地面对。刚开始时，没什么生意，一个晚上几元几十元的生意，他也坚持了下来。过了一年多后，小区逐步完善，入住的人也逐渐多了起来，大门也整好了，那一条街开始形成了专卖广式粥的夜市街，我们就把烧烤摊推到了小区大门这边来了。没有个固定的地方，晚上出去看到哪有地方合适的，就在哪摆下来。后来市福利厂厂长来吃烧烤，见他还蛮机灵的，就招他去帮厂长开车了。他有一份工作，也就让他去了，尽管一个月才百把元钱的工资，也让他出去适应一下社会。烧烤摊就由妻子带着大女儿在坚持着。我当时和人合伙找点装修的工程做。装修的工作做得也是要死不活的，后来堂弟叫我回金城江他厂里帮他的忙，实际上就为了让我有点事做而已。房子是分期付款，每个月都要按时还本付息，就是靠烧烤摊来承担一个月一千三百多元房贷，一期都没漏过，全靠母女俩苦苦地坚持着。小女儿放学放假也要在家里家外的帮忙。生意也慢慢地好了起来，每月除了还房贷外，还略有盈余。小女高中毕业，考上了梧州高等师范，就鼓励她继续读书，我在堂弟厂里得的一点工资钱，每月给她300元作在校伙食。生活紧巴巴的，她也坚持读下去，学业还不错，在学校入了党，那是一种进步的表现，她个人自愿我也不干涉。毕业后学校保送她进入桂林广西师大攻读本科，她怕给家里增加负担，就自己放弃了，回来找工作。

到了2005年，烧烤摊的生意越来越好了，妻子母女俩忙不过来，雇人也不好雇，给工资低了人家不愿做，给工资高了又怕撑不起，就把我叫回来一家人一起卖烧烤。

烧烤摊不是铺面生意，是在路边占着人行道，甚至是车道来做的生意，那是没办法的办法。门面租金太贵，不知道生意好坏，怕承担不起。路边摊就免去了这层担忧。但城管是要来管的，有时躲得不及时，被城管扣东西、罚款也是常事。还算好，那些城管员大多也是家里没什么背景的孩子，为了得到政府安排的一份工作，好过给私人老板打工。他们拿这份工资，就得管这份事，这是天经地义的。城管中也有不乏恻隐和同情心的人，有时看到我们两个老人可怜，在执法过程中，也免不了表露出些许人性的关怀，而不都是那些被群众普遍诟病的，没人性的穷凶极恶。他们也会跟我们做些耐心的思想工作，他们说：我们是吃这碗饭的，也就不得不管，见我们来的时候，你们就自己先收起来，我们走了再出来，让我们也好交差，要不我们也要丢饭碗的。面对这种性情中的话语，也就有了相互的理解和配合。城市管理有必要，但是也要讲究点人性化的管理。这也和柏林墙东德卫兵的枪口抬高一厘米的道理一样。

第六十章 烧烤日记

到了 2010 年，路边烧烤摊的生意已经整整做了十个年头。在这十年里，一家人的户口也在所属派出所落实了，实现了我一生所追求的，做个城市人的人生目标。这一年里，国家出了新的养老政策，对没有单位、没有固定工作的"灵活就业者"，可以用钱补买了十五年的养老保险，到了男的满 60 周岁，女的满 55 周岁的法定退休年龄，就可以领取养老金度日。老伴已经超过了 55 岁，已属退休年龄，花五万多元补买养老保险，就可以立即按月领取养老金。这些年省来省去的，还了房贷后，手头就剩下五万元了，再补一点把老伴的养老保险买了。我的年龄还差半年才到法定退休年龄，打算晚一步再想办法筹钱。没想到还没到年底政策又变了，今年不买的，明年就不能补买了。这政策变得太快，让我措手不及，又错过了关系到我晚年福祉的机遇。之前，我从来没有奢望过能享受国家给予的社会福利，忽然遇上这么个机会又给错过了，心中确曾有过失落，但也无可奈何，只能在心里念着"塞翁失马，焉知非福"作为自我安慰，最终还得自己打主意如何拼搏着维持晚年生活。

我们卖烧烤的十年里，儿子前年结了婚，他们夫妇俩各有一份不太正规的工作；大女儿也早于他哥之前几年就结了婚，俩夫妇都是"灵活就业者"，小外孙已经会从家里给烧烤摊的外公外婆送东西了；小女儿虽然读师范大专毕业，我们没有那种可以帮得了她的社会资源，空揣着一本"教师资格证"却当不上老师，而是到外企肯德基打工，倒也有她一份按月领的工资。孩子们的收入，都只能解决他们自己的问题，若是家里有点大事需要花钱，还得要我们俩老操心。两个老人都想在还可以动弹的情况下，尽量挣扎，继续把这个烧烤摊做下去，但求能够攒下一点钱，到实在动不了的时候，不至于让孩子们为难。

我的一生，为了生存，什么都做过：生下来就是农民的儿子，到能够自食其力的时候也就成了地道的农民，而且是农民中最低贱的一类；为了摆脱贱民的身份，一度成了流浪者，在流浪中为了生存，做过"地下包工队"的"野马工"泥水匠；做过黑市生意、搞过投机倒把；到了改革开放后，到单位里做过临时工，扛过包、搞过搬运装卸的苦力；到可以从事个体工商业，办公司的时候，到皮包公司里打过工，谋过职。也自己办过公司，办过工厂，做过老总梦、发财梦；到临近法定退休年龄的最后十年，在万般无奈的情况下，又回复了改革开放初摆地摊卖凉粉一样的，依靠一个街边的夜市烧烤摊挣扎着谋生度日。并想以此完成人生最后的一个心愿，然而老天爷却总是不让我如愿，摆了十年烧烤摊的地方，最终被有钱有势的人，强抢豪夺的占了去，烧烤摊的生意也就随着2011年的过去，随着我的养老规划的流产而终止了。

一个烧烤摊记录着我一个破产的农民家庭，融入现代城市生活的酸甜苦辣。从2009年起，我开始会用电脑记日记，日记里记录的，都是我以一个街边夜市烧烤摊为谋生手段的起居劳作、喜怒哀乐。

一个烧烤摊的工作，无非就是日复一日，千篇一律地流水作业：如何采买、如何加工，几时睡觉，几时出去摆摊做生意，以及生意中遇到的喜怒笑骂，等等一些逸闻趣事，以及我自己的所思所想。我把有关烧烤摊最后一年，即2011年的日记，有选择的摘录成集，汇编成"烧烤日记"，作为我这部回忆录的结语。

我给我的烧烤摊的招牌取名为"贵阳烧烤"，让很多顾客误以为我是贵阳人。其实我是另有一番寓意，是为了纪念文革年代我亡命贵阳，流落街头那段被炙烤的人生经历。我一生的挣扎与奋斗，是非成败，都随着这个烧烤摊从艰难兴起到黯然没落，而退出了我与命运所作的抗争，无奈地接受了上帝的安排。

以下是烧烤摊最后一年所记下的日记，我仍然以日记的格式，呈现给本书的读者：

2011年1月1日，星期六、阴

2010年过去了。一年里，辛辛苦苦、忙忙碌碌，我们一家人靠操持着一个路边烧烤摊，终于把房贷还清了。我们的房子是按十年分期付款的方式买的房。十年来，我们始终信守合同约定，每个月都按时存钱还贷，一期都没有拉下过。至此，一家人终于有了一个真正概念的家。这个十年中，就靠这个烧烤摊挣下了老伴一个人的养老保险。

差几个月，我将年满60周岁了。我是在一个多难的年代里，降生到一个多难的家庭里来的，经历了60年的风风雨雨，见证了我们这个国家所有的坎坷和灾难，也见证了改革开放后的发展和变化。前30年在煎熬中度过，后30年虽然没有达成自己的愿望，但总算是能够依照自己的意愿去奋斗、去拼搏过，最终的成功与失败，有客观存在的先天因素，也有后天决策的诸多失误。人生苦短，认真反思，求证其中的哲理，做个明白人。

昨天晚上是2010年最后一天晚上，我们俩老仍然不辞辛劳，冒着风寒出去做生意，虽然生意不怎么好，但还算有所收获，算是充实地度过了一年的最后几个小时。

今天是2011年元旦，也没休息，生意还要继续。争取再做两、三年，但求能够平淡的度过晚年足矣。

晚上买了几斤羊肉，煮锅清水羊肉，一家人就算是过个阳历年吧。

2011年1月4日，星期二，阴冷

几天来的天季阴冷，潜心于在家写作、睡觉、看书，生意已经停了两天。

晚上看电视剧"民国往事"。该剧是以民国时期的政治杀手王亚樵和上海帮会杜月笙以及国民党军统头目戴笠为原形，以辛亥革命时期、抗日战争时期和国共两党纷争期间的一系列重大历史事件为故事主题，再现当年的历史。该剧与其他历史题材剧不同的是，在剧中表现的人物面貌，社会状态不是以往所惯用的，以体现阶级斗争为主线的手法。而是着重于个人素质及思想的演变和发展。剧中几个主要人物的表现也是客观地再现，不是一以贯之的本质反动和丑恶，而是有光明的一面，也有阴暗的一面。其中爱恨情仇错综复杂，纠结缠绵，在残酷的杀戮中也有不失人性的温柔和善良。以前看过《政坛杀手——王亚樵与戴笠的恩怨争斗》，看这部电视，可以重温那些历史事件。

2011年1月12日，星期三，晴

近半个月的阴冷天气，是多年来少有的。生意从来没有停过这么久，还搞得我们二老都有了病。老伴昨天还因为眩晕而不得不到医院诊治。我那天的眼疾也到医院看了，两人看病就花了二百多，且还是没有收入的只出不进，有多少家底才能应对得了这样的状况？这样的日子让没有工作，没有固定生活来源的人难于承受。但是还不断传来要涨工资，涨物价，这些消息对于平民百姓不是好消息。

2011年1月14日，星期五，阴冷

少见的寒冷天气已经持续了半个多月，生意也停了半个多月，身体因此而多有不适，老伴从未有过的眩晕症，到医院打过吊针仍不见好转，呕吐不止，从昨天起给她服了吗丁啉才止住了呕吐。

一段时间来因没有生意，得以间间断断的写作，原来已写得差不多的做"野马工"的一章，转而回忆起来，需要叙述的事件有贵州云雾山一节，表达的是流浪者生存的艰辛。还有一节是记述贵州老百姓家里在遭遇旱灾时的贫困生活。进一步体现当时代流浪者需要面对的多重困难。

2011年1月23日，星期六，阴

阴冷天气持续快一个月了，从上月30日出去摆摊至今，一直没有出去做生意，昨天串了一天的肉，说是准备过年时做生意，怕到年

里没有牛肉卖。

昨天上网,把这个月来写的《疯狂岁月中逝去的青春》第三十九、四十、四十一章发表到博客上。原来的四十一章后来一分为二,分为四十一、四十二章。

在网上看了博主郦虹的博文《柳州党史概述》,其中建国后的初期阶段,特别是文革十年的叙述,似过于简略,期间的错误给国家、人民造成的损失似乎有意含糊,讲得不够透彻,所以引用联合早报《中共党史第二卷出版,记载历史错误否定文革》的报道,写一篇读后感,欲发表在网易微博上,因受到阻止,发不出去。看来这中国的言论自由还有待落实。文中不过对于《概述》中没有讲透中共那段错误的历史提出些不同的看法而已,就不让发表,真让人失望,中国什么时候才能更开明一些,什么时候才能更多一点思想的自由?

2011年2月2日,星期三,晴

今天是大年三十,难得的晴暖天气,过一个好年。一早起来就开始操办年夜饭,下午4点了,基本上把所有的菜式准备就绪。两个女儿各回各的家过年,家里就我们两老和儿、媳。小姨母女三代历年都是来和我们过的,今年也依旧。

这样的天气,明天是可以做生意了。已经停了一个月不做生意,过年只得用老本,心里不踏实,已经在吃老伴的养老金了。

明天是兔年初一,小区上午和往年一样,搞游园活动。我还得出去协助他们业委。

过年遇上个好天气,是个好兆头,但愿明年万事如意。

2011年2月4日,星期五,晴

今天是兔年初二,是个大好的晴天,难得一见的阳光照在人身上,暖洋洋的特别舒服。

过年时遇到不少的烦心事,但毕竟过去了,今天好天气好心情。昨晚出去做生意,因天冷停了一个多月的生意,年初一图个吉利,图个好彩头，生意也还可以。经过年前的长时间的寒冷天气，今年必定是个好晴天为主，生意肯定会不错的。有信心在今年赚够我的养老金。

2011年2月14日，星期一，阴

这两天看《炎黄春秋》2011年第2期何定发表的"彭德怀和毛泽东对民主的不同看法"一文，毛泽东去信对彭德怀所发表的关于民主教育的演讲进行的批评中，毛泽东针对彭德怀演讲中所引用的孔夫子的"己所不欲，勿施于人"的阐释，颇有感触，准备抽点时间写篇博文，议论一下。这两天天气好，忙于生意，先去做事再说。

2011年3月8日，星期二，晴

今天是国际妇女节，但是老伴却得不到应当的休息，看来这生意不能无休止的做下去了，想办法把它转让出去算了。不然真的要做到死的那天了。

2011年3月18日，星期五，雨

一个星期以来，连日阴雨绵绵，春寒料峭，停了一个星期的生意，在家看书，看电视。

这一期的《炎黄春秋》也看完了，又翻出《中国国民党史大辞典》，从这辞典中也看到不少原来不知道的一些史实。这国民党史的大辞典是1998年6月在大陆纂修出版的，其论述的历史，自然得从共产党的立场论评，其中还把几乎所有的共产党的知名人物都收录其中，这也可以理解为实事求是，因为这些共产党人都是从国民党中分化出来的，或者说曾经参加过国民党的。不难看出，在历史事件的论述中，仍存在着党派之间的恩恩怨怨，是非曲直仍不失偏颇。之所以我对《炎黄春秋》情有独钟，主要是可以从中了解到许多过去无法知道的共产党内的一些历史真相，纠正过去一些模糊的认识。增进自己对于政治的理解。

2011 年 3 月 19 日，星期六，阴

几天的连绵阴雨，昨晚停了几个小时，连续几天的休息，觉着心烦，出去做生意，倒还不错。收摊后又开始下雨，不知今晚能否出得去？

天气不好，心情也不好，本想趁着闲在家里，多写点东西，但到网上就没有了心思，特别是这几天江苏电视台连续播放《中国远征军》，还挺合口味的，就整天看电视了。现在的历史题材的电视电影，比较重视史实，过去的抗日战争题材的电影电视，出于政治的需要，都背离历史真实，有意忽略国民党在抗战中的主要作用，现在就不那么隐晦事实了。由于过去年代，特别是共和国的前30年，在我们这代人正年轻，正渴求知识的时候，出于政治需要的宣传，让我们学到的都是经过修饰的历史，所以对于那些过去的历史事件都怀有探求真相的心理。但现在的诸多的报纸杂志，都注重生活娱乐方面的题材，加上国家对历史档案的保密，媒体也无从涉足，对一些人言亦言的历史，也就无从探究，就只凭一些经历者的回忆，但是这些真正经历过的当事人大多都已作古，许多史实也就湮灭于历史的长河中，永远无法还原真相。自从学会上网看新闻、旧闻，就更是极少涉足报纸杂志，惟有对《炎黄春秋》情有独钟，几乎每期都有历史事件的真相披露，同时，《炎黄春秋》的作者大多是一些老革命，老知识份子，都是过去一些历史的亲历者，他们的回忆比较可信，特别是他们比较敢直言，但在网络上又不能全部得以浏览，所以从2010年起，就开始订阅，每期必看，无一遗漏，且便于永久保存。

2011 年 4 月 7 日，星期四，雨

做完清明后就一直下着雨，不想冒着雨去做生意，乘机休息，心中就安宁些。

2011 年 4 月 9 日，星期六，阴

连日阴雨，昨天开始转晴，昨晚出去做生意，休业了几天，乍出来，生意还顶不错的，虽然不是特别好，但是却显得有点手忙脚乱。

2011年4月16日，星期六，阴

昨晚天气预报有雨，但最终没有雨，不致做生意到一半手忙脚乱。

一个星期来的生意都不错，尤以前天晚上和昨天晚上为空前好，营业额超过一千元。如果以后都能像这个星期一样，就应当添加些桌椅等用具。这样的生意也显得人手不足，也在考虑之列。

本打算这两天去看看，添买些桌椅，但是白天又要忙着做晚上生意的准备工作，抽不出时间。

2011年4月19日，星期二，晴

几天没有时间写记事了，都忙着做生意上的事，生意好了几天，昨天晚上城管又开始严管起来了，发来一个整改通知，说是人大代表向市里反映，这条街乱摆乱卖，群众投诉太多，扰民严重，不让摆摊。这一来不知今后会怎样？他们真能禁绝这条已经形成的夜市街吗？若真能那样，我们的养老计划就难得完成了。

这城市管理和民生是有矛盾的，为了让一部分人过得舒服，就会使另一部分人无法生存，二者孰重孰轻？看政府是如何理解如何对待了。从老百姓看来，生存才是首要的，生存都难以维持，从何谈起生活质量？再说，这扰民的概念，如何定义？环境污染？油烟！噪音！这些都是人对生活质量的追求，生活质量的追求是在生存的基础上的追求，生存才是人的第一权利，这就是人权，对于这个问题，政府应当有一个较为科学的管理手段，即把一个城市以居住质量等级加以区分，有经济条件、没有生存之虞的人，可以选择高档区域居住，在那种区域居住的居民应当得到质量的保证；其次的可以区分为普通区域，这样的区域里首先考虑的是民生，在普通区域内居住的人，就不应过分强调这方面的质量。对于空气污染的概念是抽象的，人们的生活当中不都存在这类污染吗？噪音更是现代人提出的标准，噪音的扰民无时不在，在生活小区中，在城市街道上，无时不穿梭来往着各种交通工具，发动机的轰鸣声，尖厉的喇叭声，这些都能

禁止得了吗？一些有钱人，买房时既为了少花钱而混迹于穷人当中，又想过着廉价的高档生活，却要牺牲一部分穷人的生存权利，这是不公平的。他们既有钱要过高质量的生活，就让他们去选择那些没有污染的高档区域甚或到别墅区去吧，生存是穷人们的基本权利，不能为了迎合有钱人而剥夺穷人生存的权利。然而这样一来，这个社会的贫富分化就更加固化了。这样，不就和共产党革命的初衷背道而驰了？一个政党对贫富两个阶层，前后竟然是两种截然相反的态度，那才是悲哀。

2011年4月21日，星期四，阴

昨晚生意好，今天做了一天的准备工作，晚上天气预报有中到大雨，并已开始下起了雨，决定不去做生意了。

2011年4月23日，星期六，晴

前天晚上因天气预报有中到大雨，而没有出去做生意，结果就只象征性的下了一些短时小雨，这天气预报还是不可全信。昨晚出去，生意一般般，今天天气好，今晚的生意看来要好些的。

2011年4月27日，星期三，晴

天气越来越热了，晚上的生意也较以前好起来，但是又面临着城管的执法管理，总担心着生意不知能做多久。

2011年4月29日，星期五，阴

晴了几天，昨天下起了雨，昨晚没有出去做生意，这几天又有点小感冒，身体不适，下雨就休息，反正也觉得累了。

其实说休息，也没真正得到休息，家里这样那样的东西都等着需要维修，他们年轻人没有人会想到要做这些事，只有老人一天看着不顺眼，就惦记着要修理一下，不及时维修，时间久了问题会越来越严重。

厨柜门活页已经坏了很久，觉着这种活页不适用，想改一种方

式,用另一种活页,结果因为考虑不周,白浪费了钱,装不上,还是买了原来那种。做这点事也花了一天半时间。

家务事,是要什么都懂才行,否则什么都要求人,这日子是难过了。

2011年5月2日,星期一,晴

五一国际劳动节小长假这样又过去了,生意还过得去。

时间过得真快,转眼间,2011年又要过去半年,人到这般年纪,都这样,觉得时间过得快,想做的事很多,总觉得时间不够用。为了忙于养老计划,写作的计划就被拉下来了,今年以来进度缓慢,已经明显产生一种紧迫感。养老计划还没有完成,就静不下心来写作。到完成计划后,一定要改变经营方式,要雇用些人来帮忙,白天就可以腾出时间来进行写作。

2011年5月6日,星期五,晚

手机中的天气预报有阵雨,我们出摊的时候,就把雨棚撑起了。两个大号雨棚,把当街的人行道几乎全部占满。没有客人的情况下,行人还可以从雨棚下面通行。如果满客,过往的行人就只好从雨棚的前面仅剩不足一尺宽的空间,一个人单向而过了。留一点过往的通道,这些都是我们要考虑到的,我们不想把周边的居民群众都得罪了。我们自知占道经营是违法的,但也是无奈之举,一般群众也还能理解。城管执法时,也是从人性角度,给予了适当的考虑和通融的。但我们也不能得寸进尺。正如城管执法队员们经常说的"配合一点"吧。

做好了防雨的准备,但是当晚却没有雨。生意也还不错,雨棚下面坐满了客人,不得不在棚子外面加了几桌。俩老忙得不亦乐乎。

8号桌来了两男一女三个客人,叫了啤酒和烧烤。老伴在给他们烧烤时,把其中一串五花肉的三片掉了一片,但却没有给补上去,就送去给他们了。我们正在忙着为其他客人烤东西。听到8号桌的客人喊了声"阿伯",我便面带笑容,赶忙走到他们旁边,笑眯眯地,带着玩笑的口吻,调侃说:"有什么吩咐?"其中一位男青年指着盘中那串"三缺一"的五花肉,笑着对我说:"黑点了吧?"原来是向我投诉的。证据确凿,无可抵赖。我只好风趣而诚恳地答道:"纯属意外事故,对不起!"三个客人见我风趣且真诚,则也不无风度地笑应着:"没关系!跟你讲一声。""意外事故"就这样没有争执地解决了。这时,坐在一边,一直平静地看着我的,穿着入时,相貌端庄的姑娘,望着我开了腔道:"阿伯,你晓得没?本来我们刚才是打算要和你生气、论理的,见你笑眯眯的样子,态度又诚恳,气就消了。你们俩老年纪恁大了,还出来辛苦呀?"我答道:"不做,吃什么?"那姑娘又问道:"你没有退休金吗?""有退休金我还来辛苦做什么?"姑娘又问道:"那你的娃仔不养你们吗?"见那姑娘并没有恶意,且是以一种体贴和同情的口吻在和我交流,我也就不觉得需要对她隐瞒什么,我接着她的话头答道:"他们那点打工工资,够他们用就不错了。我们出来虽然辛苦点,到用钱的时候就不那么紧巴了,要不,总等着向他们伸手,见他们脸苦苦的也可怜。"听我这样说了,那姑娘也不再深问,而以一种赞许的目光,真诚地对着我说:"你们真是两个好老人,有你们这样的父母真好!"听了她这番深情赞许却隐含着悲凉的话,让我从心眼里觉得这姑娘懂事。同时,也感受到这姑娘的话中似乎透出一股身世的悲凉。不由我内心思忖和猜测着:这年头,家庭离弃的现象很普遍,许多孩子都是在单亲家庭中生活、成长,他们渴望着亲情圆满的家庭生活。所以见到我们俩老偌大年纪,还能同甘共苦、相濡以沫,生活虽然艰辛,却能坦然面对,不由她不触景生情,暗生钦羡。

主客之间相互的幽默和真诚,化解了本来的不愉快,甚或可能产生的矛盾,转而变成真诚的交流和理解。当晚的生意虽然赚的不多,但心情却是很舒畅的。到凌晨4点多收摊也不觉得怎么累。

2011年5月7日,星期六

天气预报晚上有雨,但没有雨。下午下了一阵大雨,还以为晚上做不成生意了。但是雨下了不到半个小时,又停了。晚上还能照常做生意。这天还真会照顾我们这些找生活的人。

昨晚的生意到今天凌晨 4 点收摊,回到家收拾完,上床睡觉时已经是快 6 点了。但是老伴去农贸市场采购今天晚上的材料还没回来,她要到 7、8 点才能睡觉。我也只能睡到 11 点 12 点就要起来切肉、腌肉、串肉,还要做好其他所有应该准备的工作。到下午 5、6 点才能再休息一两个小时,起来做晚饭吃,一般情况到晚上 8 点 9 点就出去摆摊。

今天是星期六,城管休息,吃过晚饭,8 点多我们就出去摆摊了。

今晚这生意开始时显得冷冷清清,从出摊到快 11 点,零零星星的就做了几十元的生意。正担心着今晚没有什么盼头,客人们就开始陆陆续续来了,一下子把所有的桌位都坐满了。特别是"贵宾"们来了一大桌人,不得不把所有的椅子板凳全都搬了出来。其中也来了几个从来都不太受欢迎的客人,他们纯粹是来找地方吹牛的,而且都是自己带酒来,只点了几元钱的烧烤就泡一个晚上。"贵宾"就不同了,他是我们的常客,他带来的朋友都是受欢迎的"贵宾"。

"贵宾"是市郊农村的人,蛮幽默,挺大方的,我和他们常常有说有笑。从他们尊称我为"阿伯"开始,之后几乎所有的客人都对我沿袭着这个称谓。

对他以"贵宾"称谓,是他自己说出来的。当初他们开始来我们的烧烤摊消费时,由于就只有我们俩老,人手少,生意忙,对他们有所怠慢。他就跟我调侃说:"阿伯,我们是你的贵宾啵,你应该给我们优先一点。"他这话倒也是生意的行内话,有道理,所以之后,我们就把他当作"贵宾",他们来时就特别的注意殷勤招待。

以往他们一帮朋友来,每次总是"贵宾"抢着买单,我们还认为他那些朋友是有意要吃他、宰他,就想着帮他既省点钱,又给他留面子,有意识地去收别人的而不要他的,但他却老不让收别人的,并说:"你要收他的,以后我们就不来你这里了!"听得出他是诚恳的,也就只好收他的了。今晚他又带来一大帮新朋友,都是我们没见过的。他们吃喝得差不多快收场时,他叫我:"阿伯,算一下看多少钱。"

我知道他的意思是要买单了，算了一下，二百六十多，退了几瓶酒，也还是二百五十多元，这样的消费水平也是他们"贵宾"一帮朋友从未有过的高消费。告诉他多少钱后，可能是他那些朋友不让他买单，他就先走了。这次是别人买的单，可见他在他的朋友中还是受尊崇的，朋友们并不都想有意识的要宰他，都是朋友间的礼尚往来。

今晚这生意由于"贵宾"以及兆兴园那帮"粉丝"们的到来，眼看着要泡汤的生意，反倒红火了。本来想在结账时对那几个只想花几块钱来找位子坐的客人表示一下不满，好让他们以后不要再来了，但是从生意的行规考虑，这种想法是要不得的，就忍下了。

能常来的就算是"贵宾"吧。街头卖戏的不都是经常念着"有钱的帮个钱场，没钱的就帮个人场"招揽看客，制造气氛。就算他们是来帮个人场吧。

2011年5月8日，星期日

手机的天气预报有短时阵雨，但还是和前几晚一样，没有雨。

出摊时整条街道显得有些冷清，不像是星期天的样子，生意不忙，因为小外孙生病，大女儿夫妇带儿子去看病，家里没有人，就叫媳妇回家。媳妇刚回家不久，生意就开始来了，不得不又把媳妇叫下来。

顾客们要位子坐的，叫酒的，点烧烤的，叫外卖的，应接不暇。把库里所有的桌子都搬出来，凳子不够坐，把那些新买的椅子都搬出来了。

老伴一个人专烤东西，因炉子小，应付不过来。有两桌客人算是熟客吧，来的时候生意不忙，叫她们点烧烤时，她说要等人来再点。本小区熟人老龙老婆，她们以往都是来占位子吹牛，吃的东西不多，历来对她们也就不是特别的殷勤，只是出于生意上的行规礼数，不得不笑脸相迎。今晚她来时把她安排在8号，她坐等人时嫌那里臭，叫搬到小区门口边来，她人来时才点的烧烤，此时正是大忙，其他客人纷纷催货，再加上一个常客又是要拿走的，且量较多，摊边又是围满了叫外卖的人，考虑到要先打发走外卖的，就少一点压力，结果把现客给得罪了，纷纷抗议。特别是老龙老婆，站起来嚷嚷着。还有另一个女客一家人也是如此，来时我就问她要什么东西，她也说是要等人来，结果见我们只顾烤给外卖拿走的，也就跟着嚷嚷着提意见，抗议我们只顾给拿走的人。我们是有点儿理亏，但也找到了一点理由，就向她们解释说："刚才来时我就叫你们点东西，你们又要等人来了才点，正是最忙的时候，你们的人来了，才点的东西，所以就忙不过来了，对不起！只好请你们耐心点了。"这样的解释也还能压一压她们的火气。老龙老婆点的茄子和韭菜确实久了点，就真的不耐烦了，叫嚷着要结账走人，我也就驴子下坡说，你的东西已经烤了还没得，你还要不要，不要可以结账给你。其实她只是威胁一下，还是要得吃了才结账。三个女人消费36元，每人花12元，算是把她们应付过去了。

　　做生意就是这样，生意不好时盼着客人来。客人一时间蜂拥而来，多了又应付不过来，就容易得罪了客人。烧烤摊是低消费的场所，面对的都是些工薪阶层，这种场合最适合他们凑在一起吹吹牛打打牌，消磨着时间，且还能享受到可口美味的烧烤，喝喝啤酒，凑着热闹。这种生活，这种生意，也就成了社会的需要，人口集中的城市生活，还真少不了这样的街边食摊，这样的消费场所。城市管理也就不应当无视这种社会需求，否则这和谐社会就难以和谐了。

　　社会在不断进步，人民的生活在不断提高。在人们开始嫌弃这种生活方式，不再需要这种生活的时候，也就说明我们的社会已经进入了小康水平了。也许，到了小康的生活水平，这样的生活也还是一种特色的社会需求。

　　我们孤陋寡闻，不知道这样的街边食摊，在美国，在西欧，在香港是否也还存在？他们又是怎样处理这种情况呢？是禁还是放？

2011年5月9日，星期一

　　天气预报没有雨，可以放心的做生意。

　　往常的星期一生意是不太好的，今年以来好像就不太分什么星期天星期一了。今晚上一出摊就有生意做，虽然不太忙，客人总是源源不断的,陆陆续续地把所有的桌位都坐满了。我们一直不停地做着,但没有头天晚上被客人催的现象。

正忙着的时候,街头那个烧烤摊的小工来给他们的客人要一份青口螺,叫烤好了送过去,忙不过来,有点不想送,但是又怕得罪客人。况且,那烧烤摊老板娘也一再说过,她们的客人都说我们烤的青口螺味道好,也就答应了。嘱咐那小工回去告诉那客人,要请他们耐心一点,等我们忙过来了就给他们烤好送去。

我们烤的青口螺得到几乎所有客人的赞许。包括我们的其他烧烤,也都是得到客人们赞许的。不是我们自以为是,许多赞许的话,都是客人们自己对我们说的。有些客人甚至是从河北片区特意赶来吃我们的烧烤,往往是吃了一次之后,就成了常客。

有一对东北大连来的夫妇,几年来,常来我们这里吃青口螺,一来就是要吃好几盘。前年他们要回大连之前,特意连续几个晚上都来吃。他们说是要回大连一段时间,回去了就没得吃了,所以走前要来吃个够。之后他们真的就回大连了,很久没有见他们来。前几天见他老婆和他小姨子俩夫妇又来了,她们来吃的主要是烤牛肉串。今天晚上他也来了。我一见他就认出来了,跟他招呼道:"回大连什么时候来的?好久不见了,前几天还在念着你呢!"这样的话,给客人听起来总是感到舒服的,不过,我讲的也是真心实情。我们做生意的不总是念着客人常来的吗?这样讲出来也是对客人的尊重,让客人感到亲切。他一来就点了四盘青口螺,外加牛肉串和鸡尖,把他小姨子夫妇也叫来了,后来是连吃了五盘青口螺,三个人共消费了百多元。

近些年来,烧烤一行蓬勃兴起,竞争也很激烈的,想获得顾客的青睐,必须在口味质量,尤其在卫生上,要得到顾客的认可,才能保持住客源。拥有一批常客,这生意才能做得下去,才会越做越红火。

老伴做这行时间久了,有时对一些消费少,坐的时间长的客人就不太欢迎,态度也就不怎么热情。从商业效益的角度,老板总是想让有限的座位轮番的周转,多做些生意。但从待客的角度讲,客人就是衣食父母,有客人才有生意,有生意就有钱赚。所以我总是叫她耐心些。做生意就这样,不管消费多少,来的都是客,做生意能有这样经久执着的客人是很难得的,不要因为客人消费少了,就拂了客人的一片真诚的信赖。其实老伴也是很注重生意道德的,她常常是不管生意再忙,在给客人烤东西时,总能坚持按部就班的,注重着口味质量,这一点上我还不如她。我就是有一点总能坚持着,就是保持着对客人的笑脸相迎,与客人幽默风趣,保持着和客人的亲和力。这也是不管老少男女客人,都能与我们融洽相处的缘故。虽然我们只是一个路边摊,也还是受到客人们的青睐和尊重。也正因为这样的缘故,我们尽管已经觉得累了,还是舍不得丢下这个摊子。

我心里总在想着:我们如果不做了,我们这些客人们不就再难找到他们称心的地方消费了吗。同时,做这门生意,也还是一个不错的行当啊!在如此严峻的就业形势下,多少人找不到事做,找不到饭吃呢。尤其是我们这样年过花甲的老人,打工又没有人要,做大生意,要有门面、要请帮工、那得要有大本钱,这些条件我们都不具备。就是做眼下这档子生意,经常忙得手忙脚乱,想请一两个小工来帮忙,老伴都死活不同意。她老是说:"我们做得几多就做几多,做不得就不做。请得小工来,刮风下雨、有生意没生意,你都得操心给小工发工钱。我们自己做点,不用考虑房租,也不用担心工人的工钱。累了不想做就在家休息,不用担心、没有压力。"理是这个理,这样是没有什么压力和负担。但只能是局限于找生活,混碗饭罢了。想把生意做大,要赚大钱就不可能了。

2011年5月10日,星期二

天气晴好,心情不错。

今天忙了一天,到下午五点才睡的午觉,过七点起来吃了点旧饭,就算是晚饭了。生意人吃饭没那么讲究。

和往常一样,八点过就出去做生意。

媳妇说今晚不出去了,要休息一晚。她白天在北环高管上班,晚上就来帮我们,就要转班了。考虑到人手不够,怕生意忙时,来客多了要搬桌子椅子,忙不过来,所以事先在开摊时就把所有的椅子搬出来准备。

开摊时就有生意，但都是些小桩生意，客人不多，老熟客也来了几个，都是成双成对的情侣式客人，虽占着一张桌子，要的东西不多，坐的时间可不短。

早早地来了四个年轻仔，点了每样三两串的东西，并且自己拎来的酒，占着一张桌子，一看就知道不是常客，也许其中有人来吃过我们的烧烤，面孔都是新的，基本上算是生客吧。有一回就有二回，我们有这点自信，一样热情款待，到结账时总共才消费了27元。走的时候，他们还都很礼貌地道声"阿伯好卖！"老伴以调侃的玩笑话应了他们："阿伯可卖不得，阿伯卖去了，下回你们来就没有烧烤吃了。"在座的客人都笑了起来。客人中有人说，这俩老蛮好玩的，所以我们爱来这里吃他们的烧烤。

今晚上的营业额与前些晚上比，收入只能算是达到50%。看其他几家同行的情况都差不多，不光是我们的生意淡。老伴说今天是星期二，是开马（六合彩开奖）的日子，这些人都赌输了，没有钱消费，所以生意就淡。好像是这原因。不过生意有旺有淡也是常情，没有天天一样红火的生意，赚多赚少总是要做的。

这些年做这烧烤生意，还看出了一点道道来。这饮食行业，休闲场所，还真的和社会风气有着割不断的关系，所谓"十亿公民九亿赌，还有一亿去炒股"。近年来的聚赌成风，特别是赌马，更是形成了"群众运动"。在烧烤摊上无时不听到"特码""输赢"的议论和吵嚷之声。这种情形前年尤甚，今年来好像没那么热潮了，人们的情绪也没那么高涨。但是来烧烤摊上边喝酒吃烧烤，边打牌赌点小钱玩，则是一些常客来烧烤摊的必修"课目"。所以我们总要准备有扑克牌，骰子等一些相关的小玩意儿，迎合客人的兴趣，供客人消闲游戏之用。

我们一家人是绝不沾赌的，看着他们公开的赌博，有时也爱唠叨几句，他们就说，玩点小意思，警察都不管的。确也如此，小区到处都设有专门的麻将馆，一些无所事事的人，不就成天泡在那种地方过日子？这种现象确实也难以禁得了的。我们平时和那些混得较熟的常客们聊的时候，总爱善意的劝导他们，不要赌上瘾了。他们也能理解我们的善意，并不与我们争辩，且都是附和着自我辩解说："大赌伤身，小赌怡情。"我们也就不太执意地让人觉着我们爱管闲事。再者，这饮食、休闲服务行业生意的兴衰，还真的和这赌风息息相关。不难想象，这些赌博现象如果真的给禁绝了，过夜生活的人也就少了，这些饮食休闲服务行业的生意也就必然相应的淡了，要维持下去恐怕都困难。

  人们在愤愤于官员腐败的同时，其实内心又在感慨着自己没有那种发横财的机会而望洋兴叹。于是便去助长着另一种腐败。形形色色的腐败，都在以各种不同的方式，侵蚀着我们赖以生存的社会。当然，生活上的腐败，与政治上的腐败相比，实在是微不足道的。赌博现象可能会导致社会治安恶化。无疑属于个人的慢性"自杀"行为。而政治上的贪赃枉法，贪污腐化，那是会导致国破政亡的。

  社会是一个复杂的构成，对于社会的管理，也不是以"阶级斗争"的手段所能解决得了的，构建和谐社会是一个艰巨而复杂的工程，不是靠喊喊口号和发动一场运动，就能一蹴而就的。而是需要全社会的共同努力。

2011年5月11日，星期三

  手机的天气预报是大到暴雨。出摊时没有下雨的迹象。

  "顾客就是上帝"，被奉为商业、休闲、娱乐服务行业经营者的经营理念。而一些消费者也就顺着梯子上架，自己把自己当上帝了，只要花了点钱，就爱对人颐指气使，吆五喝六的不尊重人。

  在街边搞个烧烤摊，本来就是穷人的谋生行当，面对的也是一些下层的低消费者，彼此都属于同一阶层的人。但就有那么一些人，他只在你这里花一块钱，他就自认为是上帝，你就是奴仆，你就得听他的驱使，就得忍受他的屈辱和讥讽。

  过去隔壁小区有一帮拆迁来的住户，成天无所事事，专以打麻将赌钱为业，每到晚上我们出摊时，他们也从麻将室散场出来宵夜，一大帮人占住一张桌子七八张椅凳，要了一二十元的烧烤，平均每人消费不到三元，但却爱充起上帝，吆五喝六，一会叫你为他买水买烟，一会叫你拿筷子送纸巾搬凳子椅子。本来烟和水就在街对面一步之遥的小卖部，凳子椅子就隔着一两张桌子，他们就是不愿意自己动一动，生意忙时顾不了他们，稍有怠慢，他们就嚷嚷着烦言四起，指责你服务态度不好。我们历来不怎么欢迎这类客人，我们认为这些人缺少修养，不会尊重人。上帝也是需要尊重人的，他们不具备"上帝"的资格。所以每逢他们来时，我们也就爱理不理的，之后，他们也就很少来了，我们也不怕缺了这样的"上帝"，生意照做。

今晚也来了三个类似的"上帝"，像是农村进城打工的，一来就大咧咧的，见摊上没摆有东西，就嚷嚷着："都没有什么东西咧？"叫他们看招牌，上面列着几十个品种，结果却只是一样点了三两串，还要先拿给他看过。嚷嚷着要酒让满街人都听得见，稍慢了一点，就不耐烦地吼起来："喊要酒都没听见吗？"听那口气似乎挺大老板的。我们对这类人有不同的理解。他们与隔壁小区那帮客人是略有区别的。他们是农村进城来打工谋生的，好不容易来充一下上帝，他们也想融入城市人的生活当中，势必就什么都想学学那些城市里的人。但是在某些方面就难免出现些东施效颦的现象。比如说，一些人为了不让人看出自己是农村出来的"农伯"，为了不让人看不起，在穿着打扮上比原本的城市人时髦入时，有过之而无不及。在语言表达上也尽量地去家乡化等等，这些都无可厚非。为了让别人不要小看了自己，想显显自己的尊严、架势，在众人面前宣示一下"我也是有钱人，也要过一下城市生活"于是就需要显摆显摆，亮一亮底气。这都可以理解，但也不要太过了，太过了反倒让人觉得是"山猪学吃糠，充牛鬼"。

无独有偶，同时还来了一女一男，到摊边嚷嚷着："都没有东西咧！"结果就从几十个品种中点了韭菜牛肉鸡尖各一两串，总共就十一、二元的烧烤，那女的明明是特意找个男人来请吃付账的，却又小气得自贱。老伴称之为"廉价女"，但她却把自己当"上帝"了，稍没能随喊随得给她，她就一副"上帝"的嘴脸嚷嚷道"点的东西那么久都还没得？！"想喝酒又不愿给我们赚点酒钱，知道我们只有漓泉，却偏要我去给她买7度听装。

做这行面对的就是世人万象，再怎么不爽，还是得忍一忍的，和气生财嘛！权且让想当"上帝"的人们当一回上帝又何妨？

今天这生意不怎么好，收获不大，但这天气还是蛮照应我们的，我们收完摊回到家后才下起了雨。

2011年5月12日，星期四

昨晚收摊后下的雨，今天下了整整一天。

忙了一天，到下午五点才得睡个午觉，眯了个多小时眼睛，就起来吃晚饭了。到傍晚八点，看着外边路面都干了，本来以为还在继续下雨，就想休息一个晚上，见人家都在做着生意，又舍不得休息了。

天气预报有雨，为防着有雨，就事先搭好两个棚子。

所以舍不得休息，只要出去了，多多少少都会有所收益。今晚的生意，生客熟客都有，坐了几桌人，原来还以为今晚要放空了的，没料到生意也还可以。

大姐家老外的朋友一帮人从摊边过，与他们打了声招呼，他们说是去吃粥。一个女人五个男人，他们每次都是这样不变的组合，也不知道她们从事些什么营生。那女的喜欢吃我们烤的玉米，每次经过都要烤一个玉米。这次也依例要烤一个玉米。另一个男人要求烤几串麻雀、一条鱼，叫送到"一家人"去。那女的对我们说，以前烤的玉米好吃，最近烤的不知为什么就不比以前的好吃了，叫烤久一点，香一点，多点辣多点酱。

生意不忙，他们要的东西很快就烤好了，我就给他们送过去。那女的见来得这么快，还怀疑说："这么快？烤得好不好？"要先尝一口试试，看玉米是不是烤得好。龇着牙在那玉米上咬出了一个大缺口，裹得满嘴角的酱，啧啧的咂巴着舌头，终于见她满意地点点头，用鼻子"嗯"了一声，没什么可讲的了，她旁边那个男的就付了钱。一个玉米的生意，还颇有讲究的。其实，玉米都差不多，要讲究好吃，就要烤得够火候，而最关键的还是料要放足，特别是酱。我们家的酱可是与众不同的，许多客人是冲着我们的酱来的。如何配好酱可是有讲究的。这是我们家烧烤摊的核心技术了。

没多少生意，过了一点多也就没有什么客了，老伴说趁现在没有客，赶紧的收摊，要不再待会儿又有个把两个熬夜的客来，就要被磨到天亮，又没有多少生意的，白辛苦。这种生意经常出现这样的情况，当你觉得时间还早，想多待一下，恐怕会有单把大生意来，就强过你整个晚上。但是，等下去也说不准一定有客来。就是有客来也说不准会是大生意还是小生意。往往在你正收摊的时候，却来了一两个客人，是来熬夜消磨时间的，不吃什么东西，但就是不走人，硬要坐到天亮，对这样的客人，你就真的冤枉花时间陪着他到天亮，划不来了。所以我们都要看情况，当机立断，想收就收了，决不恋栈。

收完摊，也已经是一点多了。

2011年5月13日，星期五

预报有阵雨，见别的摊子都没有搭棚子，我们也就不搭了，看到下雨就收摊。反正有雨也就没有生意了。路边摊生意就这样。

今晚是周末，摆好摊就来了几个客人，往时他们都是到对面砂锅饭店里坐，来要我们的烧烤，借我们的骰子过去玩，所以也算是熟客吧。见他们已经找好桌子准备坐下来，我也就忙着摆东西，而没有招呼他们，不知为何他们又走了。看他们走了，我觉得是因为我们待客不够热情，就和老伴检讨了一下。老伴却说他们也是从来就要一二十元的东西，走了也罢。特别是听到他们在对面坐下后，喝起酒来大声吵嚷喧哗，他们不在我们这里坐倒也好，吵吵嚷嚷的烦人，还会引起附近住户的投诉。但是他们还是来要两条鱼，并对我们刚才不招呼他们略有怨言，方知道是这个原因才走的。我心中稍有歉意。

鱼烤好了给他们送过去，他们其中还有一个人和我逗趣说，你不送一串烧烤给我，我笑答他，你再过去要点东西我就送给你咧。

后来生意忙时他真的又过来，先是要了鸡中，后来又要鸡翅，见老伴把他的鸡中放在一边，就已经有了点火气，发火说，是我没有钱给你还是怎么样，我要的东西那么久，并气鼓鼓的自己拿走了烤好的鸡中，并吩咐待鸡翅烤好后送过去一起要钱。我送过去时，他就翻了脸，不给钱，他女朋友要给他不让给，说是叫我打110，我只好强作笑脸地与他一再道歉，他们其中也有明事理的人劝他说，两个老的做这点生意也不容易，后来少收了他们几块钱，我以为事情就过去了，他不过是想表示一下对我们的服务不满而已。不想过了一会，可能是因为他喝了酒，火气上来了，却又跑过来找茬，并动手掀了我们的摊子，好在有他们的人跟来劝阻，也没有造成多大的损坏。他的朋友从中劝说，叫我们给他烤两个鸡翅，并说他负责给钱，我就坡下驴，答应了他们，再加上他朋友一再劝他，才算平息了事。过了一会，他与他的女朋友过来要鸡翅，见到我们已经给他们烤了鸡翅，他就付了10块钱，我说我请你吃吧，他又非要给钱，我说是我们真心请你的。他还是执意要给，也就收了。这事总算过去了。

　　这样的事我们还真的从未遇到过。老伴说夜路走多了总要遇着鬼的，的确也是这样。形形色色的客人，难免有这样那样的事要发生，但是有事时，需要冷静应对，尽可能地息事宁人，和气生财嘛！

　　当时在座的客人当中，大多是明事理的人，对发生这事都能理解，并还有人风趣的说了些安慰的话："不急，我们不会掀你摊子的。"

　　今晚不光得罪了这帮客人，还得罪了最后来的一对北方人，为了收摊，老伴说话得罪了人家，也惹人家发火了，我只好一再向人道歉。

　　做生意是要忍得一点气，我们是求财不求祸，忍得一时之气，免得百日之忧。每到这种时候，我总爱想起2000年与儿子去苏州旅游时，在寒山寺内看到墙上录着的《寒山拾得对答》的梵语。"寒山问拾得：世上有谤我、欺我、辱我、笑我、轻我、贱我、骗我，我如何处治之？拾得曰：只要忍他、让他、避他、由他、耐他、敬他，不要理他，再过几年，你且看他。"这其中的哲理还真能让人遇事冷静下来，免生事端。从小到大，到老，我们不都是这样过来吗？不说过去那受欺受辱的年代里，不就是忍着避着就熬过来的，就在早几年，把一生用辛苦血汗积蓄的十多万元，给一个熟人骗光了，告到法院都拿她没办法，多次想找她拼命时，想到这段梵语，也就冷静下来了。钱财是人挣来的，就由他去吧。

2011年5月14日，星期六

今天下了一天的雨，但也没闲着，忙了一整天生意上的事，准备这准备那的，想写点东西都抽不出时间。晚上稍停了一下雨，看着外面街上都是湿淋淋的，就趁机休息一个晚上。但心中还是不安宁，总是不时地往窗外看。看天下不下雨，看人家在铺面里的烧烤店生意好不好。后来，天又开始不停地下起雨来，看着别人的生意也不好了，心中才稍觉安慰些，这就是心理平衡吧。做生意的人，只要出去，多多少少总会有些收获的，不出去就等于放着钱不要，所以心里总是惦记着。如果是别人都在做着生意、赚着钱，自己却在家里偷闲，心里总觉得不安稳。

一个人，不管思想境界多高，要想生存，钱确实太重要了，没有钱的日子是难过的。在我们这代人的前半生里，过的都是贫困生活。特别是想起自己当年的流浪生涯时，生活无着，每天就等着火车站来车，混进车站买5分钱不收粮票的馒头，那样的日子，钱甚至可以决定一个人的死活。

钱能让人活成个样子，活出个质量来。但也不能为了钱而不择手段。老话说的，"君子爱财，取之有道。"在摊子上，经常听到一些客人议论，现在办什么事，都得找关系，都得研究、研究（烟酒、烟酒）。听到这些议论时，深有体会，感触良多。眼下，一些官员的腐败现象，让人听起来简直难以置信：一下子贪污受贿就是上千万，甚至上亿，像我们这种社会底层的平民百姓是很难想象的。自己辛辛苦苦做一天生意，打一天工，能赚个百把几十元的，就心满意足了。那上千万，上亿的是个什么概念？而那些动辄以上千万，上亿元去送人的人，他们那个钱又是从哪里赚来的？怎么个赚法？想想这些问题，就觉得自己孤陋寡闻，是井底之蛙。更让我感到自惭形秽的是：自己早几年也曾雄心勃勃地想当个企业家，当个大老板，因而不惜举债办了个私营企业，满想通过自己的努力奋斗，在这中国特色的市场经济大潮中，混出点名堂来。自己也曾通过考试评选，混了个"经济师"的职称。为此而曾经沾沾自喜，洋洋得意，信心十足过。但最终却落得因势单力薄,周转不灵而把自己办的企业给弄垮了,以至搞得倾家荡产,一家人流离失所。反省起来,是因为自己没有那个弄钱的魄力,和玩钱的勇气。想想那些成功人士,自改革开放之初,大家都是货真价实的无产阶级,有几个是真正家财万贯的?但后来,人家成功了,发财了,不都靠的是领导帮、银行帮。那都是凭的真本事!?

自己就是没有那本事,落得这样的结局,也就在情理之中了,也就别无怨言了。现在人也老了,年轻时的雄心壮志都化为烟云,永远地消逝了。眼下所企求的是,但愿得到城管的宽容,睁一只眼闭一只眼,得以在街边卖卖烧烤,也就不亦乐乎。发财,就是到了下辈子都别想。首先,在起跑线上我们就已经输定了。

2011年5月15日,星期日

从昨天到今天,下了两天的雨,晚上还在不停地下着。今天什么事都不做,整天泡在电脑上写东西。少做一天生意少一天收入,虽然觉得可惜,但也是无可奈何的。

下雨天休息,心里踏实,也就可以安心地写我的东西,搞我的创作。心情好,灵感就来了,写起来就如行云流水,绵绵不绝,把昨天晚上睡着前构思的情节,全部都用文字表达出来了,再经过一些修改,也就基本上可以定形了。

2011年5月16日,星期一

连续下了三天的雨,今晚终于没有雨了。停了两个晚上的生意,又得以恢复,生意还不错,且两个人也还应付得过来。

开始做生意了,堂弟的儿子,带着一个朋友从金城江来,说是他爸叫他回老家看林子。我有点不相信,趁机对他们进行一番教育,希望他们珍惜这年少时的读书机会,否则到长大以后,才感觉到知识的珍贵,就为时已晚了。

堂弟的教育方法存在问题,不切实际的给孩子灌输一种优越感,误导孩子们盲目的在经济生活上与人攀比,显阔摆富,给孩子们产生了一种错误的观念：自认为家里富有，自己不需作任何的努力就可以享受到富足的生活；不想通过努力学习，积累知识，将来把父母的事业壮大，而是过早地想享受生活；养成执拗的性格，为所欲为，一意孤行，对父母的教育当作耳边风；还没有真正地理解生活，就谈恋爱，过两人生活，想玩富家子弟的浪漫和潇洒。我觉得这样的思想超前得太离谱了。

这种错误的教育，后果可以想得见，这种不良后果，目前已经开始有所显露。不及早纠正，后果恐怕不会让人乐观。堂弟是苦过来的人，不会不觉察到这一点。

堂弟在县完中读高中时，因为家里穷，读不下去而辍学，离开学校后，就离家出来跟着我混。那时正是改革开放初期，我也正是年轻气盛，雄心勃勃，想趁着改革开放的潮头刚起，干出一番事业，也想乘机把堂弟扶持起来，拉他一把，为他做个榜样，但却始终成不了气候，让堂弟也跟着虚度了几年的时光。当我的事业彻底破产时，堂弟也就不得不自己另谋出路了。堂弟跟着我的那段时间里，倒是让他自己学到了不少知识。他常常埋怨我放着好好的关系不用，把许多好的机会都错过了。

堂弟是结婚后，白手起的家，办起了一个汽车修理厂。从无到有，从小到大，他把他的汽车修理厂办得颇有点名气。居然能和原来就有规模的厂家，甚至一些国营的厂家平起平坐。他的成功，不能不说他是从我的身上学到了经验，但这经验却并不是我的成功经验，而是我原来所不足的，甚或是失败的经验，让他从中得了启发。也正是他跟着我的那几年，认识了我原来的朋友，那些我视为真正朋友的朋友们，我一直都没有找过他们帮过什么忙，因为我认为我的事业都是循规蹈矩的，无须去麻烦人家，只要通过正常渠道就可以解决得了的。但是，事实却并非如我所愿。堂弟就是吸取了我的这方面的教训，有事没事的，都尽可能地找机会和朋友们吃吃喝喝，玩玩耍耍，并从中结识一些新的朋友，所以，他的朋友也就遍布各行各业，党政机关，无所不在。总的说来，堂弟在钱财上可不像我那么小气，比我来得大方，朋友们只要有求于他，他无不倾囊相助。就凭他的仗义疏财这点，让他每每遇到疑难问题，都能畅通无阻。这就是堂弟的成功之道。

堂弟成功了，但也沾上一点儿暴发户的习气。就从他对小孩的教育这方面来讲，非要把孩子们送到那远离家乡的城市里的贵族学校去读书，结果孩子们在学习上没有什么特殊的进步，却学得了拼爹比富的习气。且小小年纪就玩起了女朋友。真让人哭笑不得。

为此，我也曾经多次委婉的与堂弟提到过，让孩子们有过多的优越感，会让他们缺乏上进心。但堂弟说，我们过去就因为过于自卑，做什么事都畏首畏尾，始终成不了大事。现在这种社会，人们都是看得起有钱人，都愿意帮有钱人，不会因为你穷，你可怜，就乐意帮你。所以，有时就得打肿脸充胖子。这种年头，你看那些开着奔驰、宝马的大老板，哪个不欠着银行大笔大笔的贷款？他们挥霍的其实都是国家、银行的钱。银行是他们的银行，他们想要多少就要多少。堂弟说的虽然不一定都对，但也确实是当今的社会现实。我提醒他，不管如何，要让孩子们养成艰苦朴素的生活习惯，要激发他们奋斗向上的精神。要自强自立，不要把什么都依赖在父母的身上。

2011年5月17日，星期二

一天的晴好天气，晚上开始看得见月亮了，今晚的生意会好是可以想见的。一开摊就不停地忙着，亏得舅娘俩母女下来帮忙，否则还真的忙不过来。今晚的客人来得多，所有的桌椅都搬出来了。但是消费都不多，收益不见得很理想。

开摊时，本小区一个居民来摊边跟我们说，要我们晚上做生意不要给客人划拳猜码，以免影响他们的休息。这一要求不过分，我们也诚恳的答复他说，我们平时都对客人们讲，叫他们十二点后不要划拳猜码，影响别人休息。听得出那人意见很大，他甚至用一些带威胁的口吻说，我家有几部车子（开始亮出了他的实力），如果你们还给客人猜码，我们就用车子来摆在这里，让你们没有办法摆摊了。（看来，一部分人先富起来，带动大家一起致富，可能只是一种良好的愿望罢了）听话听音，前面所讲的不无道理，本着相互理解的态度，我们本应注意，但是也有一些客人不是那么理解和配合，我们实在也是为难。对于我们来说，求生存是我们的首要目的。

今晚就有一桌客人，都是本小区的妇女，她们听了那个人与我们的对话，喝到过了十二点，就故意猜起了码来，我们就提醒她们，猜码影响附近居民的休息，这楼上的住户刚刚还特意来交代。但那女的就振振有词的反驳道："哪个讲，你喊他下来，他想住得清静，就去买别墅住，住这种地方就别想那么讲究。"虽然她讲的是气话，这其中也不无道理。就我们国家目前这种社会现状，经济条件好的，想过高质量的生活，可以理解，但是也不能忽视，社会上还有多少人温饱尚没有保障，要无视他们的生存，去强求生活质量，似乎是不公平的。作为政府，在以民生为首要的治国理念下，对于城市管理的立法和规划，处于两难境地，政府还必须顾及大多数人的生存，才能维护社会的安定与和谐。

当下提的"构建和谐社会"作为精神文明建设的目标，这是个极具人性化的治国理念。我相信每一个人都不会反对和排斥社会的和谐，每一个人都乐于接受一个和谐的社会环境。然而，要构建和谐社会，需要一定的物质基础和精神基础。这个物质基础就是人们都必须具有稳定的生活来源，且这生活来源也必须都是能够通过文明（不违反国家法律规章）的劳动获得。但是这似乎是不可能的事，至少目前是这样。单就影响生活质量的环境污染问题，人们的生活离不开的饮食服务行业，所造成的空气和噪音的污染，相对于那些企业厂矿所造成的，对环境的严重破坏来说，不足挂齿。但那些事情却是人们眼不见为净，似乎没有直接的关联，而人们耿耿于怀的，却都只是自己眼皮下，与自己有切身关系的事情，这也不难理解。每一个人都有提高自身生活质量的权利。但是，人们往往在关注自身对生活质量追求的权利，却忽略了他人的更为迫切的生存权利，就会滋生着难以调和的社会矛盾。构建和谐社会的理想，就变成不切实际的梦想了。

构建和谐社会需要全社会的相互理解。所谓全社会的相互关系包括广泛，包括政府和公民间的关系；具体到人和人之间的关系，都需要相互理解，相互包容。

就拿"夜市扰民"这个话题来进行讨论。政府在制定城市管理法规规章时，不单要从"创建文明城市"角度考虑，从一部分人对提高生活质量的诉求考虑，同时还要考虑到还有一部分人需要通过这种行业获取生活来源的现实。目前国家还没有能力解决所有人的生存需求，政府就应当为他们创造一些相对宽松的自主择业环境。关注和尊重他们的生存权利，对于他们的违规违章行为尽量从思想上进行规劝和说服，对他们多一分理解和同情，从思想上感化他们，使他们能够自觉主动地约束自己的行为，使他们的行为对社会造成的负面影响降到最低限度。

而一些受扰的人当中，不乏一部分先富起来的人，他们应当进行换位思考：假如自己没有一个好的工作，没有稳定而丰厚的收入，不见得自己会比那些摆摊的小贩们更循规蹈矩、遵纪守法，自己之所以拥有今天的优越，不见得是因为自己的才能比那些小贩们都强，也许是由于父母前辈给自己打下的基础，自己的财富来源有没有原罪？小贩们干扰了自己的生活并不出于故意，他们只是为了温饱，为了生存。而自己却是想生活得更舒适更安宁。两种不同的追求，相比之下，哪样更紧迫？构建和谐社会，需要相互的理解，这社会就会多一分和谐。

2011年5月18日，星期三

从星期一晚上的晴天开始，这已是第三天的晴朗天气了，晚上皓月当空。难得几天的好天气，吃过晚饭，刚到八点钟，就急着出去摆摊了，想多做点生意，挽回那几个雨天的损失。

刚摆好摊，城管的执法车就来到小区门口，见其他的摊子还照做着生意，也就不在乎他们的出现，但他们还是来了，斥责我们出来太早了，说是人家投诉"你们这一摊最吵，影响人家休息。"叫我们先收了，但是其中也有同情我们的城管员，叫我们先把桌椅往围栏边靠着，我们二话不说，就把车子拉回去了。既然他们已经来干涉，来督促了，就服从管理吧，免得他们也为难。这就是理解。

说到投诉的人，可想而知就是前天晚上来提过意见的人了，这人还真就缺乏那么一点大丈夫胸怀，为阻止我们在这里摆摊，绞尽脑汁，方法、手段层出不穷：起初是宁可自己拿钱在街边种树，以此造成我们的不便，想激我们动手毁树，陷我们于破坏绿化的罪名而受罚，由于这一段人行道不在种树的计划之内，结果还得自己动手砍树，自受其辱。这人看起来正当盛年，冠冕堂皇的样子，为这样一件小事竟至如此居心叵测，真让人感慨其深得文革遗风之真传，往后他还会出什么奇招妙计还真的猜不透。

其实我们只是出于谋生计，且有自知之明，一直都主动的将对他们的影响控制在最低限度。但是，那些客人们，并不都和我们所想的一样，他们认为他们有充分享受生活的权利。换一个想法，就算我不在这里做了，也还有别人来的，能禁得了吗？不过是换个人而已。

2011年5月19日，星期四

天气晴好，对我们做路边生意的人来说，就是上天的惠顾。

晚饭过后，我们考虑到城管的劝诫，不那么早地出去摆摊了，往后推迟一点，差不多九点才出去，生好火就开始有生意了。

今晚的生意还可以，我们也应付得了，且没有被客人催促的现象。

我们的习惯是没有把东西摆出去，只在招牌上列明商品目录，除熟客外，大多客人不适应，总认为我们就那些摆在摊子上面的东西，总问我们"就这些东西啦？"我们就解释道："东西没摆出来，外面灰尘大，不卫生，东西在招牌上写着呢，您要什么，我给您拿什么。"我们不时也不无风趣幽默地说："在我们这里消费是需要有点文化的。"客人们也不无调侃地说："我们没有文化怎么办？""在这里吃东西，边吃边学咧！"我们笑着回应道。这一问一答中，把主客间的距离拉近了，彼此间多了一份亲和感，就是不消费，也会给客人留下了一种随和亲切的感觉。

一般过了午夜零点后，一些客人们的酒喝到一定程度，就来了划拳猜码的兴趣，我们都主动亲切的提醒劝阻说："深夜了，影响人家的休息不好，被人家投诉，会影响我们做生意，请照顾照顾我们，相互理解一下。"一般的还是可以得到大多数人的配合和支持。其实，这方面的工作我们都是自觉地在做着，有些情况是我们的主观努力所难以奏效的，只能尽力而为之，不管效果如何，我们有这份自觉，不也难能可贵了吗？政府的法规规章都无法得到百分之百的实行，不也是客观的事实吗？何况我们的生活有赖于消费者的认同和信赖。从经营者的角度说，顾客就是上帝，这层关系还真的不能不当一回事儿呢！

2011年5月20日，星期五

手机上的天气预报有大到暴雨，还好，生意忙时没有下雨，收摊后天快亮时才下起了雨。在没有生意的时候，有时忙中偷闲，也看看手机微信的信息，微信中的信息鱼龙混杂，真假难辨。今天在手机上有微信朋友转来一个帖子，还蛮有意思，不过我也不完全认同其中的表达，这个帖子带有社会对城市管理的偏见，这与当前民生现状有着很大程度上的关联。姑且作为资料，照录如下：

【转帖】城管之歌

找点空闲找点时间，
开着汽车，常出来转转。
带上罚单，带上证件，
陪同便衣，到路上看看。
地摊上没收了一些拖鞋，
小吃上收来了一桌好饭。
收来的罚款跟领导说说，
工作的事情向上级谈谈。
常出来转转出来转转，
哪怕拿个西瓜收个碗。
临时工不图为家做多大贡献呀，
一辈子不容易就图个嫖嫖悍悍，

常出来转转出来转转，
哪怕吃个串来捧走两煎蛋，
临时工不图为家做多大贡献呀，
一辈子总操心就奔着小摊小贩。

Post By：2011-5-20

本帖来源于柳柳论坛 http://bbs.lzgd.com.cn/dispbbs.asp?Boardid=142&id=64498

2011年5月21日，星期六

到出摊前下起了雨，后来停了，出去摆好摊就做起生意，来不及撑棚子，结果做着生意时下起了雨，一时搞得手忙脚乱，导致来的部分客人只好走了。

挡着棚子做生意就不太方便，但也还做得下去，也有七八百的营业额，感觉也不错，但到第二天去进货时，却发现得了一张百元假钞，心中就不舒坦了。回想起来应当是大棚子下面的那一大帮人给的，结账时棚下光线暗，我们的眼睛又不好使，加上没有特别留意。许久没有遇着假钞了，因为都是熟人的生意，因此就有点大意，没有防范心理，稍不留意就中招了。记得从做这生意起，我已经挨了三次共三百元了（包括这次）。今晚这生意算是白做了。

2011年5月22日，星期日

今晚天是晴了，但是起风，天有点凉，加上发现昨晚得了假钞，心情不好，不想做生意，就没出去摆摊了。把东西拿下去冷藏时，顺便到街上看了一下，街上也没什么人，南极园的老板在那坐冷板凳，回来再看楼下几家烧烤的生意也没什么红火。心中就没觉得可惜，休息得就安心了。

2011年5月23日，星期一

天气晴朗，清风习习，就像是秋天一样凉爽得还稍带些寒意。天凉了，这生意也显得冷清，街上走的人都少，稀稀拉拉的来些客人，都是些常客，消费不多，但还不能嫌她们，像这样的生意，就都靠这些老熟客来撑着，否则生意就很难做得下去。

2011年5月24日，星期二

又是一个清风朗月之夜，看着窗外大街上的烧烤摊早早地就摆出来做生意，我们也就不担心城管会来干涉了。八点过就出去摆摊，和往天一样，摊子摆好了，也就做起了生意。今晚这生意虽然不是很红火，但却是连续不断的没有停歇过。这样的生意好做，就我们俩老不紧不忙地都可以应付得过来。

来了两个客人，是对面小区的，过去不时地来过，他们自己买来白酒，占着一张桌子，只要了7块钱的烧烤，从我们正忙的时候就来喝起，所有的客人都结账走人了，摊子都收完了，他们还在不紧不忙地喝着。开始收摊时，我就向他们打招呼，叫他们"努力喝，开始收摊了，"他们虽答应着，但却仍然一如原来地喝着，两个人两瓶白酒，直到最后摊都收完了，他们的酒还没喝完，只好婉言催促他们，他们才不情愿地起身让收摊，结了账，拿着剩下的酒走了。

这样的客人不管从任何角度考虑，都是不受欢迎的，但是我们还是不得不依然强作笑脸，为他们服务，往往是这样的客人最不能得罪，因为他们这样的人，最忌讳别人小瞧他们，同时他们又是最会掌握生意人的心理，对于生意人视顾客为上帝的经营理念，给他们利用得淋漓尽致，一旦认为你小瞧了他们，他们会以"上帝"的身份，和你纠缠不休，让你哭笑不得，所以对于这样的客人，你还真的不能怠慢了他们，尽管你心中嫌弃他们，但还必须强作笑脸相迎的接待他们。

2011年5月25日，星期三

白天天晴、有太阳，但天色却是灰蒙蒙的，看不到蓝天。晚上出到外面才看到星空，天气凉爽，很适宜做烧烤生意。几天来都一样，火生好了就来了生意。

　　来了两对男女客人，第一对是常客了，她们来就是为了找个地方坐坐，谈谈体己话，互诉衷肠，相聚言欢。她们每次来就是那女的吃一个鸡翅，男的就坐在一边陪着，这样的情人相会，一来是对我们的烤鸡翅情有独钟，二来是这样的情恋既能满足于情感的需求，且成本低廉。对于吝啬者的婚外恋，以及经济拮据的剩男剩女的幽会，这样的场所无疑是最理想的。

　　后来的第二对客人，就是那晚她们第一次来就遇着我们要收摊，被老伴的言语刺激而生了气的，男的是北方人，颇有些耿耿于怀，但后来她们还是继续来了，这次是第三次了，每次消费就十多元，今晚吃完了就走，结账得快，结账时他表现出些儿男子汉的大度，他应付19元，给了我一张20元面值的钞票，说不用找了。他的大度反倒使我有些儿不善于应对，本来应对他说声谢谢，但是我又觉得如果我为他的一元钱而向他致谢，就显得我有点唯利是图，占了人家的便宜就高兴，所谓的"男子汉不为斗米折腰"，还真不能为了一元钱向他致谢。但是，占了人家的便宜，又不声不响，也有失礼貌、教养。最好的方式就是把该收的收了，把该补回他的补给他，这才是"君子爱财取之有道"，不卑不亢。

2011 年 5 月 26 日，星期四

　　对于我们做路边摊生意的人来说，没有雨就算晴天，但天色却蒙蒙一片，看不到一丝星光。几天晚上的生意都差不多，今晚虽不是太忙，但是由于昨晚上清洗招牌，把整流器搞坏了，灯不亮，忙于换整流器，之后又想连车库的灯也搞一下，但没有搞好，却误了生意，老伴一个人忙不过来，使客人又因等得太久而生气，并声称以后不再来这里消费了。我一时因听不得他这话中盛气凌人的口气，便应了一声"不来就不来咧！"事后想起来似有不妥，是我们怠慢了客人，就应该向人赔不是才对，这样待人，容易给人一种由于生意好了，态度就越来越差了的感觉，这一点是应当注意的。

2011年5月27日，星期五

晴晚，夜空深邃遥远，寥寥可数的几颗星，孤零零的在天际若隐若现。粥街的夜市又开始喧嚣起来了。

吃过晚饭，过了八点半，我们才出去摆摊，在我们的摊位上，停着一辆橘红色的 QQ 车，卖果的说是这小区的人的车子，我一看车号，也是似曾熟悉，认定是这栋住户的车，想必是故意停在这里的，好在我们也还有地方摆，就不太理会它，反正我们一来生意就忙，且生意还属最好的水平。

生意好了，我们也不太在意这旁边的车子。直到凌晨一点多，车的主人两夫妇来要车子，来到摊边，那女主人倒似真诚地连声道歉："阿伯，对不起，影响你做生意了！"那男主人却面无表情，一句话都没有。

有了一句"对不起"就够了，不管他们是有意无意地表示对我们在这里做生意的不满，都无须再去计较了。我再还以一句"没有事！"相互对答，这不就是相互理解的和谐吗？我想他不会再来第二次吧。

2011年5月28日，星期六

今天晚上是周末，为避免昨晚去晚了被车子占了摊位，就提前半个钟头出去。按常规，今晚应当是好生意，但今晚的生意却来得晚，所以客人又是都成批来，老伴忙着烤东西，不能稍有空闲，我则忙着招呼客人，搬桌椅、捡东西、上酒、做记录，忙得不可开交。

忙中总会出乱，碰着性急的顾客，上东西慢了，又是引来一阵暴吼，这样一来，越忙越乱，记录也就往往出错，把6号桌的酒记错了一瓶。今晚忙虽忙，但效益却不比昨晚好，还少收益二、三百元。

2011年5月29日，星期日

天晴，也是八点就出去摆摊，但还是有一辆车摆在那里，还好没有摆在我们的正摊位上，却停在我们的三轮车位，多少有些不便。

这个星期以来生意还基本上是好的，今晚恐怕是最好的一个晚上，所有的桌椅都用上，还搬来了车库里的备用桌椅，原来的桌椅利用率也高，没有出现手忙脚乱的现象，能应付得过来，效益也高，是一周来所没有的高效益。留第二天买东西的钱也多，用去了当晚所得的五分之三差不多。

今晚的客人也都好讲，没有发牢骚生气的，有一帮子中年男女客人，似是有些身份的，开着轿车来，也挺有修养的，他们称呼我为阿伯，但又觉得似乎不相称，怕把我喊老了，特意把我叫去，问了我的年纪，我告诉他们，我都60了，正好一个花甲，叫我阿伯没有错，所有的客人都称我为"阿伯"。

已经开始收摊了，客人还有来的，不得不继续应付着，最后来的是那个"贵宾"的几个朋友，碍着面子，不好拒绝，他们还算理解，没有磨得很久，到快三点也就结束了，他们说阿伯这里的烧烤是全市最好吃的。听了这话，我心里还是蛮受用的，这话也不是光他们讲的，是很多人都公认的。为此我想到，我们干脆换个招牌，叫"阿伯烧烤"好了，过几天就换。

2011年5月30日，星期一

又是一个晴天。

柳州市的烧烤早就涨价了，肉串最低价卖一元五角，而我们却一直卖一元，别的烧烤摊误认为我们是以低价进行竞争，老伴也早就主张我们应当随行就市，但我却始终坚持原来的价格，因为面对那些认可了我们多年的顾客，似乎觉得涨价有对不起他们。昨晚酸摊老板说了，人家个个都在涨价，就你们是最低价。平时也听到许多客人说，你们这里的价格最低。想想，搞这行辛辛苦苦的，人家都涨，我们为什么不涨呢？而且客人们又是可以接受得了的。

老伴坚持要涨，我想，把原来一元的涨到一元五角，这样一来，每天晚上的收益就在无形中多了50%，于是同意涨价。晚上出去时，生意没有因为涨价而受到影响，来的客人也没有对涨价提出异议，与往天晚上一样的客流，并不显得太辛苦，收益确是增加不少。

眼下什么都涨价，涨价已经成为经济生活中的常态，人们已经很容易接受涨价的事实。我们也就随大流吧，做生意赚钱是天经地义的，也不是什么伤天害理的事，不必瞻前顾后。我们之所以发不了财，就是过多的讲究道义了，近乎儒腐，跟不上时代潮流。

2011年5月31日，星期二

晴好天气。从昨天晚上开始涨价，今晚是第二晚了，八点过就出去，生好火生意就开始了，客人们没有因为涨价提出异议，生意依然红火。我们的地盘显得狭小些，客人来多了就有点应付不了。

往天还没涨价，我们俩老可以做一千三百多的生意，且还是涨了价的营业额才一千一百多，反倒忙乱，少做了不少生意。看来是我们老了，手脚不是那么麻利了。

2011年6月1日，星期三

晴天，看着楼下街边的烧烤摊都已摆出来，刚过八点，我们就出去了。出到摊位一看，那些果摊不像往天摆满那里，只有鑫泰小区老板的一个摊子缩在景航苑门口边，她说是城管执法队的又来干涉了，还说要搞一个月。老伴面对这种情况，与往常相反，表现得从来未有过的谨慎，迟迟不敢开摊，我也有点拿不定主意，想起今天下午我的右眼皮曾经跳过一下，怕是应验在这方面。

今晚的客人好像也知道有这种情况，往天我们一出摊就有客来，但是今晚就迟迟没有客人来，待我们观察了一阵子后，没有什么动静，人家都已经在做生意了，我们也就开始生火做生意。今晚的生意看起来和这段时间以来都差不多，摆出来的桌子基本坐满了，到了凌晨两点开始收摊，都收好了摊，那几个客人又来了，硬是求我们把已经铲出来的火铲回去，为他们烤东西，碍于老熟客的面子，只得继续为他们服务，多做了60多元的生意，结果是到三点多才收得了摊。回家洗漱完毕，上床睡觉时已是四点多。

2011年6月2日，星期四

晴，今晚的生意算是这个星期最好的一个晚上，所有的桌子和椅子都搬出来了。生意比前几天晚上有序些，是忙而不乱。

那帮北方客人又来了，他们总是喜欢坐在 8 号桌。今晚他们点的东西也特别多，甚至有些东西我们都忘了给人家烤。他们见我给他们上的东西太慢，便说道："我们要的东西多，你都上不及给我们，本来可以赚的钱你就赚不到了。"这是实在话，生意好，来的客多，但我们做不出来，也就拂了顾客的心，自己也赚不到钱。我们现在存在的问题是，一则人手不够，二则烤炉太小的原因，要改进，就只好从这些方面考虑。是应当考虑一下的时候了。

2011年6月3日，星期五

晴，老伴说太累了，总盼着天下雨，可以休息一下，天不下雨又舍不得休息，看不得人家做生意，自己休息。天气预报今晚到明天是多云有阵雨，但看天色没有下雨的迹象，就照常出去做生意，心里担心着生意做到一半时下起雨来就麻烦了，还好，雨一直没有下。这天气预报也不是百分之百的准确，自古以来就是"天有不测风云"，不无道理。目前这人类的科学还达不到"人定胜天"境界，大自然的风霜雨雪，冷暖阴晴，瞬息万变，是不由人的意志为转移的，人类无法做到完全的预卜先知，所谓过去那些年代的口号，不过是为了煽动人的狂热情绪，忽悠人们去进行反科学的试验的需要，过去曾经历过的许许多多灾难事故，就已经多少次无情地驳斥了这种反科学的口号的荒谬。毛泽东不能万岁不也是对这一口号的无情批驳吗？人类只能锻炼自己去适应大自然。

2011年6月4日，星期六

晴，今晚是双休日，以前都是盼着双休日生意会比平常日子好些，现在和以前不同了，双休日的生意反倒比不上平常日子。今晚只忙了一阵子，到 1 点多就不再忙了，我们正准备趁早收摊，这时那每晚开车来要两碟青口螺的顾客来了，昨晚上他来时是最忙的时候，没有办法给他烤，他一脸的遗憾，我们也觉过意不去。

今晚他是看着我们不忙了才来的，把他老婆和朋友都带来了，当然就不只是两碟青口螺了，还多点了些其他的东西。往时他来要青口螺，我们就调侃他："你这两碟青口螺价格就过高了，你来回车油费就远远高过青口螺的钱，他就笑笑说，想吃了贵也没有办法呀。

待他们结了账，我们也就开始收摊，但是刚开摊时来的三个姑娘和她们的朋友一行五个人又来了，当时她们就说过，她们的朋友到 1 点才下班，她们下班后还要再来的，她们果然又来了，央求着给她们烤四碟青口螺，外加几十元的东西，一则难拂她们一番盛意，二则一下子来了一笔不小的生意，不管是从生意的角度还是人情的角度，都是不容拒绝的。就帮她们烤了，她们也善解人意，知道我们要收摊了的，就不在我们这里坐了，而是到一家人那里吃粥等我们烤好送过去，这样我们烤好给她们就可以收摊了。收摊时又来几个貌似街道的酒鬼们也来了，对这样的客人就不能再要了，只能拒绝，否则就要给他们缠到天亮的。

2011 年 6 月 5 日，星期日

晴，今天是星期天，生意不赖，来了不少新客，且茄子特别好卖，后来还临时到农贸市场追加了几个。今晚卖的啤酒是有史以来的最大销量，搬酒简直让我马不停蹄，后来有覃好来帮忙，好了些，但是还不免忙中出错。开始时是老伴给送的货算错了账，少收了几元钱，后来是我记酒时因是覃好上的酒，没有记清，去数酒瓶时又没数清，少数了两瓶。这组客人历来也是不太受欢迎的，那一男一女，平时来时就二三十元的消费，哪一次稍多一点，就嚷嚷着要优惠，总是要求送两瓶酒。今晚开始时是他们俩来，要的烧烤不多，后来来了一大帮人，也没添多少烧烤，就是喝酒，喝了三十多瓶，且不诚实，总想趁乱多吃多占，数酒瓶时故意不配合，算账时又还要求优惠送两瓶酒。如此客人，我们从心底里不欢迎，但是还不能明着不欢迎，那不符生意道德。

2011年6月6日，星期一

预报有阵雨，但只下了几滴零星的小雨，让人几乎感觉不到。这算是上天的照应，给我们好做生意。

今天是端午节，我们以为生意不会太忙，但是来的客还不少，让我把所有的椅子都搬出来了，还有客人来也不愿去搬桌子了。有一帮客人，算是过去来过的常客，很久没来了，极力要求我们给他安排个桌子，我则强调，还有很多东西要烤，如果等得就可以安排桌子，如果等不得就不安排了，他愿等，也就给他搬来了桌椅。酒是他自己过来拿的，我还不知道，发现有一件酒不见了，还搞不清楚是谁拿的。他对他朋友说，这里的烧烤是最好吃的。虽然要的烧烤不多，才35元钱，一件酒没有喝完，退了一瓶。共消费70元不到。他们还是遵守承诺，没有埋怨，这样的客人还是应当珍惜的。

今晚来的绝大多数是熟客，我们事先也声明，叫他们耐心等，不能太急。他们都没有因等得太久而生气的。所以我们俩人也就可以应付得过来。且收获还颇丰厚的，今年这生意的势头是越来越好了，所以，养老计划虽然已成定局，更舍不得丢，还要为将来的孙辈们作一点准备，凭孩子们自己那点微不足道的工资，是养不起孩子的。可怜天下父母心。

2011年6月7日，星期二

今天上午下了半天的雨，到下午晴了，预报今晚到明天还有阵雨，但无法知道具体的时间段。到了晚上八点，要不要出去做生意，有点犹豫不决，看街对面阿斌没有摆出来，猜他是否因为是节背，认为没有生意就休息了。我最讨厌的是下雨，这样要下不下的，担心生意做到一半才下雨，就会使我们手忙脚乱。再则太累了也想休息一下，但想想，就是不出去做生意，在家里也是看电视，也要过一个晚上，不如出去总会有所收获，还是出去了。为防着雨，把雨棚也拉出去准备着。虽是节背，生意还不错，生意没做多久就飘起了雨来，应客人的要求，也就撑起了棚布。

到了凌晨一点过，我们正做着生意，突然间对面怡品园甜品店里打起了架，我弄不清原委，还以为是顾客与顾客打架，后来老伴说是老板与顾客打，砸坏了桌椅和展示柜。那些人也不知什么缘故，真够狠的，三个人对老板一个人，那老板都倒在地上了，他们还要围上去踩、踢，连那打工的小姑娘出来劝架都被打，然后骑着车扬长而去。实在野蛮。

做生意就担心这类事情，所以都要小心翼翼，忍得一时之气，免得百日之忧，凡事先讲好话，赔不是，尽量不使事情闹大。如果遇着那些实在野蛮不讲理的，非要挑事不可的，也还是要像鲁迅先生讲的：你进一步，我退两步，如果你还要逼得我无路可走，那只好拔出拳头来。对面老板还是有点骨气的，虽面对三个敌手，还是能奋起反抗。一架打不成半架也要打的精神值得赞赏。不过看情形，他也是伤得不轻。打架的人走后许久，110的警察来了，不知能起到什么作用？解决点什么问题？

做这点生意都不容易，一怕城管，二怕顾客耍横，三怕不小心收到假钞。

2011年6月8日，星期三

上午下雨，晚上就晴了，吃过晚饭看天色，天黑黝黝的，像是要下雨的样子。想乘机休息一个晚上，但心中想到，我们不出去，有客人来了找不到我们，就会到其他的摊子吃，成了习惯，以后我们的客就越来越少了。照着这段时间的生意势头，出去了生意肯定会好。

摆好摊就开始做生意，且给外卖的还烤了不少。

女婿阿源带来了一帮朋友，是今晚的主要客人，消费的大头。不用很忙，收益也不少，和昨晚一样。这样的生意虽然累，但有劲头。

今天上网写东西，忘了要做的事，没有把豆腐串好，只好打电话叫家里帮切好，叫小外孙送下去，辣椒不够，家里打好还是给小外孙送下去，能帮做一点事了。小外孙五岁多了，给他开始学着做事，锻炼一下也有好处，但是小区车多人杂，心中总有点放不下心来。当然谨慎点好。

2011年6月9日,星期四

一天的大好晴天,晚上也没有雨。

刚吃过饭,就有客人打来电话,问什么时候出去做生意,要求八点就出去。到了八点,我们就出去了。

还没摆好摊子,她们就来了,接着其他客人也就陆续的来了。一直就忙着,最后把所有的桌椅都搬出来了,今晚还都是大桌的客人,一号和八号都是拼桌。生意做到两点时,客人们都知道我们的规矩,就陆续的买单结账,其中有一桌是后来的,从加桌换到3号桌,是最后结账,喝的酒最多,总共消费230元,他们以AA制付账,结果凑的钱不够买单,还欠60元,说是常客,明天拿钱来,那也没办法,只好这样了,这种情况每年总会遇到过一两次的,欠的钱一般的也就不抱什么希望得了的。

今晚11号车库的379号车子停到我们的车库门口横着,叫他不要停在这里,因为我们随时要进出。他说是只停几分钟,等另一架车子回来后就开走,结果直到要收摊时,车子仍然停着,我们认为是他故意来为难我们,是来挑衅的,我和老伴为此想出的对策不谋而合,如果收摊时他还没开走,使我们不好收摊,我们就给他留一张条子"相互理解,共建和谐,不要逼我演绎出'人头换芋头'的故事来。"如果他们真的要和我们过不去,那也只好如此对付了。

2011年6月10日,星期五

白天下雨,晚上又晴了,今晚是周末,本来是好做生意的,但是老伴今天与舅娘和阿静、阿露她们去鹿寨玩,回来时累病了,实在坚持不住了,只好休息一个晚上,少一个晚上没有出去,心中总是觉得可惜,所以要下去看一下别人的生意怎样,看到南极园的生意并没有因为我们休息而特别忙,心中也就得到些许的安慰。

看来应当改变一下经营方式了,再这样下去,恐怕身体要承受不了,所有的奋斗也将失掉意义。

2011年6月11日，星期六

晴，昨晚上休息了一个晚上，老伴的病还没好，想出去没有人帮，一个人是无论如何也做不了的，给韦炫打电话，叫他回来帮忙，他老不高兴的回应"没有空"。舅娘说跟我出去，老伴也撑着带病出去，最后还是支撑不住，好在韦炫也回来了。老伴就可以回家了。

生意很忙，三个人配合得不够默契，还是有点忙乱。忙一个晚上，收获不小，所以就都舍不得休息。

我们就是这"生命不息，奋斗不止"的命。这可不是什么革命的口号、崇高的誓言，我们只是为生存而奋斗。而人家那些成功的"革命"者们，一个月的工资要让我们白天黑夜累死累活的干几个月，还是干革命来得合算。

2011年6月13日，星期一

晴，昨天我们的摊位路面搞市政维修施工，被围栏围住，只有人行道可以通行，且路面已经挖得乱七八糟的，没办法摆摊，再加上老伴的病体尚未痊愈，也没有人和我出去摆摊，就只好休息了，看着可以赚的钱没有办法赚，心里觉着可惜，但也无可奈何。

韦静这段时间以来，包干了家里的全部家务，还要负责采购生意的货品，也够忙够累的，搞得手脚的皮肤湿疹病又发作了，今天的菜只有我去买了。也够倒霉的，为买一点牛肉和那女人婆吵了一架，实在不值。心中总是觉着不顺畅，心情不好，还须凡事忍忍。

2011年6月21日，星期二

个多星期没记日记了。

生意和往天一样，看似不忙，但是所有的桌椅都搬出来了，问题在于客人都是一双一对的就占着一张桌子，基本上没有大桌客人，每张桌的效益就不高。搬桌子的进出时间花得多，显得忙乱些，但还应付得过来。往往这种时候，那些不太受欢迎，不该来的客人也来趁热闹。

有一个客人，平时来时消费不多，又不懂礼节，缺少教养，老伴多次不想接待他，但他又赖着不走，出于生意的礼节，我还是给他搬了张桌子，接待他们坐下，坐了一晚上，只消费了18.5元，我收他19元，他还斤斤计较地和我论理，并口口声声称呼我为"老鬼"，显得确实没有教养，给隔壁桌的两个女客人听着都在议论他没有教养。但是尽管他没有教养，我们还得接待。

　　今天家人都在家，韦静买回凉拌粉的材料，自己整凉拌粉吃个够。大家谈到生意上的事，特别是说到那天晚上对面怡心园老板被打的事，老伴说所以也不愿韦炫出去做这种生意，就怕与人吵架。韦炫说他也受不了那些没有教养的人，到哪里消费都爱摆出上帝的架子，吆五喝六的折腾人。我们这里确实也遇到过不少这样的客人，昨晚来的两个村姑，就是这般架势，我把酒送到她们旁边她不要，过后她又喊喳喳的叫要酒。

　　不是看不起农村出来的，我们也是农村生农村长，艰辛的混了一生才终于成个城市人，但是我们的经历不同，修养也就不同，我们从来就注意这方面的修养，不让城市人看不起，但也不习惯盛气凌人，对任何人都需要尊重、礼貌。

2011年6月23日，星期四

　　天晴。路还没有修好，反而给我们有足够的地盘做生意。

　　已经三天没有青口螺卖了，生意自然减了不少，但是除了前天晚上特别差外，其他时候也还算过得去。

　　没有青口螺卖，韦静就自作主张要了几十个生蚝回来卖，开摊时就有人来吃了三个生蚝。因很久没有卖生蚝，烤时的火候，配料掌握不好，客人反映不好吃，后来我们自己试了几个，发现是在整理时没有刮剥好，烤时又没有在加水时翻弄一下，再者在配料时，蒜蓉放的过多，就会太咸。卖的东西非要自己亲口尝一下，才能知道什么应当改正，才能适合客人的口味。卖了三个后，就再没有人找生蚝，眼看着那几十个生蚝要卖不落了，直到快收摊时来了一帮客人，来时也没有问有没有生蚝，就要了十个，且还要了其他一些东西，给他们烤上十个生蚝，吃了后啧啧喊好，并说那天晚上在那家吃，那个味道难吃得要死，这里烤的才好吃。接着又叫烤十个，有个客人反映说，你烤的生蚝是好吃，就是沙子多了点，是你养得不够久。这是个问题，但不是养得不久的问题，而是没有冲洗干净的事，应当注意。

第一天卖生蚝，能卖出去二十个也算可以了。

我们这几天没有青口螺卖，批发商说是没有货，叫老伴去爽口摊看了一下，人家还照样有卖，说明是批发老板因为货少了就不给我们，可能是韦静去要货时讲话得罪了她，所以就对我们另眼看待。其实这些批发老板的商业道德是成点问题的，短斤少两是她们赚钱的经常手段，她的客商都在议论，我们自然也对她这一点商业道德久有责言，韦静和人议论时，不免被她听到，自然就怀怨在心，就趁着货少时报复一下，好让我们知道必须依赖于她，不得不屈服于她的不道德行为。其实，他们也有他们的难处，他们的供应商连垃圾都给她们运来，而且她卖这点货还要请人来帮客人剖开，这都是需要人工的，除去垃圾和人工这些成本，所赚的也就不多了，这些都可以理解，但也不能把客人当傻子，何不如把暗吃改为明吃，把垃圾和人工成本计算加入销售价中，让大家知道了也就心服口服了。

现在的人做生意，不像过去那么讲究什么商业道德和信誉，好多人都把短斤少两作为做生意赚钱的当然手段，不以为耻，这已经成为现实社会道德的常态，这种现象很容易让一些人怀念起过去毛泽东时代强权政治下的道德现象。误认为那个时代人路不拾遗，道德品质高尚。其实，人们并没有意识到，那种现象并不是自觉的行为表现，而是强权下的被动表现，是虚伪的行为表现，人们都把自己真实的欲望隐藏着，而现实的这种普遍现象正是由于长期以来，被压抑着的人欲的自然本性随着思想的开放，而泥沙俱下得以释放出来，让人们误以为这种不良社会现象也是一种正常现象，一些正常的人的基本道德表现反而让人们认为是反常现象受到讥讽，这种人性的扭曲，其实就是强权政治时代种下的根源而慢慢滋长起来的，现在不过是从一个极端走向另一个极端而已，要想扭转这种畸形的社会道德现象，非一时可以一蹴而就的。

2011年6月24日，星期五

昨晚天气预报有雨，但到现在没有雨下，生意得以正常做着。生意还有点忙不过来，仗着阿源回来碰上，帮搬桌椅，招呼客人。

昨天得的青口螺除了几个太小的没有搭配得完，算是全部卖完了，还有客人要吃也没有办法满足。茄子也算是卖完了，又要重新进货。生蚝只卖了四个，再没有人想要，我们的生蚝还没有卖成常态，还没有相对固定的客源。

所有的桌椅都搬出来完了，到两点多收摊，收益不错，算是近段来的正常水平。

这样的生意也还包括7号桌那帮客人，他们自己带了一箱酒来，点二十来元的烧烤，还不断地添椅子、杯子，老伴给他们一张小凳子，他们有点不高兴，老伴就对他们明说：我们摆这么多桌椅，就是想给客人喝酒赚点酒钱，你们自己带酒来，我们没有钱赚，给你坐小凳子就不错了。这道理也就是这样，我们不能赚点酒钱，还要赔那么多杯子，还要为他们提供服务，如果都是这样的客人，我们就根本不用赚钱了。还做什么生意？他们也明白这个道理，后来也还添了些烧烤，结账时，那付钱的人还想少给尾数的两元钱，我不肯，另一人也说给，所以就全付了42元钱，他们五个人，平均一个人还不到十元钱的消费。做这种生意，遇到这样的客人是难免的。

这些人不能说他们不是精明人，他们知道，来你这里消费就算是客人，且商家也不可能规定要求客人一定要消费多少，他们不带酒来，他们不喝酒，光吃烧烤你总不能不卖吧。这个问题的关键在于他们带酒来，我们就必须为他们提供额外的用品和服务，这就加大了经营者的经营成本，这些成本中包括无形的劳动。他们是无视了经营者的劳动这部分无形的成本。这些人只能说他们是违反了生意规则，钻了经营者的心理漏洞，最大限度地侵占经营者的利润空间。这种观念只能从道德素质方面去指责为精明过度，不受经营者欢迎。这种观念从社会经济的发展角度去审视，是违反市场原则的。市场经济讲求等价原则，经营者付出原料和相应的劳动成本，获取等价的利润，消费者付出相应的货币，获取等价服务和商品，形成良性互动，社会才有发展的空间。这样才是正常的市场经济常态。

在市场经济活动中，总是存在这么一部分自认为精明的人，以损人利己来标榜自己的精明。这是一种社会现象。这种现象也许就是现时代的一种特色吧！

2011年7月1日，星期五

连续几天的雨，今天终于露出了一点阳光。

又是连续两晚上没有出去做生意了，好像城管还没有放手的意思，这次的"创城"活动坚持得比任何一次都久而且严格，这与中共九十党庆有关，是严管的主要原因。这也许明是"创城"，实是"维稳"吧。

从"维稳"角度考虑，近来世界上很多地区都出现革命的风潮，都在战争、流血，像我们一样吃过革命的苦头的人们，都希望稳定，不希望出现流血革命，这种永无休止的暴力循环式的社会变革，给人民带来只能是灾难，人民希望得到的是通过不流血地对现行政治体制的改革，在保持社会稳定的基础上，进入民主政治协商体制给人民获得充分的参与政治的权利，那才是百姓的福音。

2011年7月2日，星期六

凌晨下了一场大雨，白天又晴了。

晚上城管开始放松了一点，到十点我们出去摆摊就没有人来干涉了。几天没有出来，那些原来的客人还是又来了，都说来找几晚上，都没有吃到烧烤。生好火就开始做生意，到了两点多想收摊都收不了，全靠来了那场雨，才收得了摊。回到家中，雨就大起来了。

几天没出去，心想又这么晚了，恐怕生意不会好的，结果还是不错，说明我们的生意还是有一定生命力的，算起来已是十年老牌子了，这样的生意丢了确实可惜。

2011年7月3日，星期日

天晴。昨晚城管不知是因为双休日还是"创城"活动已过，他们下了班也就不管了，我们吃过晚饭就出去摆摊，刚开始时不像往时一样摆好摊就忙起来，还以为今晚生意不会太好，但是过一会儿，生意就开始来了，一直忙个不停。

那帮北方的客人来了，说是前几天来吃烧烤不见我们，并要我给他留下电话，以后要来时先打个电话。生意一直忙着，客人结账走后都没有及时捡桌，以至于这些北方客人走后，遗下东西给人拿走了，我们看见了但没留意到会是客人遗下的东西，客人打来电话询问时，我们才恍然大悟，真是觉得对不起人家。

快凌晨两点了，我们也就开始收摊，回到家中也已三点多，洗漱完也四点过了。6月份的收入与往月基本持平，但算起来应当是减收，因为大部分东西都提了50%的价了，还是与往月持平，说明营业量减少了。6月份出去做生意的天数确实是少了许多，一是天气的因素，二是因为城管的监管原因。整个月算起来恐怕只做了20天的生意。总的效益是不错的，只要能做生意，就会有所收获。

2011年7月4日，星期一

天晴。昨天去银行遇着银行休息，今天又不得不再去，等了一个上午才办完事。

昨天晚上照例早早就出去了，主要担心我们的摊位给汽车占了。星期天，本来也应当忙的，生好火就开始忙，直到十二点过才可以稍稍休息一下，到两点客人们也就陆续走了，收完摊也两点多，到家又是三点过了。

当晚酒卖的不多，十五斤青口螺全都卖完了。

2011年7月5日，星期二

天晴。生意不忙，但也还是没有停过，到收摊时还陆续有客人来，已是两点多，不敢要客人了，否则要挨到天亮可就撑不住了。收益稍比之前两天略差。

今天上午下楼倒垃圾，看到社区关于城镇低收入家庭住房困难户登记的通知，条件是人均月收入 1500 元以下，住房面积人均 25 平方米以下的，都属登记的对象。对照我们的情况：有户籍的人口七人，现住房 135.88 平方米，人均住房面积不足 20 平方米；全家只有两人有工作，但工资均不超过 1500 元，共 3000 元，按人口平均，人均月收入不足 450 元，符合登记条件。不管会有什么好处，都应当去登记，如政府有什么福利条件，我们也应当主张我们的权利。嘱韦静下午去登记。

2011 年 7 月 6 日，星期三

晴。前天晚上与在我们摊位卖服装的老板约定，晚上我们八点半出来，她要在八点半收好摊，我们就接着做生意，这样衔接着，就不怕那些车子来占了我们的摊位。昨晚上我们按约定时间出去，她也就差不多收好摊了。我们把东西都拉出来后，她也就可以走了。这样很好，彼此都高兴。

生好火就开始做生意，韦炫他们同事来吃烧烤，也就顺便帮了我们一下。没有多少青口螺，就不太忙，桌位基本上坐满，有一大帮的客人来，就把韦炫他们撵走了，拼了一张大桌，最后消费 179 元，但他们这帮人喜欢要求优惠，只付了 170 元，也就算了。这一晚上的生意还算好，收摊时也没有赖摊的。

2011 年 7 月 7 日，星期四

晴。今天晚上是近段时间以来生意最不好的一个晚上，一个晚上的营业额只相当于平常日子的一半。生意不好，心情也不好，人就觉得累，就早早收摊了。

2011 年 7 月 8 日，星期五

阴天，天气预报有中雨，没想到会下得那么早，刚开始做生意就

下了起来，赶忙撑起蓬子，但作用不大，仅可避避雨，生意还是不好做。我们这生意还真好像农民种畲地，看天吃饭，天气好的就有收获，天旱天涝就歉收。我们和种地相反，不望下雨，总盼着天晴，天晴天暖生意就好。

这雨一直断断续续下着，生意也就没有什么做头了，加上没有青口螺，本来就比平常日子差些，下起雨来就更没有盼头了，收入比平常日子的一半都不到。就早早收摊了，回到家才一点半。

2011年7月9日，星期六

天灰蒙蒙的，虽预报有阵雨，但可能是白天就已经下了，晚上没有雨，出摊时把棚布准备好了。生意不很忙，加上有韦炫来帮忙，又没有青口螺，就更是不慌不忙。

那些喜欢多酸多辣的客人早早就来了，拼了两张大桌，原以为会是当晚的大头生意，但却只要了两手烧烤，主要是喝酒，结账时倒极大方，丢了150元给我，还问够不够？结果算下来才95元，就把55元退回给他，他问为什么？我说该多少就收多少，怎能随便收呢！他表示感谢。

不多收客人的钱是我们做生意基本道德，但我们却经常因为生意忙，忘了记账，少收客人的钱。这个晚上就出现了这种情况，起初是把账算错了，少算了10元，好在发现及时，还可以笑笑地向客人要回来，都是熟客，好说话，客人们还玩笑说，少收了钱还这么开心？！无独有偶，8号桌买单时，因为有一瓶酒没有记，就少收了一瓶酒钱，到客人走后收捡桌子时才发现，一瓶酒也就算送给那三个女客喝了，这不怪客人，是我们自己的错。少收钱的现象是经常发生的，也不足为怪，做生意总免不了有这种情况。有时可能也有多收的现象，但只能是在不知道的情况下的事情，但绝不可能有意蒙人，多收人家的钱。生意人以诚信为本，不能让人把自己看成奸商。

2011年7月10日，星期日

雨。当晚的生意较忙，也就容易出错，少记了那帮老熟客的3瓶酒，不过没有问题，他们的以后还可以要回来。

已经许多天没有青口螺了，今天又开始有货，从两家要了20斤，回来自己整理，坏掉了四分之一，我以为是卖家有意整我们，老伴说热天总有这种情况的，在运输过程中被热死的，到这里就开口了，在家里整得臭气熏天的，丢掉不少，这是没有办法的事。平时有的时候，没有感觉到，到没有货的时候，倒看出来，这青口螺还受那么多的客人青睐。由此也可以说明一点，就是我们的青口螺的味道是得到客人们称道的。有了口碑，生意就不愁做不下去。

2011年7月12日，星期二

晴。生意一般，开始时忙，忙了阵子后，就缓下来了。

昨天晚上还剩下的青口螺全都卖完了。爽口的小老板特地来尝我们的青口螺，一直以来，他们都听到顾客反映说我们的青口螺味道好，可能是又有顾客对他们说了，所以他想来探索尝试一下我们的青口螺的味道特点及工艺，但是这样就想探知其中的奥秘也未必。但这小伙的敬业精神还是可以称道的。

今天阿源要我帮他写一份可行性报告，准备筹建一个"矿山机械销售公司"，要积极帮他及时把这个项目确定下来，这是一个可行的项目。

今天接到社区通知，明天上午社区在明粤酒楼举行茶话会，我是社区居民代表，受邀参加，但是明天早上是起不来的，所以给社区主任发了个信息，告之不能与会。这是礼节。

2011年7月14日，星期四

阴。前天上午开始，我们摆摊的位子又在重新翻修人行道，这才刚修没有多久，从勤俭持家的角度讲，这是一种浪费，不知主管部门是如何考虑的？在网上也曾有过这方面的议论：市政建设，换一届就要找些项目来做，要不他们从哪里揽钱？不知是否如人们所议论的？从我角度想，反正现在这样修了，我们也还能摆摊，生意也不错，重新搞好倒是对我们的生意更方便，更舒服。

今天上午社区主任发来一个短信，没有留意，中午时她打来电话，叫我到社区一趟，想必是为换届一事。不出所料，她说这届换届，把农贸市场也划归我们这个社区，所以换届的工作量增大，要求我能参加22日的监票工作，我既作为居民代表，理应履行一下职责和义务。回来时发给一盒牛奶，我提着牛奶回来的一路上，总觉得不怎么心安理得。社区这样的做法，算不算是不正之风呢？其实，参加社区的换届工作，付出时间、劳动，给予适当的回报也是情理之中。但是，时下社会风气不正，贿赂之风盛行，又恰逢换届选举，容易让人认为是社区领导意在收买人心，这就很难说得清楚的。选举本来是近年来我们国家致力于推行社会民主的一大举措和尝试，这样一来，给民主改革注入不正之风，会把社会民主引向邪路上去，给一些政客们阻碍民主改革找到借口，说是中国不适合于民主制度。

昨天，摆摊的地方修路的已经把人行道铲得面目全非，但几天没有青口螺，现在有青口螺了，不出去有点可惜，就硬着头皮出去做起了生意，天公又不作美的下起了雨来，生意倒还算不错。但看这情势，也就见好即收，刚到一点钟就收摊了。

2011年7月15日，星期五

晴。路还没修好，但比起前天晚上的情况好些，路面上铺了一层石碴，可以摆摊，还没出去的时候，那帮"多酸多辣"的客人就打来电话，问出不出摊，并已在那里等着了，我们便抓紧时间出去。

一面摆摊一面就做起了生意，正忙得不亦乐乎，那帮爱吃鹌鹑的年轻人打来电话预约，要求给他们留五盘青口螺。生意忙到一点多，也就着手慢慢收摊了，一面收摊，还一面的来客人，收完摊回到家还是到了三点钟，虽然累些，心情还算不错。

2011年7月16日，星期六

晴。几天来又是修路又是"创城"检查，前天城管就已通知说领导要来检查，这几天不得出来摆摊。昨晚上直到十点钟才出去，但城管却把车子停在我们的摊位上，待他们离开后，我们就出去，但他们又回来了，不让摆，并跟我们讲了一通道理：领导来搞"创城"检查，昨天就已通知你们了，就两三天，你们就不要出来嘛，否则至少也要到十一点以后。听起来言词诚恳，并没有威吓之意，不容我们不理解不接受。这政府行为及行政理念，从这些细微之处让人觉得有了明显变化，中国的事情在向好的，民主的，人性化的转变，这就是中国特色社会主义的希望所在。

十点半后我们也就摆出去了，摆好后，城管也下班了，一个城管队员从我们摊边过时还与我们打了招呼：下班了，摆吧！短短一句话，体现了人性的温暖。

生意做到两点多，我们也看着没有客了，就开始收摊，收益虽不及往日，但毕竟还不至于断了生计。

2011年7月18日，星期一

阴天。"创城"检查到前天晚上已经不再那么严格了，但我们仍然等到十点半以后才出去，孩子们到外面玩，见别的摊子都在做生意了，就打电话回来叫出去摆摊了。

八点钟就出去，生意是慢慢忙起来的，越到后面生意反而越好，到了该收摊的时候，还有客来，只好继续做着，直到下了几滴雨，那些客人们也就主动结账走了，但却有几个外地客总赖着喝酒不走，还要搬到对面的屋檐下继续喝。摊子收完了，火也熄了，他们还不肯结账，反倒使我们挨了后面这场大雨。无独有偶，这时那帮"多酸多辣"的客人又来了，硬是要求重新生火烤东西，推不过，还是得重新生火，结果也多做了一百多元的生意。最后反倒要冒雨收摊，直到四点过，总算把这最后两拨客人支走了。

这不过是自己对自己诉诉苦，眼下找点事做不容易，有事做的人也不一定做得好,我们虽苦虽累,但生意做得还算红火,这就是安慰。

2011年7月19日,星期二

晴天。创城检查过后,这些摆摊的就更是无所顾忌,早早就摆出了摊子,我们也就不甘落后,八点过也就出去摆起了摊子做生意。只要能做生意,收入还是不错的。

这些年以来,我们都已年近花甲,仍然要面对着世俗的眼光,步履蹒跚的推着烧烤车到街边,去为那些年轻人服务,多少客人都不解地问我们:你们俩老这么老了,退休金吃不完,还来这么辛苦做什么?你们的孩子也没来帮忙吗?面对这样的提问,我们也只好做着似是而非的回答,尽管表面若无其事,但心里也不免有点儿酸楚。特别是在小区里,几乎所有人都不愿意给人一种穷困的印象,没有人对别人说自己穷。在业委会时,我曾不遗余力地为小区的利益着想,为小区提出过不少好的建议,但是没有人认为我这样的人在业委会里不是为着自己捞好处的。世风如此,他们也就以自己之心度我之腹了。

像我这样处于社会底层的人的行为,是难以让世人所理解的。那些当政的人就更不理解,更不喜欢我这样的人了。因为我这样的人,不计个人得失,敢于直陈他们的弊端,批评他们的错误。

做烧烤这行虽累虽苦,但也能维持得了一家的生活。我习惯于纵向的比较,拿眼下的生活水平与改革开放以前的年代相比,我们也就知足了。

2011年7月20日,星期三

晴。去年买了老伴的养老保险,今年又换了新的冰箱,攒下的这些钱,本来是计划留作我的养老钱的,一则考虑把死钱变成活钱,买部车来出租赚钱;二则也想有部车子家里要用时也方便些;三则也是为了完成我一生的梦想。有部车子也就不落于人后,也能挣回一点面子。然而，我们与那些暴富的人比，就难以在一个线上了。

买一部车子的愿望对于那些家财百万千万甚至上亿的人比，是太微不足道了，但能实现也是好的，加上媳妇又怀上了双胞胎，这底气就更足了些。树活一张皮，人争一口气，为这口气，已经苦苦挣扎了一辈子，总算熬过来了吧！

昨天，买车的梦圆了，心中高兴，但生意还得照做，生活就是不断进取，与阿孝那句"一个希望破灭了，新的希望又在孕育着"的哲理相通的是它的另一面，即：一个梦想实现了，新的梦想又萌生了。前面的意思在催人不屈服于生活的挫折，后面则是催人不断进取，不要只满足于眼前的现状。

2011年7月25日，星期一

今年来最为晴朗的天气，也是最热的天气。一早起来，窗外晴空万里、阳光灿烂。

前两天因去金城江停了两天的烧烤，总有客人打来电话找烧烤吃，昨天晚上出去，那里的人行道尚未修好，虽然是星期天，生意却不见好，但也还过得去，对面的南极园却是够惨的了，一直未见他们开张。

摆摊时，老朋友新成牵着他的爱狗散步来到摊上，聊了一会就回去了，他见我们如此辛苦，一再嘱咐不要太累了，在他们看来，这个行当确实辛苦，特别是我们没有门面，要搬进搬出的摆摊。还聊到一些儿时的发小们，特别培加几兄弟，个个都是弄钱的好手，但却都无福消受，早早的都过世了。聊到杨彦也是一生奔波，一幢新建的房子还没住安稳，为了还贷而卖掉了，到了客死他乡后也就一无所有，真是各有天命。老朋友见面总有聊不完的事。

2011年7月26日，星期二

晴。摆摊的地方还没修好，但昨晚上的生意也还不错，简直有点忙不过来，有千多元的收入，除了留下今天买东西的钱，也就所剩无几了，做来做去，得回来的钱又要拿去买东西，总看不到钱在哪里。生意还得做，前天晚上新城来，一再提出要我们不要太累了，该休息就休息了。对我们来说，以后是什么样子看不清，还要辛苦到什么时候，不好说，巩怕要辛苦一辈子也说不定。反正只要还做得，就坚持着做吧，除非孩子们都不用我们操心了，才能心安理得的停下来。

2011 年 7 月 27 日，星期三

晴。几天的高温天气，有了空调才觉得不那么难过，有了空调，就难以想象没有空调时的难受劲。这些年来，我们俩老累死累活的，就是凭着侍弄这摊烧烤，把家里这些应有的物件都置全了，人家有的我们也算都有了，但还是让人看不起我们这些在路边卖烧烤的，由他们去吧，如果什么都没有，那才是自己都看不起自己。

2011 年 7 月 28 日，星期四

晴。还是高温天气，晚上的生意也就比较好。晚上本来打算参加业委会的会议，但摆好摊生意就忙起来了走不开。小区业委会是近年来，出于物业管理而派生的，业主自己管理自己的自治组织，我认为这是中国社会民主的一种尝试，因为物业涉及到个人的切身利益，所以我尽管忙着谋生，也还乐意抽点时间参与，出点主意。但由于主管部门对《物业管条例》理解不透，重视不够，宣传不力，让群众对"业主"与"居民"的概念不清，不理解业委会存在的意义。也因此而派生了许多不应有的矛盾和纷争。

为了这些矛盾和纷争，2006 年我曾以个人名义，对行政主管部门提起过一桩行政诉讼，让他们把我看成了社会不稳定的因素。其实当政者们的观念是错误的。把诉讼当成不稳定的因素，说明他们不具有法制思想。相反，能够通过法律手段解决问题的才是依法治国的，维护社会稳定的唯一途径。

那时，小区刚出现"业主大会"这样的新鲜事时，国家明明有《物业管理条例》作为配套的行政法规可循，但是主管部门的主管人员却

不认真学习，不严格执行，让小区里的业主对业主大会产生了错误的认识，围绕着业主委员会的合法性产生矛盾和分化，影响了社会的稳定，我曾经给他们提出过意见，但是主管人员自恃大权在握，对我们这等小民的意见不置可否。

为了平息小区业主之间的矛盾，让业主大会这样的新事物步入正轨，我认为矛盾出自主管部门，他们给不符法定条件的非业主人员组成的业主委员会的备案，使业主委员会不具备合法资格，导致业主反对业主委员会，这才是不稳定的根源。为此，我联络了几个业主，向法院对行政主管部门提起了行政诉讼，要求法院判决撤销行政主管部门不合法的行政备案行为。然而，在我们这种法制还很不健全的司法环境下，我们民告官的行为被看成是冒天下之大不韪，我们败诉了，我不是法盲，我一生经历过不少案件，打过不少个人的，或单位的官司，我也认真读过《物业管理条例》，当我到法院签收判决书时，我就认定了这个判决是不公正的，是带着浓厚的"官官相护"色彩的判决，当庭表示上诉。但是，在法定上诉期内，一审法院的人却给我打来电话，劝我不要上诉，言语间不无施加压力的意味。他劝说不上诉的理由是：小区已经决定改选业主委员会，他认为我们提起诉讼的目的是自己要当业主委员会。法官说：你们的目的既然可以达到，何必还要上诉，上诉还要诉讼费，而且上诉了你们也不一定会胜诉。就算中院判你们胜诉了，你们也花了那么多的时间精力，还不如你们就抓紧时间搞改选不就得了？我觉得法院方在这种情况下充当如此角色似为不妥，（是否合法我不知道）他们是怕我们上诉二审胜诉，对他们将是一次大失面子的司法记录。所以采取了这种方式以求息诉。而我也是从这个角度考虑，业主委员会改选也就可以达到让小区业主大会归于正轨的目的，就给法院留了面子。但是，以后事情的发展，证明了我的决定是错误的。因为违法的原业主委员会不从根本上予以否定，他就具有合法资格，他的一些行为就有了法律依据。这样一来，反而给新旧业委会留下了纠缠不清的因素，造成新业主委员会的财产侵权案搞到自治区高院的重审。

为这个事情，让主管部门把我看成了社会不稳定的因素。甚至连累到我小女预备党员的转正都被社区党支部书记有意识的拖着不办。经历过这个诉讼活动，我对我们国家法制的不成熟产生一种忧虑。要做到依法治国还有很长的路要走。但那些似乎不是我们这样的人所要思考的问题。我们要考虑的是我们的生存。

人行道还是没修好，我们的摊位地面乱七八糟的，但是客人们还是乐意在我们这里坐下来消费，这和天热有关。像这样热的天气，家里没有空调是很难坐得下的。所以烧烤摊的生意普遍都好。这种档次的客人大有人在，正是路边摊能够生存下来的原因所在。

2011年7月29日，星期五

晴。昨天晚上生意不怎么好，且还少收了客人的钱，近来已是发现两次少收钱了，且都是熟客。今天一早起来就为了买一只老母鸡给媳妇补补身子，结果却又上了骗子的当，买了一只有病的母鸡，还给人家多算了钱，真是什么事都不顺意，事情也懒得做了。看来最近凡事还得多多小心警慎才是。

当下各色各样形形色色的骗子防不胜防，各种骗局层出不穷，稍有不慎或贪图小便宜就容易上当。这年头人性竟至于扭曲到如此程度？看来，什么主义也挡不住这人性的兑变。

2011年7月30日，星期六

昨晚的生意不好，今天也就不用多做事，早早起来就继续我的写作。

几天来的高温晴朗天气又开始变得阴沉起来了。

市政终于把我们摆摊的那截人行道路面铺好了。怕被汽车占了摊位，晚饭后就早早出去摆摊。但是生意反倒比还没修好路面时差，也就按常规的时间收摊了。回到家洗完澡，那帮"多酸多辣"的客人才打来电话要吃烧烤，但说什么也不可能为他们再出去重新生火做生意了。

2011年7月31日，星期日

晴，今天起来就忙着串鸡翅、串鸡珍、串牛肉、串鱼，到下午一点多才做完这些事情，想多抽些时间写点东西都由不得自己。什么时候才能真正的停手？无法做出具体的安排，反正就这样干着吧，到什么时候横得下心来，就把所有的事情丢开，我们也要享受一下养老的生活。

今晚生意不错，如果有青口螺生意会更好。

2011年8月3日，星期三

晴。两天没记日记。晚上的生意都不错，今晚也差不多，但是到了收摊的时候停电了，连路灯都熄了，到处黑窟窿咚的，但却还有两桌客人没有结账，一桌是新客，一桌却是几乎天天晚上都来的老熟客，不得不点上蜡烛，还好，他们吃完也就结账走了。反而是这桌老熟客在磨时间，结账时还少给了10元钱，很不够意思。

近来睡眠质量很差，不管是回来多晚，到了早上八九点钟也就醒了，人一醒，这大脑就不由自主地开始了激烈的运动，不停地想这想那，就再也睡不着了，干脆起床，上网。回忆录没写完就很难睡得安稳。

2011年8月5日，星期五

晴。这几天每天每晚都停电，昨天晚上生意不怎么好，今天生意上的事情没有多少，女儿们前天买了一件衣服，作为她们母亲的生日礼物，老伴不太中意，我也觉得颜色不合适，她们要拿去换，我也跟着去了。早上起来忙事情，早餐还没吃，就先到肯德基吃早餐，和韦静争着付钱，韦静为父母用钱总是很大方的，让我们都觉得她用钱大手大脚的，所以她总是存不下钱。

去买衣服时，我看中了一件衣服顶时髦的，我要自己买，她们硬是不让，非要帮我买，也就让她们尽一下孝心吧，老伴说让她们买吧，要回报她们就从其他方面回报，这主意好，很有哲理，这样可以通过生活中的一件事情,让父母子女间表达一下各自的心意,增进一点亲情,弘扬一下孝道,培养好的社会风气是有意义的。世人多有数落子女不孝顺的,也许他们不善于处理这方面的感情吧,对于子女,各有各的不同条件,不要求都一样,关键在于他们的内心是怎么想的。对父母的孝顺是发自于内心的,有些人由于各自的条件不同,不都能一样的以金钱物质来表示对父母的孝道,但是从内心里有着对父母的关怀就够了,正于那首歌唱的一样:常回家看看……。

晚上有儿子、媳妇下去帮忙,生意显得忙而不乱。

2011年8月6日,星期六

晴。昨晚生意一般,今天不用做什么事情,几乎所有时间就用来写作。其间老伴提醒要帮儿媳重新安装一下卫生间的花洒,以免怀孕的儿媳在浴盆里爬进爬出摔伤腹中的婴儿。

今天是农历七月初七,是中国版的七夕情人节,正好又是老伴的生日,女儿依例买回了鸭、鱼、肉、虾,准备过节,同时也给他们母亲庆生。但是当晚的生意还是舍不得停,吃完饭就出去开摊。全家人都出动了,生意也特别好。是情人节带来的商机,也是老伴生日的福气赚来的。

2011年8月7日,星期日

天气预报是从昨晚到今天多云间有阵雨,打了个上午的闪电,到下午才下起了雨,雨是近来最大的,前些日子的电视上报道许多地方都已旱得禾苗都干枯了,但愿这场雨能平均分布,特别是那些受旱的地方也能有这么一场大雨就好了。

昨晚不少东西都卖完了,今天韦静买的肉多,全家人都来参与串肉,也搞到下午3点多才串完。

昨天晚上是我们中国的情人节。过去,我们国家的民间习俗还是蛮重视这个节日的,但却没有情人节的意味,而是把这个节日当成鬼节,祭祀所有逝去的亲人的鬼魂。后来在文革年间又把它当作封建传统加以抵制。再者也因为物质的匮乏，人们对所有节日都是当成一饱口福的期盼。我的童年记忆里，只记得这个节日是个吃鸭子的节日，就盼着到这个节日能吃上一只鸭腿，就是最快乐的事。但却连续几年都盼不来一只鸭腿。小时候也听母亲讲过牛郎织女的故事，只觉得那是个浪漫的爱情故事。到了情窦初开时，却又遇上了文革武斗的战火纷飞的年代，从来就未曾体验过那种浪漫情怀。到了战火过后，该是谈婚论嫁的年纪时，也和常人一样有过对爱情的追求，但那种追求被政治所裹胁，纯粹如动物性的求偶，哪里有什么爱情的浪漫可言？牛郎织女的故事不过是人们对爱情的憧憬和追求而已，把他作为情人节来纪念才是近些年来的事。听说韩国抢先注册了端午节后，我们中国才意识到这些民族传统节日就是民族文化的象征。

想想中国情人节等有关爱情的故事，不管是牛郎织女还是嫦娥奔月，乃至七仙女下凡，却都是以悲剧为结局，这倒值得我们深思和反省的。这也说明一个问题，这些悲剧的产生，源自于中国封建意识的根深蒂固所致。

2011年8月11日，星期四

多云间晴。9日因为忙于生意的事，没有记事，昨天因网络欠费上不了网，没有记事。

2011年8月12日，星期五

晚上要出摊时下起了阵雨，就没有出去摆摊，结果雨又停了，白丢一个晚上的生意，心中怪可惜的，主要是原来的一点积蓄在买车时花光了，总想再弄一点积累以备急需，心里就产生了紧迫感。

今天是农历七月十三，又是个传统节日，接着明天是七月十四，也是节日，韦静买了两只鸭子，舍不得花钱请人杀，要回来自己动手，结果花了半天时间才弄好，得不偿失。

下午要去社区开会，是社区党组的换届会议，作为居民代表被邀参加。社区党组能有这种尊重民意的风气，倒是值得赞同，即使是去为他们装点一下门面也好，且把他当着中国社会民主的尝试和过渡吧，一个偌大政党的政治变革，不能强求一蹴而就，力所能及地支持他们也是一个公民应有的义务。

2011 年 8 月 13 日，星期六

晴。今天上午，社区主任又打来电话，问我是否愿意继续担当这一届的居民代表？明明知道这居民代表无非就是一个花瓶，充当一下掩人耳目的工具，但也不好拒绝，且想：这样的角色让一些势利的人为一箱牛奶去占着位子，还不如自己去，到了关键的时候，或许还可以知道什么是对，什么是错，可以提提自己的意见，起到一点推动社会民主的作用，就答应道：如果能对小区工作有利的，那就权且挂个名吧。总之，要实现中国的社会民主还任重道远，只能以渐进程序争取吧。

2011 年 8 月 14 日，星期日

晴。今天没有生意上的事做，起来就上网写作。

城管又开始对沿街摆摊实行严管，名之为"创城"，直到晚上十点过后才出去摆摊做生意，做了几个钟头 300 来元的生意，趁着韦炫他们夫妻一起在，不到两点就收了。

2011 年 8 月 15 日，星期一

晴。中午社区主任又来电话，说是因社区提名我作为社区居民代表，受到那些前业委会下台的一帮人的责难。[1] 社区为了保障换届顺利进行，动员我主动声明放弃。本来这个居民代表是个什么概念，我也不清楚，它和人民代表根本不是一码子事，人民代表是具有法定资格的身份，而我这个"居民代表"是个不伦不类的身份，本来就不是经过居民大会选举产生的，社区只是电话里问我一声愿不愿意，我自

---

[1] 不具备业主资格的人在主管部门批准备案许可下，自己筹组的业委会被业主赶下台。

己也知道这是个尴尬的身份，既未经过选举，也未经过任何部门的委任，从逻辑上说，也就不存在撤职或辞职之说了。我虽然已经做了一届，参加旁听过几次社区的会议，只是出于对这刚起步的社会民主的尝试抱有一种良好的愿望，想在必要时也许能发挥一点微薄的作用。而基层的领导者们对这一事物却是一知半解，竟然因一些无知者的起哄而不知所措，还非要一本正经地走个"程序"，让我在社区会议上，亲手在他们拟好的声明上签字认可是我自己放弃的。

为此我很坦然，因为在这个事情上，我没有得也没有失。然而，让我觉得悲哀的是，这些基层领导者们的民主意识居然那么淡薄和模糊。在处理社区事务中，竟然不敢态度鲜明的维护正义，是非分明的遏制无视法规的群众运动风气，如此形式上的社会民主，岂不是和真正的民主背道而驰了？

下午到社区在声明上签字时，我公开表明了以上的态度。

晚上还是因为城管的严管，十点过才出去摆摊，生意倒也还好。

2011年8月16日，星期二

晴。上午去了银行，把上个月到现在攒下的钱存到银行去。上个月买车把存折里的积蓄都花光了，从现在起又开始慢慢地存，争取攒下一点养老钱。

能否完成得了，就看这个生意还可以做下去多久了。

2011年8月17日，星期三

晴。老伴昨晚身体不适，就没出去做生意。辛苦了一辈子，日子也没有以前那样窘迫了，不至于因为停一晚生意而断炊，只差我没有攒够养老钱罢了，争取再挣扎几年，能攒下一点养老钱就不再干了。

订阅的《炎黄春秋》每期必读，第八期于九日收到，到今天早上读完。这份杂志还是有看头的，特别是那些有关历史事件真相的文章，尤为适合我的阅读爱好。这一期中徐元宫写的《苏联顾问与斯大林模式移植东欧》一文，记述二战后，苏联强加于东欧各国的，斯大林模式的社会主义政治经济体制,对东欧各国人民的危害,最后也导致了包括苏联自身在内的东欧各国的政治经济的彻底崩溃,斯大林模式在运营了 70 多年后,终于寿终正寝,被苏联人民和东欧各国人民彻底抛弃于历史的垃圾堆里去了。

文中所述仅局限于东欧各国,事实上,斯大林模式几乎漫延全世界,其中受害尤深的莫若亚洲各国如:中国、蒙古、朝鲜、越南、老挝、柬埔寨甚至及于美洲的古巴等国。苏联的党内斗争模式对于中国影响尤为深刻,政治迫害和相互残杀,冤狱遍及城市乡村、党政机关、企业厂矿、文化教育等等所有领域,受害者上至国家主席、军队元帅、将军,下至山野村民无辜百姓。为害之惨烈史无前例,手段之卑劣无不如出一辙,特别是柬埔寨更是在苏联和中国模式的双重影响之下的进一步创新发展,而达到了灭绝人性的地步。

《炎黄春秋》好就好在它敢于披露这些人们过去所无法知晓真相的史实,解开蒙蔽了读者一辈子的黑幕,还历史真相于世人。

2011 年 8 月 18 日,星期四

晴。天气预报今晚没有雨,但傍晚时却下起了一场倾盆大雨,好在十点前就停了,还能出去摆摊,生意还不错。

昨天早上把第八期《炎黄春秋》看完了,想起要读一读鲁迅的书,过去对鲁迅总是听人家在议论,但没有很好的看过他的书,家里也有他的书,他的书信全集及杂文《野草》,就挑了《野草》来看。看了"野草""秋夜"几篇,觉得很费神,因为他的文章多长于暗喻、嘲讽,用词辛辣,看时得逐句推敲方能领会他的内涵。

经过写作的锻炼,对词句的组织稍有粗浅的体会,但觉得自己的阅读能力尚多欠缺,文章的创作,是在会读的基础上,才能会写,需多钻研如何读书,方能有助于写作。

一边要谋生,一边学写作,还想读书学习,总觉得时间不够用,读书只能在睡前读,其他的业余时间就都用来写了。活到老学到老,现在已经老了,更要抓紧时间学。

2011 年 8 月 19 日，星期五

晴。连续几天阴晴不定，时而大雨倾盆，时而阳光灿烂，每到傍晚时就下起大雨，今晚也是如此，雨后仍是乌云密布，也不知是否还有大雨？搞得没有信心出去做生意，担心做生意到一半下起大雨，要撑棚布就麻烦了，到时手忙脚乱的，就干脆休息。

这两天小区要报装管道煤气，报装费 2000 元，昨晚没做生意，这报装费还拿不出，只有等这两晚上做生意得钱了才去报装吧。

2011 年 8 月 20 日，星期六

晴。今晚的生意不紧不忙。

今天小区里报装管道煤气的工作已经开始，不少人还是蛮积极报装的，每户 2000 元。从罐装气与管道气的价格比，管道气还是划算的，但就是这初装费太贵了，要使用十年以后才能显示出它的优势，但还必须要在一个前提下，才能体现这个优势，即十年后仍然存在竞争，而不是管道气一家独大占着垄断地位，若是所有的家庭都安装了管道煤气，那时就会是管道气一家讲了算，操控了市场价格的主导权，成为卖方市场，到时候，用户不也就没有什么讨价还价的权利了。

不过这也是一个趋势，管道气主要还是比较方便。姑者就当是一次生活的革命吧。

2011 年 8 月 21 日，星期日

晴。昨晚的生意算是一般，不紧不忙，但也没有休息过，总有生意。

头天晚上的生意越好，第二天白天的事情就越多，但是女儿媳妇都来帮忙，半天也就忙完了。还没到休息时间就上一下网。在这种状况下，要继续写作也是写不下的，只能写写记事，看看新闻吧。

晚上的生意不太理想，这好像已经是规律性的现象。

2011年8月22日，星期一

晴。今天没有太多生意上的事情，早上起来就先上网看了一下新闻，做完事又在电视上看新闻，今天的新闻基本上都是围绕着利比亚的局势，利比亚反对派已经攻入利比亚首都的黎波里，卡扎菲独裁统治的日子看着就要结束了。

今年以来北非、中东地区的阿拉伯世界国家屡屡发生政局动荡，独裁统治者纷纷被迫下台，而卡扎菲却拒不屈服于民众的要求，采用强硬手段，企图维持其独裁统治的权力，引起反对派针锋相对，采取了暴力革命手段，经过几个月的流血斗争，到目前止，卡扎菲恐难以维持他的天下了。这似乎已经成为一种政治趋势，反对独裁统治争取民主，已经成为当前革命的催化剂，同时，人民的力量也得到了充分显示。

2011年8月23日，星期二

晴。生意一般，但是却挨到快四点才收得了摊。

早上起来材料还没回来，就先上了一下网，看一看关于利比亚的新闻。这新闻有时出现自相矛盾的现象，也不知哪是真哪是假。总之卡扎菲时代即将过去了，这是事实，也是时代的趋势。利比亚的将来会是如何？很难估料。反正我们不过是个旁观者，卡扎菲的命运如何，不会对我们产生什么影响。不过，通过利比亚的局势演变，也能突显出当今的世界，只要得到多个国家的支持，要改变一个国家的可能性是极高的。这样也能给那些独裁者以警示，主动地去迎合人民的需要。

2011年8月25日，星期四

晴。上午与国英去六道看望福明。福明的大儿子中旬被邻村人打伤，因伤重不治已亡故，作为曾经共过患难的老朋友，去探视以示慰问。到了六道路口，邀上如星一起去，如星的儿子在那里办了一个压板厂。

从六道回来，因看利比亚新闻，没有写日记。

晚上的生意也不理想，早早收摊了。

韦静夫妇昨天去办贷款买车，没有办好，为了支持她们，给她提供了房产担保，给她们一点心理上的支持，以免使她们对亲情感受冷淡和无助。

2011年8月26日，星期五

晴。一早上邮局来电话说诗勤寄回来的月饼已经到了，核实一下收货人地址，准备晚一点送来，二哥的这些孩子们都大了，也懂孝敬长辈了，可惜二哥却无福享受这天伦之乐。

中午星慧在拉堡为其孙女举行百日庆典，要赶去赴喜宴，也就早早起来了。和星卫是患难伙伴，又是初中同学，这情分还是要珍惜的。

晚上生意不错，且能按时收摊。

2011年8月27日，星期六

晴。据他们白天摆摊的老板们说，白天城管又来告知，下去一个星期内不准摆摊，又是什么创城检查吧。看来今晚又得到城管下班后才能出去做生意了。情况可能是蛮严重点吧，摊位边的报亭都已经搬到小区里来了。这可是从来没有过的事。生意是要做的，十点后出去，越是严管，生意反而还好。

2011年8月29日，星期一

晴。早上起来，想把敏生的租车合同修改一下，但是由于对表格不熟悉，老做不好，结果又忙于做事，日记也没写成。

今天诗霜要带男朋友来，就忙于把生意上的事做完，以便客人来了家中乱七八糟的不雅。忙到下午两点也就忙完了。

2011 年 8 月 30 日，星期二

晴。昨天晚上诗霜和男朋友在饭店请我们在柳州的家人亲戚吃晚饭，算是宣布了她们的婚事。她朋友小何是湖北潜江王场镇人，那是个小地方，只有在司机地图上才可以找得到的地方，小何人不错，小伙子人长得白静体面，身材高挑，无可挑剔。就是家离得太远些了。她们决定年前结婚，这事也就由她们自己定了。

今天社区搞居委会选举，我也代表全家投了票。尽管是走过场，也是尽一份义务，同时也是行使我们自己的权利。

晚上生意照做，摊子摆出去总会有收获。

2011 年 8 月 31 日，星期三

晴。做完生意上的事，就早早午休了，从来没有能这么早午休。午休睡了不到两小时，也就醒来，恰逢业委会叫人来装防盗门的对讲机。昨晚业委小陈到摊上来说了，由业委统一安装防盗门，既然统一装就装吧，本来这防盗门装与不装都不会起到防盗作用的，姑且作为对小偷的震慑吧，至少给他们增加一点麻烦。也算是一件好事。

晚上生意不错，媳妇下去散步时来帮忙，后来阿源韦静也回来到，都来帮忙，不显得忙乱。效益还可以。

2011 年 9 月 1 日，星期四

晴。转眼间就到了 9 月份，进入秋天了。

早上起来就忙生意的事，总算做完了，就上上网。

近来又是创城，直到晚上 10 点才能出去做生意，还算可以，只要能出去摆摊，多少都会有所收获。看来这种情况，今年要完成养老的规划就有点渺茫了。

2011 年 9 月 2 日，星期五

有雨。很晚才出去做生意，生意很不好。韦静只得了 20 斤青口螺，这青口螺的批发老板有点缺德，这几天城管管得紧，又加下雨，

生意不好做，他就给这么多的货，往天生意好做他就不给货。

2011年9月4日，星期日

阴天。昨天忙于练习绘制表格，没有写日记。昨晚上的生意虽然不是很好，但是俩老不紧不忙。据同行们说，城管又来交代，从今晚起又不准摆摊，说是领导已经来到柳州检查创城的工作，要停一星期。停就停吧，老伴也老是想休息一下，就趁做不了生意的机会安心休息几天，让阿露陪我们去湖南凤凰古城玩几天。

2011年9月5日，星期一

晚上九点零九分，登上开往张家界的列车，开始了凤凰古城之旅。列车从柳州车站缓缓开行，渐行渐快，过了太阳村后，就把霓虹闪烁、灯火辉煌的市区抛在了后面，列车在乡野间驰驶。

今天正值农历八月初八，天穹不那么清朗，只见窗外天边，隐没了所有的星星，一弯迷蒙的月儿毫无意趣、满不在乎的挂在天上，向大地撒下淡淡的月光。山野的尽头山影憧憧，田野、村庄、池塘笼罩在朦胧的月色之中。

列车驶过一片池塘，原本平静的水面上，被隆隆驶过的列车震起了粼粼的波光，那波光中闪烁倒映着一轮弯弯的月亮。听不到池塘的虫噪、蛙鸣，只看到窗外的幽远和宁静。这样的夜景曾不止一次地储存在我的记忆当中。触景生情，禁不住那些曾经的记忆油然在心中翻涌。

列车驶过路侧的山峦，窗外变得豁然开朗。不远处高速公路上，一束束耀眼的车灯光，南来北往的相互交织、辉映，划破了乡野迷茫的夜空。

铁路和公路时而相互交织，时而并肩同行，火车、汽车川流不息，竞相奔驰。

自从有了路，文明不再受到拘束。有了高速公路，有了高速铁路，华夏文明迈开了高速发展的脚步。

2011年9月10日，星期六

晴。快到中秋节了，二姐家的孩子们与往年一样，给我这个小舅送来了月饼、水果和酒。侄仔们这两年也都逐步摆脱了童年时的窘困，中秋节也都给小叔送来了鸡和月饼。

每逢佳节倍思亲，在这样的亲情氛围下，难免不又想起二哥，如果不那么早地离去，这中秋团圆的节日一家团聚，不也其乐融融，饱享天伦？然而，天命难违，二哥苦难一生，却无缘得享一日天伦。人生总有遗憾，难尽人意。

创城活动迟迟未见结束，生意难做，本想，已经停了一个星期，今晚应重新开市了，但过了11点后才能出去，也就懒得出去了。看来我的养老规划又将泡汤了。

2011年9月11日，星期日

天晴。今天没什么事要做。有了时间，又没有什么任何牵挂，终于能定下心来继续我的写作。已经停了很久没写了，心无旁骛，写作的灵感也就有了，总算突破了原来一直无法定形的构思，切入下一个阶段的记述。

时间不早了，停了很久的生意，今晚想把它恢复起来，所以需要休息，就暂停了写作。

2011年9月14日，星期三

还是好晴天，可惜了几天的好天气。12日是中秋节，晚餐是到荣军路口的美食城过的，全家大团圆，除韦炫因上班没有能来共进晚餐外，媳妇、大女一家三口，小女两口都来了，小女两口还是赶了两场。小姨子祖孙三口也都来了。晚餐后回家，终于可以出去做生意了，满以为中秋节生意应该很好，但未能如愿。

2011年9月16日，星期五

依然晴天。但是夜11点后才摆的摊，还是有客人打电话来要烧烤才出去的。

前天为业委会起草了关于审计报告的反馈意见，最后由主任定稿，但她把我在意见中，关于二、三届业委工作的过失一节删去了，她在车上对我说：不要在这里自己承认自己的过失，由她们审计去做判断。由此看出，她是很注重自己政绩的，不肯主动反省自己工作中的过失。这种作风在当下的官场中很有代表性，是官场不正之风。而我在这些方面也没能尽到我自己设计的监事会制度的职责，没能放开情面，坚持自己的意见。官场上人和人之间的关系不是求同存异，而是党同伐异，排斥异己。这种群众团体，也都受到官场风气的影响。民主风气就难以培育起来。要坚持正确意见，就要有敢于撕破情面的勇气。但是这种思想观念，是不会得到广泛接受的。个人也就无力回天了。

2011年9月17日，星期六

晴。今天没有生意上的事，就上网写书，写了一阵子，觉着精神有点疲倦，也就顺势停笔休息，这样可以保持写作的热情。

还是一直等到夜里11点过后才出去摆摊，生意比前两个晚上差。

2011年9月19日，星期一

晴。这一次的创城活动终于17日晚结束了，又可以早一点摆摊做生意了。中国习惯于凡事都采用运动方式来推行。

可以早一点摆摊，生意也就随之好起来，事情也就有得做了，今天忙了一天，刚做完事。做这种生意就是得白天忙晚上忙的，但却是吹糠见米的生意，但这种忙法累的也不亚于建筑工地上的搬运工。

什么时候才能真正安心的休息？除非养老规划得以实现。

2011年9月20日，星期二

晴得很久了，但却遇上城管的严管，少做了很多生意。今天又开始转阴了。

今天还在为创城活动已过而高兴，八点过就出去摆摊，但是城管却又来交代：没有门面的流动摊位，要到晚十点过后才能出来摆摊。必须听他们安排和管理，他们不是处心积虑地来收缴东西，能这样来跟我们打声招呼就算人性化了。一朝君子一朝臣，若是换一拨人是否还能这样？就不得而知了。

今天韦静两夫妇去交钱买车，虽然是贷款买的车，但我还是赞成她们冒一点风险去闯一闯，这样有一点压力也是对她们有好处的。

2011年9月21日，星期三

天开始凉了，估计没有多少生意，就不出去摆摊了，今天也就没有什么生意上的事情可做，就上网传照片。把去凤凰旅游的照片传到电脑里来，并传到我的博客上。以作永远留念。

2011年9月22日，星期四

晴。今天没有多少事情做，在楼下看到有二楼丢弃的一张铝塑板，捡回来正好用于厨房杂物架，废物利用，正合所需。做完这事，觉得身体稍有不适，就早早午休。因早上起的早，精神有些疲倦，看了一下书就睡着了。晚上本打算不出去做生意了，后来有客人打电话来要烧烤才出去，生意还算不错，没有冤枉出去一趟。

2011年9月23日，星期五

晴。今天和韦静夫妇去汽贸园作她们买车的担保人签字。过一个星期就可以提车了，这样一来，三个孩子就都各人有部车了，原先我们没有车，总自己觉得不如人，现在都有了车，也没觉得能和人比，我们还得为一天三餐操劳，少一天没有生意就心慌。我们还是担心小区里那家有几部车子的人，用车子来霸占我们的摊位。早早就出去摆摊了，但生意很淡。

2011 年 9 月 24 日，星期六

晴。傍晚看着外面行人不多，其他烧烤摊上的座席虚空，吃客寥寥，也就不出去做生意了。

2011 年 9 月 26 日，星期一

天又转阴了。

昨天把 GPS 装在这部电脑上后，在家里就可以知道车子的行踪，从昨天到今天，车子都在柳州周边活动。昨天是在柳城境内活动，今天就都在象州县境内活动。现在是 19.27 分，想知道车子在什么地方，但无法登录 GPS，找不到车子的踪迹。

今天没有什么生意上的事做，大部分时间就用在写作上。晚上出去生意也不好。

2011 年 9 月 27 日，星期二

晴。昨晚的生意所得，除交了车库 334.6 元的电费后，还有够今天买东西的钱。

昨天在我们的摊位上，突然在电杆下面摆着一座书报亭，不知是谁摆的，这样一来就等于占了我们的摊位。怀疑又是小区里和我过不去的那谁有意要和我争地盘。我们毕竟在这个地盘上拼了十年了，把我们最艰难的阶段都搏过来了，但毕竟不是我们自己的地方，也找不到理由去撵人家。由他去吧，能做到什么时候就做到什么时候。

2011 年 9 月 28 日，星期三

晴。今天忙了一天生意上的事，到快五点才休息，上床又睡不着，就起来了。韦静她们去办车子入户的事也办了一整天。

我们的车子今天一天没有时间观察，刚上来看了，17 点多回到工人医院，现在还在继续运动着，不知租客用还是敏生用。

晚上生意不错。

2011年9月30日，星期五

晚上下雨，天气就开始凉下来，看着街上行人稀稀拉拉，就不出去做生意了。

韦静她们的车子要回来了，昨天丢失的东西也已找回，可喜可贺。趁着都在家，就包饺子吃。

2011年10月1日，星期六

雨。今天是62周年国庆节，韦静她们今天出去练车子。虽然驾照已经得了两个月了，但是真正独立自主的开车上路还是第一次，虽然技术很不规范，第一次能在市区人多车多的街上行驶，也算是很不错的了。经过一段时间的历练，对车子的性能和驾驶要领都掌握了，心态也适应了，就自然能操作自如了。

趁韦静练着车子，我们就跟着她的车子，到新兴重型机械交易城看了一下阿源租的门面，里面都是挖掘机、大卡车等重型机械，所处的位置还可以。下去的事就看他们如何运作了。应当是有所作为吧。

2011年10月4日凌晨1点34分

天气已觉阴冷，昨晚（3日）早早出去摆摊，生意冷淡，刚凌晨1点就收摊了。

2011年10月6日，星期四

连续下了几天的雨，没有办法做生意。今天得以安心的写作。

昨天去参加了朋友女儿的婚礼，又见到老家三都那些儿时伙伴们，个个都老了，变得都认不出谁是谁了。明天又要去拉堡喝日培女儿的喜酒，接着后天还要去拉堡喝百见老表的娶媳妇的喜酒，这个月的好日子真多，年轻人都找这个月结婚。这个月的生意所得，恐怕都得用在这些人情往来上了。

2011年10月7日，星期五

今天终于晴了，晚上又可以出去做生意了，几天来因雨没有生意做还总是坐卧不安的。还要应付那么多的人情往来，

2011年10月11日，星期二

晴。几天没有写日记了，几天来的生意也不怎么好，所以白天也不用做什么事情。从5日起连续喝了几场喜酒，8日的姑表娶媳妇喜宴就由老伴去了。老伴喝完喜酒，在拉堡街上意外的遇上了韦佩明，结果也没有获得什么好消息，只是得了一盒强肾膏药。被孩子们调侃说是"这盒膏药花了20万元。"老伴说，那又能怎样呢？看到她那副样子，还能怎样说她呢？我们总是这样的善良，姑且是修阴功吧。

2011年10月14日，星期五

晴。昨晚韦露给我们俩老各人300元钱，说小谢给我们的重阳节的礼金。天气有点凉，就调侃说是有钱了不用出去做生意了，偷懒一个晚上。晚上不用出去做生意本来就可以好好休息一下，早一点睡觉，但却不习惯，反倒半夜醒来看书，觉着头昏。早早起来就做了点生意上的事。

昨晚业委主任来电话说小区官司的事，高院通知要调解，事已至此，还有什么调解可言？这也就考验中国的法律的公正了。等着看吧。

2011年10月16日，星期日

晴。昨晚上的生意虽然不是很好，但也挨到3点才回得来。今早一早起来要做些生意上的事情。

近来记日记，都是记些日常琐事及生意上的事，主要是为了备忘吧，这对将来的写作或许有所帮助。一方面也是觉得没有什么可记的，这是对生活认识不足，其实该记的东西很多，比如每月必看的《炎黄春秋》里有很多知识性的东西，读后都有着不同的感受，都应

当记下来的。这几天看的奚青的"骨头如故作铜声：读李锐'流放'日记"即很有感触，李锐的日记中所记大多与毛泽东有关，但在当时的语境中，由于没有言论自由，且个人崇拜甚嚣尘上，顾虑颇多，就是在个人的日记中也不敢直呼其名，而仅能以"公"代之。可见当时政治环境的恶劣。对人的思想禁锢的严厉程度和对人权的专制的残酷可见一番。

2011年10月17日，星期一

晴。昨晚买的韭菜多了一点，老伴提出包饺子吃，所以今天就叫韦静备了料，包起了饺子。同时也还做了一点生意上的事情，串了一点羊肉串。到中午就完成了，上香港中文大学研究网的民间历史浏览一下，看了一篇"坏人的死"，作者记述的是文革中的"红八月"的滥杀无辜。颇有感触，待我的书写完也向这个网上投稿，相信会有共鸣。

晚上韦露也出去帮我做生意，我对她说今晚生意不忙，不用来帮的。她说老妈需要的是精神援助，而不是劳力的援助。就姑且给她来陪陪我们聊天吧。

2011年10月18日，星期二

晴。韦静她们的办事处今天开业，忙了生意上的事，就帮她杀了鸡。时下做生意开业都兴做点仪式，图个吉利。

想写点书，但是时间不多，没灵感，写不出来就停了。晚上的生意一时间还有点忙，但还是能按时收摊。

2011年10月26日，星期三

阴。为了小区的事情，已经快十天没有写记事了，主要在QQ上记事，便于使用QQ邮箱起草文件和发送文件。昨天总算把该做的事做完了。本来也不想理那么多事，但是，又实在丢不开，只好勉为其难了。

2011年10月28日，星期五

阴雨。做生意的地盘生生被人占去了，心中不忿，知道的人都说，这是被人欺负了，应该针锋相对，但我们认为为此不必大动干戈，且看事态发展情况怎样再说。遇事本着像在苏州寒山寺里的寒山与拾得对答那样，让我冷静下来细细思考，这人为何三番两次的要来和我争这个街边的地盘？莫不是他也为生活所逼，想来此找碗饭吃？若真是如此，且就忍他让他，看他想占着这里作何营生？彼此同病相怜吧，何必因此而惹出事端。若是他并非为了谋生，而只是为了阻止我在这里摆摊，则显他心地狭隘，且就看他能玩出多少招数花样来，恶有恶报，善有善报，人在做天在看，总会有个天理报应的结果。

2011年11月1日，星期二

晴。昨天刚从金城江喝喜酒回来，今天没有什么事，起来就想上网。

晚上生意照做，两点收摊。那天来抢我们摊位的人见我们几天没来和他争抢，可能以为是我们放弃了，趁我去金城江喝喜酒时，他也就不来了。我们便知道，此人意不在做生意，而是想法子阻止我们在这里做生意。

2011年11月2日，星期三

晴。今天有事要做，但又惦记着与朋友网上一会，早早就起来了。凌晨他在网上，而我还在外面做生意，始终遇不上，很是遗憾，下午再抽点时间上来试试吧。晚上生意还不错，且能按时收摊。

2011年11月3日，星期四

晴。今天没有生意上的事，起来就上网，继续写作。正致力于完成上半部的收尾，还有两章吧。下半部将是改革开放后的生活经历，有过成功，但却是以失败而告终。人已老，青春不再了，唯剩下一些困惑和思考。写起来还需要相当的时间，按原来的进度一时半会儿很难完成。所以决定按潇的建议,暂搁下整体计划,先着手整理"地下经济"话题。其实上半部的后面部分都已经着重围绕着"野马"和"投机倒把"写的,不过就是不够专题。整理一下,补充一些相关材料,力求内容更加丰富真实,再系统的作一下时间上的调整。

2011年11月6日,星期日

晴。一早起来就上网,继续原来的写作,没写多少,心情不怎么好,就不写了,还有一点生意上的事要做。

昨晚上大嫂来电话说大哥突然犯病住院。但已好转,嘱我们不必担心,只是不能来喝诗霜的喜酒了。

大哥今年已是78-79岁了吧?大姐那年是79岁去世的吧?还真想去南宁看看大哥,这般年纪了,看一眼是一眼了,不能留下遗憾来。还在的时候不懂得珍惜,当亲人们一个个离去后,再后悔就来不及了。现在在世的还有四个姐妹兄弟,尽量体会手足亲情,给孩子们做出珍惜亲情的典范。

2011年11月8日,星期二

阴。昨天为诗霜的婚事忙了一天,今天下午还要操持她的婚宴,我们全家人都动员起来了。这一切都是为我那已经郁郁而终的苦命二哥尽一份手足情分。二哥四十多岁才娶了二嫂,且毕生都在贫困中挣扎,靠着兄弟姐妹资助,抚养着四个子女。总算如愿,能将大儿子送进广西医科大学,实现了他一生追求而未能达到的愿望。但在孩子们正准备踏入社会,自食其力和孝敬父母时,他却未能等到这喜庆日子的到来,于五年前抱病而终。毕生未能享受一点儿女的孝心。我可怜二哥,但也为自己无力给二哥生前多一点帮助而深感自责。为侄子们操持婚事,尽长辈之责,权作抚慰二哥在天之灵吧!"

2011年11月9日,星期三

阴。今天也没有什么事情做,起来就把本单元的水费算了出来,公示出去。接着又为业委会把审计报告公示的前言和解读意见拟好，发给他们，由她们去最后定夺。

昨天叫韦炫到三都卫生院小梁那里得了《成团沧桑》大致看了一通，基本都是那些当年经历者的回忆，但其中也看出来他们对于自己或同志所遭受的不公表示了不满，他们对当初推行的"阶级斗争政策"却只是以犹抱瑟琶半遮面的形式，不敢直接的提出批评。作为这个国家制度的创立者之一分子，为维护他们当初的理想和追求，他们还是能容忍一些对他们个人的不公，特别是他们本人也未亲身受到过迫害，只能说是对他们曾经与之共同浴血过的同志所受到的不公表示了同情而已。像熊柳生母子一家人及其叔父，如果在世，他们该作何感想？他们为之奋斗的结果是被自己所维护的党，和自己参与建立起来的制度所扼杀。是可悲？可叹？还是懊悔？

2011年11月11日，星期五

晴。起来就上网写作，想早一点结束上半部分，开始下一部分，到下午三点才停笔。

2011年11月12日，星期六

晴。今天起来就上网写作，到了最后的部分，进度不快，静不下心来，不知如何写好。写作这东西，很多时候是在写作过程中才产生灵感的。现在已经有了结尾的大概模式了。明天应当可以写完，只要是没有其他事的干扰。

晚上因为颈脖痛，没有出去做生意。

2011年11月15日，星期二

晴。忙了几天，没有写日记了。

今天早上起早，送小外孙上幻儿园回来，边吃早餐边上网。

2011年11月16日，星期三

晴。昨天晚上没有出去做生意，老伴说太累了，其实她是可怜我昨天没有休息好，前天晚上四点才休息，早上六点半就起来送幼儿园，下午又送韦炫到拉堡找忠敏看脚，回来后又直接到幼儿园接小外孙。人老了，没睡好确实对身体是很不利的。休息就休息吧，没必要太累了，还是珍惜一下生命，要不人活着的意义就不知道是为什么了。

今天韦炫的同事来探视韦炫的脚伤，简单的弄了一餐便饭招待他们。算是答谢人家一片友情吧。

2011年11月17日，星期四

晴。早上起来就做事，做完事已是二点多了，本想写点东西，但觉得精神上有点疲累，写不下去，只好停下来，勉强写是写不好的，就顺其自然吧。

昨晚收摊时在小区里捡得一本车子的行驶证，却是12栋一单元402号熊家的。是熟人，早上就打电话给老四叫他们来要了去。免得他们白慌一场。

2011年11月18日，星期五

晴。平头对中共党内斗争的研究确实广泛而透彻，一语道出了我对这些长期存疑于心，而又不得其解的问题的实质性答案——"十六字方针"。纵观党内斗争历史，其斗争的残酷性不亚于与国民党之间的党派之争。不亚于他们所崇尚的阶级斗争。由此也曾让我感觉到：人类社会中的阶级矛盾就真的是社会发展进程中不可调和的根本矛盾吗？这个矛盾就非得通过你死我活的暴力革命手段，直至将对方从肉体上消灭了，才能达到社会的进步？而阶级是以财富的多少作为标准来划分，是科学的方法吗？相比之下，国民党的反对阶级斗争相对而言就较为人性化了。在国民党内部的高官中，并不以财富的多少来作为个人晋升贬谪的标准，出自黄埔系的许多高级将领，并不都是出身豪富之家。相对的，共产党的许多著名人物，包括毛泽东本人，以及刘少奇、周恩来等共产党的许多创始人在内的高层人物，反倒都是出自富有家庭。

由此可以说明，人的思想不是以贫富、阶级而论的。"阶级斗争"不过是政治斗争的策略和工具，用以挑起多数穷人对少数富人的仇恨，在党派间的斗争中，作为争取笼络社会力量支持的手段。他们把自己等同于历史上朱元璋之类的农民起义，当他们通过革命获得政权后，要考虑的就是如何坐天下的问题，如何的维护集团利益的问题。当权者也就难以脱离如何维护个人的权威问题，因而他们也就难以摒弃那些如秦始皇、刘邦，朱元璋等那一套政治权谋的再度重演了。尤其是毛对那些封建历史的研究尤为透彻，领会深刻，运用自如。而党内同志深受其害，很大程度上也是由于他们自身的封建愚忠思想作祟，自己把毛捧上至高无上的地位，甘愿作追随其后的臣民，以维护自己既得的利益，最终自食恶果。毛把"阶级斗争"运用到党内斗争中来，掩盖其争权夺利的封建实质，震慑党内党外的反对力量，以达到维护个人终生权力的正统性。

我为那些长期以来，在历次运动中受到迫害的，并出身于当时的所谓的地主、资本家家庭的革命者感到不忿。我也对他们参加革命的动机心存不解。他们背叛家庭（这是后来讲的，或许他们刚开始并没有认为自己的家庭应当背叛，而只是利用自己现有的财力物力和社会条件，来实现自己的政治抱负）参加革命的目的为了国家民族？还是为了如历史上的农民起义一样，为了个人的前途，为了能从革命的胜利中分一杯羹，而不惜抛却财产甚至身家性命？事实证明，当初他们正值青春年少，血气方刚，满怀着一腔为国为民的热忱，参加到这场革命当中来，但是当革命胜利后，他们却被排斥于革命的阵营之外，其最符合逻辑的理由就是他们参加革命的动机不纯。为此能让多少这样的革命者为之喷血，并且自己怀疑自己的参加革命的初始动机。

我无缘与熊柳生之类革命前辈当面沟通。我只想追求历史的真相。但是，如果没有他们自己相关的，能客观反映他们真实思想的回忆录和自传。那么，这一切也许就只能成为永久的谜了。

2011年11月19日，星期六

晴。所谓"十六字方针"是我所知道的文史材料中闻所未闻的，包括那些满腔热忱为革命奋斗一生的熊柳生先辈们，直至他们含冤去世时也无法知道，为什么他们舍弃身家性命为之浴血奋斗的革命，最后却将他们弃之如敝履的根源竟是出自这"十六字方针"。当那些如今尚健在的地下党的革命者知道这"十六字方针"的出处和根源，当做何感想。或许他们会感慨：这是他们自己亲手造就的专制体制结出的恶果。

我从《炎黄春秋》中对北欧的民主社会主义体制有所了解。我很乐意接受《炎黄春秋》所倡导的政治体制改革及其政治取向。所以我已连续两年订阅了这份杂志，其每期每篇文章都是我必读的功课。该杂志的编导、作者都能实事求是，直言不讳自己的观点和主张。这是难能可贵的。且也有许多鲜为人知的历史真相不时披露于其间。读《炎黄春秋》获益匪浅。

2011年11月20日，星期日

晴。在QQ上与"潇"聊及相关地下党的史实，多有感悟，作如是回复：

与先生的交流，犹如拨云见日，感觉到从未有过的爽快。过去，虽身处泛泛人潮之中，不时也会因对某些社会现象的不惑而于市井凡尘、街头巷尾，观、听并参与坊间评述，都是些近乎牢骚怨怼之词，没有实质的内容，落于谩骂与宣泄，之后也就不甚了了。至于触及高层内幕政治权谋的绝密历史，岂是我等平民百姓所能企及？由此可见，社会的公开、公平、公正，对于百姓何其重要！争取中国百姓的政治民主和自由，任重而道远。当下唯企望于当政者的开明改革。对苏联的戈尔巴乔夫这样堪称雄才大略者，目前在中国尚多有争议。不知当下主流意识作何立场？我只是在《炎黄春秋》中2011年第七期中王铁群先生的"戈尔巴乔夫与苏联解体"一文中看到有了正面的表述。文中引用了戈尔巴乔夫2008年3月接受美国《时代》周刊记者专访时说的一句话："民调显示，越来越多的人开始赞赏我为俄罗斯所做的一切。"从集团利益的角度，戈氏当属苏共集团利益的叛卖者。从社会、国家、百姓的角度，他的历史功绩将永载史册。然而，百姓们又如何理解社会、国家、政党、人民之间的关系和利益以何为先呢？正如我之对"普世价值"的一知半解，朦胧感悟之心理状态。

我们这一代人，所受的教育，正如我日志中第八章"阶级斗争的童牛角马"所述。我们的童年、少年、青年，所受的教化和灌输，无不是是非颠倒的童牛角马充盈其间。所幸中年伊始，时逢邓小平的改革开放后，想说话的中国人才能有了发发牢骚的机会，然而，由于对毛时代专制血腥的余悸未消，也仅能是犹抱瑟琶半遮面而已。直至老年之时，我等因历经沧桑，早将荣辱生死置之度外，方敢于为民之不平而嚷嚷于市，权作不甘于让那消逝于疯狂岁月中的青春呐喊伸张罢了。然而，长期的贱民处境，许多史实仅以道听途说为来源，与人之交流也就不失泛泛之语，惭愧之至。但仅此能于市井嚷嚷，也不失为社会进步吧！聊感欣慰！我与先生之能如是交流，就算是这一进步的表现吧。民主和自由在于中国而言，尚属启蒙阶段。但令人痛心的是，由于国人已经习惯于长期的专制，一切向钱看似乎成了社会道德的规范。"居庙堂之高则忧其民，处江湖之远则忧其君"的思想境界，反倒成为讥讽愚蠢的代用术语。不免生发"今人不如古人之忧国忧民"之感慨。

2011年11月23日，星期三

晴。昨晚没有出去做生意，一夜之间，我们的摊位就让人给生生霸去了。这人还真不是善罢甘休之辈，他是仗着他财大气粗，要和我们扛到底的了。看来我们的生意可能也就到此而止了。但又不甘于让人就这么欺负了，试图从网上给官方一点压力，看这事还有没有人能管得了。

十月份的创城活动，由于城管们的日夜辛劳，坚守岗位，路边的流动摊贩们在生活无着的境况之下,也能相互理解和配合,在此期间曾经也给上级检查组留下了"山清水秀地干净"的好印象。给市民们的生活出行也实际上营造了便利。这是城管部门的管理有方,同时也不可否认小贩们自我牺牲、顾全大局的精神。结果皆大欢喜！然而,好景不长,创城的十月刚过不了几天,在航惠路上（柳州市知名的粥街）一个小区大门一侧,唯一一段不足 10 米没有商业铺面的人行道上,就堂而皇之矗立着一排钢架结构的亭子。早先其已经在这里待了十年的书报亭,可以想见是经过了相关主管部门批准的,否则也不会长长十年而安然无恙,稳于泰山。只是这次的创城活动是市政府下大决心不达目标不罢休的措施。这报亭业主也还是识大局,给城管足够的面子,积极配合,将亭子整个的搬进富华苑大门里去了。待运动刚过,这报亭也就原样,泰然处之了。对报亭的恢复,当地居民无可奈何地接受了,大家心中明白：没有过硬的来头、靠山,他不可能在长达十年的时间里在这里安如泰山。无独有偶,在报亭恢复不几天之后的一夜之间,一座构造更为规范、设施更为齐备的"避风塘饮品店"竟毫无顾忌、浩气凛然地矗立在这段人行道的另一端。

　　人们愤怒之余,也还寄希望于政府主管部门,寄希望于法制规章,除了向有关部门打 12345 投诉外,同时也看到柳南城管已经在违章建筑物上贴出了"整改通知"。善良的人们相信：市政府极力所要实现的创城目标,不会就这么一阵风就过了,纵使这当事人有再大再过硬的后台,再大的胆量,他也不会在这当口儿顶风作案吧？不是还有城管吗？今非昔比,现如今的民主意识可不是过去那当官的吼一声就唯恐避之不及的年代了,之所以没有采取过激的方式直接去找当事人论理,是考虑到在论理当中,当事人会大义凛然的说是我办了手续了,你管得着吗？是的,是应当由该管的人去管吧。惯于逆来顺受的人们万万没有料到,在城管发出通知后不久,这饮品店竟堂而皇之的开业了,事实让人们瞠目结舌。这"违章建筑"的"亭子们"的后台果然不是等闲之辈。他们一定是通过相关部门的批准或默许,并且是办过相关手续了的。人们无可奈何之下感到困惑不解的是：有这样的法规规定吗？谁有这个权利？还有可以管得了的,且应当管这种事的部门吗？人们只好再忍！事实证明，忍耐不会让正义得到伸张，而只能助长歪风的肆行无忌。在"避风塘饮品店"开张不出半月，于今天凌晨，在这段人行道上剩下的几米空间里，又于一夜之间平地兀立起两座相同格式构造的亭子来。这就让人们忍无可忍了。人们不禁要问：如此明目张胆的违法行为，是哪个部门批准的？谁有这么大的权利？政府还有人能管得了吗？

这样的行为严重违反了城市道路交通法规，严重违反了城市建设的相关法规，严重损害了城市文明形象，无视城市管理法规的尊严，公然挑战法律的权威。这样的行为严重损害了广大市民的通行权，首当其冲深受其害的是本小区的居民。在创城运动之前，这一段人行道处在该小区通透式围栏外，是唯一向外界展示小区景观魅力的窗口。也是小区居民外出的唯一安全通道。平日里一些流动的水果摊出于谋生需要，在道边摆些水果摊做生意，毕竟还留有人行道让人们便于通行，让人还有一点安全感。出于相互理解和宽容，在城管来时他们还可以配合管理，随时让道。如今，在这段人行道上一式排开了四座永久性的门面商铺，24小时的无时限的占满了整个的人行道，这一点有限的城市公共用地就成了他们个人的永久性领地。剥夺了居民的通行权。如果这样明目张胆的行为得到政府部门的容许，就简直不可思议了。如果这样的行为得到允许，首先应当是该小区更有权利把属于本小区的这一段围栏拆除，建成商业铺面，来安置本小区失业居民的工作，为政府减轻一下就业压力？

城市管理不能搞双重标准，助长特权腐败。政府主管部门对这种明目张胆的违法行为如果采取放纵的态度，那么，我们之前的创城"运动"（只能称之为"运动"）就只能让人们理解为是当政者为了彰显政绩的手段和策略。这样的手段无异如欺下瞒上的沽名钓誉而已。但愿这样的结论是笔者的臆想和猜测。老百姓拭目以待。

2011年11月24日，星期四

晴。为业委会拟了一份给柳州市政府效能办的投诉意见如下：

在航惠路富华苑小区大门左侧，小区临街围栏外的人行道上，创城刚过不到一个月的时间，无所顾忌的摆上了五座钢架结构的商铺亭子，把这节人行道占得满满的。把富华苑小区临街的铁艺栏槛完全封死得像一座监狱一样，把小区居民和过往行人的唯一人行通道堵得死死的。这到底是什么人如此肆无忌惮？连柳南城管都拿他没有办法？

本小区业主们不禁质疑：这样公然的违法行为柳南城管为什么不管？或者是为什么管不了？这里面是否存在特权因素？或者是否存在权钱交易的腐败内幕？

请政府体念一下老百姓的生存状态：这个粥街整条街都是临街商铺，唯有富华苑这一节是没有商铺的人行道，给五个违章构筑物堵满了整个人行道，小区居民和过往行人只有和车子挤着抢路而过。这是个什么样的心情？

作为富华苑业主委员会，代表着业主们的利益向政府呼嚧：给我们留一点路走吧！为此，我们请求政府责成主管部门彻底解决这一涉及民生民怨的现实问题。彻底清除这人行道上的违章物。

面对如此目无法纪的狂妄行为，请看群众是如何议论的：如果是哪个主管部门为这些违法的行为办了什么许可证，这许可证本身都是违法的，城管应当是知法的，为什么竟能放纵这种行为呢？这无疑是城管部门和办证机关共同知法违法，官官相护，权权交易的腐败行为。为此我们要求市政府对这一事件进行彻底调查，给市民们一个令人信服的解释。

2011年11月25日，星期五

晴。摆摊的地方给人霸占去了，也就没有做生意的地方了。

为摊位被人占去而心中不快，在网上发了议论，昨天又以业委会的名义拟了一份投诉信，上午通过邮箱发给市效能办行政执法投诉中心。看能否有效果？

做完这些事后，心中方宽松些许。就继续停了很长时间的写作。

2011年11月26日，星期六

晴。几天没做生意了反倒觉得有点不适应了。早上起来，出去转一小圈，想找个能做生意的口子。四栋下面有一门面转让，但不给做吃的。再者门口与人行道落差太大，也不方便。

回来就写点东西，情绪差不多能调整过来了。

2011年11月29日，星期二

晴。没有了做生意的地方而诸多烦恼，耿耿于怀，在孩子们的劝慰下，暂且放宽心态。今天起来就继续之前的写作。

在网上暴出的抢占我们生意地盘的事，好像开始有点反应了，报社正准备将此事见报。我相信这事会有个结果的。

2011年12月1日，星期四

阴雨。从昨天晚上开始天就冷了，今天还下起了雨。

摆摊的地方给人家占去，生意也不知道要停到什么时候，看来，我的养老规划是没有办法实现了，只能和老伴两个人吃老伴一个人的养老金养老。

2011年12月7日，星期三

晴。没有生意做，心情不好，一个礼拜没写日志了，4日跟小婿的车子去南宁探视大哥大嫂。昨晚回到家。

在南宁恰与水洞村的余海关联系上，她是老伴的同村姐妹，年轻时的朋友，在大队当过文书，帮过我们。快二十年没见了，她女儿在南宁，刚生下一儿子，就去拜访探视了一下，她那里条件不是很好。但她的生活还蛮丰富，人变得年轻了些，跟她喜欢于去跳舞有关吧。

2011年12月10日，星期六

阴。晚上参加了业委会的会议，讨论有关选聘物业公司的工作。

又不得不为业委会做点工作，不然怎么办，小区管不好也会影响我们自己的生活。回来后连夜起草了通告。今晚月全食，开会回来时看到了。月亮就还剩下一弯月牙。

2011年12月12日，星期一

阴。已经20天没做生意了。人家建的钢架棚屋依然屹立在人行道上，城管也没有什么措施，可见这执法也是做做样子而已。论坛上这几天议论的也不热烈了，好像网站已经把图片都撤下了。想慢慢淡化而后不了了之。

2011年12月15日，星期四

晴。这个月又过了半个月了，上个月的23日摊位被人占去，至今快一个月了，在网上、晚报、今报上都热闹了一阵子，现在都开始冷下来了，但那些违章的棚子仍然矗立在那里，岿然不动。执法部门对这类事件就这么难处理吗？如果不是有意的拖沓，早应该清除了。

昨天业委小叶来电话说中院通知，今天上午在中院开庭宣判小区的财产侵权案。要求我们去听听。去就去吧。所以一早起来，就等他们来电话就走。要去看看这法律到底是什么样子？

和老卢在中院外面等到11点半，何律师也来了，就一起进里面去，到第六法庭等了一会儿，高院的人也来到了。其实今天不是来宣判，而是来与我们作判前的最后沟通，等于是和我们打个招呼。高院对这个案子的意思是把四个被告与作为业委会主任和副主任的另两个被告区别开来，内外有别，意思是该四被告有聘书证明其存在劳动关系，所得可视为劳动报酬，而另两被告是业委成员，没有经业主大会批准是不能领取报酬的。[2] 这样的认定忽视了四被告是作为业委

---

2 四被告是业委会委员，担任了业委会具体职务，该业委会是以虚假材料，骗取主管部门的备案而成立的。他们利用职务之便自己给自己发工资，在被起诉后给自己补发了聘书，欺骗法庭。四被告之一原是某地区检察院办公室主任退休。利用此关系向自治区高院对中院的终审判决提出抗诉。这样一个案件的如此结局，是经不起真正法律的检验的。

会委员的身份，案发后补办的聘书，但却被高院采信为证据。把责任推给了业委会主任，而保住了四被告的既得利益。造成业主财产的损失。给业主们留下了一个永远也扯不清楚的矛盾。

原来我们所坚持的观点是案发后制作的聘书是无效的，但却被高院所采信。采用了无视法律原则的调和办法结案。其中的要害是，那四个被告其中一个是某地区检察院办公室主任退休人员，他自然有检察系统过硬的关系，不然这样的终审判决竟然能由自治区高检提起抗诉，换着别人能吗？这显然是杀鸡用了牛刀，小题大做了。法律毕竟斗不过权力。

2011年12月18日，星期日

阴。久闲无事，总待在家中，上网写作就成为一种消磨时间的办法。总在电脑上用神，对眼睛的影响还是很严重的，把眼睛都搞花了。昨天大女也没有什么正事，就偷闲开车带我们俩老及小外孙去参观园博园。自己有车就是方便，因为没有吃过中饭，就先赶到雒容吃了中饭才返回园博园。1998年我们到昆明参观的是世博园，那是国际性的园林艺术博览会，是展示世界各国的园林艺术为主题，而我们这是广西自己的园博会，展示的主题是广西各地市的园林艺术，但也有几个外国的展区，总的规格和水平都比昆明世博园明显低些。但在我们柳州有这么一个规模的园博园，也算不错的，这里将来会成为人们休闲消遣的好去处。也算是为后代子孙做了一件有意义的事情吧。

有条件多出去玩玩还是有好处的，至少可以把一些烦心事都忘在一边了。给自己爱管闲事的头脑一点休息的时间。少一点烦恼，多一点开心。

2011年12月19日，星期一

阴。朝鲜领导人金正日17日去世了，今天才从媒体上得到消息。与其他国家不同的是，金正日的去世和毛泽东的去世一样，总不能及时的公开出来，为什么别的国家都能及时的公开呢？这其中的政治因素太多了。可以想见,当下朝鲜人民也会是和中国当初毛泽东去世的中国人一样,说不清的悲喜交集,哀乐莫名。金正日的过世,对于金正日后时代的走向尽管还处于人们的猜测之中,但他的去世,至少对朝鲜人民来说是有了希望,有希望总比绝望要好。这一点我们是深有体验的。

2011年12月24日,星期六

晴。一大早就起来了,今天要回三都老家赴老美的新居喜宴。与三都街上的同代人历来关系还不错,这份情谊还忘不了。三都也曾经有过自己的梦想,在那块土地上我们毕竟曾经洒过血拼过命,有着特殊的感情。母亲与二哥也已经以三都为长眠之地了,三都在心中第二故乡的地位是改变不了的。

回三都喝喜酒,见着儿时的小弟兄们,他们都是比我小的一代人,现在也都差不多个个两鬓斑白的了,不禁感慨岁月如梭。

2011年12月25日,星期日

晴。今天起来没有什么事,就一直继续写作,把原来完成的书重新修改一下。原来写的再重复地看,每一次重读,都会看出些问题来,尽量精益求精吧。

2011年12月26日,星期一

晴。一个多月没有生意做,只能吃老本了,不得不到银行领老伴的养老金来用了。

2011年12月28日,星期三

阴。昨晚韦炫的同事来家探视,体现了集体的关怀。

今天在电脑上一天,修改原作。然后又为业委修改了合同草案。已发给朱,也同时发给了罩。

2011 年 12 月 29 日，星期四

阴雨。今天特别冷。早上起来就和安福物业公司在 QQ 上交流了一下关于服务合同的事，然后就着手修改书稿。之前写的东西，当时看不出什么问题，再看时，总还是看出些问题来。准备再核一下就正式投稿。还没有和出版商联系过呢。

今天天气阴冷。下午媳妇身体感觉不适，晚饭前韦炫就和韦静去车行把车子要回来，以备急需。晚饭后韦炫韦莉两口子就到医院去了，到妇幼检查后即转人民医院，23 点时来电话说是进手术室，23 点 14 分就来电话说是已经生了一双孙女。原来总盼着是一对龙凤胎，但是世事总是难尽人意，遗憾美中不足。不过人心总要知足，能有一对双胞胎姊妹，总比独生子女强吧，值得高兴！

2011 年 12 月 30 日，星期五

阴。早早起来上市场买鸡，为刚生产的媳妇熬鸡汤，送到人民医院并看望刚出世的双胞胎孙女。医院的制度不好，看望新生儿要排很久的队，还不能近距离地看。且两个孙女才能看到一个，总显得神神秘秘的，这样的管理办法，如果院方弄错了孩子，家里父母都无法知道。

晚上业委开会，统计选聘物业公司的票数，达到了 300 多的同意，安福公司获选受聘。并即时讨论了合同，取得一致意见，问题算是解决了。终致小区管理没有脱节。可喜可贺。

2012 年元月 1 日，星期日

阴。2011 年就这样过去了，回想过去的一年，有喜有忧：喜的是，在新年即将来临之际，家中添了一对双胞胎孙女，此天伦之乐，亦不失为人生之大喜。忧的是，我的人生已经处于法定退休年龄，家庭以及我个人的养老都需用钱之际，我唯一的经济来源——摆了十年烧烤摊的地方，被有钱有势的强者肆无忌惮的决绝方式，建起一排钢架铺屋，全部占去了，就此而断掉了我赖以生存养老的财路。我安度晚年的规划和梦想破灭了。

　　"烧烤日记"是我一生为生活而与命运抗争的最后记录。在其后的岁月里，我已经安于现状，不再为生活而挣扎了。我和老伴一起，两个老人依靠领取老伴一个人的养老金（千余元/月）维持晚年生活。

后　记

一

　　行文至此，总算完成了我这一部回忆录的写作，不禁让我油然生出一股告别的感慨。但是，我脑子里却是一片空白，我不知道我要告别什么？告别青春？我的青春早已远去。告别我一生的事业？我没有什么值得留恋的事业，我曾经为之奋斗过的事业都失败了。连我最后赖以生存的一个夜市烧烤的路边摊生意，也因失去了摆摊的地方而黯然收摊停业，在市面上永远消失了。期以改变我悲惨命运的希望，都一个一个的破灭了。我告别了我一生的奋斗，停止了挣扎，无可奈何地接受了命运的安排。我唯一还能做的，就是把我一生所经历过的酸甜苦辣，回忆并且记录下来，以期弥补一些正史所无法企及的，一个社会底层人的民间信史。

　　回想我的一生，从呱呱坠地到青年时代所经历的岁月，我把它称之为"疯狂岁月"。这与大部分人所认同的"疯狂岁月"，在时间跨度上存在一些差异。人们通常所称的"疯狂岁月"，指的只是文革历史的十年。而我所指的则是包括从共和国的建立，到文革十七年的全部年代。因为在文革前的那些年代里，阶级斗争和经济建设的大跃进年代，事实上一直都处在一种全民疯狂的精神状态之中。在那段疯狂的历史中，同样存在着许多值得我们深刻反思的荒谬和错误，而并不是我们所被灌输的"一贯正确"。但是，由于我们没有及时地得到反思，放任荒谬成为真理，而使之达到了登峰造极的程度——相信这并不是我一个人的感受。中共十一届三中全会和十一届六中全会的决议，就是对我的这一感受的认同。否则，其后所有的改革都将是无的放矢。

　　随着那疯狂岁月的逝去，我们这些与共和国同龄的一代人的青春年华，也随之被消磨殆尽了。尤其在广西，在中共中央着手处理广西文革遗留问题的工作结束时，中华人民共和国也正好走过她35个年头的青春岁月。35年的美好年华，都让一次次的政治运动给蹉跎和浪费了。我个人的命运，更是与共和国这35年的历史分不开。我不但受尽了饥饿与贫穷的煎熬。也由于我的出身，而遭受的非人的歧视，则是我最难以承受的磨难。它毁掉了我全部的童真乐趣。我和我的家人不得不忍气吞声，俯首低眉的承受着"千夫"所指，像畜牲一样屈辱的苟且偷生。在那30多年里，我所追求的不仅仅是物质生活，而我所迫切需要的是作为人生存的基本权利。为了生存，我曾经作出过无奈的抗争——到处流浪、做野马工、做投机倒把生意……。我的青春年华都在挣扎中被消磨掉了。前30多年的苦难生涯，已经成为过去。这后30多年让我感觉到，我终于获得了作为人的基本权利，让我感到满足（从苦难中挣扎过来的人都容易满足）。而当我的人生已经步入老年的时候，我却不得不继续为生活而挣扎，直到和我同龄的一代人都已退休，依法享受着退休福利的时候，我却依然还要为我的晚年生活而挣扎。

二

早在1997年冬天，一家人漂泊在珠海，无所事事的时候，我就已经着手开始了这个写作计划。但那时孩子们还小，还未能自食其力，生活无法安顿下来，也就静不下心来写作。再者当时我还没有条件接触到电脑，而是用纸笔书写，效率很低。为此，我让大女儿去学电脑。之后举家从珠海回迁柳州，生活仍属漂泊不定，为了一家人的生存，不得不中途辍笔。一直到2008年，我终于自己有了电脑，并在大女儿的指导下，在电脑上摸索着拼凑出些文字来的时候，在疲于为生活而日夜操劳的间隙，我又开始把那些过去了的往事，一截一截的拼凑连缀起来。由于自己粗浅的文学功底，我总在心里揣度着，我的这些文字，能否让孩子们读懂我内心的酸楚？（我写作此书原本只是为了留给我的孩子们看的，没有想过要出版）书中没有杜撰，没有隐讳。只是因为我所有的经历，并不止于书中所述。而是因为时间的久远，以及我的写作水平所限，还有许多我所经历过的故事，难以一一呈现在这有限的篇幅中。

我记录在这本书里的一桩桩往事，让人觉得书中罗列的，是太多的苦难。我也曾力图从我所有的记忆中，找到多一点美好，但我无法拼凑出，能让我自己认为可以自圆其说的，让我留恋而不能忘怀的美好故事来。在我前半生的经历中，能够回忆起来的，只有这些苦难，而这些苦难又都是人为造成的。我只能如实地把他们记录下来。

当我完成了《挣扎与奋斗——一个地主崽的一生》的回忆和写作时，我已经步入古稀之年。在对往事的回忆和写作过程中，我犹如又再一次经历了那曾经的苦难。我击打着电脑键盘的双手颤抖着，在电脑的荧屏上，幻化成一个个滴血的文字，进而一幕幕地还原了，那些已经成为过去了的一段段往事。我为我自己，也为我们那一代人的悲惨经历而伤痛哀怜。同时也为孩子们对我们过去的经历，所表现出的无知和冷漠而感到悲哀。他们不了解我们这一代人过去的经历。但是最令人悲哀的，莫过于他们不愿意了解我们的过去。而我们却在苦苦地追寻过去，为的是不想让他们再重复我们的过去。

作者
2021 年 9 月 1 日
柳州家中

附录一　屯马屯地理区划沿革考

屯马屯现行区划，归属柳州市柳江区土博镇四案村屯马屯。历史沿革考：屯马立屯时，属马平县。到清世宗雍正十二年（1734年）马平县分设三都、穿山两巡检署，屯马归属三都巡检署辖。至清乾隆二十九年（1764年）马平县除城池外，另外分设在厢、在乡两处。在乡共分六个都，三都（今三都镇）。屯马归属三都所辖。都下设里，屯马即屯马屯，属里建置，里下设甲。至民国成立，废都设区，三都即三都区，区设民团局，局长即习惯所称之"团总"。至民国20年（1931年）马平县改称柳州县，屯马属柳州县三都区辖。民国26年（1937），始称柳江县，县城在柳州市。至1949年后仍称柳江县。后市县分治，柳江县县城迁拉堡圩。屯马一直属柳江县所辖。

自立屯始，始终称村，直到1980年代以后，以村为基层行政自治单位时，始改称屯，但壮话口语仍以村称不变。

屯马韦氏族源乃来自三都边山村。所以自屯马立屯时始，乃至之后行政设置的不断变更，屯马屯均归属三都所辖。直至1954年前后，屯马曾经有过一次大规模的外迁活动，全村几至半数以上户口外迁，到三都圩定居。经三年大饥荒后的1961年，因三都与土博两地粮税标准的差异，屯马因土地贫瘠，公粮任务难以按三都标准完成，屯马村人在共同商量后，由韦爱书起草报告，主动要求划归公粮征缴任务相对偏低的土博公社四案大队所辖。基于此因，另及政府为应对饥荒而允许个人开荒，三都圩无荒地可开，已迁居三都圩的屯马人，出于度荒计，约有三分之一回迁屯马。当时屯马属三都人民公社三都大队所辖。

至今约有一二十户（未做统计）仍定居三都圩，现在的三都圩，除了原住户（指土改时在三都参加土改的）屯马成为土改后迁居三都圩的，同族同村的外来人口最多的户源地。

关于"屯马"的称谓，据传，屯马先祖在此立屯定居后，因屯马处于宜山、忻城等部分偏远山区往返柳州的通商古道隘口（石门坳、乾土坳）处，成为行商客旅的必经之道上，且村前有一口自然形成的山塘（壮话与"屯"同音），可供商旅歇脚饮马之所，以壮话称谓意为"饮马之塘"，简称发音为"屯马"。此一称谓沿袭是否确实，无史可考，纯系传说。姑作野史记之。"屯马"自古称为屯马，未有过变更。

附录二 三都韦氏族谱屯马支脉图

代序	世系
22（续景岱支系代序）	韦思（居葬于三都拉寨屯排山北麓路边）
23	银铜（初葬于三都龙兴凤凰山，经"凤山惨案"后再葬何地未有史记）
24	志顺（墓葬三都中南村后山）
25	文奎（字帆航，墓葬三都觉山甘洞村前坡）
26	光红（上始祖）、　　光握（下始祖）光诺
27	邦旺　　　　　　　邦烈（其后裔于1741年 迁四寨村九伦屯）
28	国正　　　　　　　国巽
29	福意　　　　　　　（转32页28B）
30	学正　学金　学松　学念　学彩
30	学念　　　　　　　学彩
31	久0　久扬　久贰①　久仁②　久贵　久满　（转22页31）
32	成信　成良　成记
33	裕韦董氏　韦赵③美烈荣　裕韦双氏　元④玉利　韦珍

- 410 -

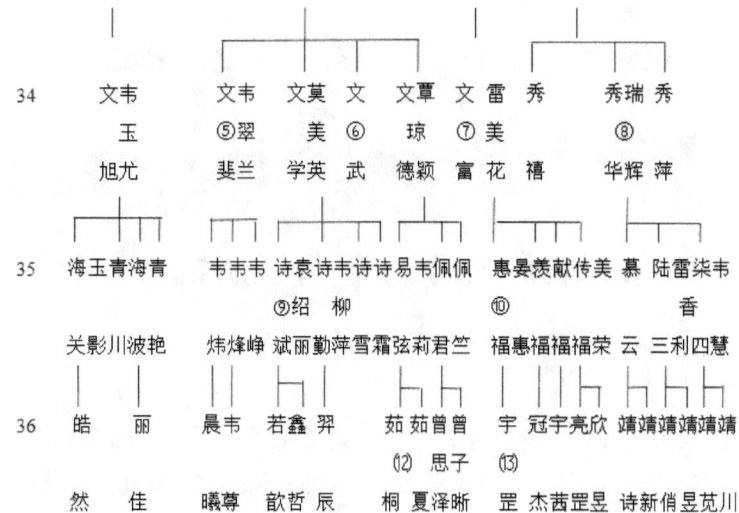

备注：(1) 久贰于 1860 年代到本乡屯岭屯，酒后下塘洗浴不幸溺水而亡。

(2) 久仁于 1920 年代中屯马遭匪患时遇害。

(3) 于 1954 年举家迁居三都街。

(4) 于 1950 年迁居三都街

(5) 1953 年于广西人民革命大学毕业，辗转广西各地工作，1994 年于河池市商贸局退休。

(5) 韦文武（1946 生）于 1968 年 9 月死于广西文革集体屠杀，于 1983 年获平反。

(7) 于柳州师专大学毕业后历任柳江县组织部干事、县委纪委，区级干部资格。

(8) 秀华招瑞辉入赘。

(9) 于广西医科大学毕业。

(10) 于华中理工大学毕业。

(11) 慕云生父韦辉尤（忻城县人）1968 年 9 月死于广西文革集体屠杀，与韦文武等同时罹难，1983 年获平反。

(12) 茹桐、茹夏系孪生姐妹。

(13) 宇罡就读于广西大学。

附录三 《环江毛南族自治县志》摘录

第二十章 "大跃进""十三万斤亩"

"十三万斤亩"

在人民公社化的进程中,环江有过"十三万斤亩"的沉痛教训。

1958年9月间,《人民日报》《广西日报》等国内十多家报刊先后报道了环江县创亩产十三万斤的水稻高产纪录。

亩产十三万斤曾经轰动全国,甚至在国外也有一定的知名度。9月~10月间,全国有22省(区)1163个农业参观团和越南农业考察团来参观考察。这个假高产卫星"升天"后,给环江人民带来了深重的灾难。

产生十三万斤亩的原因是多方面的,主要有两条,一是全国极"左"思想的影响,二是极个别人为自己的目的主观炮制出来的。时任县委第一书记的洪华就是一个首要炮制者。1957年环江县是反右派斗争的重点县,当年全县干部职工共有2441人,共错划右派77人,中右66人,占干部职工总数的5.94%,其中包括县委正、副书记3人,同时还因此而改组了中共环江县委员会,洪华来环江担任第一书记后,加大了反右斗争的宣传力度,极"左"思想严重泛滥,浮夸风极度盛行。1958年6月,广西壮族自治区党委召开一届三次扩大会议贯彻中共八大二次会议精神,会议上提出"广西1958年粮食产量翻一番,总产达到216亿斤"。同年8月,柳州地委为贯彻自治区党委一届三次全会精神,召开了地委扩大会议,各县县委书记和各区区委书记均参加(时环江属柳州专区管辖)。会议提出了柳州专区粮食亩产1500公斤,争取2500公斤,粮食"总产82.5亿公斤,争取137.5亿公斤""力争全区第一,全国第一"的"大跃进"指示。在这次会议上,地委奖发各县上千面红旗,其中,奖给环江96面,最大的有五尺多长。在自治区、专区两次会议精神"鼓舞"下,在"敢想、敢说、敢干""人有多大胆,地有多大产""不怕做不到,只怕想不到;只要能想到,一定能做到"的口号推动下,洪华在全县的大大小小、会议上发誓要放出最高产卫星。他在1958年的三级干部会上,提出了"耕地面积三十万,总产百五亿斤粮,只准超过不减少,保证亩产五万三""誓争全区第一、全国第一、天下第一"。

为了争"天下第一"让环江放出天下最大的高产卫星,根据上级党委的布置,柳州地委第一书记贺亦然还特别关照环江,并为放卫星定了具体做法和基调,他暗示洪华:要千方百计超过湖北,争取全国第一,湖北三万斤亩的卫星是把六亩移到一亩田里去的,全国卫星没有5~10万斤亩恐怕放不出去。贺在会上还鼓励说:"登上《人民日报》头版头条的奖给小汽车。"当时正在柳州专区参加会议的洪华,立即给县里打了长途电话,布置立即开展此项工作,并指示由县委分管农业的书记江琴堂主持,由曾兼任过城管区委第一书记的县委书记处书记季桂明、城管区委副书记韦玉昆、区委委员、区妇联主任李钰金具体负责,在城管高级农业生产合作社搞并蔸的"高产试验"。

8月22日,季桂明、韦玉昆、李钰金到城管农业社召开干部会议,参加这次会议的社、队干部有城关大队党支书罗克正、社长欧后裔、副大队长欧谈基和杨全明、会计曾海涵、文书韦树高、妇代会主任吴彩繁、信用社会计李桂、省下放干部李光宗和部分生产队长。会上由李钰金传达上级指示精神和介绍外地搞并蔸放亩产几万斤卫星经验。会议决定在县城二码头和公路之间的一块半月形、面积为1.13亩的田里(即今县卫生局所在地)搞试验。

地点确定以后,首先把这块田里快要成熟的禾谷移出来,然后进行犁田、施肥、耙田,砍竹子、修木桩,从8月24日至27日准备了三四天,然后派本大队在后方的劳动力(主力已去前方大炼钢铁)、县直机关干部和集中在县城学习的中小学教师共约1000人,于8月28日至29日陆续从城管大队的南门、北门、地麦、陈茶、良伞和三乐大队的刘家、地理、欧家等生产队,挑选长势好,快要成熟的中稻五六十亩①（①注：中共柳州地委在1961年3月2日所做的《关于洪华罪恶事实》结论中写的是"并了八九十亩"。据罗克正、欧谈基、江琴堂等回忆均说是并了五六十亩。又据城关大队附近的中稻田一般产500斤左右。这块"卫星田"实收26000多斤干谷，以并蔸六十亩左右之数为符合事实。）将禾连根拔出，包好挑回试验田，并蔸时，为防倒伏，每隔1.7米～2米打一排木桩，横、直都拦上竹片，边打桩拉篾片分格，边将禾谷一蔸一蔸地压紧顶牢，田的四周也打桩围顶结实，忙忙碌碌地搞了两天两夜。为便于指挥，还成立了一个"十万斤亩野战军指挥部"，在田边搭棚安装电话机，派大队干部日夜值班。6个社员在田的四周摇鼓风机扇风降温，每晚在这块田的四周点灯诱蛾。

一切准备就绪后，县委即向柳州地委和自治区党委报喜，说要放一颗全国最大的"卫星"，亩产超过十万斤。于是，地委、自治区党委便向各新闻单位和电影制片厂发出邀请，并分别组成检查验收团来环江检查验收。

被邀请参加验收的有：

自治区党委组织部副部长陈东、自治区农垦厅副厅长陈任生、自治区民政厅副厅长张显龙、柳州地区工交部部长张延年、组织部部长马振东、自治区工农业生产检查团柳州分团副团长、自治区民族事务委员会副主任秦振武、自治区政协副主席丘辰、自治区政协委员莫树杰、广西农学院院长孙仲逸、农学院作物栽培学教授翁德齐、遗传选种学教授吴如岐、广西大学教授龙季和、自治区农业科学研究所技师陈士宏、杨丰年，《人民日报》、新华社广西分社、《中国青年报》《广西日报》《广西妇女报》《广西青年报》、广西人民广播电台、《群众艺术报》《红水河》杂志社、《跃进日报》《柳州日报》、中央新闻纪录制片厂、南宁电影制片厂、自治区农业厅电影摄制组的记者和摄像师等共计35人，自治区歌舞团65人，柳州专区11个县的代表174人，县内各公社的代表811人。

9月9日上午，在电影摄影师叶宁的导演下，各路参观验收的队伍从四面八方向试验田边汇集，共约6000多人。人们问红旗公社党委委员、妇联主任李钰金这块田的密度,她叫大家坐到禾苗上去试一试。自治区农垦厅副厅长陈任生、民政厅副厅长张显龙、自治区民委副主任秦振武和 2 名公社干部先上去,七八个电影摄像师和摄影记者也上去坐了。这个场面当时即被摄入镜头。

10 点 15 分,在"卫星"田边的公路上举行了开镰仪式,由洪华亲自将几把把子上绑有红绸带的镰刀发给红旗人民公社党委第一书记覃建勋、城关大队党支部书记罗克正、副大队长欧谈基和杨全明、大队妇代会主任吴彩繁等人。10 点 24 分,罗克正一声令下,"十万斤亩野战军"共有 496 人下田参加收割、运禾、脱粒和运输。共用镰刀 256 把,打谷机 28 架,打谷桶 7 个,箩筐 819 对,磅秤 4 台,每台磅秤都有上级机关派人监督,每担谷子过磅后就把重量记在划码单上,记满一张后累计写在挂着的黑板上。为了让产量上去,在收割时,把收割下的谷子用一担担箩筐装满,每人一担挑起排成队伍,在县城主要街道游转一圈后,把谷子挑到县委大院过秤堆放。在街道游行时,一群群社员遵照指令,从四个生产队的粮仓里,挑出一担担谷子,等游行队伍路过时就尾随跟上,挑谷游行队伍的人数一下就增加了两倍多。即使如此,组织者和策划者恐怕不能达到预计的产量,在乱哄哄的过秤现场,他们指示挑谷子社员过完一次秤后,不倒上谷堆,又挑起谷子到未过秤的队伍中再次过秤,即"团团转"过秤法,如此循环往复,同时要求过磅划码人秤一码划几码,这样黑板上累计的谷子数字便越来越大了,经过十几个小时的折腾,直到晚上 9 点 30 分才收割结束,留下 0.055 亩的稻谷未收以供大家参观。

收割结束后,县委书记处书记江琴堂为丰产报道召开了记者招待会,正式宣布这块由 18.9 亩(包括这块田,实际上并箖移栽亩数约 60 亩)并箖移栽的高产试验田的面积共有 1.13 亩,已收 1.075 亩,"实收干谷"140217.4 斤,平均亩产"实收干谷"130434 斤 10 两 4 钱,尚有 0.055 亩未收,留待以后组织参观。就这样,全自治区、全国、全世界空前的水稻亩产最高纪录便魔术般的创造出来了。环江《跃进报》于 9 月 10 日出了"号外"报道了这一消息。

9 月 12 日,《广西日报》头版整版发表环江水稻"创全国最高纪录"的报道。同版还发表了自治区党委、自治区人委于9月11日给"环江县委、县人委并柳州地委、柳州专署祝贺环江创造水稻高产新纪录"的祝贺信，登载了由黄义杰、张辛、骆正元、杨素珍署名的特写《高产颂》和社论《思想上的又一次解放——欢呼环江中稻大面积高额丰产》、以及两幅照片（一幅为一小孩爬在稻丛上不掉下来，一幅为试验田的培育者之一——吴彩繁）。二版发表黄义杰、骆正元的《亩产十三万斤的来历》和杨素珍的《高产二三事》等文章。

　　在一版的下角还加了一幅极度夸张的漫画，配画诗是："稻禾密密像森林，稻杆腰际绕白云；收割要用大锯锯，收下要靠火车运"。《人民日报》在9月18日第7版以主标题"并禾密植挖掘土地潜力"，副标题"广西四川云南中稻创亩产6万~13万斤纪录"发表了"一个豆腐块大的新闻"。（见周汉晖著《"左"的实录（广西日报）1958年的农业宣传》，载《广西新闻史料》第十二辑）

　　12月16日，《人民日报》第8版发表了谢觉哉《观花之诗》，其中有《听说环江丰收》五言诗一首："环江试验田，亩产十三万。还有九百六，平均一万八。土肥水种密，禾上人可站，做了水稻王，又做钢铁汉。全县定计划，炼铁三百万。信不信由你，环江正在干。"

　　9月12日的《南宁日报》，在第一版显著位置加花边"据广西日报报道"刊登了这一消息，标题："见过吗?听过吗?想过吗?中稻亩产13万斤!我区环江红旗人民公社破全国纪录"。全文连标点符号只有74个字，加上标题也不过110个字，却有三个问号和一个惊叹号。

　　"13万斤亩卫星"升天后，环江县成了闻名全国的红旗县，环江县委第一书记洪华也成为制造"卫星"的功臣，在柳州地委召开的三级干部会上，洪华披红挂彩，上台领到一面大红旗，他马上打电话给在家的书记，指示要组织群众欢迎红旗。洪华带红旗回到环江的那天，长长的欢迎队伍挤满街头，锣鼓声、鞭炮声、口号声响彻山城，洪华刚下车即被事先安排和组织好的八条汉子高高地抬起来，从街头一直抬到县委驻地。洪华领回的那面红旗被高高地举起跟随其后，迎风招展。欢迎队伍不断向洪华、向红旗撒去五彩缤纷的花瓣，那纷纷扬扬的花瓣撒了一地。在大跃进的年代，环江先后放出"13万斤亩""日产铁6万吨"等"卫星"，环江因此也一次次地从上级机关领回一面面大大小小的红旗，洪华任环江县委第一书记的两年多时间，环江共领到96面红旗。洪华是那个时代的典型代表人物，常常以共产党的化身自居，他要到哪里去，都要事先打电话通知当地组织群众欢迎，他随身带的四大员(警卫员、秘书、电话员、卫生员)和陪同领导、其他随从工作人员，总是前呼后拥。1958年的一天，洪华要去川山公社巡视，事先打电话给公社领导，要组织群众准时到公路边欢迎县委书记。接通知后，公社干部全体出动，连夜组织全社农民打着火把天亮前赶到公路边等候洪华的到来。时全社总人口18000多人，出动11000多人，欢迎队伍有五里长。

洪华因为"放卫星"有"功"，于1960年1月被提升为中共柳州地委书记处书记。

当时，虽然反右派扩大化的政治压力很大，但正直的人是不相信"神话"的，在收割后要求来参加验收的自治区、专区领导干部和专家在验收喜报上签名时，自治区党委组织部副部长陈东就断然拒绝。许多人公开说亩产十三万斤是绝对不可能的。不少大学教授、学生以写信的方式对亩产十三万斤的做法和"经验"表示怀疑。环江县林业局干部谭绍儒直接写信给中共中央毛泽东主席反映和批评搞"十三万斤亩"的错误做法，环江县城管大队良伞屯在忻城县林业局工作的干部陆佩林看了这组报道后气愤地说："一亩田能收十三万斤谷子，我不信！"广西农学院翁德齐教授因疑惑十三万斤亩的真实性而受到了院党委的批判和处分。谭绍儒以"广西环江县全体农民"的批评揭露信转回环江以后，被公安机关查对笔迹侦破，遭小会批判大会斗争了几个月，于1959年被开除回家。陆佩林也因那句话即被划为中右清洗回家。三乐大队塘兰生产队在广西师范学院(今广西师大)化学系读书的学生崖玉钟，因怀疑十三万斤亩而被批斗了一年多。县委财贸部副部长张连元因说十三万斤亩是吹牛而被送去"小劳改"。已被划为右派分子、集中"小劳改"的原县委书记王定说这种做法是劳民伤财，便又被批斗了几天。如此等等，单是集中在县"小劳改"的干部就有93人。至于外地因此而被批斗、处分的人有多少，不知其数。

"放卫星"后，环江的粮食"丰收"了，向国家多交公购粮是理所当然的。1958年，地委下达给环江县粮食征购任务为0.355亿斤贸易粮，比1957年实际完成数多4.5倍，比1957年全县总产量还多178万公斤！后经再三请求，调减为0.28亿公斤，虽然只完成了0.134亿公斤，其征购率已达实际年产量的34%，比1957年上升了13.9%，人均"三留"减少到211.5公斤，比1957年下降了15.3%。1959年的高指标又是在1958年大浮夸的基础上加翻的，自治区党委在1959年初召开的全区农业先代会上宣布，广西粮食产量要达到230亿公斤，比1958年要翻一番。柳州专区规划指标为55亿公斤，也比1958年的估产数翻一番。环江县的跃进规划则比1958年的估产数翻了近两番。然而，实际产量比计划数相差很远，1959年柳州专区实际产量才8.75亿公斤，环江的实际产量只有0.41亿公斤。而自治区下达给柳州专区1959年的粮食征购任务422亿公斤。柳州地委下达给环江县的征购任务为0.355亿公斤，折合原粮0.507亿公斤，比环江当年的实际产量还多0.097亿公斤，后来调减为0.1925亿公斤，实际只完成0.1758亿公斤，折原粮0.2514亿公斤，征购率占当年粮食实产的61%，人均"三留"实际只有99.5公斤，比1957年下降了60.1%。

丰产后的粮食到哪里去了？自治区党委、地委领导"调查"的结论是，相当多的粮食被"瞒产私分"了。于是，1958年12月便在来宾县召开"红粮现场会"，自治区党委书记处书记贺希明在这个会上作了反瞒产私分的报告，会后柳州地委书记处书记朱渭川又赶到环江指导。为挖出更多的后手粮，洪华就仿照来宾的做法，于1959年2月27日~3月3日在水源召开了有3340多人参加的"反瞒产"四级干部会。这次会议以后，各公社开展声势浩大的反"后手粮"（即反瞒产）运动，由各大队选一个报产量报得多的小队为标兵，要求其他小队向他看齐，达不到指标的便是瞒产私分，就要挨斗受批，或拿去"小劳改"，不给吃饭，洪华亲自在城关公社陈双大队蹲点，指导全县"反瞒产"运动，在反"后手粮"运动中，共搞出"瞒产私分"

的"红粮"29410万斤,其中有一部分是群众口粮和畜牲的饲料。从1959年5月起开始全面实行"平均每人每天半斤大米",结果当年造成了3000多人的非正常死亡(千分之十三点五为正常死亡率)。

1959年秋收后,当那点不足正常年份三分之一的"口粮"陆续用完的时候,又正值贯彻"庐山会议"精神,全县开展以"反右倾为纲"的第二次反瞒产高潮,结果,把讲老实话报不出瞒产私分粮的大、小队干部,视为是"富裕农民""大跃进的逃兵""瓦解人民公社",施以残酷的斗争和追逼;对那些敢于对党和人民负责、如实反映断炊和饿死人情况的干部,则当作"攻击三面红旗""否定环江红旗县""右倾机会主义"等。于是,饿死人悲剧发生了,1959年末,全县人口总数为162170人,到1960年底统计,全县总人口数只有139485人,在一年内,全县共死亡22685人,绝大部分属于饥饿死亡(千分之十三点五为正常死亡率)。

1960年底至1961年春整风整社时,彻底揭开了"环江事件"的盖子。1939年入党,1947年即任解放军某团政治委员的洪华自认罪责难逃,曾哀求从轻发落,几天后,柳州地委作出决定,经自治区党委第一书记刘建勋批准,于1961年3月2日在环江县干部群众大会上,朱渭川书记代表地委宣布洪华家庭是富农成分(实为下中农),是钻进党内的"地主阶级代理人"而予以清除出党,立即逮捕法办。1963年10月7日,由自治区高级法院判处其徒刑5年。1966年3月1日刑满释放,安排到来宾华侨农场当一般干部。1972年4月12日洪华因病死亡。

环江县广大干部,也因这个"十三万斤亩"受了许多灾难,全县共有139名县、社、队干部被斗争,153名干部挨检讨,32名干部受处分,其中,除洪华外,还有8人被开除党籍,4人被开除公职,2人被劳动教养,6人被逮捕法办。洪华的案件,经自治区党委纪律检查委员会、自治区高级人民法院党组复查以后认为,他所犯的错误,与时代背景有关,不宜过分追究个人责任。中共广西壮族自治区委员于1981年9月23日下文[桂发(1981)63号]撤销原判,恢复党籍,享受一般县级干部待遇。

www.ingramcontent.com/pod-product-compliance
Lightning Source LLC
Chambersburg PA
CBHW052042220426
43663CB00012B/2409